하이델베르크 교리문답으로 보는
사도신경 십계명 주기도문

THE APOSTLES'S CREED
THE TEN COMMANDMENTS
THE LORD'S PRAYER

Copyright © 2009 by Free Reformed Publications

Originally published in English under the title

The Lord's Prayer by Cornelis Pronk

Published by Free Reformed Publications

18 Chapala Crescent S.E., Calgary, AB T2X3M4, Canada.

All rights reserved.

Korean Translation © 2017 by The People of The BOOK Publications,

Gyeonggi-do, Korea.

그리스도인들은 그 책의 사람들, 바로 성경의 사람들입니다. 성경에만 권위를 두고, 성경대로 살며, 성경에
자신을 계시하신 삼위 하나님만을 예배하고 사랑합니다. 이에 **그 책의 사람들**은 하나님께만 영광 돌리고,
하나님의 나라와 교회의 번영과 행복을 위해 성경에 충실한 도서들만을 독자들에게 전하겠습니다.

하이델베르크
교리문답으로
보는

사도신경
십계명
주기도문

코르넬리스 프롱크 지음

임정민 옮김

차 례

The Apostles' Creed

The Ten Commandments

The Lord's Prayer

일러두기

1 지은이는 이 책을 『하이델베르크 교리문답』의 구성과 해설에 기초하여 썼습니다. 이에 본문에 해당하는 『하이델베르크 교리문답』을 각 장이 시작하는 앞부분에 실어 놓았습니다.

2 본문 안에 있는 참고 성경 구절과 하단에 있는 각주는 모두 옮긴이의 섬김입니다.

3 각 장 끝에 있는 〈더 깊은 공부와 나눔을 위한 질문〉은 지은이가 직접 만든 문제입니다.

4 사도신경, 십계명, 주기도문에 관한 친절한 안내서이자 해설서, 무엇보다 독자 여러분께 많은 사랑을 받아 온 코르넬리스 프롱크 목사님의 '하이델베르크 교리문답으로 보는' 시리즈가 합본으로 새롭게 독자 여러분을 찾아왔습니다.

많은 교회와 소그룹에서 교재로 사용되고 있기에 독자 여러분의 필요에 부응하고, 재정 부담도 덜어드릴 겸 합본으로 묶게 됐습니다.

합본으로 제작하면서 옮긴이 임정민 형제님이 독자 여러분을 위해 글을 보다 더 정확하게, 보다 더 풍요롭게 고치는 수고를 기쁨으로 감당해 주었습니다. 저희의 책이 독자 여러분께 계속해서 많은 유익을 드리길 원합니다.

출판사 서문

사도신경

그리스도를 주와 구주로 고백하는 모든 사람은 예수님을 영접할 때, 교회의 회원이 될 때 자기가 믿는 분이 누구신지, 그분이 어떤 일을 행하셨는지 등을 바르게 알고 신앙으로 고백했습니다. 이때 사도신경이 사용돼 왔습니다. 그리스도인은 사도신경 안에 담긴 진리를 이해할 뿐만 아니라 맛본 사람들로서 사도신경의 내용으로 자신의 신앙을 고백했습니다. 사도신경이 가리키는 내용이 무엇인지 정확히 이해했고, 그것을 사랑했으며, 그것에 순종했습니다. 지금도 모든 정통교회는 사도신경으로 교회의 신앙을 고백하고 있습니다.

사도신경은 겨우 짧은 몇 개의 문장으로 되어 있지만 진리의 핵심이 다 들어 있기에 우리가 정확하고 충분히 배운다면 기독교의 기본 진리를 온전히 이해할 수 있고, 잘못된 가르침에 빠지지 않게 됩니다. 나아가 거룩한 삶을 실천할 수 있습니다.

그래서 그리스도인은 단지 예수님을 영접할 때, 교회의 회원이 될 때만 사도신경의 내용을 급히 공부하고 잠깐 익히는 것이 아니라 언제나 사도신경을 신앙고백하며 살아야 합니다. 사도신경은 말 그대로 신앙고백입니다. 단순한 지식이어서는 안 됩니다. 아무리 사도신경이 가리키는 의미들을 잘 알고 있다 할지라도 믿지 않는다면 아무것도 아닙니다. 참되게 아는 것이 아니라면 사도신경으로 신앙고백하는 것과 사도신경에 대한 지식은 우리와 아무런 상관도 없는 것입니다.

그런 의미에서 『하이델베르크 교리문답』의 구성과 해설에 기초한 이 책은 우리에게 아주 좋은 휴대용 교재입니다.

일단 사도신경의 각 항목을 해설하는 각 장의 호흡이 길지 않습니다. 각 항목이 가리키는 바를 간결하고 쉽게 보여 줍니다. 따라서 지루함 없이 어렵지 않게 배울 수 있습니다.

다음으로 이 책은 사도신경이 가리키는 내용인 기독교의 기본 진리를 아주 분명하게 드러냅니다. 사도신경만 제대로 알아도 진리를 바로 알지 못해 믿음을 갖지 못하거나, 잘못된 교훈에 빠져 비참에 이르는 많은 사람이 돌아올 것입니다. 사도신경만 제대로 알아도 어린 믿음에서 장성한 믿음으로 성장할 것입니다. 그러니 반복해서 읽고 함께 배우기를 원합니다. 이 책이나 사도신경에 대한 해설이 담긴 『웨스트민스터 대교리문답』 Westminster Larger Catechism과 『웨스트민스터 소교리문답』Westminster Shorter Catechism, 『하이델베르크 교리문답』Heidelberg Catechism 등을 늘 휴대하며 반복해서 공부하여 우리의 것으로 삼는다면 신앙이 단단해질 것입니다.

더욱이 이 책은 단순히 해설하는 선에서 그치는 이론적인 책이 아닙니다. 마음을 움직이게 하는 매우 실천적인 책입니다. 따라서 이 책을 겸손히 따라간다면 우리의 경건은 더욱 아름다워질 것입니다.

무엇보다 이 책은 우리로 하여금 신앙고백하게 할 것입니다. 삼위 하나님의 하나님 되심을 찬양하고, 삼위 하나님의 창조와 섭리를 통한 작정을 찬양하고, 삼위 하나님의 구속 사역을 찬양하고, 주 예수 그리스도의 은혜와 하나님의 사랑과 성령의 교통하심을 높이게 할 것입니다. 우리의 죄와 비참을 보게 하고, 그리스도만이 우리의 주와 구주가 되신다는 빛나는 진리 앞에 한없이 엎드려 경배하게 할 것입니다. 죄를 미워하고 악은 어떤 모양이라도 버리게 되고, 거룩하게 하시는 성령님을 마음을 다해 사랑하며 순종하게 하고, 부활의 소망으로 두려움 없이 세상을 살게 하고, 이 모든 일을 주관하시는 전능하신 하나님께 영광 돌리게 할 것입니다.

그렇게 하나님께서 이 책을 사용해 주시기를 원합니다. 이 책을 읽는 모든 분께(가장 먼저 저부터) 그렇게 은혜 베풀어 주시기를 원합니다.

십계명

우리는 본성상 율법을 싫어합니다. 구속받은 그리스도인조차도 율법이 짐과 족쇄처럼 생각될 때가 많습니다. 우리는 우리 마음대로 살고 싶어합니다. 우리는 우리가 인생의 주인이 되길 원합니다. 그래서 우리는 지킬 만한 계명들은 "기꺼이" 지키지만, 그렇지 않은 계명들은 마음에 두지 않습니다. 그런데 만약 죄인인 우리 자신을 그냥 내버려 둔다면 어떻게 될까요? 우리의 삶은 생명과 행복에서 멀어져 파멸과 비참함에 이르게 될 것입니다. 무엇보다 우리 중 아무도 하나님을 기쁘시게 하지 못할 것입니다. 이런 우리에게 필요한 것이 바로 율법입니다. 하나님께서는 우리의 생명과 행복을 위해 율법을 주셨습니다. 이 율법은 우리가 하나님을 어떻게 사랑할 수 있는지를 보여 줍니다. 또 의의 울타리가 되어 우리를 죄에서 보호합니다. 그래서 율법에 순종할 때 우리는 적극적으로는 하나님께 영광 돌리게 되며, 소극적으로는 죄에서 멀어집니다.

율법의 핵심인 십계명은 특히 우리에게 하나님께서 어떤 분이신지를 가르쳐 줍니다. 모든 율법은 하나님의 하나님 되심을 반영합니다. 그래서 우리는 십계명을 통해 비교할 수 없으신, 오직 유일하신 참 하나님에 대한 지식과 그에 대한 우리의 합당한 태도를 배웁니다. 특별히 레위기 19장을 보십시오. 레위기 19장은 성경 그 어느 곳보다 하나님께서 우리에게 계명을 주시는 목적과 이유를 아주 분명하고 무게 있게 보여 줍니다. 각 계명 끝에 계속해서 반복되는 "나는 (너희의 하나님) 여호와이니라."는 말씀은 "내가 너희의 하나님이기 때문이다."라는 뜻입니다. 즉 "내가 너희의 하나님이기 때문에 너희는 이렇게 살아야 한다. 이것을 따라야 한다."고 말씀하시는 것입니다. 하나님께서 살아 계시고 참되신 오직한 하나님이 아니시면 이런 율법들이 의미가 없습니다. 우리가 이 율법들을 따를 필요가 없습니다. 이 율법들이 우리에게 주어지지도 않았습니다. 이 율법들이 우리에게 주어진 이유는 하나님께서 우리의 하나님이시기 때문입니다.

또 십계명은 우리에게 순종에 대해서도 말합니다. 하나님께서는 "내가 말한 것을 따르면 좋은 일이 생길 것이다. 꼭 지켜야 하는 것은 아니지만 순종한다면 좀 더 나은 삶을 살 것이다." 하고 말씀하지 않으십니다. 완전한 순종을 전제로 우리에게 이 모든 율법을 주셨습니다. 따라서 우리는 하나님의 모든 율법을 어느 것 하나 가벼이 여기지 말고 실제로 지켜야 합니다. 율법에 순종하면 우리는 하나님께서 사실은 우리를 위해 율법을 주신 것임을 알게 됩니다. 이 율법에 순종할 때만 우리는 진정 사는 것이기 때문입니다. 이 율법에 순종할 때만 우리는 참된 행복을 누리기 때문입니다. 그러나 무엇보다 우리가 하나님의 율법에 순종할 때 하나님께서 영광 받으신다는 진리가 우리가 하나님의 율법에 순종해야 하는 가장 빛나고 큰 이유입니다.

물론 율법을 사랑하고 순종하는 것은 우리 힘으로 할 수 있는 것이 아닙니다. 우리 자신은 스스로 하나님을 사랑할 수도 없고, 하나님의 계명을 기뻐할 수도 없습니다. 우리가 아무리 결심하고 노력해도 한계가 있습니다. 우리는 우리 힘으로 율법을 사랑할 마음도, 지킬 힘도 없습니다. 그래서 이 책은 결국 우리를 예수 그리스도께 인도합니다. 예수 그리스도를 붙들게끔 합니다. 예수 그리스도 앞에 나아가 자비를 구하게 합니다. 왜입니까? 그리스도만이 우리로 하여금 율법을 알고, 사랑하게끔 하십니다. 그리스도만이 우리에게 율법이 만족이 되게 하십니다. 우리는 그리스도로 말미암아 율법 안에서 은혜를 발견하고 맛봅니다. 그리스도가 없는 율법은 우리를 고소하고 정죄하지만, 그리스도를 통해 보는 율법은 우리를 자유롭게 하고 위로합니다.

『하이델베르크 교리문답』의 구성과 해설에 기초한 이 책은 이렇게 십계명이 가르쳐 주는 바가 정확히 무엇인지, 왜 하나님께서 우리에게 십계명을 주셨는지, 십계명이 그리스도인의 삶에서 어떤 위치에 있는지, 우리는 십계명을 구체적으로 어떻게 적용하고 실천해야 하는지를 잘 설명하고 있습니다.

이렇게 이 책은 독자 여러분께 십계명을 통해 살아 계시고 참되신 오직 한 하나님에 관해 바르고 건강한 신앙고백을 증거합니다. 그래서 여러분이 하나님을 더 깊이 알고 사랑하게끔 이끌 것입니다. 이 책은 여러분에게 순종의 기쁨과 영광을 보여 드릴 것입니다. 하나님 계명의 무게는 이제 부담과 짐의 무게가 아니라 영광의 무게가 될 것입니다. 그리스도를 통해 보는 율법은 우리에게 사랑스러운 것이 되며, 우리는 하나님을 영원토록 찬양하고 사랑할 것입니다.

주기도문

많은 사람이 기도에 대해 말합니다. 기도에 대한 책은 다른 어떤 경건서적보다 많습니다. 그러나 신앙생활을 오래 한 사람이나, 이제 막 신앙생활을 시작한 사람이나 기도는 쉽지 않습니다. 어떻게 해야 할지 잘 모를때가 많습니다. 얼마나 해야 할지 망설일 때가 많습니다. 사실 가장 큰 문제는 기도를 잘 하지 않는다는 것입니다. 또 기도를 하나님께 무엇인가를얻어 내기 위한 수단으로 삼거나(물론 포장은 아주 그럴듯하게 하지만요), 단순한 종교적 행위의 하나로 보는 것입니다.

그러나 성경이 분명히 가르치고, 구원받는 신앙이 분명하게 체험하게해 주는 것처럼 기도는 하나님과 나누는 교제입니다. 이 책에서 말하고있는 것처럼 기도는 한 사람이 신자인지 아닌지를 가장 잘 보여 주는 참신앙의 표지입니다. 성경 곳곳에서 기도를 다른 어떤 행위보다 하나님을만나고, 하나님을 기쁘시게 하는 것으로 묘사합니다. 더 나아가서 기도는 그 자체가 신앙의 행위입니다.

이처럼 중요한 기도를 자비로우신 하나님께서는 우리에게 친히 알려주셨습니다. 제자들이 예수님께 기도를 가르쳐 달라고 했을 때, 예수님께서 오늘 우리가 "주기도문"이라고 부르는 기도의 모범을 가르쳐 주신것입니다.

예수님께서 가르쳐 주신 주기도문에는 기도의 모범적인 순서와 내용이 담겨 있습니다. 따라서 교회는 언제나 주기도문을 기초로 기도를 정의하고 기도해 왔습니다. 각 신앙고백들과 교리문답들은 주기도문을 비중 있게 포함해서 가르쳤습니다.

그중 『하이델베르크 교리문답』의 구성과 해설에 기초한 이 책도 주기도문 본문 자체에 대한 의미를 잘 설명하고 있습니다. 성경이 말하는 바 그대로, 본문이 보여 주는 의미 그대로를 따뜻하고 경건하게 보여 줍니다. 결코 건조하지 않고 마음이 뜨거워지는 이유는 이 책이 단지 주기도문을 해설하는 책이 아니라 주기도문이 가리키는 대로 기도하게 하기 때문입니다. 주기도문으로 기도하게 하기 때문입니다.

따라서 이 책은 독자 여러분의 기도생활에 도움을 줄 것입니다. 어떻게 기도해야 할지 몰라 막막하던 분들에게 기도의 내용과 순서를 알려 드릴 것입니다. 기도가 무엇인지 몰랐던 분들에게는 기도의 의미를 보여 드릴 것입니다. 왜 기도가 그 어떤 표지보다 신앙의 최고의 표지인지, 왜 기도가 하나님과 나누는 교제인지, 왜 기도가 신자에게 그토록 중요한지를 아시는 데 도움을 드릴 것입니다.

무엇보다 여러분이 이 책을 읽는 중간쯤이나 다 읽고 나면 기도의 골방을 만드시게 될 것입니다. 분명 기도하지 않고는 못 배기게끔 할 것입니다. 여러 의미에서 이 책은 작은 기도학교입니다. 기도는 기도로 배울 수 있기 때문입니다.

사도신경

전능하사 천지를 만드신 하나님 아버지를 내가 믿사오며

그 외아들 우리 주 예수 그리스도를 믿사오니

이는 성령으로 임태하사 동정녀 마리아에게 나시고

본디오 빌라도에게 고난을 받으사

십자가에 못 박혀 죽으시고, 장사되시고, 지옥에 내려가셨고

사흘 만에 죽은 자 가운데서 다시 살아나시며

하늘에 오르사, 전능하신 하나님 우편에 앉아 계시다가

저리로서 산 자와 죽은 자를 심판하러 오시리라

성령을 믿사오며

거룩한 공회와, 성도가 서로 교통하는 것과

죄를 사하여 주시는 것과

몸이 다시 사는 것과

영원히 사는 것을 믿사옵나이다 아멘.

전능하사 천지를 만드신 하나님 아버지를 내가 믿사오며

그 외아들 우리 주 예수 그리스도를 믿사오니

이는 성령으로 잉태하사 동정녀 마리아에게 나시고

본디오 빌라도에게 고난을 받으사

십자가에 못 박혀 죽으시고, 장사되시고, 지옥에 내려가셨고

사흘 만에 죽은 자 가운데서 다시 살아나시며

하늘에 오르사, 전능하신 하나님 우편에 앉아 계시다가

저리로서 산 자와 죽은 자를 심판하러 오시리라

성령을 믿사오며

거룩한 공회와, 성도가 서로 교통하는 것과

죄를 사하여 주시는 것과

몸이 다시 사는 것과

영원히 사는 것을 믿사옵나이다 아멘.

1. 머리말

23문. 사도신경의 항목들은 무엇입니까?

  답. 1. 전능하사 천지를 만드신 하나님 아버지를 내가 믿사오며

    2. 그 외아들 우리 주 예수 그리스도를 믿사오니

    3. 이는 성령으로 잉태하사 동정녀 마리아에게 나시고

    4. 본디오 빌라도에게 고난을 받으사, 십자가에 못 박혀 죽으시고, 장사되시고, 지옥에 내려가셨고

    5. 사흘날에 죽은 자 가운데서 다시 살아나시며

    6. 하늘에 오르사, 전능하신 하나님 우편에 앉아 계시다가

    7. 저리로서 산 자와 죽은 자를 심판하러 오시리라

    8. 성령을 믿사오며

    9. 거룩한 공회와, 성도가 서로 교통하는 것과

    10. 죄를 사하여 주시는 것과

    11. 몸이 다시 사는 것과

    12. 영원히 사는 것을 믿사옵나이다 아멘.

24문. 이 항목들은 어떻게 나눕니까?

  답. 세 대목으로 나뉩니다. 첫째는 성부 하나님과 우리의 창조, 둘째는

성자 하나님과 우리의 구속, 셋째는 성령 하나님과 우리의 성화에 대한 것입니다.

25문. 하나님은 한 분뿐이신데, 왜 성부와 성자와 성령의 세 위격을 말합니까?

　답. 하나님이 당신의 말씀에서 당신을 그렇게 계시하셨기 때문입니다. 곧, 이 구별된 삼위가 한 분이시요 참되고 영원한 하나님이라고 계시하셨습니다.

사도신경은 복음의 핵심 진리를 간추린 것입니다. 여기서 사도를 언급하는 까닭은, 어떤 사람들이 생각하는 것처럼 열두 사도가 사도신경의 열두 항목을 하나씩 썼기 때문이 아니라, 사도들의 교리를 간추린 것이기 때문입니다. 사도신경의 기원은 예수님이 하늘에 오르시기 직전에 제자들에게 주신 지상 명령에서 찾을 수 있습니다. "그러므로 너희는 가서 모든 민족을 제자로 삼아 아버지와 아들과 성령의 이름으로 세례를 베풀고 내가 너희에게 분부한 모든 것을 가르쳐 지키게 하라"(마 28:19-20).

그리스도인은 무엇을 믿는가

그리스도께서는 여기서 교회가 회심한 사람들을 교회 공동체 안으로 받아들여야 할 의식으로서 세례를 택하셨고, 이 입교의 성례를 받으려면 어떤 믿음과 고백이 있어야 하는지 보여 주셨습니다.

　세례를 받는 사람은 삼위일체 하나님께 대한 믿음을 고백해야 하니다. 곧, 만물을 지으시고 보존하시는 성부 하나님, 당신의 백성을 구속하신 성자 하나님, 그리스도께서 얻으신 구원을 택함 받은 사람에게 적용하시는 성령 하나님께 대한 믿음을 말합니다. 사도신경은 삼위일체 하나님께 대한 신앙 고백을 중심으로 만들었습니다.

오류

시간이 지남에 따라, 이 세 가지 중심 주제 아래 다른 내용들이 정리되었습니다. 교회는 필요에 따라 이 일을 차츰차츰 해 나갔습니다. 오류가 생겨나고 발전했기 때문에 교회는 어쩔 수 없이 '성부, 성자, 성령 하나님을 믿나이다' 그 이상의 고백을 해야 했습니다.

교회는 이 진술에다가 성경의 교훈에서 이끌어 낸 간결한 해석을 덧붙일 수밖에 없었습니다. 이처럼 사도신경은 차츰차츰 만들어졌고, 공교회 신조로 받아들인 주후 500년 즈음에 지금의 형태에 이르렀습니다. 모든 정통 기독교회는 아직까지도 사도신경을 공교회 신조로 굳게 지키고 있습니다.

'그리스도인은 하나님에 대하여 무엇을 믿는가?' 하는 것이 사도신경의 근본 내용입니다. 이것이 사도신경을 이해하는 열쇠입니다.

하나님에 대해 옳고 그른 개념을 나누는 선이 바로 삼위일체 교리입니다. 어쩌면 기독교 신앙의 모든 항목 가운데서 이 교리만큼 신비하고 어려운 교리는 없을 것입니다. 이것은 타고난 이성의 영역을 완전히 벗어난 진리입니다. 우리는 하나님의 계시로만 하나님이 세 위격이심을 알 수 있습니다.

물론 사람의 이성은 도움을 받지 않고도 하나님의 본성과 위격에 대해 어느 정도는 생각할 수 있었습니다. 색안경을 끼고 보지 않는 한, 사람은 보통 하나님이 있다는 진리를 받아들입니다. 사람은 자기가 자기보다 더 높은 존재에 의존하고 있고, 그 존재에 대한 책임이 있음을 직감으로 압니다. 하지만 이교 신앙이나 철학은 일신론이나 다신론을 넘어설 수 있었던 적이 없습니다.

성경에 계시된 삼위일체

어떤 이교 사상가도 하나님의 '한 본질 안의 세 위격'을 결코 생각해 낼 수 없었습니다. 이유는 간단합니다. 초자연 계시를 떠난 사람의 의식이나 체험 속에서는 기독교 신앙이 말하는 구별되신 하나님(삼위일체이신 창조자와 구속자와 성화자)에 대해 터럭만큼의 실마리도 찾을 수 없기 때문입니다.

이 진리가 구약과 신약 성경에 계시되었습니다. 하지만 차츰차츰 계시되었습니다. 구약에서는 한 분이신 하나님께 강조점이 있었습니다. 하나님께서 이방 종교들에 영향을 받은 사람들을 다루고 계셨기 때문입니다. 이 사람들은 다신론으로 힘없이 끌려가지 않도록 보호를 받아야 했습니다. 그래서 십계명에서 우상 숭배 문제를 가장 먼저 겨냥하신 것입니다. "너는 나 외에는 다른 신들을 네게 두지 말라"(출 20:3). 이스라엘은 몇백 년 동안 이 기본 진리를 머리에 인이 박이도록 들었습니다. "이스라엘아 들으라 우리 하나님 여호와는 오직 유일한 여호와이시니"(신 6:4).

하지만 마침내 새날이 동텄습니다. 메시아가 자기 백성과 함께 거하러 오셨고, 성령님이 초대 교회에 능력으로 나타나셨습니다. 이제 주님의 백성은 그 이상의 진리, 곧 하나님이 한 분이시지만 세 위격으로 계신다는 진리를 받아들일 준비가 되었습니다.

삼위일체 교리는 신약의 신자들에게 자연을 초월하여 계시되었습니다. 이 교리는 이 교리를 반대하는 사람들이 주장하듯이 이성에 어긋나는 진리는 아닐지라도, 이성을 뛰어넘는 진리입니다. 반대자들은 수학으로 볼 때 말도 안 되는 사실을 믿는다며 그리스도인들을 비웃습니다. 어떻게 한 하나님이면서 세 하나님일 수 있느냐는 것입니다. 하지만 이것은 결코 우리가 믿는 바가 아닙니다! 우리는 한 하나님이 세 하나님이시라거나, 한 위격이 어떻게 보면 세 위격이라거나, 세 하나님이 한 하나님이시라고 주장하지 않습니다. 하나님은 그분이 하나이신 것과 같은 뜻에서 셋이 아니십니다.

세 위격이신 한 분 하나님

우리는 오히려 신의 한 본체나 본질 안에 서로 관계가 있으나 구별된 지식과 의식과 사랑과 의지의 세 주체가 계신다고 주장합니다.

본체나 본질은 신격의 모든 구성원이 공통으로 지닌 것이고, 위격은 신격의 모든 구성원이 서로 다른 점입니다. 하지만 지식과 의식과 사랑과 의지의 세 주체가 계실지라도, 각각의 위격은 그 전체 안에서 나뉠 수 없고 형체가 없는 신성의 한 본체를 지니고 계십니다. 신격 안의 삼위는 완벽하게 어우러지고 하나 된 목적을 가지고 함께 일하시기 때문에, 우리는 삼위일체 하나님이 한마음과 한뜻으로 일하신다고 말해도 좋습니다.

성경의 증거

그런데 많은 사람이 이 삼위일체 교리는 신학과 철학의 산물이라서 성경으로는 증명할 수 없다고 말합니다. 하지만 그렇지 않습니다. 성경에 삼위일체라는 말이 나오지 않는 것은 사실이지만, 이것이 아버지와 아들과 성령의 존재에 대한 언급이 없다는 뜻은 아닙니다.

관련된 증거 구절이 많지만, 몇 구절이면 충분할 것입니다. 앞에서 인용한 마태복음 28장 19-20절과 더불어, 누가복음 1장 35절을 언급할 수 있을 것입니다. 여기서 천사는 마리아에게 이렇게 말합니다. "성령이 네게 임하시고 지극히 높으신 이의 능력이 너를 덮으시리니 이러므로 나실 바 거룩한 이는 하나님의 아들이라 일컬어지리라." 여기서 세 위격, 곧 성령, 아버지(지극히 높으신 이), 하나님의 아들을 다 이야기하고 있습니다.

특별히 요한복음에 삼위일체에 대한 암시가 풍성합니다. 요한복음 1장에서는 '신격 안의 구별된 두 위격'의 신비를 소개합니다. "태초에 말씀이 계시니라 이 말씀이 하나님과 함께 계셨으니 이 말씀은 곧 하나님이시니라"(1절). 이 말씀은 하나님의 독생자로서 하나님과 교제하시는 한 위격이셨지만, 신성과 영원성에서는 하나님과 동등하셨습니다.

하지만 이것이 신격 안에 있는 복수의 위격에 대해 요한이 말하는 전부는 아닙니다. 요한은 그리스도께서 제자들과 주고받으신 마지막 대화를 이야기하면서, 구주께서 슬픔에 빠진 제자들에게 어떻게 또 다른 보혜사의 선물을 약속하시는지 전해 줍니다. 구주께서는 당신을 뒤이어 상담과 위로의 사역을 하실 성령님을 말씀하고 계십니다. 이 성령님은 여호와 증인에서 말하는 것처럼 '그것'이 아니라, '그'이십니다(요 14:17). 곧, 복되신 삼위일체의 셋째 위격이십니다.

그저 동의만으로는 부족함

우리가 삼위일체 하나님, 곧 아버지와 아들과 성령님께 대한 신앙을 고백할 때 우리는 참으로 성경의 견고한 터 위에 선 것입니다. 하지만 삼위일체 교리를 그저 머리로 찬성하는 것만으로는 부족합니다. 우리는 또한 이 교리를 체험해야 합니다. 그렇지 않으면 이 교리에서 어떤 구원의 유익도 얻지 못할 것입니다.

여러분은 이 교리를 체험할 수 있느냐고 물으실 것입니다. 물론입니다. 개혁 교회 신조 가운데 하나인 『벨직 신앙고백』Belgic Confession of Faith에는 이렇게 적혀 있습니다. "우리는 이 모든 것(삼위일체를 말함)을 성경의 증거로 알 뿐 아니라, 삼위 각자의 일하심, 특별히 우리 안에서 감지할 수 있는 일하심으로 안다"(9항).

우리의 창조주 하나님

하나님의 백성은 하나님을 창조자와 구속자와 성화자로 알게 됩니다. 주님은 우리를 구원하려고 하실 때, 먼저 우리 죄와 죄책을 보여 주십니다. 우리는 우리가 그 율법을 어기고 그 사랑을 거절한 창조주 하나님과 맞닥뜨리게 됩니다. 우리 아버지가 우리를 영원히 정죄하셔야 하는 우리의 심판자가 되셨습니다. 우리가 각성하고 죄를 깨우칠 때 이 사실을 체험하게 되고, 그때 우리는 율법의 저주와 하나님의 진노에서 건짐 받기를 간절히 바랍니다. 우리는 하나님을 만족시켜 드릴 의가 우리한테 필요함을 보게 되지만, 안타깝게도 우리 안에서는 불의밖에 찾지 못합니다.

성령 하나님

그때 우리는 두려움에 휩싸이게 됩니다. 그러다 어느 순간 성령님이 우리 눈을 여셔서 유일한 중보자이신 예수 그리스도를 보여 주십니다. 하나님의 이 영원한 아드님이 우리를 대신해 하나님의 심판을 받으시려고 우리의 인성을 취하셨습니다. 그분이 율법을 온전히 만족시키셨고, 이제 우리는 성령님이 우리 마음속에 일으키신 믿음으로 그리스도를 붙잡을 수 있게 되었습니다. 이렇게 해서 우리는 하나님과 다시 교제하게 됩니다. 이처럼 죄인들은 구원이 삼위일체 하나님의 사역임을 체험합니다. 그리스도인이 된다는 것은 삼위일체 하나님이 영원히 여러분의 것이라는 뜻입니다. 그렇다면 여러분에게는 여러분 위에 계시는 아버지, 여러분과 함께 계시는 아들, 여러분 안에 계시는 성령이 있는 것입니다.

성화자 하나님

삼위일체를 부인하는 사람에게는 자기 위에 계신 하나님만 있습니다. 저 멀리 하늘에 계신 차가운 하나님, 죄인들이 절대로 교제할 수 없는 하나님만 있습니다. 오직 그리스도인에게만 자기 위에 계시고 자기와 함께 계시는 하나님이 있습니다. 하나님은 그리스도 안에서 우리의 임마누엘(우리와 함께 계시는 하나님)이십니다. 우리와 함께 계시는 이 하나님이 죄책을 지닌 죄인들이 우리 위에 계신 거룩하고 의로우신 하나님께 두려움 없이 나아갈 수 있게 해 주셨습니다. 하지만 우리한테는 우리 위에 계시고 우리와 함께 계시는 하나님만 있는 것이 아닙니다. 우리 안에 계시는 하나님도 있습니다. 곧, 우리 안에 계셔서 하나님의 영광을 위해 거룩하게 사는 법을 가르쳐 주시는 성령님이십니다.

삼위일체 하나님이 필요함

이제 삼위일체 교리가 왜 필요한지 보이십니까? 삼위일체 교리가 실천 신앙을 위해서도 꼭 필요하다는 것을 보셨습니까? 하나님이 아버지가 아니었다면, 구원은 불가능했을 것입니다. 그렇다면 예수 그리스도께서 아버지와 본질과 권능이 같으신 아들이 아니었을 것이고, 그분의 희생은 우리의 구원을 얻기 위해 필요한 영원한 가치가 없었을 것이기 때문입니다. 또 성령님이 그저 능력이나 영향력일 뿐 하나님의 한 위격이 아니었다면, 구원은 절대로 우리 것이 될 수 없었을 것입니다. 우리는 스스로 그리스도를 믿을 수도 없고, 믿으려고 하지도 않았을 것이기 때문입니다.

여러분, 여러분 삶에서 일하시는 삼위일체 하나님을 아십니까? 성령으로 말미암아 성부와 성자를 아십니까? 종교개혁 지도자 중 한 사람인 칼빈John Calvin은 이렇게 말합니다. "이렇게 하나님을 알지 않는 한, 하나님이란 이름만 헛되이 우리 머릿속을 맴돌 뿐입니다."[1]

그리스도인 여러분, 하나 안의 셋과 셋 안의 하나라는 그 신비에 대해 무언가 아시는 여러분, 자신을 이렇게 계시해 주신 하나님께 감사하십시오.

---

1 존 칼빈, 「기독교 강요」, 1권 13장 2절. 크리스챤 다이제스트, 생명의 말씀사, 기독교문사 들에서 우리말로 옮겼다.

창세전에 먼저 우리를 택하신 하나님,

반역자 구하려 저주를 떠메신 하나님,

우리의 마음을 새롭게 만드신 하나님,

끝없는 찬송과 영광을 받으시옵소서.

🔍 더 깊은 공부와 나눔을 위한 질문

1. 기독교 신앙의 가장 초기 신조요 대요를 왜 사도신경이라고 합니까?

2. 사도신경에서 말하는 기독교 신앙의 열두 항목을 다 믿는 것이 왜 중요합니까?

3. 삼위일체(하나님의 한 본질 안의 세 위격)에 대해 구약과 신약의 가르침은 어떻게 다릅니까? 짧게 설명해 봅시다.

4. 다음 중 옳은 진술들은 무엇입니까?

　① 하나님은 한 분뿐이시다.

　② 한 하나님이 세 위격으로 계신다.

　③ 삼위일체는 성경으로만 알 수 있다.

　④ 한 하나님 안에 서로 관계가 있으나 구별된 세 위격이 계신다.

　⑤ 신격 안의 삼위는 완벽하게 어우러진 목적으로 함께 일하신다.

　⑥ 한 하나님이 한마음과 한뜻으로 일하신다.

5. 하나님이 세상을 창조하기 시작하실 때, 성경은 하나님의 영이 수면 위에 운행하셨다고 말합니다(창 1:2). 창세기 1장 26절에는 이렇게 나옵니다. "하나님이 이르시되 우리의 형상을 따라 우리의 모양대로 우리가 사람을 만들고." 여기서 우리는 하나님의 영에 대해 무엇을 배웁니까? 하나님이 인류를 창조하시면서 하신 "우리"라는 말은 하나님에 대해 무엇을 말해 줍니까?

6. 성경에서 삼위일체에 대한 증거 구절을 찾아봅시다. 그러한 구절이 하나님이 하나 안의 셋이심을 어떻게 보여 주는지 설명해 봅시다.

7. 삼위일체 하나님(성부와 성자와 성령)이 계시다는 사실을 머리로 받아들이기만 하면 구원받을 수 있습니까? 그렇지 않다면 그 까닭을 설명해 봅시다.

8. 하나님이 우리 창조주시라는 사실을 믿는 것이 왜 중요합니까?

9. 성령 하나님은 우리 안에서 어떤 일을 하십니까?

10. 우리는 왜 삼위일체 하나님을 믿어야 합니까?

〈머리말〉을 읽으면서 하나님께서 깨닫게 해 주신 것과 베풀어 주신 은혜를 생각하며 감사합시다. 또 깨달아 배우고 확신한 일에 거할 수 있게 해 달라고 기도합시다.

2. 전능하사 천지를 만드신 하나님 아버지를 내가 믿사오며

26문. "전능하사 천지를 만드신 하나님 아버지를 내가 믿사오며" 하고 고백할 때 당신은 무엇을 믿습니까?

답. 아무것도 없는 데서 하늘과 땅과 그 안에 있는 모든 것을 지으시고, 영원한 작정과 섭리로 이 모든 것을 붙드시고 다스리시는 우리 주 예수 그리스도의 영원하신 아버지께서 그 아들 그리스도로 말미암아 내 하나님이요 내 아버지이심을 나는 믿습니다. 그분을 온전히 신뢰하기에 그분이 내 영혼과 몸에 필요한 모든 것을 채워 주시고, 이 눈물 골짜기 같은 세상에서 내게 주시는 어떠한 역경도 마침내 선으로 바꾸어 주실 것을 나는 조금도 의심하지 않습니다. 전능하신 하나님이시기에 그렇게 하실 수 있고, 미쁘신 아버지시기에 기꺼이 그렇게 하십니다.

27문. 하나님의 섭리가 무엇입니까?

답. 섭리란 어디에나 미치는 하나님의 전능하신 능력으로, 하나님이 당신의 손으로 하시듯이 하늘과 땅과 모든 피조물을 붙드시고 다스리시는 것입니다. 그래서 이파리와 풀, 비와 가뭄, 풍년과 흉년, 먹을 것과 마실 것, 건강과 질병, 부와 가난, 참으로 이 모든 것이 우연히 임하는 것이 아니라 하나님의 아버지 같은 손길로 우리에게 임합니다.

28문. 하나님이 만물을 지으시고 그 섭리로 아직도 붙들고 계심을 앎으로 우리는 어떤 유익을 얻습니까?

답. 역경 가운데 인내할 수 있고, 형통할 때 감사할 수 있습니다. 또 앞으로 우리에게 닥칠 모든 일에서도 우리의 미쁘신 하나님 아버지를 굳게 신뢰하여 어떠한 피조물이라도 우리를 하나님의 사랑에서 끊을 수 없으리라고 확신할 수 있습니다. 이처럼 모든 피조물이 하나님의 손안에 있기 때문에, 하나님 뜻이 아니면 꼼짝도 할 수 없습니다.

모든 시대의 교회는 여기서 하나님의 아버지 되심에 대한 자신의 신앙을 고백합니다. 이 교리를 반대하는 사람은 그렇게 많지 않습니다. 성경의 다른 교리는 다 거부하는 사람이라도 하나님이 우리 아버지시라는 개념은 아주 쉽게 받아들입니다. 사실 하나님의 아버지 되심은 그 자연스러운 결과인 모든 사람의 형제 됨과 함께 자유주의와 현대 신학의 전체 체계를 밑받침하는 사상입니다.

믿는 사람의 아버지이신 하나님

하나님은 모든 사람을 창조하셨기 때문에 넓게 보면 모든 사람의 아버지이시지만, 특별한 의미에서는 오직 믿는 사람의 아버지이시라고 성경은 가르칩니다. 예수 그리스도를 참되게 믿는 사람들만이 하나님을 우리 아버지라고 할 수 있습니다. 그리스도 밖에 있는 사람들에게 하나님은 그저 심판하시는 아버지이실 뿐입니다. 우리는 아담 안에서 타락했기 때문에, 이제 죄라는 먼 나라에서 사는 탕자입니다. 예수 그리스도를 믿을 때에만 우리는 다시 하나님의 자녀가 될 수 있습니다. 심판자 하나님은 구속자의 속죄 제사로 말미암아 만족하시고, 당신 아들이 다 이룬 사역을 믿는 모든 사람에게 다시 아버지 하나님이 되십니다.

죄인이 그 마음속에 성령님이 일으키신 믿음으로 그리스도를 영접하는 순간, 하나님은 이 죄인을 의롭다 하시고 당신의 양자로 삼으십니다. 믿는 사람은 하나님의 가족이 되고, 하나님의 상속자요 그리스도와 함께한 상속자가 됩니다(롬 8:17). 바울은 고린도 성도들에게 "만물이 다 너희 것"(고전 3:21)이라고 말합니다. 이 세상이 하나님의 세상이고 하나님이 그들의 아버지이신 까닭에 만물이 다 그들의 차지가 됩니다. 그리스도인은 이 세상 백만장자를 다 합한 것보다 더 부자입니다.

당신의 자녀를 돌보시는 아버지

문제는 하나님의 자녀가 이 사실을 늘 인식하고 있지 못한다는 데 있습니다. 하나님의 자녀는 자신의 특권을 자주 까먹습니다. 하나님이 자기 아버지이신데도, 자꾸 거지처럼 가난뱅이처럼 살아갑니다. 이래서는 안 됩니다. 이것은 잘못된 일이고 죄입니다. 남자아이들이 만나서 이따금 자기 아버지 자랑을 할 때, '우리 아빠는 이것저것 못 하는 일이 없다'며 우쭐거리지 않습니까? 물론 지나치게 부풀려 말할 때도 많습니다. 하지만 믿는 사람이 하늘에 계신 자기 아버지를 아무리 높게 생각한다고 해도, 여기서는 부풀려 말할 위험이 전혀 없습니다.

　내가 믿는 분은 "전능하사 천지를 만드신 하나님 아버지"이십니다. 그렇기 때문에 나와 내 모든 필요 또한 돌보실 수 있습니다. 이것이 믿음이 내리는 결론입니다. 하지만 안타깝게도 믿음은 언제나 이런 결론을 내릴 만큼 담대하지 못합니다. 그래서 결국 많은 그리스도인이 걱정거리를 짊어지고 살아갑니다. 온갖 일로 근심합니다. 이유는 간단합니다. 지극히 높으신 이의 자녀라는 자리가 뜻하는 바를 모르기 때문입니다.

연약한 신자

주 예수님은 산상수훈에서 이 특별한 문제를 다루고 계셨습니다. 예수님은 먹을 것과 마실 것과 입을 것과 그밖에 수많은 것으로 염려하는 사람들에게 말씀하시면서 이러한 말로 이들을 나무라십니다. "믿음이 작은 자들아…… 너희 하늘 아버지께서 이 모든 것이 너희에게 있어야 할 줄을 아시느니라"(마 6:30, 32). 예수님이 이 사람들의 믿음이 작다고 하시는 것을 눈여겨보십시오. 믿음이 아예 없다고 하신 것이 아닙니다. 믿음은 있지만, 거의 알아보기 힘들 정도입니다. 염려와 걱정에서 벗어날 만큼 믿음이 넉넉하지 않았던 모양입니다. 이 사람들이 믿는 사람임을 강조하고 싶습니다. 예수님이 앞에서 말씀하신 대로 심령이 가난하고, 자기 죄와 죄책 때문에 애통하고, 온유하고, 의에 주리고 목마른 사람들입니다(마 5:3-12). 그래서 예수님은 이 사람들한테 "너희 하늘 아버지"라고 말씀하실 수 있었습니다. 이 사람들이 믿는 사람이 아니었다면, 결코 이렇게 말씀하지 않으셨을 것입니다.

실제로 예수님은 바리새인들한테 "너희는 너희 아비 마귀에게서 났으니"(요 8:44) 하고 말씀하셨습니다. 하지만 산상수훈에서는 믿는 사람들에게 말씀하고 계십니다. 믿음이 연약한 것이 틀림없지만, 그래도 믿는 사람들입니다. 이 사람들은 자기네가 하나님 보시기에 잃은 바 되고 무력한 죄인임을 알게 된 사람들입니다. 하나님밖에 자기 소망이 없다고 믿는 사람들입니다. 이들은 믿음이 있습니다. 하지만 연약한 믿음입니다. 구원받기에는 충분하지만, 기쁘고 걱정 없는 믿음의 삶을 살기에는 충분하지 않은 믿음입니다.

오늘날의 교회에도 여전히 이와 같은 사람들이 있습니다. 여러분 중에도 이와 같은 분들이 있으리라고 확신합니다. 여러분은 그리스도를 믿는 믿음이 있습니다. 그리스도가 다 이루신 사역을 신뢰합니다. 그리스도가 하나님 앞에서 여러분의 의이십니다. 하지만 딱 거기까지입니다. 여러분의 믿음은 온통 여러분의 영혼이 구원받는 데에만 관심이 있습니다. 물론 그것이 가장 중요합니다. 제 말을 오해하지 마십시오. 많은 사람이 그러는 것처럼 영혼 구원이 무슨 대수냐고 말하는 것이 아닙니다. 어떤 의미에서 우리의 영혼 구원 말고 중요한 일은 없습니다.

일상생활을 위한 믿음

하지만 성경은 하나님과 하나님의 아들을 믿는 믿음이 우리의 일상생활하고도 관계가 있다고 가르칩니다. 많은 사람이 엇나가는 곳이 바로 여기입니다. 우리는 구원을 위해 그리스도를 믿지만, 날마다 찾아오는 필요와 염려에 대해서는 그리스도를 신뢰하지 않는 듯 보입니다. 그러니까 자꾸 패배하는 삶을 사는 것입니다. 우리는 건강과 일자리와 벌이와 하루하루 살아가는 것 따위의 많은 것을 놓고 걱정합니다.

> 많은 사람이 근심과 절망으로
> 어둠 속을 걷나이다(시 4:6).[2]

이 점에서 우리는 우리를 둘러싼 세상과 별로 다를 것이 없습니다. 우리는 믿지 않는 사람과 똑같이 두려워하고 걱정합니다. 그래서 예수님은 제자들에게 믿음이 작다고 책망하신 것입니다. 이러한 믿음은 구원에 담긴 의미를 깨닫지 못하는 믿음입니다. 제자들의 문제는 하늘에 계신 자기 아버지의 자녀가 된다는 것이 무슨 뜻인지 이해하지 못한 것이었습니다.

창조주로서 하나님의 능력

그래서 이들을 바로잡아 주십니다. 어떻게요? 논리에 맞게 생각하도록 가르쳐 주십니다. 예수님은 이들을 자연 세계로 데려가십니다. 그리고 이렇게 말씀하십니다. '공중의 새를 보라. 심지도 않고 거두지도 않고 창고에 모아들이지도 않는다. 그런데도 너희 하늘 아버지가 기르신다. 또 들의 백합화를 보라. 수고도 않고 길쌈도 않는다. 그런데도 얼마나 아름다운지 보라. 하나님이 친히 그것들을 입히신다(마 6:26-30).'

여러분, 하나님이 새들이 먹는 것과 백합이 입는 것에도 관심이 있으

---

2 8:3, in *The Psalter: with responsive readings*, (United Presbyterian Board of Publication, 1912).

신데, 여러분의 필요에는 관심이 없으시겠습니까? 여러분의 하늘 아버지께 이런 것들보다 여러분이 더 귀하지 않겠습니까?

우리 하나님은 전능하십니다. 잠깐 전능하다는 말을 생각해 보십시오. 하나님이 모든 것을 하실 수 있다는 뜻입니다. 하나님은 하늘과 땅을 창조하신 분이시고, 존재하는 모든 것을 보존하시는 분이십니다.

전능하신 아버지 하나님

사도신경은 하나님의 능력을 하나님의 창조 사역만이 아니라, 하나님의 구원 사역과도 관련짓고 있습니다. "전능하……신 하나님 아버지를 믿사오며." 하나님은 전능하신 아버지이십니다. 그리스도인에게는 하늘에 계신 사랑의 아버지만 있는 것이 아닙니다. 하나님은 또한 전능하신 아버지이십니다. 육신의 아버지는 자녀를 사랑할 수 있지만, 자녀가 곤경에 빠질 때마다 늘 도와주지는 못합니다. 사랑은 있으나, 자주 능력이 모자랍니다. 이를테면, 자녀가 아플 때 자녀를 낫게 할 수 없습니다.

이 점이 하나님과 다릅니다. 하나님의 능력은 하나님의 사랑이 그 자녀를 위해 무엇을 바라든지 다 실행할 수 있습니다. 여러분은 이렇게 말할 수 있습니다. '하나님의 능력은 하나님의 사랑을 섬기는 종이다.'

하나님은 언제나 당신 자녀의 유익을 위해 당신의 능력을 쓰십니다. 바울은 에베소서에서 우리를 향하신 하나님의 지극히 크신 능력에 대해 말합니다(1:19). 우리에게는 우리가 구하거나 생각하는 모든 것에 더 넘치도록 능히 하실 하나님이 계십니다(3:20). 이 말씀을 잊지 마십시오.

우리는 우리의 모든 필요를 들고 하나님께로 갈 수 있습니다. 어떤 문제가 있든, 그것이 죄든, 유혹이든, 가정생활의 어려움이든 하나님께로 가서 여러분의 염려를 모조리 다 맡기십시오. 하나님이 여러분을 돌보시기 때문입니다. 하나님은 전능하신 하나님이시기에 모든 일을 하실 수 있고, 미쁘신 아버지시기에 기꺼이 그 일을 하십니다.

하나님은 모든 사람의 아버지가 아니심

"전능하사 천지를 만드신 하나님 아버지를 내가 믿사오며." 여러분, 사도신경의 이 첫째 항목을 믿으십니까? 하나님이 또한 여러분의 전능하신 아버지십니까?

전능하신 하나님에 대해 번드르르하게 이야기하는 사람이 많습니다. 하지만 이들은 하나님을 '우리 아버지'로 알지 못합니다. 하나님의 아들이신 예수 그리스도를 믿지 않는 까닭입니다. 하지만 하나님을 아버지라고 하지 못하면서 전능하신 하나님이라고 하는 것은 참으로 두려운 일입니다. 왜 그렇습니까? 하나님이 예수 그리스도로 말미암아 여러분의 아버지가 아니시라면, 여러분의 전능하신 원수이시기 때문입니다. 하나님은 여러분을 만드셔서 여러분을 있게 하신 분이십니다. 그러니까 이 전능하신 하나님께 맞서 자꾸 죄를 짓고 하나님의 독생자 믿기를 거부한다면, 여러분은 진노하시는 하나님과 맞닥뜨려야 할 것입니다.

여러분의 아버지가 되실 수 있는 하나님

복음의 소식은 전능하신 하나님이 여러분의 아버지가 되실 수 있다는 것입니다. 하나님께로 오십시오. 여러분이 아버지 집에서 뛰쳐나온 반항아이며 탕자임을 인정하십시오. 성령으로 이 사실을 깨우쳐 주시고 여러분 안에 믿음과 회개를 일으켜 달라고 기도하십시오. 그러면 여러분도 탕자처럼 죄라는 먼 나라를 떠나 집으로 향하게 될 것입니다. 여러분이 아버지의 자녀로 일컬음 받을 자격이 전혀 없다고 느낄지라도 아버지는 그 사랑의 팔로 여러분을 안으시고 '아들아, 잘 왔다' 말씀하실 것입니다. 그러면 여러분은 또한 여러분 아버지의 밥상에 앉고, 아버지 집에 영원히 살 것입니다(시 23:5-6).

🔍 더 깊은 공부와 나눔을 위한 질문

1. 하나님은 우리 모두의 아버지십니까? 설명해 봅시다.

2. 우리는 어떻게 하나님보고 우리 아버지라고 할 자격을 얻습니까?

3. 그리스도인은 하나님의 아버지와 같은 돌보심을 항상 믿습니까? 그렇지 않다면 그 까닭을 설명해 봅시다.

4. 예수님은 연약한 신자들의 근심과 걱정을 특별히 성경 어디에서 다루십니까? 예수님이 뭐라고 하셨습니까?

5. 주 예수님은 믿는 사람들에게 하나님이 아버지와 같이 돌보신다는 사실을 알려 주시려고 어떤 본보기를 쓰셨습니까? 우리는 여기서 어떤 위로를 받아야 합니까?

6. 구원과 관련해서 하나님의 아버지와 같은 돌보심이 우리를 어떻게 격려하고 도울 수

있습니까?

7. 하나님을 자신의 하늘 아버지로 알지 못할 때, 두려워해야 할 사람은 누구입니까? 왜 그렇습니까?

8. 우리가 여전히 반항아이고 거짓의 아비를 섬긴다면, 우리는 자기 아버지 집을 떠난 탕자의 비유에서 어떤 도움을 얻을 수 있습니까? 요한복음 8장 41~44절과 누가복음 15장 11~24절을 봅시다.

〈전능하사 천지를 만드신 하나님 아버지를 내가 믿사오며〉를 읽으면서 하나님께서 깨닫게 해 주신 것과 베풀어 주신 은혜를 생각하며 감사합시다. 또 깨달아 배우고 확신한 일에 거할 수 있게 해 달라고 기도합시다.

3. 그 외아들 우리 주 예수 그리스도를 믿사오니

29문. 왜 하나님의 아들을 예수, 곧 구원자라고 합니까?

   답. 하나님의 아들이 우리를 우리 죄에서 구원하시기 때문입니다. 또 우
   리가 다른 누군가에게 구원을 찾아서도 안 되고, 찾을 수도 없기 때
   문입니다.

**30문. 그렇다면 자신의 구원과 복을 성자들이나 자기 자신이나 다른 곳에서 찾
   는 사람들도 예수님만이 구원자라고 믿는 것입니까?**

   답. 아닙니다. 이런 사람들은 말로는 예수님만이 구원자라고 자랑하지
   만, 행위로는 부인하는 것입니다. 예수님이 완전한 구원자가 아니든
   지, 아니면 참된 믿음으로 이 구원자를 영접하는 사람들이 구원에 필
   요한 모든 것을 이 구원자에게서 찾든지, 둘 중 하나만 사실이기 때
   문입니다.

"전능하사 천지를 만드신 하나님 아버지를 내가 믿사오며"를 고백하고 나
서 교회는 삼위일체의 둘째 위격에 대한 믿음을 고백합니다. 교회는 "그
외아들 우리 주 예수 그리스도"를 믿습니다. 여기에 네 가지 이름(예수, 그

리스도, 아들, 주)이 나옵니다.

"예수"라는 이름의 뜻

예수라는 이름은 그분이 구원자(구주)이심을 말해 줍니다. 여기서 알아야 할 아주 중요한 사실은 하나님이 친히 자기 아들에게 이 이름을 주셨다는 것입니다. 여러분, 요셉 이야기를 아시지요? 요셉은 마리아의 부정不貞을 의심해서 장차 자기 아내가 될 마리아를 떠나려고 그랬습니다. 그러니까 꿈에 주님의 사자가 나타나서 마리아 곁에 그대로 머물러 있으라고 일러 주었습니다(마 1:20). 성령님이 마리아에게 임하셨고 지극히 높으신 이의 능력이 마리아를 덮으셨기 때문에, 마리아는 하나님의 아들을 낳을 것이었습니다(눅 1:35). 천사는 요셉에게 이렇게 가르쳐 줍니다. "그가 자기 백성을 그들의 죄에서 구원할 자이심이라"(마 1:21).

예수라는 이름은 사람이 지어 준 것도, 천사가 지어 준 것도 아니었습니다. 천사를 보내신 바로 그 하나님이 친히 지어 주신 이름이었습니다. 이 예수라는 이름은 하나님이 택하신 자들의 구원을 처음 계획하신 영원 전 작정에까지 거슬러 올라갑니다. 하나님은 모든 사람을 그들이 고의로 불순종해 뛰어든 그 비참에 그냥 놓아두기를 바라지 않으시고, 오히려 그 멸망할 인류 가운데서 몇몇을 영원한 생명으로 택하셨습니다.

이 택함 받은 죄인들은 그 비참함 가운데서 구속해 줄 구원자가 필요했습니다. 여기서 하나님의 자비가 들어옵니다. 하나님께서 친히 그런 구원자를 주셨습니다. 하나님이 당신의 독생자를 주셨고, 이 아드님도 기꺼이 가겠다고 하사 사람이 되셨습니다. 하나님의 아드님은 자진해서 율법 아래 나셨습니다(갈 4:4). "이름을 예수라 하라"(마 1:21). 곧 구원자라 하라는 것입니다. 하나님은 이 아이의 이름 짓는 일을 마리아와 요셉한 테 맡겨 두고 싶지 않으셨습니다. 하나님은 대수롭지 않아 보이는 일까지도 신경 쓰셨습니다. 하지만 사실 이것은 엄청나게 중요한 일이었습니다. 하나님이 자기 아들을 예수라 하신다는 것은 베들레헴에서 난 아이가 실제로 그 이름이 가리키는바, 곧 구원자라는 뜻이기 때문입니다. "그가 자기 백성을 그들의 죄에서 구원할 자이심이라"(마 1:21).

이것이 우리가 예수님을 구원자로 믿을 견고한 터가 됩니다. 말하자면 하나님이 불쌍한 죄인인 우리에게 이렇게 말씀하시는 것입니다. '여기 내 아들, 내 독생자가 있다. 그 이름 예수는 구원자라는 뜻이다. 예수가 구원자인 것은 내가 그를 너희의 구원자로 세웠기 때문이다.'

예수님을 믿어야 함

이것은 또한 하나님이 우리가 예수님 믿기를 바라신다는 뜻입니다. 우리는 우리 죄를 가지고 예수님께 나아가 우리 구원자가 되어 달라고 간청해야 합니다. 예수님은 땅에 계실 때 믿지 않는 유대인들에게 이렇게 말씀하셨습니다. "내 아버지의 뜻은 아들을 보고 믿는 자마다 영생을 얻는 이것이니"(요 6:40). 타락하기 전에는 우리가 또 다른 명령을 지키는 것이 하나님의 뜻이었습니다. "선악을 알게 하는 나무의 열매는 먹지 말라"(창 2:17). 하지만 우리가 이 명령을 어겼기 때문에, 아니, 우리가 아담 안에서 이 명령을 어겼는데도, 은혜로우신 하나님은 '내 아들 예수를 믿어라. 예수는 구원자다' 하는 명령을 가지고 우리에게 두 번째로 오십니다.

우리가 이번에도 복종하지 않는다면, 다시는 기회가 없습니다. 하나님은 세 번째로 오지 않으실 것입니다. 예수님을 믿지 않는다면, 하나님의 진노가 우리를 소멸할 것입니다. 예수님은 하나님이 세우신 구원자이시고, 그래서 유일한 구원자이시기 때문입니다. 베드로는 유대 공회 앞에서 이렇게 말했습니다. "다른 이로써는 구원을 받을 수 없나니 천하 사람 중에 구원을 받을 만한 다른 이름을 우리에게 주신 일이 없음이라 하였더라"(행 4:12). 예수님께서도 친히 이렇게 증언하셨습니다. "내가 곧 길이요 진리요 생명이니 나로 말미암지 않고는 아버지께로 올 자가 없느니라"(요 14:6).

예수님의 이름은 우리가 죄인임을 암시함

그런데도 사람의 본성은 다른 구원자한테서 구원을 찾을 만큼 어리석고 죄악 됩니다. 왜 그렇습니까? 불쌍하고 곤고하고 무력한 죄인으로 구원받고 싶은 마음이 없기 때문입니다. 예수, 곧 구원자라는 이름은 우리가 죄인임을 암시합니다. 우리는 이 사실을 인정하기 싫어합니다. 적어도 우리가 우리 구원을 위해 아무것도 할 수 없는 무력한 죄인임을 인정하고 싶어하지 않습니다. 그러니까 자신만이 우리를 구원할 수 있다고 하는 구주가 우리에게 반가울 리 없습니다. 우리가 선한 행실로 하나님을 향해 몸부림칠 때 우리 옆에서 그냥 거드는 구주라면 거리낄 까닭이 없습니다. 그런데 구주께서는 이렇게 말씀하십니다. '다 내려놓아라. 내가 널 위해 하겠다. 네 도움은 필요 없다.' 우리는 참으로 이런 구주를 바라지 않습니다.

그러니까 우리는 무엇보다 우리한테 예수님이 반드시 필요함을 보게 되어야 합니다. 이것은 성령님이 하시는 일입니다. 성령님은 우리가 본성상 누구이고 어떤 존재인지 보여 주십니다. 곧, 은혜로 구원받기 싫어하는, 잃은 바 되고 교만하고 반항하는 죄인임을 보여 주십니다.

우리의 선행으로 구원받지 못함

우리에게 구원이 필요함을 보게 된 뒤로도 우리는 여전히 우리 스스로 구원을 이루어 보려고 애씁니다. 우리의 회개로, 우리의 기도와 눈물로 하나님을 기쁘시게 하려고 합니다. 이처럼 우리는 성령님이 우리가 가진 것이 아무 가치 없음을 보여 주시기 전까지 우리 손에 있는 무언가를 들고 하나님께 나아가려고 합니다.

성령님은 우리가 무엇을 들고 나아가든 온전함을 요구하시는 거룩하고 의로우신 하나님께 받아들여질 수 없음을 보여 주십니다. 이렇게 해서 유일한 구원자이신 예수 그리스도의 필요성을 우리에게 계시해 주십니다. 성령님은 우리 안에 믿음을 일으키시고, 우리는 이 믿음으로 예수님이 다 이루신 사역을 의지하는 법을 배웁니다.

우리는 우리 자신의 행위를 믿음으로 구원받을 수 없습니다. 심지어 그 자체로 가치 있고 꼭 필요한 신앙의 체험을 믿음으로도 구원받을 수 없습니다. 죄 때문에 슬퍼하고 용서를 비는 것이 우리 안에 착한 일이 시작되었다는 증거일 수는 있겠지만, 여러분은 절대로 여기에 여러분 소망의 근거를 두어서는 안 됩니다. 토플레디Augustus Toplady는 이렇게 말합니다.

> 내 손의 수고로
> 율법의 요구를 이룰 수 없나이다

내 열정이 쉴 줄 모르고

내 눈물 영원히 흐를지 모르나

아무리 애써도 죄 속할 수 없나이다

오로지 주께만 구원이 있나이다.[3]

완전한 구원자이신 예수님

예수님은 하나님이 세우신 구원자이시고, 유일한 구원자이십니다. 그렇기 때문에 또한 완전한 구원자이십니다. 『하이델베르크 교리문답』에서는 "참된 믿음으로 이 구원자를 영접하는 사람들은 구원에 필요한 모든 것을 이 구원자에게서 찾는다"(30문답)고 말합니다. 이것을 생각하십시오! 예수님은 완전한 구원자이십니다. 여러분이 여러분 자신을 볼 때는 아무런 소망이 없습니다. 여러분은 하나님께 드릴 것이 아무것도 없습니다. 여러분은 남들이 신앙 체험한 이야기를 들으며 이런 생각을 합니다. '나도 그런 체험을 해 봤으면 좋겠다. 예수님이 내 구원자시라고 말할 수 있었으면 좋겠다. 그런데 난 아무것도 없네. 마음속엔 온통 불신뿐이구나.'

그런데, 들어 보십시오. 여러분은 주님께 아무런 자격도 가져갈 필요가 없습니다. 여러분의 구원을 사는 데 체험이 가득 든 가방은 필요 없습니다. 여러분이 필요한 모든 것이 예수님께 있습니다. 예수님은 완전하시고, 온전히 풍족하신 구원자이십니다. 여러분은 그냥 있는 그대로 예수님께 가면 됩니다.

---

3 "만세반석 열리니" 새찬송가 494장 2절.

우리 구원에 조금도 이바지하지 못함

'하지만 내가 회개하고 믿어야 하는 것 아닌가요?' 맞습니다. 그렇지만 이 것은 여러분이 스스로 만들어 내야 할 것이 아닙니다. 회개와 믿음은 예수님이 자신에게 오는 모든 사람에게 자신의 주권을 따라 베푸시는 선물입니다. 사도 베드로는 하나님이 이스라엘에게 회개와 믿음을 주시려고 예수님을 높이사 임금과 구주로 삼으셨다고 말합니다(행 5:31).

> 참된 믿음과 참된 회개,
> 우리를 가까이 이끄는 모든 은혜를
> 예수 그리스도께 값없이 와서 사라(사 55:1).

예수님은 완전한 구원자십니다. 십자가 위에서 죽으심으로 구원을 얻으셨을 뿐 아니라, 또한 당신의 성령으로 죄인의 마음속에 구원을 적용하십니다. 예수님이 전부 다 하십니다. 예수님은 우리 믿음의 주요 온전하게 하시는 분이십니다(히 12:2). 그 거룩하신 이름을 찬양합시다!

마음속에서 사탄의 힘을 느끼시는 여러분, 그러니까 용기를 내십시오. 여러분은 죄와 맞서 싸우기에 자신이 너무 연약하다고 거듭 느낍니다. 심지어 예수님을 믿을 힘조차 없습니다. 이런 것들이 여러분의 삶에서 얼마나 뒤엉켜 있습니까!

우리가 필요한 모든 것을 공급하시는 예수님

하지만 예수님을 바라보십시오. 그 이름은 구원자라는 뜻입니다. 성경은 예수님이 "우리에게 지혜와 의로움과 거룩함과 구원함"(고전 1:30)이 되셨다고 말합니다. 우리한테 지혜가 얼마나 필요합니까! 우리는 아무것도 모르는 바보입니다. 의로움도 마찬가집니다. 예수님의 피로 우리 영혼의 죄와 죄책을 덮는 것보다 더 필요한 것이 무엇입니까? 하나님 앞에서 거룩하게 살 수 있으려면 거룩함도 필요합니다. 우리는 날마다 죄로 우리 자신을 더럽히고, 아무리 애써도 욕구 하나 가라앉히지 못합니다.

하지만 예수님이 우리에게 거룩함이 되십니다. 참으로 완전한 구원입니다. 그 이름의 뜻이 구원자이신 이 예수님을 믿으십니까? 예수라는 이름이 여러분에게 의미 있게 들리십니까? 여러분은 이렇게 말씀하실 수 있으신가요?

> 예수님, 예수님 생각만 들어도
> 가슴이 얼마나 벅찬지요![4]

잊지 마십시오! 우리의 신앙 고백이 아무리 건전하고 정통이라 한들, 그것만으로는 심판 날에 아무런 도움이 안 될 것입니다. 참되고 살아 있는 믿음으로 하지 않는 이런 신앙 고백은 심지어 우리를 정죄하는 데 이바지할 것입니다. 여러분이 자유주의자든 보수주의자든, 마음이 넓은 좁든, 다만 마음을 다해 유일하신 구주를 믿지 않는다면, 여러분은 멸망할

---

4 "구주를 생각만 해도" 새찬송가 85장 1절.

것입니다! 성령님이 우리가 이렇게 말할 수 있게 해 주시기를 빕니다.

빈손으로 나아가

주님의 십자가만 꼭 붙드나이다

벌거벗고 주님께 나아가오니 옷 입혀 주소서

하릴없어 주님을 바라보오니 은혜 내려 주소서

더러워서 샘으로 달려가오니 구주여 씻겨 주소서

그렇지 않으면 저는 죽나이다.[5]

🔍 더 깊은 공부와 나눔을 위한 질문

1. 마리아와 요셉에게 약속된 그 아이가 하나님의 아들이셨음을 우리는 어떻게 압니까? 마태복음 1장 18절과 누가복음 1장 35절을 봅시다.

2. 예수라는 이름을 하나님이 친히 지어 주셨다는 사실이 왜 중요합니까?

3. 예수님을 우리의 유일하고 완전한 구원자로 믿는 것이 왜 중요합니까?

4. 예수, 곧 구원자라는 이름이 우리에 대해 무엇을 말해 줍니까?

5. 예수님이 우리 구원자로서 반드시 필요함을 우리에게 보여 주시는 분은 삼위일체의 어떤 위격이십니까?

6. 우리의 선한 행위가 우리를 구원할 수 있습니까? 왜 구원할 수 없는지 말해 봅시다. 선행의 목적은 무엇입니까?

7. 예수님께 구원받기 위해 우리에게 무엇이 필요합니까?

---

5 "만세반석 열리니" 새찬송가 494장 3절.

8. 우리는 회개와 믿음을 어떻게 얻습니까?

9. 우리가 믿음으로 예수님께 나아갈 때 예수님은 어떤 선물을 주십니까?

10. 우리가 믿음으로 예수님께 돌이킬 때 한 번만 돌이키면 됩니까, 아니면 더 자주 돌이
    켜야 합니까? 설명해 봅시다.

〈그 외아들 우리 주 예수 그리스도를 믿사오니〉를 읽으면서 하나님께서 깨닫게 해 주신 것과
베풀어 주신 은혜를 생각하며 감사합시다. 또 깨달아 배우고 확신한 일에 거할 수 있게 해 달
라고 기도합시다.

4. 그리스도라는 이름

31문. 왜 하나님의 아들을 그리스도, 곧 기름 부음 받은 자라고 합니까?

답. 하나님 아버지께 세움 받으시고 성령으로 기름 부음 받으사, 우리 선지자와 제사장과 왕이 되셨기 때문입니다. 우리의 큰 선지자와 선생으로서 우리 구원에 대한 하나님의 감춰진 작정과 뜻을 우리에게 온전히 계시하셨고, 우리의 유일한 대제사장으로서 당신의 몸을 단번에 제물로 드려 우리를 구속하셨고, 우리를 위해 아버지께 항상 간구하시고, 우리의 영원한 왕으로서 당신의 말씀과 성령으로 우리를 다스리시고, 우리를 위해 얻으신 그 구원 안에 있도록 우리를 보호하시고 보존하십니다.

32문. 그런데 왜 당신보고 그리스도인이라고 합니까?

답. 내가 믿음으로 그리스도의 지체가 되어 그리스도의 기름 부음에 동참하기 때문입니다. 그래서 나는 선지자로서 그리스도의 이름을 고백하고, 제사장으로서 나 자신을 감사의 산 제물로 그리스도께 드리고, 왕으로서 이 세상에 사는 동안 자유롭고 선한 양심으로 죄와 마귀에 맞서 싸우고, 그 뒤로는 그리스도와 함께 영원히 모든 피조물을 다스릴 것입니다.

이름에 무슨 뜻이 있습니까? 답은 별 뜻 없다는 것입니다. 적어도 우리 이름은 큰 의미가 없습니다. 하지만 성경 시대에 이름은 중요한 의미가 있었습니다. 부모들은 자녀에게 이름을 지어 줄 때 자녀의 이름이 그들의 성품을 나타내기를 바랐습니다. 하지만 아름다운 이름을 가진 모든 자녀가 부모의 기대에 맞춰 산 것은 아니었습니다. 가룟 유다는 이런 면에서 비참하게 실패했습니다. 유다라는 이름은 '하나님을 찬양하라!'는 뜻이었습니다.

죄인을 구원하시려고 기름 부음 받으신 그리스도

하지만 예수 그리스도는 그 이름의 뜻에 한 치도 어긋남 없이 사셨습니다. 그분은 하나님이 친히 지어 주신 예수라는 이름도 있었지만, 기름 부음 받은 자를 뜻하는 그리스도라는 이름도 있었습니다. 예수가 우리 구주 개인의 이름이라면, 그리스도는 직무상의 이름, 곧 직함이라고 할 수 있습니다. 우리에게 변호사와 시장과 목사가 있는 것처럼, 주 예수님은 그리스도, 곧 기름 부음 받은 자이셨습니다. 그리스도는 히브리 이름인 메시아를 헬라어로 옮긴 것입니다. 구주께서 제자들에게 자신이 누구인지 물으시자 베드로는 이렇게 외쳤습니다. "주는 그리스도시요 살아 계신 하나님의 아들이시니이다"(마 16:16).

베드로의 이 위대한 고백은 이런 뜻이었습니다. '주님은 이스라엘이 그토록 오랫동안 기다려 온 그리스도, 곧 기름 부음 받은 자이십니다.' 구약 시대에는 메시아가 제법 많았는데, 다 참 메시아이신 예수 그리스도를 예표하는 사람들이었습니다.

그리스도의 세 직분이 필요함

하나님은 이 메시아들, 곧 기름 부음 받은 자들을 특별한 직분으로 부르셨습니다. 이 사람들이 그 직무로 구별될 때, 성령님과 그 은사를 나타내는 거룩한 관유로 구별되었는데, 이 관유를 이 특별한 직분으로 부름 받은 사람의 머리 위에 부었습니다(출 29:1-9).

이스라엘에는 선지자와 제사장과 왕이라는 세 직분이 있었습니다. 이 세 직분의 기원은 낙원에까지 거슬러 올라갑니다. 아담은 타락하기 전에 하나님의 직분을 맡은 자였습니다. 이는 아담이 하나님의 종 된 왕이었다는 뜻입니다. 아담은 하나님께는 종이었지만, 피조물에게는 왕이었습니다. 아담은 하나님이 주신 권위로 옷을 입고 온 창조 세계를 다스렸습니다. 하나님의 형상으로 지음 받은 아담은 하나님이 주신 참된 지식과 거룩함과 의로움이 있었습니다.

아담은 하나님과 하나님이 지으신 것에 대한 참된 지식이 있었습니다. 아담이 짐승들 이름을 지어 주는 모습을 생각해 보십시오. 이것은 아담이 그 짐승들의 성격과 특징을 이해했다는 것을 보여 줍니다. 이처럼 아담은 선지자, 곧 진실을 꿰뚫어 보는 능력이 있는 사람이었습니다.

아담은 또 거룩하게 지으심 받았습니다. 이것은 아담이 죄를 짓기 전에는 하나님께 온전히 구별되었다는 뜻입니다. 달리 말해, 아담은 자신의 창조주를 온 마음으로 섬기고, 주님 안에서 가장 큰 기쁨을 찾은 하나님의 제사장이었습니다.

끝으로 아담은 의롭게 지으심 받았습니다. 이것은 아담이 하나님께 온전히 순종했다는 뜻입니다. 의롭다는 말은 하나님께 순종한다는 뜻입니다. 하나님이 시키는 대로 하는 사람은 의로운 일을 행합니다. 그래서 우리는 타락하기 전의 아담이 왕이었다고 말할 수 있습니다. 왕은 다스리는 사람입니다. 아담은 하나님이 자기에게 맡기신 땅을 다스렸습니다. 아담은 선지자로서 하나님의 뜻을 알았고, 제사장으로서 하나님만 섬기기를 바랐기 때문에, 또한 하나님을 대신한 왕으로서 의로운 일을 행할 수 있었습니다.

아담이 낙원에 있을 때의 지위를 이렇게 자세히 설명한 까닭은, 그리스도라는 이름의 뜻을 더 잘 이해하기 위해서입니다.

타락한 죄인들을 회복하시는 그리스도

우리가 예수라는 이름의 뜻을 공부할 때 우리는 그 이름이 구원자라는 뜻이라고 배웠습니다. "그가 자기 백성을 그들의 죄에서 구원할 자이심이라"(마 1:21). 하지만 그리스도라는 이름은 예수님이 당신의 백성을 '어떻게' 구원하시는지를 설명합니다. 곧, 선지자와 제사장과 왕으로서 구원하십니다. 이렇게 해서 그리스도께서는 죄인들을 타락하기 전에 아담 안에서 있었던 그 자리로 되돌려 주십니다.

아담의 타락으로 무슨 일이 일어났습니까? 아담이 순종하지 않아서 아담과 아담 안에서 우리는 이 삼중 직분을 잃어버렸습니다. 더 정확히 말하면, 이 직분이 뿌리째 달라져 버렸습니다. 사람은 이제 참 선지자가 아닌 거짓 선지자가 되어 참된 증언이 아닌 거짓 증언을 합니다. 좋은 제사장이기는커녕 이제 나쁜 제사장이 된 사람은 하나님과 자기 이웃에게 사랑이 아닌 미움의 행실로 반응합니다. 또 왕으로서 땅을 쭉 다스릴지라도, 하나님의 영광이 아닌 자신의 영광을 구하며 이 일을 합니다.

그러나(이것은 복음입니다) 하나님이 그 크신 자비로 우리가 다시 우리 직분을 제대로 이행할 길을 마련해 주셨습니다. 하나님은 그 아들 예수 그리스도를 우리 선지자와 제사장과 왕으로 주셨습니다. 『하이델베르크 교리문답』은 그리스도의 이 삼중 직무를 아름답게 정의합니다.

> 그리스도는 하나님 아버지께 세움 받으시고 성령으로 기름 부음 받으사, 우리 선지자와 제사장과 왕이 되셨습니다. 우리의 큰 선지자와 선생으로서 우리 구원에 대한 하나님의 감춰진 작정과 뜻을 우리에게 온전히 계시하셨고, 우리의 유일한 대제사장으로서 자기 몸을 단번에 제물로 드려 우리를 구속하셨고, 우리를 위해 아버지께 항상 간구하시고, 우리의 영원한 왕으로서 당신의 말씀과 성령으로 우리를 다스리시고, 우리를 위해 얻으신 그 구원 안에 있도록 우리를 보호하시고 보존하십니다(12주일, 31문답).

땅에서 행하신 그리스도의 구원 사역

그리스도께서 이 땅에서 사신 삶은 위에서 고백한 이 진술이 사실임을 똑똑히 보여 줍니다. 그리스도께서는 선지자로서 큰 권위를 가지고 말씀하셨고, 그리스도의 원수들도 이 사실을 인정할 수밖에 없었습니다. "그 사람이 말하는 것처럼 말한 사람은 이때까지 없었나이다"(요 7:46). 그리스도 자신이 진리였고, 그래서 그리스도가 가시는 곳마다 무지한 죄인들은 그분께 구원의 길을 배웠습니다.

그리스도께서는 제사장으로서 십자가 위에서 단번에 죄를 위한 최고의 제사를 드리셨습니다. 또 왕으로서 사람에 대한 권위를 주장하셨습니다. 심지어 바람과 파도를 명하여 자기에게 복종하게 하셨고(막 4:39), 이것으로 당신의 주권을 보이셨습니다.

하늘에서 행하시는 그리스도의 구원 사역

그리스도께서는 이 세 직분을 이 땅에 사시는 동안 행하셨을 뿐 아니라, 지금 이 시간까지도 하늘에서 그대로 행하고 계십니다. 어떻게요? 감동된 하나님 말씀을 당신의 성령으로 우리에게 주셨습니다. 그리스도께서는 지금 선지자로서 당신의 성령으로 말미암아 이 하나님 말씀으로 죄인들을 가르치십니다.

또 당신의 속죄 제사가 주는 구원의 유익을 당신 백성에게 적용하심으로 제사장 직분을 행하십니다.

그리고 하늘과 땅의 모든 권세와 주권을 받으셨기 때문에 왕으로서 당신 아버지 오른편에서 온 우주를 다스리십니다(마 28:18). 참으로 하늘 보좌에서 당신 교회의 전투를 이끄십니다. 당신의 종들이 적 진영에 쳐들어갈 수 있게 하시고, 반역자들을 당신에게 굴복시키시고, 마귀의 일을 멸하십니다.

우리를 회복하시려고 구원하시는 그리스도

성경의 이런 분명한 사실에서 우리는 그리스도가 이 세 직분이란 점에서 죄인의 구원자가 되신다고 결론 내릴 수 있을 것입니다. 타락한 사람은 무지하고, 죄책을 지니고, 부패하게 되었습니다. 이 무지가 참된 지식으로 바뀌고, 죄책이 의로 바뀌고, 부패함이 거룩함으로 바뀔 때에만 사람은 구원받을 수 있습니다.

그리스도 삼중직의 효력을 체험한 사람은 새로운 피조물입니다. 이 사람은 그리스도 안에 있기 때문에, 이전 것은 지나갔고 다 새것이 되었습니다(고후 5:17).

여러분, 그리스도 안에 계십니까? 그리스도께서 여러분의 선지자와 제사장과 왕이십니까? 구원받는다는 것은 단지 복음전도자(좋은 뜻을 가졌지만 잘못 알고 있을)의 압박에 못 이겨 얼떨결에 예수님께 어떤 모호한 감정 반응을 보이는 것이 아닙니다.

우리가 알아야 할 세 가지

구원받으려면 우리는 먼저 무언가를 알아야 합니다. 우리가 알아야 할 것을 우리에게 가르쳐 주실 수 있는 분은 당신의 말씀과 성령으로 가르치시는 그리스도밖에 없습니다. 우리는 우리 죄와 비참을 알아야 합니다. 우리가 멸망할 처지에 있고 지옥으로 가고 있음을 알아야 합니다. 또 우리 죄와 비참에서 어떻게 건짐 받는지도 알아야 합니다.

둘째, 우리에게 그리스도의 깨끗하게 하는 피가 필요함을 느끼게 되어야 합니다. 그리스도의 희생제사만이 우리의 소망이 되어야 합니다. 하나님 앞에서 우리의 끔찍한 죄책을 덮을 수 있는 것은 그리스도의 피밖에 없기 때문입니다.

셋째, 우리는 우리의 칭의만 아니라 우리의 성화를 위해서도 믿음으로 그리스도를 받아들여 죄의 종 된 삶을 그만 살아야 합니다.

그리스도인이라는 이름을 내세우려면, 우리의 무지가 원리로 볼 때 없어졌고, 이제 우리에게 하나님과 우리 자신을 아는 참된 지식이 있음을 알아야 합니다. 또 그리스도 희생의 피로 우리 죄책이 없어진 것과, 그리스도의 다스리시는 능력이 차츰차츰 우리의 죄악 된 욕구를 억누른다는 것도 알아야 합니다. 이것이 그리스도를 믿는다는 뜻입니다. 그리스도를 믿는 참된 믿음은 지성과 감정과 의지를 포함합니다.

전체가 달라짐

저는 감정으로만 그리스도를 받아들이는 것도 그렇지만, 머리로만 그리스도를 아는 것도 조심하라고 말하지 않을 수 없습니다. 그냥 알기만 하는 것은 회심이 아닙니다. 우리의 감정과 의지가 우리의 지식을 따라 바뀌지 않는다면, 그리스도는 우리의 선지자와 제사장과 왕이 아니십니다. 마찬가지로 이것은 단지 의지의 문제만도 아닙니다. 먼저 참되게 알고, 그리스도가 필요함을 느껴야만, 의지가 새로워져서 하나님 앞에서 거룩한 행실을 낳을 수 있습니다.

바울은 로마서 6장 17절에서 우리를 위해 이 모든 것을 간추리고 있습니다. "하나님께 감사하리로다 너희가 본래 죄의 종이더니 너희에게 전하여 준 바 교훈의 본을 마음으로 순종하여." 여기에 다 있습니다. "순종하여"는 의지를 말합니다. "마음으로"는 마음속 감정이나 느낌을 나타냅니다. "교훈의 본"은 머리로 받아들이는 진리의 체계입니다.

우리에게 이런 믿음이 있기를 빕니다. 이런 믿음만이 우리를 구원할 것이기 때문입니다. 그러면 우리는 모든 시대의 교회와 함께 이렇게 고백할 수 있습니다. '전능하사 천지를 만드신 하나님 아버지를 내가 믿사오며, 내 선지자와 제사장과 왕이신 예수 그리스도를 믿사오니.'

🔍 더 깊은 공부와 나눔을 위한 질문

1. 그리스도라는 이름은 무슨 뜻입니까?
2. 우리를 구원하시려고 기름 부음 받으신 그리스도의 세 직분은 무엇입니까?
3. 아담이 타락하기 전에 가졌던 세 직분은 무엇입니까? 아담은 이 직분들을 어떻게 수행했습니까?
4. 타락하고 나서 우리는 이 직분들을 각각 어떻게 잘못 쓰고 함부로 씁니까?
5. 그리스도께서는 땅에 계실 때 기름 부음 받으신 이 세 직분을 어떻게 수행하셨습니까?
6. 지금 하늘에서는 이 세 직분을 어떻게 수행하고 계십니까?
7. 그리스도께서 우리를 구원하시고 회복하실 때, 당신의 말씀과 성령으로 우리에게 가르쳐 주시는 세 가지는 무엇입니까?
8. 우리는 아담 안에서 잃어버린 세 직분이 우리 삶에서 어떤 구실을 하는지 봄으로써, 그리스도께서 우리를 구원하셨는지 안 하셨는지 알 수 있습니까? 로마서 6장 17-18절을 봅시다.

〈그리스도라는 이름〉을 읽으면서 하나님께서 깨닫게 해 주신 것과 베풀어 주신 은혜를 생각하며 감사합니다. 또 깨달아 배우고 확신한 일에 거할 수 있게 해 달라고 기도합시다.

5. 하나님의 외아들 우리 주 예수

33문. 우리도 하나님의 자녀인데, 왜 그리스도를 하나님의 독생자라고 합니까?

답. 그리스도만이 하나님의 영원한 친아들이시기 때문입니다. 하지만 우리는 그리스도로 말미암아 은혜로 입양된 하나님의 자녀입니다.

34문. 당신은 왜 예수님보고 우리 주님이라고 합니까?

답. 예수님이 은이나 금이 아닌 당신의 보배로운 피로 우리 영혼과 몸을 우리 모든 죄에서 구속하시고, 우리를 마귀의 모든 권세에서 건지셔서, 우리를 당신의 소유로 삼으셨기 때문입니다.

교회는 사도신경의 둘째 항목에서 이렇게 고백합니다. "그 외아들 우리 주 예수 그리스도를 믿사오니." 여태까지 우리는 예수와 그리스도라는 이름을 살펴봤습니다. 이제 나머지 두 이름(외아들, 우리 주)을 살펴보겠습니다.

하나님의 영원한 아들이신 예수님

성경에 따르면 그리스도는 하나님의 외아들(독생자)이십니다. 이것은 하나님께 예수 그리스도 한 아들밖에 없으시다는 뜻입니다. 그런데 성경은 많은 곳에서 믿는 사람도 하나님의 자녀라고 말합니다. 이 두 주장을 어떻게 어우러지게 할 수 있을까요? 답은 어렵지 않습니다. 그리스도께서 아들이신 것과 믿는 사람이 아들인 것은 근본에서 다릅니다. 그리스도만이 하나님의 영원한 친아들이시고, 믿는 사람은 입양된 하나님의 자녀입니다.

그리스도는 하나님의 영원한 아들이십니다. 하나님의 아들이 되신 것이 아니라, 언제나 하나님의 아들이셨습니다. 아버지가 영원하신 것처럼 아들도 영원하십니다. 그리스도께서는 베들레헴에서 나실 때 하나님의 아들이 되신 것이 아니었습니다. 거기서 하나님의 영원한 아드님이 우리 살과 피를 입으시려고 이 땅에 오신 것입니다. 그분은 전과 같이 하나님으로 계셨고, 전과 달리 사람이 되셨습니다.

그리스도는 그 영원한 아들 되심 때문에, 외아들이십니다. 아무도 그리스도와 이 아들 됨을 함께하지 않습니다. 그리스도는 이런 점에서 완전히 독특하십니다. 믿는 사람은 시간에 속한 피조물입니다. 그래서 요한이 말하는 것처럼 시간 안에서 하나님의 자녀로 입양됩니다. "영접하는 자 곧 그 이름을 믿는 자들에게는 하나님의 자녀가 되는 권세를 주셨으니"(요 1:12).

하나님의 하나뿐인 친아들이신 그리스도

그리스도는 또한 하나님의 친아들이십니다. 이는 그리스도께서 아버지와 성령님과 같이 하나님의 본성을 지니신다는 뜻입니다. 그리스도는 하나님에게서 나온 하나님이시며 빛에서 나온 빛이십니다(니케아 신조). 모든 아들이 자기 아버지와 본성이나 본질을 함께하는 것처럼, 그리스도께서도 하나님과 같은 본질을 지니십니다.

믿는 사람은 하나님이 입양하신 자녀임

그렇다면 여러분은 그리스도와 믿는 사람 사이에 참으로 어마어마한 차이가 있음을 볼 수 있습니다. 그리스도는 하나님의 영원한 친아들이시고, 믿는 사람은 시간 안에서 입양된 자녀입니다. 이 사실을 똑똑히 보는 것이 중요합니다. 우리의 구원 전체가 이 차이에 달려 있기 때문입니다.

그리스도께서 하나님의 영원한 친아들이 아니었다면, 우리는 절대로 구원받을 수 없었습니다. 그리스도께서는 신성한 능력을 갖추신 하나님이셔야 했습니다. 곧, 우리를 사탄과 죄와 죽음의 권세에서 건져내시고, 하나님 아버지와 화목하게 하시고, 이렇게 해서 하나님의 가정에 우리를 양자로 들이기 위한 자리를 마련하실 능력이 있으셔야 했습니다. 이 입양의 행위로 믿는 사람은 자녀의 모든 권리와 특권을 받지만, 결코 하나님의 친자식이 되지는 못합니다. 믿는 사람은 언제까지나 피조물로 남아 있을 것입니다.

하지만 그리스도와 믿는 사람이 본질에서 이렇게 항상 다르다 해도,

성경은 그리스도와 그 백성 사이에 크게 닮은 점도 있다고 가르칩니다. 요한은 자신의 첫 번째 편지에서 우리가 그리스도와 같을 것이라고 말하고(요일 3:2), 히브리서 기자는 그리스도께서 우리를 형제라 부르시기를 부끄러워하지 않으신다고 말합니다(2:11). 참으로 놀랍지 않습니까? 그리스도께서 죄인인 우리를 부끄러워하지 않으신다니! 우리가 그리스도를 믿고 그리스도께서 다 이루신 사역을 신뢰한다면, 그리스도의 아버지께서 우리를 양자로 삼으시고, 우리는 예수 그리스도의 형제가 됩니다.

우리는 본성상 진노의 자녀임

우리 중에 아무도 본성상 하나님의 자녀가 아닙니다. 성경은 우리가 진노의 자녀요 마귀의 자녀라고 말합니다. 우리는 태어날 때부터 하나님의 자녀인 것이 아니라, 다시 태어남으로 하나님의 자녀가 됩니다. "(네가) 거듭나야 하겠다"(요 3:7)는 예수님이 니고데모와 우리 모두에게 하시는 말씀입니다. 우리는 어떻게 거듭납니까? 성령님이 그리스도의 구원 사역을 우리 마음에 적용해 주셔야 합니다. 성령님은 우리가 우리 죄와 죄책을 깨닫게 하시고 그것을 하나님께 고백하게 하셔서, 예수 그리스도 안에 있는 하나님의 자비를 간구하게 하십니다.

갈보리의 피만이 우리가 간구하는 근거가 됩니다. 이러한 간구는 절대로 헛되지 않습니다. 그리스도가 다 이루신 사역을 믿는 죄인은 오직 그리스도로 말미암아 은혜로 하나님의 용서하심을 받고 하나님의 양자가 됩니다.

우리 안에는 아무것도 없습니다. 정말 아무것도 없습니다. 하나님이 우리를 구원하실 때, 절대로 우리 안에 있는 어떤 좋은 자질 때문에 구원하지 않으십니다. 우리 안에서 어떤 좋은 자질도 보지 않으십니다. 그러니까 하나님은 오직 그리스도로 말미암아 우리에게 자비를 베푸실 수 있습니다. 그래서 가장 끔찍한 죄인도 구원받을 수 있는 것입니다.

우리 주님이신 그리스도

사도신경은 하나님의 독생자가 또한 우리 주님이시라고 말합니다. 구주의 네 번째이자 마지막 이름인 "우리 주"를 살펴봅시다.

그리스도는 두 가지 의미에서 우리 주님이십니다. 먼저 우리를 창조하셨기 때문에 우리 주님이시고, 또 우리를 구속하셨기 때문에 우리 주님이십니다.

그리스도는 삼위일체의 둘째 위격이신 하나님의 아들로서 창조주이십니다. 성경은 하나님이 이 아들로 말미암아 세상을 지으셨다고 말합니다. "지은 것이 하나도 그가 없이는 된 것이 없느니라"(요 1:3). 이처럼 그리스도는 창조주로서 벌써 우리를 소유하시고 온전히 지배하시는 절대군주이십니다. 우리는 그리스도께 우리 생명을 빚지고 있습니다. 그래서 우리 마음과 뜻과 목숨과 힘을 다해 우리 창조주를 사랑해야 합니다.

하지만 우리는 아담 안에서 우리 창조주를 거역했습니다. 우리가 마땅히 섬겨야 할 주님을 거절하고 또 다른 주인인 사탄 섬기기를 더 좋아했습니다. 사탄이 우리 주가 되었고, 우리는 기꺼이 사탄의 노예가 되었습니다.

그런데 무슨 일이 일어났습니까? 우리가 고의로 거절한 우리 주님이 우리에게 내려오셨습니다. 참으로 우리 중 하나가 되셨습니다. 주님은 헤아릴 수 없는 사랑으로 우리가 스스로 가져온 그 비참에 내려오셨고, 지옥에 가야 마땅한 죄인들을 당신의 핏값으로 구속하셨습니다. 이렇게 해서 스스로 우리를 소유할 권리를 얻으셨고, 우리가 주님으로 섬길 수 있게 해 주셨습니다.

전능하신 하나님이신 우리 주님

우리는 어떻습니까? 사탄을 그만 섬기려고 첫발을 내디딥니까? 자원해서 그리스도를 섬기기로 다짐합니까? 아닙니다. 우리는 본성상 얼마나 악하고 어리석은지, 사탄이 우리 삶의 주인인 것을 더 좋아합니다. 그러니까 우리 편에서는 아무런 소망이 없습니다. 하지만 복음의 좋은 소식은 우리에게 전능하신 주님이 계시다는 것입니다. 그분은 죄인을 구속하실 뿐 아니라, 죄의 권세와 사탄의 지배에서 건지시는 주님이십니다.

사탄과 죄와 죽음을 능히 이기신 주님이 옥에 갇힌 우리를 찾아오셔서 옥문을 열어 주십니다. 주님은 부패의 사슬을 끊으시고, 당신과 원수됨을 없애시고, 우리 죄의 어둠을 흩으시고, 당신의 성령으로 우리에게 빛을 비추십니다. 주님이 생명을 주시는 목소리로 우리를 효력 있게 부르시면, 우리는 나사로와 같이 무덤 밖으로 나와서, 도마와 함께 주님 발 앞에 엎드려 겸손히 절하며 "나의 주님이시요 나의 하나님이시니이다" (요 20:28) 하고 말합니다.

"그 외아들 우리 주 예수 그리스도를 믿사오니." 이 얼마나 놀라운 고백입니까! "우리 주"라는 말은 그분이 우리 삶의 절대 주권자라는 뜻입니다. 그분은 우리의 유일한 주님으로서 어떤 경쟁자도 허락하지 않으십니다. 우리가 은혜로 할 수 있게 된 우리 주님이라는 말 속에는 '다른 어떤 주도 섬기지 않겠나이다' 하는 뜻이 담겨 있는 것입니다.

예수님이 우리 주님이심을 어떻게 아는가

우리는 어떻습니까? 예수님이 또한 우리 주님이신가요? 그렇다면 우리는 예수님의 종이요, 사실상 예수님의 노예입니다. 내 몸과 영혼이 그리스도의 것이라면, 내 마음도 그리스도의 것이요 내 생각도 그리스도께로 향합니다. 내 눈으로 보고, 내 귀로 듣고, 내 입으로 말하고, 내 온몸으로 행하는 것, 이 모든 것이 다 그리스도의 것입니다. 그렇다면 그리스도의 마음이 내 마음이고, 그리스도의 뜻이 내 뜻이고, 그리스도의 말씀이 내 율법이고, 그리스도의 율법이 내 기쁨입니다.

그러니까 예수님보고 우리 주님이라고 하는 것은 중대한 문제입니다. 이것은 예수님의 모든 계명을 사랑으로 순종한다는 뜻입니다. 예수님이 당신의 백성을 독재자처럼 다스리신다면 사랑의 순종이란 있을 수 없습니다. 예수님은 우리를 강제로 지배하지 않으십니다. 주님은 언젠가 이렇게 말씀하셨습니다. "나의 멍에를 메고 내게 배우라 그리하면 너희 마음이 쉼을 얻으리니 이는 내 멍에는 쉽고 내 짐은 가벼움이라 하시니라"(마 11:29-30).

이런 주인의 종이 되는 것은 순전한 기쁨과 즐거움입니다. 누구든 참된 그리스도인에게 물어보십시오. 그러면 시편 기자처럼 주님을 섬기는 것이 참되고 지속되는 만족을 준다고 증언할 것입니다.

낮은 자리에 있다 해도

죄악 된 길에서

기쁨을 얻느니

우리 주님 섬길래요(시 84:10).[6]

예수님이 여러분의 주님이십니까? 여러분이 신앙을 고백하는 교회 지체일지 모르겠습니다. 여러분은 주일마다 함께 모인 사람들과 사도신경을 암송합니다. "그 외아들 우리 주 예수 그리스도를 믿사오니." 하지만 언젠가 예수님이 유대인들에게 하신 말씀을 기억하십시오. "나더러 주여 주여 하는 자마다 다 천국에 들어갈 것이 아니요 다만 하늘에 계신 내 아버지의 뜻대로 행하는 자라야 들어가리라"(마 7:21).

그리스도께서는 당신에게 주여 주여 하는 것이 잘못되었다고 하시는 것이 아닙니다. 하지만 그냥 말뿐이라면, 여러분이 죽어서 천국에 가리라는 아무런 보장도 없는 것입니다. 미련한 다섯 처녀도 예수님보고 주님이라고 했지만, 아무런 도움이 안 되었습니다(마 25:11-12). 왜 그렇습니까? 그냥 입술로만 주님이라고 했기 때문입니다. 이렇게 겉으로만 신앙을 고백한다면, 기다리는 것은 언제나 주님의 무시무시한 대답밖에 없을 것입니다. "내가 너희를 도무지 알지 못하니"(마 7:23).

신앙을 고백하는 많은 사람이 천국에 들어가기를 기대하지만, 자기에게 문이 닫힌 것을 보고는 깜짝 놀랄 것입니다. 교회 안에는 천국에 가리라는 기대에 부푼 사람들이 있습니다. 여러분도 그렇습니까? 그렇다고 해도 그러한 기대를 품을 성경의 근거가 있어야 합니다. 여러분은 하늘

---

6 228:2, in *The Psalter: with responsive readings*, (United Presbyterian Board of Publication, 1912).

에 계신 아버지의 뜻대로 행하는 사람들 가운데 들어 있어야 합니다.

믿는 사람은 하나님의 뜻에 복종함

아버지 뜻이 무엇입니까? 기본이 되는 것은 하나님의 아들을 믿는 것입니다. 예수님은 "내 아버지의 뜻은 아들을 보고 믿는 자마다 영생을 얻는 이것이니 마지막 날에 내가 이를 다시 살리리라"(요 6:40)고 말씀하십니다.

여러분, 성경을 읽거나 이 아들에 대한 말씀을 들을 때, 이 아들을 보십니까? 성경과 참된 설교에서 이 아들이 우리와 같은 죄인을 구원하실 능력과 마음이 있다고 말합니다. 그분을 믿으십시오. 그 외아들 우리 주 예수 그리스도를 믿으십시오. 그리고 이렇게 말씀드리십시오. '제 주님도 되어 주옵소서. 친히 제 마음 보좌에 앉으사 저를 주님 것으로 삼아 주옵소서.'

하나님의 아들을 믿으십시오. 그러면 여러분은 기꺼이 이 아들의 종이 되고, 그 아버지의 양자가 될 것입니다.

🔍 더 깊은 공부와 나눔을 위한 질문 ////////////////////

1. 예수 그리스도를 고백하고 믿는 데서 우리가 꼭 알아야 할 우리 구주의 나머지 두 이름은 무엇입니까?

2. 하나님의 독생자이신 예수님과 하나님의 자녀인 믿는 사람은 어떤 점에서 다릅니까?

3. 하나님의 아들이신 예수님과 하나님의 양자인 믿는 사람의 비슷한 점은 무엇입니까?

4. 하나님의 독생자께서 우리가 하나님의 양자가 되게 하시려고 어떤 일을 하셔야 했습니까?

5. 우리는 어떻게 하나님의 양자가 됩니까?

6. 우리는 어떻게 사탄을 그만 섬기고 예수님만을 우리 주님으로 섬길 수 있습니까?

7. 우리가 예수님을 우리 주님으로 참되게 섬기고 있는지 어떻게 알 수 있습니까?

8. 하나님 뜻에 복종한다는 것이 무슨 뜻입니까?

〈하나님의 외아들 우리 주 예수〉를 읽으면서 하나님께서 깨닫게 해 주신 것과 베풀어 주신 은혜를 생각하며 감사합시다. 또 깨달아 배우고 확신한 일에 거할 수 있게 해 달라고 기도합시다.

6. 동정녀에게서 나신 그리스도

35문. "이는 성령으로 잉태하사 동정녀 마리아에게 나시고"는 무슨 뜻입니까?

　답. 참되고 영원한 하나님이신 하나님의 영원한 아드님이 변함없이 참
　　　되고 영원한 하나님으로서 성령의 일하심으로 동정녀 마리아의 살과
　　　피에서 참된 인성을 취하셨다는 뜻입니다. 이렇게 해서 또한 다윗의
　　　참된 자손이 되시고 범사에 자기 형제들과 같이 되셨지만, 죄는 없으
　　　셨습니다.

36문. 그리스도의 거룩하신 잉태와 탄생은 당신에게 어떤 유익을 줍니까?

　답. 우리의 중보자이신 그리스도께서 자신의 죄 없으심과 온전한 거룩하
　　　심으로 내가 잉태되고 태어날 때부터 지니고 있는 그 죄를 하나님 앞
　　　에서 덮어 주십니다.

"보라 네가 잉태하여 아들을 낳으리니 그 이름을 예수라 하라"(눅 1:31). 천
사 가브리엘은 깜짝 놀란 마리아에게 맏아들이 태어나리라는 소식을 이
렇게 알렸습니다. 이 소식을 들은 마리아의 반응은 지극히 당연한 것이었
습니다. 마리아는 이렇게 묻습니다. "나는 남자를 알지 못하니 어찌 이 일

이 있으리이까"(눅 1:34)? 사가랴의 경우처럼 믿음이 없어서 이렇게 물은 것이 아니었습니다. 마리아는 천사의 말을 믿었습니다. 다만 설명을 해 달라고 한 것뿐이었고, 대답을 들었습니다.

마리아를 덮으신 성령님

이 소식이 왜 마리아에게 심각한 문제가 되었는지 이해하려고 수정 과정을 낱낱이 파헤칠 필요는 없습니다. 처녀가 애어머니가 되려고 한다니요? 누가 그 사실을 믿으려고 했겠습니까? 요셉은 어떻게 생각했을까요?

그때 가브리엘이 이어 설명합니다. "성령이 네게 임하시고 지극히 높으신 이의 능력이 너를 덮으시리니 이러므로 나실 바 거룩한 이는 하나님의 아들이라 일컬어지리라"(눅 1:35). 이것이 천사가 마리아에게 말한 전부입니다. 이 설명은 마리아에게 충분해 보였습니다. 그러니까 우리한테도 충분해야 합니다.

하지만 안타깝게도 많은 사람이 이 설명에 만족하지 못하고, 그리스도가 처녀에게서 나신 것을 의심했습니다. 그리고 더 많은 사람이 이 사실을 완전히 부인했고, 여전히 부인하고 있습니다. 세상 사람들이 이 교리를 거부하는 것은 그리 놀랄 일이 아닙니다. 그런데 많은 종교 지도자들조차 이 교리를 문제 삼거나 부인하는 것은 참으로 서글픈 일입니다. 여러분은 갈수록 이런 식으로 이야기하는 것을 더 자주 듣게 될 것입니다. '동정녀 탄생이 꼭 필요한 것은 아니다. 그것이 그리스도가 나신 영적 의미를 이해하는 데 영향을 미치지는 않으니까.'

동정녀에게서 나실 것을 예언함

하지만 성경은 그리스도께서 말 그대로 동정녀에게서 나셨다고 크게 강조합니다. 동정녀 탄생은 잃어버린 죄인을 구속하시고 구원하시려는 하나님의 전체 계획에서 없어서는 안 될 요소로 여겨집니다.

하나님은 아담과 하와가 타락하자마자 이들에게 찾아오셔서 그리스도에 대한 약속을 선언하셨습니다(창 3:15). 주님이 '오실 이'를 어떻게 설명하셨는지 눈여겨보십시오. "여자의 후손"이 뱀의 머리를 상하게 할 것이라고 똑똑히 말씀하십니다. 구원자는 남자의 후손이 아니라 여자의 후손일 것이었습니다.

이 예언은 몇 백 년이 흘러 이사야서에서 더욱 뚜렷해졌습니다. 이사야 선지자는 여호와께 징조를 구하지 않겠다고 한 아하스에게 이렇게 말합니다. "그러므로 주께서 친히 징조를 너희에게 주실 것이라 보라 처녀가 잉태하여 아들을 낳을 것이요 그의 이름을 임마누엘이라 하리라"(7:14). 여기서 처녀라는 히브리 말을 보면, 이사야가 특정한 처녀를 생각하고 있었다는 것을 알 수 있습니다. 이 처녀는 창세기 3장 15절의 "여자"를 가리키는 것이 틀림없었습니다. 이 탄생은 여호와께서 친히 주신 징조였기 때문에 독특해야 했습니다. 여자가 보통 출생법으로 아이를 낳는 것은 특별한 일이 아니기 때문에, 평범한 탄생은 징조 구실을 하기가 어려웠을 것입니다.

이사야 9장 6절에서는 태어날 아기가 또한 전능하신 하나님이시라고 말하고, 미가 5장 2절에서는 오실 메시아를 그 근본이 상고에, 영원에 있으신 분이라고 말합니다. 이러한 예언들은 그리스도께서 인류에 완전히 독특하게 들어오실 것을 요구하는 것이 틀림없습니다. 동정녀 탄생을 문제 삼거나 부인하는 사람은 그리스도의 신성에 대해서도 같은 일을 합니다. 이 둘은 떼려야 뗄 수 없는 관계에 있습니다. 사실 사람들은 그리스도의 신성을 문제 삼는 만큼만, 동정녀 탄생의 사실이나 필요도 문제 삼습니다.

동정녀 탄생의 필요성

그리스도께서 왜 처녀에게서 나셔야 했습니까? 사람의 죄를 속하셔야 했기 때문입니다. 그리스도께서는 하나님의 율법이 요구하는 바를 만족시키셔야 했습니다. 이것은 한낱 사람이 도무지 할 수 없는 일이었습니다. 그래서 그리스도는 그냥 사람이어서는 안 되었고, 완전히 의로운 사람이어야 했습니다. 여기서 동정녀 탄생이 들어옵니다. 이 기적 같은 탄생은 그리스도가 아담의 원죄에 물들지 않은 인성을 취하리라는 보증입니다. 그리스도는 아담을 자기 아버지로 둘 수 없었습니다. 그 아버지에 그 아들이었을 테니까요.

하나님이 자기 아버지가 되셔야만, 오염을 피할 수 있었습니다. 그리고 바로 이 일이 일어났습니다. 천사는 마리아에게 이렇게 말합니다. "성령이 네게 임하시고 지극히 높으신 이의 능력이 너를 덮으시리니 이러므로 나실 바 거룩한 이는 하나님의 아들이라 일컬어지리라"(눅 1:35). 누군가 이런 식으로 바르게 말했습니다. "우리 주님은 신성으로 어머니가 없으신 것처럼, 인성으로는 아버지가 없으시다. 인자The Son of man는 남자의 아들man's son이 아니다. 이렇게 해서 아담서부터 대대로 이어져 내려온 사슬이 끊어졌다."

그리스도의 나심은 욥의 물음에 대한 답입니다. "누가 깨끗한 것을 더러운 것 가운데에서 낼 수 있으리이까"(욥 14:4)? 하나님이 이 물음에 친히 답하셨습니다. 그리스도의 기적 같은 성육신으로 이사야의 예언이 이루어집니다. "보라 내가 새 일을 행하리니"(사 43:19). 베들레헴에서 깨끗한 존재가 처녀에게서 태어납니다.

하나님의 저주 아래 태어남

그런데 그 자체로 거룩하신 그분이 우리 죄와 죄책을 짊어지셨습니다. 그리스도께서는 자기 백성의 대표로서 친히 어마어마한 죄 짐을 지셨습니다. 사도 베드로는 그리스도께서 우리가 당신의 신성한 성품에 참여하게 하시려고 우리의 인성을 입으셨다고 말합니다(벧후 1:4). 그리스도께서는 우리를 죄 없고 의로운 상태로 데려가시려고, 우리의 죄책 있는 상태로 들어오셨습니다.

　여러분과 저는 본성상 저주 아래 있습니다. 하나님이 우리에게 진노하십니다. 오직 그리스도께서만 이것을 바꾸실 수 있습니다. 그리스도만이 저주를 물리치실 수 있고, 하늘이 다시 우리에게 웃음 짓게 하실 수 있습니다. 그래서 비참의 상태와 수치의 구렁에 빠지신 것입니다. 이 얼마나 겸손한 은혜입니까! 죄책 있고 부패한 죄인들에게 내려오시려고 자기 아버지의 영광을 기꺼이 떠나셨습니다. 더욱 놀라운 사실은 그리스도께서 오셨을 때 아무도 그분을 맞이하지 않았다는 것입니다. 그리스도께서 이르셨을 때 문이 다 잠겨 있었습니다. 요셉과 마리아는 베들레헴 거리를 살피며 여기저기 문을 두드렸지만, 어디를 가나 대답은 한결같았습니다. '죄송합니다. 더는 묵을 방이 없네요.'

　여러분은 다르십니까? 여러분은 마음에 그리스도를 맞아들이십니까? 우리는 본성상 맞아들이지 않습니다. 그리스도께서 여러분의 초대를 기다리셔야 했다면, 그리스도께서도 한 사람도 받아들이지 못하셨을 것입니다. 그래서 그리스도께서는 이렇게 말씀하셨습니다. '나는 어쨌든 간다. 방도 많이 필요 없다. 마구간도 쓸 만하다. 구유도 괜찮다. 세상에 들어가 내 구원 사역을 시작할 수만 있다면, 성경을 이루고 기쁜 소식을 전하려고 간다.'

놀라운 사랑

이 얼마나 놀라운 사랑입니까! 여러분은 이 사랑에 사로잡힌 적 있으십니까? 아니면 너무 무디고 둔해서 어떤 일을 봐도 무덤덤하십니까? 그리스도께서 여러분에게 어떤 의미가 있으신가요? 『하이델베르크 교리문답』 36문에서는 이렇게 묻습니다. "그리스도의 거룩하신 잉태와 탄생은 당신에게 어떤 유익을 줍니까?" 답은 이렇습니다. "우리의 중보자이신 그리스도께서 자신의 죄 없으심과 온전한 거룩하심으로 내가 잉태되고 태어날 때부터 지니고 있는 그 죄를 하나님 앞에서 덮어 주십니다."

엄청난 관심을 보이는 사탄

하지만 지옥도 주목하고 있습니다. 사탄도 아주 큰 관심을 보입니다. 여기에 무언가 새로운 것이 있기 때문입니다. 세상에 태어나는 모든 아이는 그 마음속에 사탄이 있습니다. 썩 듣기 좋은 얘기는 아니지만, 그래도 사실입니다. 마귀는 우리가 어느 정도 나이를 먹고 나서 우리 마음속에 들어오는 것이 아닙니다. 처음부터 거기에 있습니다. 아담의 죄가 모든 아이에게 전가되기 때문입니다. 이렇게 말하기가 망설여지지만, 그러니까 모든 아이는 본성상 사탄의 자녀입니다. "너희는 너희 아비 마귀에게서 났으니"(요 8:44). 이것은 예수님이 친히 하신 말씀입니다.

하지만 이 아이(그리스도를 말함)는 마귀의 자녀가 아닙니다. 사탄도 이 사실을 잘 알고 있습니다. 그래서 이 아이를 살려 두면 안 되겠다고 마음먹었습니다. 사탄은 경쟁자를 받아들일 수 없습니다. 사람 마음속에 주와 주인으로 끝까지 남아 있고 싶기 때문입니다. 그래서 이 아이를 없애려고 할 수 있는 일을 다 합니다. 베들레헴에 있는 아이를 모조리 죽이는 일이라도 마다하지 않습니다. 사탄은 예수님이 거룩하시고 죄가 없으셨음을 압니다. 여러분도 이 사실을 아십니까? 여기서 여러분의 기쁨이 나옵니까?

우리 죄와 죄책을 온전히 덮으시는 예수님

예수님은 반드시 처녀에게서 나셔야 했습니다. 그래야 하나님 앞에서 우리를 덮으실 수 있었습니다. 덮는다는 말은 죄를 속한다는 뜻입니다. 회막에서 속죄소를 덮은 피가 사람들의 죄를 덮거나 속했습니다. 이처럼 예수 그리스도께서도 당신이 소유한 자들의 죄를 덮으십니다. 이들의 본죄만 아니라 원죄도 덮으십니다.

이것이 예수님이 처녀에게서 나신 뜻입니다. 예수님은 우리 죄가 시작한 곳에서 시작하셨습니다. 우리의 시작이 악하기 때문에, 예수님의 시작은 선해야 했습니다. 우리는 살면서 죄악 되지 않거나 부패하지 않은 적이 한순간도 없기 때문에, 살면서 죄가 있거나 순결하지 않은 적이 한순간도 없었던 중보자가 필요합니다. 엘리야가 언젠가 과부의 죽은 아들 위에 자기 몸을 쭉 펴서 엎드렸던 것처럼(왕상 17:21), 그리스도께서는 우리의 죄악 된 삶에 자기 몸을 쭉 펴서 엎드리십니다. 이렇게 해서 우리를 완전히 덮으십니다. 이제 우리 죄는 하나님 눈에 보이지 않습니다. 어려서 지은 죄, 젊어서 지은 죄, 어른이 되어서 지은 죄, 늙어서 지은 죄, 이 모든 죄를 그리스도께서 당신의 완전한 의로 덮어 주십니다. 하나님이 지금 우리를 보실 때, 우리가 믿는 사람이라면, '하나님은 결코 우리를 보시지 않고 그리스도만 보신다'고 말할 수 있을 것입니다.

모든 죄인을 초대하심

여러분, 이것이 얼마나 놀랍고 얼마나 필요한 일인지 보이지 않으십니까? 여러분은 '나한테는 일어날 수 없는 일이야' 하며 걱정할지 모릅니다. 마음속에서 이런 소리가 들립니다. '넌 너무 죄가 많아.' 그 소리에 귀 기울이지 마십시오. 사탄의 목소리입니다. 사탄은 여러분을 자기 손아귀에서 놓치고 싶어 하지 않습니다. 하지만 그리스도께서는 젊은 사람이나 늙은 사람 할 것 없이 자기에게 와서 자신의 거룩한 잉태와 탄생에서 유익을 얻으라고 초대하십니다. 그러니까 이렇게 말씀하십시오. '주님, 제 악함을 아오나 주님께 나아갑니다. 주님의 덮으심이 필요합니다.'

그리스도께서는 가장 흉악한 죄인도 자신의 덮개 안으로 맞아 주십니다. 이 덮개를 여러분에게 끌어당기십시오. 머리끝부터 발끝까지 다 덮이도록 끌어당기십시오. 그리스도의 날개 아래 숨으십시오. 그러면 영원히 안전할 것입니다.

네가 그 날개 아래 거하고

그 보살핌으로 안전하리니

그 성실하심이 언제까지나

너의 확실한 방패막이라(시 91:4).[7]

🔍 더 깊은 공부와 나눔을 위한 질문

1. 천사 가브리엘은 예수님이 태어나실 기적 같은 방식에 대해 마리아에게 뭐라고 했습니까?

2. 하나님은 아담과 하와에게 여자의 후손에 대해 뭐라고 하셨습니까?

3. 이사야 선지자는 아하스에게 다가올 임마누엘의 탄생에 대해 뭐라고 했습니까? 이사야 7장 14절 봅시다.

4. 선지자 이사야와 미가는 하나님과 관련해 오실 메시아의 탄생에 대해 뭐라고 했습니까? 이사야 9장 6절과 미가 5장 2절을 봅시다. 이 말씀들은 오실 메시아에 대해 무엇을 보여 줍니까?

5. 그리스도의 동정녀 탄생이 죄의 오염에 대해 무엇을 보증합니까?

6. 동정녀 탄생은 "누가 깨끗한 것을 더러운 것 가운데서 낼 수 있으리이까?"(욥 14:4)라고 한 욥의 물음에 어떻게 답합니까?

7. 그리스도의 동정녀 탄생이 죄인인 우리가 죄의 저주에서 벗어날 수 있음을 어떻게 보증합니까?

8. 그리스도께서 동정녀 마리아를 통해 세상에 오시는 것에 사탄은 왜 그리 관심을 보였

---

7 248:4, in *The Psalter: with responsive readings*, (United Presbyterian Board of Publication, 1912).

습니까?

9. 그리스도께서 동정녀 마리아에게서 아이로 태어나신 것이 그리스도께서 그리스도인의 모든 죄와 죄책을 온전히 덮어 주신다는 것을 어떻게 보증합니까?

〈동정녀에게서 나신 그리스도〉를 읽으면서 하나님께서 깨닫게 해 주신 것과 베풀어 주신 은혜를 생각하며 감사합시다. 또 깨달아 배우고 확신한 일에 거할 수 있게 해 달라고 기도합시다.

7. 본디오 빌라도에게 고난을 받으사

37문. "고난을 받으사"라는 말은 무슨 뜻입니까?

    답. 그리스도께서 이 땅에 사시는 내내, 더구나 생의 마지막 시기에 온 인류의 죄에 대한 하나님의 진노를 당신의 몸과 영혼에 짊어지셨다는 뜻입니다. 이렇게 하신 까닭은, 유일한 화목제물로 고난을 받으셔서, 우리 몸과 영혼을 영원한 저주에서 구속하시고, 우리를 위해 하나님의 은혜와 의와 영원한 생명을 얻으시기 위해서였습니다.

38문. 그리스도께서는 왜 재판관 "본디오 빌라도" 아래서 고난을 받으셨습니까?

    답. 그리스도께서 죄가 없으시나 세상의 재판관에게 정죄를 받으신 것은, 이것으로 우리가 받아야 할 하나님의 준엄한 심판에서 우리를 구원하시기 위해서였습니다.

이제 사도신경 네 번째 항목 가운데 하나인 "본디오 빌라도에게 고난을 받으사"를 생각해 보겠습니다. 사도신경은 이러한 구절로 그리스도의 고난을 설명하고 있습니다.

그리스도 고난의 독특함

언뜻 보면 구주의 삶에서 일어난 이런 세세한 일들에 별다른 점이 없어 보입니다. 모든 사람에 대해 이렇게 말할 수 있지 않습니까? 어느 누구나 이와 비슷한 일을 겪지 않습니까? 사람은 누구나 다 태어나서 세상에 들어오고, 어느 정도 어려움을 겪고 나서 다시 세상을 떠나지 않습니까? 여기에 무슨 독특한 점이 있습니까? 물론 모든 사람이 십자가에 못 박히지는 않습니다. 하지만 예수님 때에 그렇게 끔찍하게 죽는 것은 결코 보기 드문 일이 아니었습니다. 육체와 정신의 고통을 놓고 말하자면, 그리스도 이전과 이후에 그리스도만큼, 아니 그리스도보다 더 많이 고통받은 사람들이 틀림없이 있었습니다.

그런데 성경은 그리스도의 고난이 독특하고 비길 데 없었다고 말합니다. 그리스도의 고난은 무엇과도 견줄 수 없습니다. 이 주장을 살펴봅시다.

사시는 내내 고난받으신 그리스도

사도신경은 그리스도께서 본디오 빌라도 아래서 고난을 받으셨다고 말합니다. 자칫 잘못하면 이 구절을 오해할 수 있습니다. 이 구절을 보고 그리스도께서 이 땅에 사신 마지막 며칠 동안, 곧 빌라도의 군인들에게 채찍질당하시고, 이어 십자가에 못 박히신 그때에만 고난을 받으셨다고 생각하는 사람이 있을 수 있습니다. 그렇지만 사실은 그리스도께서 사시는 내내 고난받으셨다는 것입니다. 신약에서는 예수님의 고난을 구주께서 비우셔야 했던 잔으로 표현합니다. 그리스도는 요람에서부터 무덤에까지,

그 어머니 마리아에게 나실 때부터 재판관 빌라도 아래서 고난을 받으실 때까지, 이 쓰디쓴 잔을 조금씩 조금씩 마셔야 했습니다.

몸과 영혼으로 고난받으신 그리스도

예수님은 몸과 영혼으로 고난받으셨습니다. 육신의 고난은 태어나시면서 짐승 여물통에 누이실 때 벌써 시작되었습니다. 그리고 여드레 뒤에 할례를 받으셨습니다. 두 살 때는 화가 잔뜩 난 헤롯을 피해 애굽으로 도망가셔야 했습니다. 생의 마지막에 이르러서는 온갖 고초를 겪으셨습니다. 재판받으시는 동안 맞으시고 채찍질당하셨고, 군병들이 이마에 가시관을 눌러 씌웠습니다. 갈보리에서 그 손과 발에 못이 박혔습니다. 정맥에서 피가 흘러나오자, 순식간에 열이 퍼져 온몸이 펄펄 끓었고, 혀는 바싹 말라 입천장에 달라붙었습니다. 그리스도께서는 육신으로 이루 말할 수 없는 고난을 받으셨습니다.

하지만 그리스도께서는 영혼으로도 고난받으셨습니다. 광야에서 시험당하신 것을 생각해 보십시오. 바리새인과 서기관들이 시도 때도 없이 그리스도의 말씀을 책잡으려고 한 것을 생각해 보십시오. 자기 백성 이스라엘에게는 업신여김과 거절을 당하셨습니다. 또 부도덕하고, 먹기를 탐하고, 술꾼과 창녀와 사기꾼의 친구라는 비난을 받기도 하셨습니다(눅 7:34).

가장 가까운 친구가 자기를 부인했고, 또 다른 친구는 자기를 팔아넘겼습니다. 마침내 모든 제자가 자기를 저버렸습니다. 주 예수님은 이 모든 일로 얼마나 마음이 상하셨을까요! 그리스도의 영혼은 틀림없이 사람들의 관심 없음과 믿지 않음과 쌀쌀함에 쓰라린 아픔을 맛보셨을 것입니다.

이 영혼의 고난은 핏방울 같은 땀을 짜내신 겟세마네에서 그 절정에 다다릅니다. 그리스도께서는 거기서 이렇게 울부짖으십니다. "내 마음이 심히 고민하여 죽게 되었으니"(막 14:34). 또 십자가 위에서는 크게 놀라시며 이렇게 물으십니다. "나의 하나님 어찌하여 나를 버리셨나이까"(막 15:34)?

예수님의 고난이 왜 독특했는가

참으로 그리스도 이전이나 이후에나 그리스도께서 견디신 것을 견뎌야 했던 사람은 없습니다. "나의 고통과 같은 고통이 있는가 볼지어다 여호와께서 그의 진노하신 날에 나를 괴롭게 하신 것이로다"(애 1:12). 여기서 예레미야는 예수님이 당하신 고난의 본질을 올바르게 설명하고 있습니다. 그리스도의 고난이 왜 그리 독특했습니까? 그리스도의 고난은 죄인을 대신하는 고난이었기 때문입니다. 그리스도는 죄인의 대리자요 대표자로 고난받으셨습니다. 그리스도가 죄에 대한 하나님의 진노를 짊어지신 것은, 그리스도 자신이 죄인이어서가 아니라 그 백성의 죄가 그리스도의 것으로 여겨지고, 그리스도께로 전가되었기 때문이었습니다.

이사야보다 이것을 더 아름답게 이야기한 사람은 없습니다. 이사야 선지자는 교회를 대표해 이렇게 외칩니다. "그가 찔림은 우리의 허물 때문이요 그가 상함은 우리의 죄악 때문이라……여호와께서는 우리 모두의 죄악을 그에게 담당시키셨도다"(사 53:5-6). 그러니까 그리스도께서 견디신 것은 하나님이 그리스도께 하신 일이었습니다. 그리스도께서 사람의 손에 고난을 받으셨다는 것도 틀림없는 사실입니다. 하지만 우리는 그 안에서 그리고 그 뒤에서 심판자이신 하나님의 손을 봐야 합니다.

빌라도에게 죄가 없다고 선고받으신 예수님

여기서 빌라도가 들어옵니다. 어떤 사람들은 사도신경에 왜 빌라도의 이름이 있는지 궁금해합니다. 왜 주일마다 세상 곳곳에 있는 교회에서 이교도의 이름을 암송해야 합니까? "본디오 빌라도에게 고난을 받으사."

그 까닭은 이렇습니다. 예수님이 로마 관리였던 본디오 빌라도 치하에서 고난을 받으셨기 때문입니다. 그리스도를 재판할 때 빌라도는 정부를 대표하는 재판관이었습니다. 정부는 하나님의 사역자입니다(롬 13). 그러니까 빌라도는 하나님의 사역자입니다. 물론 빌라도는 이 사실을 몰랐지만, 그렇다고 해서 달라질 것은 없습니다. 빌라도는 교회에 엄청나게 중요한 두 가지 일을 합니다. 빌라도는 먼저 하나님의 공의의 사역자로서 그리스도께 죄가 없다고 선언합니다. "나는 그에게서 아무 죄도 찾지 못하였노라"(요 18:38)는 것이 빌라도의 판결입니다.

이것은 다른 무엇보다도 그리스도가 하나님이 요구하시는 제사에 알맞은 양이라는 뜻입니다. 여러분은 구약 시대에 제사장이 제물로 쓰려고 짐승을 받으려면, 먼저 그 짐승이 얼마나 흠 없고 완전해야 했는지 기억하실 것입니다. 그래서 성전으로 데려가기에 앞서 그 짐승을 주의 깊게 살펴봤습니다.

유대 지도자들은 하나님의 어린양을 아주 주의 깊게 살펴봤지만, 이 어린양이 자격이 없다고 판단했습니다. 이 사람들은 예수님이 필요 없었고, 그래서 이렇게 말했습니다. '이 사람은 쓸모없는 선생이요. 쓸모없는 선지자고 메시아고 구원자요. 또 죄인에다가 신성 모독자요. 그러니까 없애 버립시다! 이런 어린양은 성소에 어울리지 않소.' 그래서 예수님을 빌라도한테 데려갔습니다. 예수님은 거기서 순순히 두 번째 검사를 받으십니다.

그리스도는 이스라엘과 그 백성의 영적 권세인 산헤드린 공회가 보는 앞에서 총독 앞으로 끌려 나옵니다. 빌라도는 이 어린양을 모든 각도에서 살펴봅니다. 그리스도의 인격과 사역, 그리스도가 교회와 사회 영역에서 한 일들을 들여다봅니다. 그런데 낱낱이 살펴보더니 예수님께 죄가 없다고 선언합니다. '이스라엘 지도자 여러분, 여러분은 이 사람이 죽어 마땅한 죄를 지었다고 하는데, 이 사람을 풀어 줘야겠습니다. 이 사람은 아무 잘못이 없습니다.'

하나님의 교회여, 그러니까 기뻐하십시오! 예수님이 세상의 최고 법정에서 무죄 선고를 받으셨습니다. 빌라도는 하나님의 이름으로 말합니다. 그리스도께서 빌라도에게 그의 권한이 위에서 온 권한임을 떠올려 주지 않으셨습니까(요 19:11)? 그러니까 우리는 빌라도의 이 판결에서 하늘과 땅의 재판관이신 하나님의 음성을 듣습니다. '이 어린양은 흠이 없다!'

하나님의 완전한 어린양으로서 자격을 갖추신 예수님

예수님이 죄 없으신 것이 왜 그렇게 중요합니까? 자, 예수님은 죄인인 우리가 하나님께 진 빚을 갚으려고 하십니다. 율법의 요구를 만족시키려고 하십니다. 이 일은 그리스도께서 받으실 만한 제물이실 때에만 하실 수 있습니다. 여기서 우리는 그분이 죄가 없으시기에 받으실 만한 제물이심을 배웁니다. 이 어린양은 세상 죄를 지고 갈 자격이 있으십니다(요 1:29).

그러나 빌라도는 이 죄수에게서 아무 죄도 찾을 수 없다고만 하지 않았습니다. 몇 시간 뒤에 빌라도는 그를 십자가에 못 박으라고 말합니다. 물론 이것은 지극히 부당한 일이었습니다. 빌라도는 유대인들의 압력에 무릎 꿇었습니다. 유대인들의 지지를 잃을까 봐 겁이 나서 예수님을 사형에 처하자는 데 찬성했습니다. 얼마나 끔찍한 불의입니까! 그런데 하나님의 헤아리기 힘든 지혜로 이 선고는 정당합니다. 빌라도는 예수님한테서 아무 죄책도 찾을 수 없었겠지만, 정말 아무 죄책도 없습니까?

물론 빌라도가 옳습니다. 예수님은 아무런 악도 행하지 않으셨습니다. 하지만 빌라도여, 여기 당신 눈으로 볼 수 없고, 당신 머리로 헤아릴 수 없는 죄책이 있습니다. 당신 앞에 있는 이 죄수는 어느 누구보다 더 큰 죄책을 짊어졌습니다. 이 사람은 하나님이 그 택하신 모든 사람의 죄악을 담당시키신 아사셀 염소입니다(사 53:6; 레 16:10). 불쌍하고 눈먼 본디오 빌라도여, 당신은 이것을 보지 못하나 하나님은 보십니다.

그리고 주님이 당신의 성령으로 가르치시는 사람도 다 이것을 봅니다. 하나님 앞에서 죄와 죄책을 깨닫게 된 여러분, 여러분도 이 사실을 보고 계시지 않습니까? 여러분은 눈이 열렸고, 그래서 하나님이 빛을 비추어 주시지 않으면 아무도 이해할 수 없는 것을 보고 이해합니다. 예수님이, 여러분의 예수님이 여러분의 죄책을 짊어지십니다! 그러니까 예수님은 죽으셔야 합니다. 이것은 하나님의 판결입니다.

죄인을 위해 하나님의 심판을 받으신 예수님

그리스도께서는 왜 본디오 빌라도 아래서 고난을 받으셨습니까? 『하이델베르크 교리문답』의 답변은 그 신학이 건전한 만큼이나 아름답습니다. "그리스도께서 죄가 없으시나 세상의 재판관에게 정죄를 받으신 것은, 이 것으로 우리가 받아야 할 하나님의 준엄한 심판에서 우리를 구원하시기 위해서였습니다"(15주일, 38문답).

여기서 "받아야 할"이라는 말을 눈여겨보십시오. 그리스도 안에 있는 모든 신자는 이렇게 말할 수 있습니다. 이들은 한때 하나님의 준엄한 심판을 받아야 할 사람들이었습니다. 모두 본성상 거룩하신 하나님의 진노 아래 있었습니다. 하지만 성령님이 이 사실을 깨우쳐 주셨고, 자신들을 정죄하시는 하나님이 공의로우심을 인정하도록 이끄셨습니다. 이 얼마나 놀라운 자비입니까! 그리스도는 이 사람들을 대신해 하나님의 심판을 받으셨습니다. 믿음은 이 사실을 봅니다.

믿음의 눈으로 볼 때, 본디오 빌라도 앞에 서 계신 예수님이 얼마나 귀하게 보입니까! 예수님은 심문을 받으시지만, 아무 말씀도 안 하십니다. 당신을 변호할 기회를 얻으시지만, 이를 거절하십니다. 빌라도는 크게 놀라고 당황합니다. 어떤 사람은 '예수님이 꼭 정죄 받고 싶어 하신 것 같다'고 말할지도 모르겠습니다. 아닙니다! 단지 그 정도가 아니었습니다. 그리스도께서는 당신의 정죄를 확실하게 하시려고 모든 일을 하셨습니다. 왜 그러셨습니까? 우리를 하나님의 진노에서 구원하시기 위해서였습니다. 이 얼마나 놀라운 사랑입니까! 이제 죄인에게 소망이 있습니다. 끔찍한 죄인에게도 소망이 있습니다. 심지어 영광의 주님을 십자가에 못 박는 일에 동참한 자들에게도 소망이 있습니다.

모든 사람에게 예수님을 죽인 죄책이 있음

베드로는 자기가 복음을 전하는 그 사람들에게 너희가 구주를 십자가에 못 박았다고 하지 않았습니까(행 2:36)? 참으로 우리가 다 예수님을 죽인 죄책이 있습니다. 잘 모르는 사람들은 유대인들만 잘못했다고 믿는데, 그렇지 않습니다. 온 인류가 이 무시무시한 죄를 함께 저질렀습니다. 그 역사에 남을 금요일에 온 세상의 대표가 거기 있었습니다. 종교계는 이스라엘의 산헤드린 공회가 대표했습니다. 지식계와 교양계는 헤롯왕이 대표했고, 정치계와 법계는 본디오 빌라도가 대표했습니다. 모두 외칩니다. "없이 하소서 없이 하소서 그를 십자가에 못 박게 하소서"(요 19:15).

죄인 여러분, 여러분을 믿음과 회개로 부르시는 주 예수 그리스도를 여러분이 거절할 때마다 여러분도 똑같이 말하는 것입니다. 여러분이 짐짓 죄를 지을 때마다, 여러분은 주님의 손과 발에 또 다른 못을 박아 주님을 다시 십자가에 매다는 것입니다(히 6:6; 10:26).

그런데도 주님은 여전히 '내게 와서 죄를 자백하라'고 여러분을 부르시고 초대하십니다. 여러분을 결코 내쫓지 않으시리라고 약속하십니다(요 6:37).

얼마나 놀라운 구주이십니까! 여러분, 예수님을 여러분의 구주로 고백하고, 보편 교회의 지체가 되지 않으시겠습니까? "본디오 빌라도 아래서 고난을 받으신 예수 그리스도를 믿사오니." 그리스도를 믿는 사람은 누구나 '예수님이 정말 내 죄를 위해 고난을 받으셨다'고 말합니다. 클레르보의 베르나르Bernard of Clairvaux는 이것을 아름답게 표현했습니다.

오로지 죄인을 위하여
고난받으신 주님

죄는 바로 제가 지었는데

죽음의 고통은 주님이 당했나이다

구주여 보소서 제가 여기 엎드리오니

그 자리에 제가 있어야 했나이다

저를 가엾이 보시고 은혜 베풀어 주소서.[8]

🔍 더 깊은 공부와 나눔을 위한 질문

1. 그리스도께서는 본디오 빌라도가 내린 판결 아래서만 고난받으셨습니까? 얼마나 오랫동안 고난받으셨습니까?

2. 예수님은 어떻게 몸으로 고난받으셨습니까?

3. 영혼으로는 어떻게 고난받으셨습니까?

4. 예수님의 고난은 어떤 점에서 독특하고 남다릅니까? 설명해 봅시다.

5. 본디오 빌라도가 예수님이 죄 없다고 선고한 것이 왜 중요합니까?

6. 예수님은 하나님의 흠 없는 어린양으로서 어떻게 자격을 갖추십니까?

7. 그리스도께서는 죄인을 향한 당신의 큰 사랑을 어떻게 보여 주셨습니까?

8. 예수님을 십자가에 매단 죄가 없다고 말할 수 있는 사람이 있습니까? 없다면 그 까닭을 설명해 봅시다.

〈본디오 빌라도에게 고난을 받으사〉를 읽으면서 하나님께서 깨닫게 해 주신 것과 베풀어 주신 은혜를 생각하며 감사합시다. 또 깨달아 배우고 확신한 일에 거할 수 있게 해 달라고 기도합시다.

---

8 "오 거룩하신 주님" 새찬송가 145장 2절.

8. 십자가에 못 박히신 예수님

39문. 그리스도께서 다른 방법으로 죽으시지 않고 십자가에 못 박혀 죽으신 특별한 의미가 있습니까?

답. 그렇습니다. 이것으로 나는 내게 놓인 저주를 그리스도께서 친히 짊어지셨음을 확신합니다. 십자가의 죽음은 하나님께 저주받은 죽음이기 때문입니다.

사도신경은 그리스도께서 본디오 빌라도 아래서 고난받으셨다고 하고 나서, 이어 십자가에 못 박히시고, 죽으시고, 장사되셨다고 말합니다.

구약에 나타난 율법의 저주

예수님은 십자가에 못 박히셨습니다. 이것이 무슨 뜻입니까? 사도 바울은 갈라디아서 3장 13절에서 십자가에 못 박힌 참뜻을 이렇게 간추립니다. "그리스도께서 우리를 위하여 저주를 받은 바 되사 율법의 저주에서 우리를 속량하셨으니 기록된바 나무에 달린 자마다 저주 아래에 있는 자라 하였음이라." 그러니까 성령의 감동을 받은 사도에 따르면, 십자가에 못 박히는 것은 저주와 관련이 있습니다.

바울의 말을 이해하려면 구약으로 거슬러 올라가야 합니다. 우리는 신명기 27장에서 모세가 이스라엘에게 어떻게 명령하고 있는지 봅니다. 모세는 가나안으로 들어가서 지파 절반은 그리심 산에, 절반은 에발 산에 서라고 명령합니다. 거기서 레위 사람들이 이스라엘에게 율법의 저주와 복을 낭독할 것이었고, 사람들은 엄숙한 아멘으로 응답해야 했습니다. 그러고 나서 저주의 목록이 뒤따릅니다. "장색의 손으로 조각하였거나 부어 만든 우상은 여호와께 가증하니 그것을 만들어 은밀히 세우는 자는 저주를 받을 것이라 할 것이요……그의 부모를 경홀히 여기는 자는 저주를 받을 것이라 할 것이요……"(15-26절). 이 모든 저주에 이스라엘 백성은 '아멘'을 해야 했습니다. 이것은 이들이 알면서도 자신들을 율법의 저주 아래 두었다는 뜻입니다.

이들이 이 모든 율법과 규례를 다 지킬 수 있다고 생각했을까요? 아닙니다. 적어도 이들 가운데 더 진지한 사람들은 자기네가 온전히 순종하지 못할 줄 알았습니다. 광야에서 이리저리 헤맨 것만 봐도 이스라엘이 얼마나 죄악 되었는지 충분히 알 수 있었습니다. 그런데도 이들은 에발 산에서 이 저주를 짊어지겠다고 엄숙하게 언약했습니다. 왜 그랬습니까? 어떻게 그럴 수 있었습니까?

구약 신자들의 믿음

답은 갈라디아서 3장 13절에 있습니다. "그리스도께서 우리를 위하여 저주를 받은 바 되사 율법의 저주에서 우리를 속량하셨으니." 믿음이 있는 이스라엘 백성은 이 사실을 알았습니다. 율법 아래 있는 것이 율법의 저주 아래 놓이는 것임을 알았습니다. 그리고 자기네 힘으로는 절대로 이 저주를 물리칠 수 없다는 것도 알았습니다. 이들은 결코 율법의 저주를 헤치고 나와 영생의 약속에 이를 수 없었습니다. 하나님이 "누구든지 율법 책에 기록된 대로 모든 일을 항상 행하지 아니하는 자는 저주 아래에 있는 자라"(갈 3:10)고 하신 이상, 아무런 소망이 없었습니다.

그런데도 이 사람들은 '아멘' 했습니다. 저주에 대한 책임을 짊어졌습니다. 왜 그랬습니까? 이들은 믿음으로 이 일을 했습니다. 그리스도 안에서 이 책임을 떠맡았습니다. 메시아가 이 사람들 안에 있었기 때문입니다. 장차 올 구속자가 이스라엘의 허리에 있었습니다. 이들은 이 사실을 알았습니다. 누군가 자신들을 위해, 자신들을 대신해 저주를 짊어지리라는 것을 알았습니다. 이것이 성막에서 이 사람들 눈앞에 펼쳐졌습니다. 희생제물들이 제단 위에 놓여 불살라질 때마다, 참 이스라엘 백성은 오실 이의 희생제사를 내다보았습니다.

자신을 율법 아래 두신 예수님

때가 차매 그리스도께서 오셨습니다. 그리스도께서는 태어나시자마자 자신을 율법 아래 두셨습니다. "여자에게서 나게 하시고 율법 아래에 나게 하신 것은 율법 아래에 있는 자들을 속량……하려 하심이라"(갈 4:4-5). 예수님이 죄인들을 대신하셨습니다. 참으로 예수님이 이스라엘 백성 안에서 에발 산에 서셨고, 율법의 저주도 예수님께 낭독된 것이었습니다.

엄숙한 아멘으로 응답하신 것도 예수님이었습니다.

하지만 그리스도께 이것은 할 수 없는 일이 아니었습니다. 그리스도께서는 도무지 다하지 못할 책임을 떠맡지 않으셨습니다. 참 하나님이시며 참 사람이셨기 때문입니다. 그리스도께서는 율법의 모든 요구를 온전히 만족시키는 방식으로 하나님의 저주를 짊어지실 수 있었습니다. 그리스도께서는 저주를 헤치고 복으로, 죽음을 헤치고 생명으로, 지옥을 헤치고 천국으로 나아가실 만큼 충분히 강하셨습니다.

십자가의 저주

예수님은 사시는 내내 저주를 짊어지셨지만, 이 땅의 여정이 끝날 무렵에 더욱 그러하셨습니다. 예수님은 십자가 위에서 죽으셨고, 이렇게 해서 단번에 율법의 저주를 만족시키셨습니다. 우리를 대신해 저주를 받으셨기 때문입니다. "기록된바 나무에 달린 자마다 저주 아래에 있는 자라 하였음이라"(갈 3:13). 이 말씀은 또한 구약으로 거슬러 올라갑니다. 신명기 21장 22-23절에 이렇게 쓰여 있습니다.

> 사람이 만일 죽을죄를 범하므로 네가 그를 죽여 나무 위에 달거든 그 시체를 나무 위에 밤새도록 두지 말고 그 날에 장사하여 네 하나님 여호와께서 네게 기업으로 주시는 땅을 더럽히지 말라 나무에 달린 자는 하나님께 저주를 받았음이니라.

여기서 말하는 것은 나무에 매달아 죽이는 것이 아니라, 칼이나 돌에 맞아 죽은 사람의 시체를 나무에 매달아 뭇사람에게 공개하는 것입니다. 이것은 그냥 사형을 당하는 것보다 더욱 가혹한 형벌로 여겨졌습니다. 따라서 매달린 자가 혐오스럽게 되고 하나님께 저주받게 되는 것은 매달림 자체였지, 매달아 죽이는 것이 아니었습니다. 범죄자가 하늘과 땅 사이에 매달려 있는 동안, 그는 버림받은 자였습니다. 이 사람은 사람과 하나님에게 버림받았습니다. 하나님이 이 사람을 혐오하셨습니다. 그래서 해가 지기 전에 나무에서 끌어 내리고 장사해야 했습니다.

기꺼이 저주를 담당하신 그리스도

그리스도께서 이런 죽음으로 죽으셔야 했습니다. 그리스도께서는 몰매를 맞아 죽으시지 않았습니다. 심장 마비로 죽으신 것도, 암살자의 손에 죽으신 것도 아니었습니다. 이런 일들을 하려고 했지만, 예수님을 없애려는 모든 수고는 물거품이 되고 말았습니다. 원수들의 계략은 언제나 실패로 돌아갔고, 모든 일을 하나님이 다스리셨기 때문에 그리스도께서는 마침내 십자가에 못 박히심으로 죽으셨습니다.

예수님은 이 사실을 아셨습니다. 그래서 제자들에게 자기가 십자가에 못 박힐 것이라고 하셨을 뿐 아니라, 못 박혀야 한다고 하셨습니다. 이것은 성경을 따른 것이었습니다. 예수님은 니고데모에게 모세가 뱀을 든 것 같이 인자도 들려야 하리라고 하셨습니다(요 3:14).

자신이 왜 죽는지 그 뜻을 온전히 아신 그리스도께서는 사형 집행하는 사람들을 순순히 따르셨습니다. 이들은 억지로 그리스도의 팔을 펴고 발을 모을 필요가 없었습니다. 그리스도께서는 모든 일에 협조하셨습니다. 그렇게 복만 가져온 손에 못이 박혔고, 선을 행하며 땅을 두루 다닌 발에 못이 박혔습니다. 그런 다음 하늘과 땅 사이에 들리시고 매달리셨습니다.

의식이 있는 상태에서 저주를 짊어지신 그리스도

이처럼 그리스도께서는 사람과 하나님에게 저주와 미움이 되셨습니다. 하지만 먼저는 사람에게 그렇게 되셨습니다. 우리는 십자가를 구경하던 사람들이 그리스도께 욕한 것을 봅니다. 이런 점에서 모세 때에 나무에 달린 사람과 예수님은 크게 달랐습니다. 모세 때에는 죄책을 진 사람이 먼저 재판과 정죄와 사형을 받았고, 그런 다음에야 그 사람의 시체가 저주에 놓였습니다. 하지만 여기서는 다릅니다. 예수님은 저주가 되시고 나서야 죽으실 수 있었습니다.

구약에서 나무에 달린 시체는 어떤 수치나 부끄러움도 느끼지 못했습니다. 사람들이 그 옆을 지나가며 머리를 흔들지라도, 나무에 달린 사람은 그것을 알 수가 없었습니다.

하지만 이제 십자가에 달리신 그리스도를 보십시오. 살아서 고난받으시고, 일어나는 모든 일을 온전히 알고 계시는 그리스도께서 사람들의 비웃음거리가 되셨습니다. "지나가는 자들은 자기 머리를 흔들며 예수를 모욕하여……그가 하나님을 신뢰하니 하나님이 원하시면 이제 그를 구원하실지라 그의 말이 나는 하나님의 아들이라 하였도다"(마 27:39, 43). "하나님이 원하시면"이요? 그리스도의 아버지이신 하나님은 참으로 원하지 않으셨습니다. 하나님마저도 그리스도를 거절하셨습니다. 그리스도를

저주하셨습니다. '예수야, 너를 저주하노라. 네가 혐오스러워 보인다.'

구주가 받으신 고난이 얼마나 큽니까! 구주께서는 십자가에 달린다는 것이 무슨 뜻인지 온전히 이해하셨습니다. 이것은 사람에게만 아니라 하나님께도 멸시를 받고 거절당해야 한다는 뜻이었습니다. 구주께는 하늘에서 하나님과 함께 있을 자리가 없었습니다. "나무에 달린 자마다 저주 아래에 있는 자라"(갈 3:13). 나무에 달린 모든 사람이랍니다. 그러니까 예수님도 마찬가지입니다. 참으로 그리스도께서는 이것을 이해하셨습니다. 그래서 벌벌 떠셨고, 말도 못 할 만큼 괴로워하셨습니다. 애타는 영혼으로 가슴을 쥐어짜며 울부짖는 소리가 십자가 위에서 들려옵니다. "나의 하나님, 나의 하나님, 어찌하여 나를 버리셨나이까"(마 27:46)?

다른 사람을 대신해 십자가에 못 박히신 예수님

예수님은 이렇게 저주를 짊어지셨습니다. 왜 그러셨습니까? 예수님 안에 어떤 흠이 있었기 때문도 아니고, 율법을 제대로 못 지켰다고 하나님이 예수님을 책망하실 수 있었기 때문도 아니었습니다. 예수님은 자기 백성의 죄를 짊어지신 자로서 십자가에 달리셨습니다. 예수님의 고난과 죽음은 대속의 고난과 죽음이었습니다. 예수님이 하신 일은 다른 사람을 대신해서 하신 일이었습니다.

여러분은 아마 이렇게 물으실 것입니다. '예수님이 저를 위해 죽으셨나요?' 좋은 질문입니다. 어떤 사람은 이렇게 답해 주었을 것입니다. '그럼요. 예수님은 모든 사람을 위해 죽으셨어요. 그러니까 당신을 위해서도 죽으셨습니다.' 하지만 성경이 꼭 이런 식으로 말하는 것은 아닙니다.

성경은 그리스도께서 죄인들을 위해 죽으셨다고 말합니다. 그러니까 묻겠습니다. 여러분은 죄인이십니까? '당연히 죄인이지요. 죄 없는 사람도 있습니까?' 하고 말하지 마십시오. 제 말뜻은 이것입니다. 여러분은 하나님 앞에서 죄인이 되셨습니까? 여러분의 죄 때문에 슬퍼하고, 여러분이 지옥에 가도 싸다는 데 찬성하십니까? 여러분이 하나님의 율법을 어겨서 마땅히 하나님의 저주를 받아야 한다는 사실을 정말로 인정하십니까?

에발 산에 선 이스라엘 백성은 낭독되는 저주마다 다 '아멘' 했습니다. 그것은 이런 뜻이었습니다. '주님, 제가 주님의 율법을 어기면 어긴 율법에 대해 형벌을 받아 마땅하나이다.' 사실 하나님의 이 저주는 에덴동산에까지 거슬러 올라갑니다. 사람이 죄를 짓자 하나님은 인류에게 저주를 내리셨습니다. 거기서 여러분과 저는 저주받은 자가 되었습니다. 우리는 하나님의 형상을 가진 자로 창조되었지만, 아담 안에서 이 형상을 망가뜨렸고 마귀의 비참한 종이 되었습니다.

모든 사람이 율법의 저주 아래 있음

우리는 다 하나님의 저주 아래서 이 세상에 태어납니다. 이 저주를 풀 수 있는 길은 저주를 짊어지신 그리스도를 믿는 길밖에 없습니다. 여러분은 저주를 짊어지신 그리스도를 보신 적 있으십니까? 그리스도께서 저 참혹한 십자가에서 하신 일을 깨달은 적 있으십니까? 많은 사람이 예수와 구원에 대해 말합니다. 그런데 예수님이 십자가 위에서 무엇을 왜 견디셨는지는 털끝만큼도 모릅니다. 스펄전은 이렇게 말합니다. "이 사람들은 우리 주 예수 그리스도께서 그 죽으심으로 자기네가 모르는 이런저런 일들을 하셨고, 그 하신 일들이 자기네가 모르는 이런저런 방식으로 사람이 하나님과 화목하게 되는 일과 관련이 있다고 말합니다."[9]

우리는 갈보리에서 하나님이 공의로우심이 밝혀졌고, 율법의 요구와 주장이 만족하고 충족되었음을 깨달아야 합니다. 구원받았다는 말은 이런 요구와 주장을 진지하게 받아들이는 법을 배웠다는 뜻입니다. 그렇다면 우리는 율법의 저주에 '아멘' 하는 법도 배워야 합니다. '아멘. 주님, 저는 주님의 심판을 받아 마땅하나이다. 아, 주님, 그런데 이 형벌을 피할 길이 아예 없나이까?'

저주를 물리치신 예수님

답은 '있다!'입니다. 자신을 짓누르는 율법의 무게를 느끼고, 자신을 맞서 하나님 편을 들고, 자신을 정죄해야 하는 모든 사람에게 저는 하나님의 이름으로 이렇게 말할 수 있습니다. '여러분이 받아야 마땅한 그 저주를 우리 주 예수 그리스도께서 물리치셨습니다!' 성경이 말하는 대로 그리스도께서 우리를 위해 저주를 받으셨습니다. "하나님이 죄를 알지도 못하신 이를 우리를 대신하여 죄로 삼으신 것은 우리로 하여금 그 안에서 하나님의 의가 되게 하려 하심이라"(고후 5:21).

이것이 십자가에 못 박히신 구주를 바라보는 모든 죄인의 소망입니다. 구주를 믿으십시오. 그분의 자비를 빌며 이렇게 말하십시오. '주 예수님, 이 끔찍한 저주를 제게서도 없애 주옵소서!' 여러분이 그리스도의

---

9 Charles Spurgeon, "The Curse and the Curse for Us", in *The Metropolitan Tabernacle Pulpit*, vol. 35, (Pasadena, TX: Pilgrim Publications, 1975).

피를 신뢰하며 믿음으로 이 일을 할 때, 여러분한테서 저주는 사라질 것입니다.

🔍 더 깊은 공부와 나눔을 위한 질문

1. 구약의 하나님 백성은 자신들이 하나님의 율법을 지키지 못할 것을 알면서도, 어떻게 율법의 저주를 인정할 수 있었습니까? 간단히 설명해 봅시다.

2. 믿음이 있는 이스라엘 백성이 '아멘' 했을 때, 이 사람들은 자기네 힘으로 율법을 지킬 수 있다고 생각했습니까? 그렇지 않다면 그 까닭을 말해 봅시다.

3. 그리스도께서는 어떻게 율법 아래 있는 죄인을 대신하셨습니까?

4. 구약에서 나무에 달려 저주받은 것과 그리스도께서 십자가에서 저주받으신 것은 어떤 점에서 다릅니까?

5. 그리스도께서는 왜 십자가에서 율법의 저주를 짊어지기를 바라셨습니까?

6. 왜 모든 사람이 율법의 저주 아래 있습니까?

7. 우리는 어떻게 하나님의 공의를 피할 수 있습니까? 어떻게 율법의 저주에서 벗어날 수 있습니까?

〈십자가에 못 박히신 예수님〉을 읽으면서 하나님께서 깨닫게 해 주신 것과 베풀어 주신 은혜를 생각하며 감사합시다. 또 깨달아 배우고 확신한 일에 거할 수 있게 해 달라고 기도합시다.

9. 죽으시고 장사되신 그리스도

40문. 그리스도께서는 왜 죽기까지 낮아지셔야 했습니까?

답. 하나님의 공의와 진리 때문에 하나님 아드님의 죽음밖에는 우리 죗
값을 달리 치를 길이 없었기 때문입니다.

41문. 그리스도께서는 왜 장사되셔야 했습니까?

답. 그리스도께서 정말로 죽으신 것을 확증하기 위해서였습니다.

42문. 그리스도께서 우리를 위해 죽으셨는데, 왜 우리도 죽어야 합니까?

답. 우리의 죽음은 우리 죗값을 치르는 것이 아니라, 다만 죄짓는 것을
그치고 영원한 생명에 들어가는 것입니다.

**43문. 그리스도께서 십자가에서 희생제사를 드리시고 죽으심으로 우리가 얻는
또 다른 유익은 무엇입니까?**

답. 그리스도께서 죽으심으로 말미암아 우리 옛 사람이 그리스도와 함께
십자가에 못 박히고, 죽고, 장사됩니다. 이것으로 육신의 악한 소욕
이 더는 우리를 지배하지 못하게 되고, 오히려 우리 자신을 그리스도
께 감사의 제물로 드리게 됩니다.

신앙의 넷째 항목을 이어서 공부하겠습니다. 이 넷째 항목에서 다루는 것은 본디오 빌라도 아래서 받으신 그리스도의 고난입니다. 이제 죽으시고 무덤에 묻히신 그리스도에 대한 말씀을 생각해 보겠습니다.

하나님이신 사람으로 죽으신 그리스도

그리스도께서는 실제로 죽으셨습니다. 이 짧은 진술에 담긴 깊이를 누가 다 헤아릴 수 있겠습니까? 우리는 창세기 5장에서 "죽었더라"는 말이 거듭해서 나오는 것을 봅니다. 이것은 아담의 타락한 후손들에 대한 이야기입니다. 그런데 여기서는 거룩하시고 죄 없으시며 완전하신 하나님의 아드님이 죽으셨다고 말합니다. 십자가에 달리시고 못 박히신 분은 하나님이신 사람이셨습니다. 생명의 주께서 저주받은 나무 위에서 죽으셨습니다. 어떻게 이런 일이 있을 수 있습니까?

물론 이것은 우리가 절대로 이해하지 못할 커다란 신비입니다. 그렇지만 성경은 그리스도의 죽으심에 대해 우리가 알아야 할 몇 가지 중요한 사실을 가르쳐 줍니다.

우리가 먼저 깨달아야 할 것은 그리스도께서 죽으실 때 하나님이 죽으신 것이 아니었다는 사실입니다. 하나님은 죽으실 수 없습니다. 그리스도는 사람으로 죽으셨습니다. 하나님이신 사람으로 죽으셨습니다. 그리스도께서 죽으실 때, 그리스도의 위격 안에 이루어진 신성과 인성의 연합은 깨지지 않았습니다. 신성은 십자가 위에서 죽은 몸을 떠난 영혼과 참되게 연합되었고, 같은 신성이 나무에 매달린 망가지고 훼손된 몸과도 참되게 연합되었습니다.

그렇지 않았으면 예수님의 죽음은 큰 가치가 없었을 것입니다. 다른 사람의 죄는커녕 자기 죄조차 속할 수 없는 한낱 사람의 죽음이었을 것입니다. 그래서 성경은 '하나님의 아드님'이 당신의 백성을 위해 죽으셨다고 강조합니다. 바울은 이 세상의 통치자들이 "영광의 주"(고전 2:8)를 십자가에 못 박았다고 외칩니다.

이 얼마나 믿기 힘든 생각입니까! 그렇지만 우리가 이 신비를 이해하기 어려운 만큼, 우리는 하나님의 아드님이 우리의 인성을 입으셨기 때문에 이 일을 하실 수 있었다는 것을 깨달아야 합니다. 그리스도께서는 이 인성으로 죽으셨고, 이 인성이 그분의 신성과 연합되어 있었기 때문에 그 죽으심에 무한한 가치가 있었습니다.

모든 사람이 물려받은 삼중의 죽음

그리스도께서는 어디까지 죽음을 체험하셨습니까? 신학자들은 사람의 세 가지 죽음, 곧 육신의 죽음, 영혼의 죽음, 영원한 죽음을 말합니다. 우리는 다 아담한테서 이 삼중의 죽음을 물려받았습니다. 하나님은 아담에게 이렇게 말씀하셨습니다. "네가 먹는 날에는 반드시 죽으리라"(창 2:17). 하지만 아담은 이 경고를 무시했습니다. 하나님이 먹지 말라고 하신 열매를 먹었고, 그래서 곧바로 죽었습니다.

사실 육신은 바로 죽지 않았지만, 영혼은 바로 죽었습니다. 죄를 짓자마자 하나님과 이어져 있던 생명줄이 완전히 끊어져 버렸습니다. 겉으로 볼 때는 달라진 것이 하나도 없었습니다. 아담의 피는 온몸을 그대로 순환했고, 심장도 제대로 뛰었습니다. 이것은 천 년 가까이 이어질 것이었습니다. 그렇다고 해도 아담은 죽었습니다. 더는 하나님을 사랑하지도 않았고 하나님의 영광을 위해 살지도 않았기 때문입니다.

이 삼중의 죽음에서 우리는 어떻게 벗어날 수 있는가

이것이 여러분에게도 사실이라면, 여러분도 하나님을 사랑하지 않고 하나님을 위해 살려고 하지 않는다면, 여러분의 영혼도 죽은 것입니다. 이것이 바뀌지 않으면, 여러분은 영원히 죽을 것입니다.

이 끔찍한 사형 선고는 예수 그리스도를 믿을 때에만 피할 수 있습니다. 그리스도께서 죄인을 대신해 이 삼중의 죽음을 죽으셨기 때문에 우리는 구원받을 수 있습니다. 하나님의 공의는 우리 구주의 죽음을 요구했습니다. 공의는 하나님의 보좌를 떠받치는 한 기둥입니다. 따라서 사람은 죄를 지었기 때문에 죗값을 치러야 합니다. 하나님이 죄를 벌하지 않으신다면, 더는 하나님이 아니실 것입니다. 공의는 실행되어야 하기 때문에 실행될 것입니다.

죄인의 죽음을 요구하는 것은 하나님의 공의만이 아닙니다. 하나님의 참되심과 진실하심도 죄인의 죽음을 요구합니다. 하나님이 하신 말씀은 참말입니다. 하나님은 거짓말하실 수 없습니다. 그러니까 하나님이 아담한테 순종하지 않으면 죽으리라고 경고하셨을 때, 이것은 그냥 빈말로 하신 위협이 아니었습니다. 하나님은 말씀하신 그것을 정확히 뜻하셨습니다. 하나님은 당신이 하신 말씀을 반드시 지키십니다. 무엇을 약속하실 때만 아니라 경고하실 때도 마찬가지입니다. 하나님의 공의와 진리, 하나님의 진실하심이 하나님 아들의 죽음을 요구합니다. 죄인의 대표는 죄인의 저주를 짊어져야 하고, 죄인의 죽음을 죽어야 합니다.

그리스도께서 죄인을 위해 기꺼이 이 모든 일을 하셨다니, 이 얼마나 놀라운 일입니까! 요한은 이렇게 말합니다. "사람이 친구를 위하여 자기 목숨을 버리면 이보다 더 큰 사랑이 없나니"(요 15:13). 그러나 바울이 로마서 5장에서 한 말을 생각할 때 이 사랑은 훨씬 더 커집니다. "그리스도께서 경건하지 않은 자를 위하여 죽으셨도다"(6절). 참으로 원수를 위하여 죽으셨습니다(10절).

장사되신 그리스도

여기서 끝이 아닙니다. 사도신경은 이어서 예수 그리스도께서 무덤에 묻히셨다고 말합니다. 그리스도께서는 십자가에 못 박히시고, 죽으시고, 무덤에 묻히셨습니다. 언뜻 보면 여기에 그다지 특별한 것이 없어 보입니다. 누구나 죽으면 무덤에 묻히지 않습니까? 하지만 예수님이 묻히신 데에는 특별한 이유가 있었습니다. 아마 다음과 같은 물음이 저절로 나올 것입니다. '그리스도께서 왜 무덤에 묻히셔야 했죠? 십자가에서 다 이루었다고 하셨잖아요? 이것은 그리스도의 죽으심이 그리스도의 고난과 낮아지심의 마지막 단계라는 뜻 아닌가요?'

어떤 면에서는 이 말이 맞습니다. 그런데 알아야 할 것은, 그리스도의 고난을 두 부분으로 생각할 수 있다는 것입니다. 곧, 능동의 고난과 수동의 고난이 있습니다. 그리스도께서 "다 이루었다"(요 19:30)고 하셨을 때, 이것은 능동의 고난, 예수님이 친히 의식을 가지고 적극 참여하신 고난을 말하는 것입니다. 이것은 예수님이 죽으실 때 실제로 다 끝났습니다.

무덤에 묻히는 것은 죄에 대한 형벌임

하지만 그리스도의 낮아지심은 아직 끝나지 않았습니다. 그리스도는 여전히 무덤에 묻히셔야 했습니다. 왜 그렇습니까? 무덤에 묻히는 것도 죄에 대한 형벌의 일부이기 때문입니다. 하나님은 아담한테 "너는 흙이니 흙으로 돌아갈 것이니라"(창 3:19)고 하셨습니다. 시체를 묻는 것은 죄인의 낮아짐을 나타내시려고 하나님이 정하신 것이었습니다. 그러니까 그리스도께서 묻히신 것은 대속의 한 부분입니다. 시편 22편에 보면 "주께서 또 나를 죽음의 진토 속에 두셨나이다"(15절) 하고 쓰여 있습니다. 다윗은 여기서 그리스도의 모형으로서 말하고 있습니다. 이처럼 예수님은 자신을 우리와 완전히 동일하게 여기셨습니다. 우리가 죽어야 하기 때문에 그리스도께서 죽으셨습니다. 우리가 무덤에 묻혀야 하기 때문에, 그리스도께서 묻히셨습니다. 사실 그리스도의 몸은 우리 몸과 달리 썩음을 당하지 않았습니다(행 2:31). 하지만 그리스도께서는 무덤 속에 계셨고, 그것으로 충분했습니다.

그런데 그리스도께서 무덤에 묻히셔야 했던 또 다른 까닭이 있습니다. 예수님이 친히 이렇게 말씀하셨기 때문입니다. "내가 진실로 진실로 너희에게 이르노니 한 알의 밀이 땅에 떨어져 죽지 아니하면 한 알 그대로 있고 죽으면 많은 열매를 맺느니라"(요 12:24). 그렇습니다. 예수님이 생명과 썩지 아니할 것을 드러내시려면(딤후 1:10), 먼저 무덤의 어둠과 부패에 덮이셔야 했습니다.

그리스도께서 죽으시고 장사되신 열매

이처럼 그리스도의 죽으심과 장사되심은 열매를 많이 맺을 것이었습니다. 그리스도께서 죽으심으로 어떤 열매가 맺혔습니까? 무엇보다 믿는 사람은 이제 죽음의 공포를 고스란히 맛볼 필요가 없습니다. 그리스도인에게 죽음은 죄에 대한 형벌이 아닙니다. 그리스도께서 자기를 믿는 모든 사람을 위해 율법의 요구를 만족시키셨고, 그렇게 하시면서 믿는 사람이 받아야 할 하나님의 진노를 가져가셨기 때문입니다. 이제 두려움은 사라졌습니다.

죽음이 왜 두렵습니까? 형벌 때문입니다. 죽음은 죄의 삯이고(롬 6:23), 죄인은 누구나 자신에게 치러질 죄의 삯을 남김없이 받을 것입니다. 그래서 우리가 다 죽음을 두려워하는 것입니다. 우리는 다 죽음이 평범한 것이 아님을 직감으로 압니다. 제정신을 가진 사람치고 죽고 싶어 하는 사람은 없습니다. 우리는 저승사자가 다가오지 못하도록 무슨 일이든 다 합니다. 죽으면 우리 존재가 이 땅에서 끝나기 때문만 아니라, 죽은 다음에 심판이 있을 줄 알기 때문입니다(히 9:27).

그래서 죄인들은 자기 양심이 아무런 준비도 없이 하나님을 만나야 한다는 생각을 떠올려 줄 때마다 두려워하는 것입니다. 우리가 준비 없이 하나님을 만난다는 것이 뜻할 수 있는 것은 하나뿐이고, 죄인들은 그것이 영원한 멸망임을 압니다. 거듭나지 않은 사람에게 죽음은 지옥이라고 하는 밑도 끝도 없는 구덩이로 떨어지는 것을 말합니다. 거기에서는 구더기도 죽지 않고, 불도 꺼지지 않습니다(막 9:48).

믿는 사람의 위로

주님의 백성에게 죽음은 이런 무시무시한 영향력을 모조리 잃었습니다. 이들에게 죽음은 독침을 빼낸 거대한 벌레처럼 되었습니다. 그래서 사도는 이렇게 말했습니다. "사망아 네가 쏘는 것이 어디 있느냐 사망이 쏘는 것은 죄요 죄의 권능은 율법이라"(고전 15:55-56).

이 독침으로 예수님을 찔렀고, 그 거룩하신 몸에 독을 퍼뜨려 예수님을 죽였습니다. 그리스도께서는 죽음을 완전히 빨아들이시고 공포의 왕을 삼키심으로 죽음이 해를 끼치지 못하게 하셨습니다. 이제 믿는 사람은 평안히 죽음을 맞이할 수 있습니다. 그리스도 예수 안에 있는 사람에게 이제 죽음은 죄에 대한 형벌이 아니라, 『하이델베르크 교리문답』에서 말하는 것처럼 "죄짓는 것을 그치고 영원한 생명에 들어가는 것"(16주일, 42문답)임을 알기 때문입니다.

믿는 사람은 죄와 자아에서 건짐 받고, 마음속의 거듭되는 혼란과 부패 없이 온전히 하나님을 위해 살게 될 그 순간을 얼마나 갈망합니까! 그렇습니다. 이것이 하나님을 사랑하는 모든 사람의 표지입니다. 이들은 죄를 미워하고, 이 사망의 몸을 벗을 그날을 고대합니다(롬 7:24). 그래서 바울은 이렇게 외쳤습니다. "죽는 것도 유익함이라"(빌 1:21).

그리스도인은 언제나 죽음을 갈망해야 한다는 말이 아닙니다. 그것은 정상도 아니고, 진짜 신령한 삶의 표지도 아닙니다. 바울은 또한 "내게 사는 것이 그리스도니"(빌 1: 21) 하고 말했습니다. 바울은 이 땅에서 할 일이 있음을 알았습니다. 믿는 사람은 다 마찬가지입니다. 그런데도 이따금 건짐 받기를 간절히 바랄 수 있습니다. 삶의 문제를 피하려고 그런다기보다 죄와 세상에서 벗어나고 싶어서 그럴 수 있습니다. 그렇지만 하나님의 백성은 또 번번이 죽음을 매섭게 노려봅니다. 죽음은 맨 나중에 멸망 받을 원수이기 때문입니다(고전 15:26).

죽음의 공포를 느낄 때마다, 위로는 하나뿐입니다. 그리스도의 죽으심과 장사되심을 떠올리는 것입니다. 그리스도께서 우리 죗값을 치르시고 무덤에 묻히셨다는 바로 그 생각만이 근심하는 마음에 평안을 줄 수 있습니다. 이것은 우리 몸이 머지않아 쉼을 누릴 그곳을 예수님이 거룩하게 하셨다는 뜻이기 때문입니다. 칼빈은 무덤에 계신 그리스도께서 당신이 소유한 자들을 위해 무덤을 향기롭게 하시고 죽음의 냄새를 없애셨다고 말합니다.[10]

참된 믿음의 표지

하지만 이 큰 위로는 "우리 주 예수 그리스도를 변함없이 사랑하는"(엡 6:24) 자들만을 위한 것입니다. 이것이 여러분에게도 해당됩니까? 여러분, 아직도 그리스도를 믿지 않으십니까? 그렇다면 여러분은 죽을 때에도 그리스도께 위로를 받으리라고 기대할 수 없습니다. 그리스도인이 된다는 것은 죄를 미워하고 피한다는 뜻입니다. 그리스도의 죽으심은 우리를 죄에 대한 형벌에서만 아니라, 죄에 대한 사랑에서도 건져냅니다.

많은 사람이 죽을 때 천국에 갈 것이라는 생각은 좋아합니다. 그런데 하나님을 위해 살면서 자기 육신을 십자가에 못 박고 자기 정욕을 죽이는 것은 좋아하지 않습니다. 하지만 이것이 바로 성경에서 말하는 기독

---

10 칼빈 주석, 시편 16장 10절, 마태복음 26장 12절 참고.

교입니다. 여러분이 천국에 가고 싶다면, 천국으로 난 길로 걸어가야 합니다. 이것은 죽음의 길입니다. 죄에 대해 죽고, 세상에 대해 죽고, 그리스도가 아닌 모든 것에 대해 죽는 길입니다. 하지만 어느 속담에서 말하는 것처럼 그런 죽음의 삶에 대한 보상이 얼마나 큽니까! "죽기 전에 죽는 사람은 죽을 때 죽지 않으리라."

그리스도인 여러분, 이것을 믿으십니까? '내 믿음은 늘 그렇게 강하지 않다'며 한숨 쉬고 계십니까? 이 놀라운 진리를 꼭 붙드는 것이 언제나 쉬운 일은 아니라는 것을 압니다. 그러니까 아이작 왓츠Isaac Watts와 함께 이렇게 기도합시다.

아, 이기는 믿음이 있어서
죽음을 담대히 맞이하고
죽음이란 괴물과 그 무서운 권세를
모두 다 이길 수 있다면!

죄 용서받으면 안전해
죽음이 쏘는 것 사라지니
율법은 죄에게 정죄하는 권세 주나
주님이 나 대신 죽으셨네

이제는 승리의 하나님께
끝없는 감사를 드리세
그리스도 우리의 살아 있는 머리시니
우리가 죽어도 이기게 하시네.

1. 그리스도께서는 사람으로 죽으셨습니까, 하나님으로 죽으셨습니까? 설명해 봅시다.

2. 그리스도께서 하나님의 아들로 죽으신 것이 왜 중요합니까?

3. 신학자들은 아담이 우리에게 물려준 삼중의 죽음을 어떻게 구분합니까?

4. 아담이 죄에 빠짐으로 우리에게 임한 삼중의 죽음을 우리는 어떻게 피할 수 있습니까?

5. 그리스도께서 죽으신 뒤에 장사되신 것이 왜 중요합니까? 그 까닭을 두 가지만 들어 봅시다.

6. 그리스도께서 믿는 사람을 위해 죽으신 열매나 결과를 다섯 가지만 나열해 봅시다.

7. 믿는 사람은 그리스도의 죽으심에서 어떤 위로를 얻습니까?

8. 우리에게 참된 믿음이 있음을 우리가 알 수 있는 몇 가지 표지는 무엇입니까?

〈죽으시고 장사되신 그리스도〉를 읽으면서 하나님께서 깨닫게 해 주신 것과 베풀어 주신 은혜를 생각하며 감사합시다. 또 깨달아 배우고 확신한 일에 거할 수 있게 해 달라고 기도합니다.

10. 지옥에 내려가신 예수님[11]

44문. 지옥에 내려가셨다는 말을 왜 덧붙이고 있습니까?

답. 내가 극심한 시련과 시험 가운데서도, 내 주 예수 그리스도께서 나를 지옥의 고통과 괴로움에서 구원하셨음을 확신하고, 거기서 풍성한 위로를 얻게 하기 위해서입니다. 그리스도께서는 이 땅에 사시는 내내, 더구나 십자가 위에서 말도 못 할 아픔과 괴로움과 두려움과 지옥 같은 고통을 친히 겪으심으로 나의 구원을 이루셨습니다.

사도신경은 그리스도께서 본디오 빌라도 아래서 고난을 받으시고, 십자가에 못 박히시고, 죽으시고, 장사되셨다고 할 뿐 아니라, 또한 지옥(음부)에 내려가셨다고 합니다.

---

11 우리가 고백하는 사도신경에는 이 내용이 없다.

초대 교부들의 견해

그리스도께서는 지옥에 내려가셨습니다. 이 짧은 진술은 무슨 뜻일까요? 여러 가지 해석이 있었습니다. 어떤 초대 교부들은 그리스도께서 장사되시고 나서 무덤에서 살아나셨고, 이른바 선조 림보, 곧 선조들의 거처로 가셨다고 믿었습니다. 이곳은 말하자면 구약의 성도들이 그리스도께서 그들을 천국으로 데려가실 때까지 기다리는 곳이었습니다. 이 구약 성도들이 천국에 들어가려면, 먼저 그리스도께서 희생제사를 마치시고 이들이 기다리는 곳에 찾아가셔서, 이들에게 여전히 부족한 것을 모두 채워주셔야 했습니다. 그런 다음에야 이들은 영광에 들어갈 수 있었습니다.

또 다른 옛 견해는 그리스도께서 십자가 위에서 죽으신 뒤에 말 그대로 지옥에 내려가셨다는 견해입니다. 그리스도께서 당신의 지긋지긋한 원수들에게 당신이 사탄과 죽음을 이겼다고 선언하시려고 지옥에 내려가셨다는 것입니다. 하지만 또 다른 사람들은 그리스도께서 정죄 받은 자들의 장소에 가신 것은 그 끔찍한 곳에서 오랜 세월을 보낸 그들에게 다시 회개할 기회가 있음을 전해 주시기 위해서였다고 생각했습니다. 이런 것들이 서로 다른 교부들과 후기 신학자들이 이 믿음의 항목과 관련해 가지고 있던 견해였습니다.

종교개혁자들

종교개혁 때 많은 사람이 교리와 삶의 유일한 권위로서 성경으로 돌아갈 것을 외쳤습니다. 모든 기독교 교리가 성경의 시험대에 올랐습니다. 사도신경의 열두 항목도 마찬가지입니다.

종교개혁자들은 그리스도께서 지옥에 내려가셨다는 항목을 살필 때, 이것을 성경으로 해석하려고 했지만, 쉽지 않았습니다. 이런 진술을 밑받침할 성경의 증거가 있었을까요? 이 교리를 둘러싼 온갖 혼란에도 종교개혁자들은 이 교리를 사도신경에서 빼고 싶어 하지 않았습니다. 어쨌든지 성경으로 볼 때 '그리스도께서 지옥에 내려가셨다'는 말에 깊은 뜻이 있다고 느꼈습니다. 하지만 이 말이 정확히 무슨 뜻이었습니까?

루터Martin Luther는 그리스도께서 귀신들한테 당신의 승리를 알리시려고 고통받는 곳에 가셨다는 옛 해석을 고수했습니다. 하지만 칼빈은 이 해석에 받아들일 수 없었습니다. 그렇다고 로마 가톨릭 전통을 따라 선조림보로 해석하지도 않았습니다. 그 대신 칼빈과 다른 종교개혁 신학자들은 그리스도께서 실제로 지옥의 고통을 당하셨지만, 사도신경에서 말하는 것처럼 그리스도께서 죽으시고 장사되시고 나서가 아니라, 죽으시기 전에 그러셨다는 의견에 이르렀습니다. 그리스도께서 "다 이루었다"(요 19:30)고 하셔서 의식을 가지고 능동으로 받으신 고난이 끝났음을 보여 주셨기 때문에, 지옥에 내려가신 것은 그리스도께서 숨을 거두신 뒤에 일어날 수 없었습니다.

그러니까 제네바의 종교개혁자인 칼빈에 따르면, 그리스도께서는 십자가에 달리신 동안 지옥의 고통을 겪으셨습니다. 그러니까 지옥에 내려가셨다는 표현은 문자 그대로 받아들여서는 안 되고, 비유로 받아들여야 한다는 것입니다. 이것이 그리스도 고난을 현실성 떨어지거나 덜 고통스럽게 하는 것은 아닙니다. 그리스도께서 십자가 위에서 견디신 지옥 같은 고통은 더없이 혹독하고 끔찍했습니다.

지옥이 무엇인가

지옥이 무엇입니까? 여러분, 스스로 이런 물음을 던져 본 적 있으십니까? 여러분은 지옥을 무시무시한 '구덩이'나 '불과 유황 못'과 같이 어떤 장소로만 생각할지 모릅니다. 물론 둘 다 지옥의 실재를 묘사하는 성경의 그림입니다.

하지만 지옥은 그냥 장소가 아닙니다. 지옥은 또한 상태나 처지, 곧 체험입니다. 지옥의 본질은 하나님과 하나님의 선하심에서 떨어지는 것입니다. 지옥에서 정죄 받는 자는 하나님과 모든 관계(모든 이로운 관계)가 끊어집니다. 지옥에서는 누구도 더는 아무런 복도 받지 못합니다. 우리로서는 상상하기 힘든 일입니다.

우리가 이 땅에 있는 동안 우리에게는 온갖 좋은 것이 있고, 우리는 이들 대부분을 당연하게 여기며 살아갑니다. 건강하고, 의학으로 고통을 덜고, 가정이 행복하고, 친구랑 우정을 쌓고 하는 것들을 무신론자들도 다 누립니다. 이것이 다 하나님이 일반으로 베푸시는 선과 호의입니다.

하지만 지옥에는 이런 것들이 아예 없습니다. 지옥은 하나님의 선하심이 완전히 끊어진 곳입니다. 지옥이 무엇이든 간에 이것만큼은 틀림없습니다. 지옥은 사람이 하나님께 버림받고, 영원한 비참에 넘겨진 곳입니다. 우리가 이 세상에서 어떤 고통을 겪더라도, 현재의 체험으로는 지옥의 실상(완전히 버림받음)을 맛볼 수 없습니다.

하나님께 버림받으신 예수님

그런데 바로 이 일이 예수 그리스도께 일어났습니다. 예수님은 자기 아버지의 은혜에서 버림을 받았고, 죄를 향한 하나님의 끔찍한 진노를 체험하게 되었습니다. 십자가에 달리셨을 때 구주께서는 진노의 무저갱으로 떨어지셨습니다. 우리는 이것을 마태복음에서 봅니다. "제구시쯤에 예수께서 크게 소리 질러 이르시되 엘리 엘리 라마 사박다니 하시니 이는 곧 나의 하나님, 나의 하나님, 어찌하여 나를 버리셨나이까 하는 뜻이라" (27:46).

예수님은 왜냐고 물으셨습니다. 여러분은 이 이야기를 듣고 깜짝 놀랄지 모릅니다. 예수님은 자기가 자기 백성의 대표로서 세 가지 의미의 죽음, 곧 육체의 죽음과 영혼의 죽음과 영원한 죽음을 맛보아야 한다는 것을 아시지 않았습니까? 물론 아셨습니다. 예수님은 하나님이셨습니다. 그런데도 왜 이렇게 가슴이 찢어질 듯이 울부짖으셨습니까?

예수님이 지옥에 내려가신 것은 죄인이 지옥에 가는 것과는 달랐다는 것을 우리는 깨달아야 합니다. 사람들은 지옥에 가야 마땅하니까 지옥에 갑니다. 하지만 그리스도는 완전하셨습니다. 원죄도 본죄도 없으셨습니다. 온전히 순종하는 삶을 사셨습니다. 그러니까 예수님은 사람이 도무지 경험할 수 없는 방식으로 지옥의 실재를 경험하셨습니다. 우리는 사람으로서 우리의 유한함과 죄악 됨 때문에, 우리가 무엇을 경험하든 그것을 경험하는 능력이 엄격히 제한됩니다. 하지만 그리스도는 그 신성의 모든 능력과 그 거룩하신 영혼의 민감함으로 지옥을 경험하셨습니다. 그래서 어둠 속에서 처절한 울부짖음이 하늘 문에 올라간 것입니다. "나의 하나님, 나의 하나님, 어찌하여 나를 버리셨나이까"(마 27:46)? 여기서 마주하는 이 고통의 깊이를 우리는 헤아릴 엄두조차 못 냅니다.

예수님의 "어찌하여"에 대해 쉬운 답은 없습니다. 그 성금요일 오후에 하늘에서 만족스러운 설명이 들려오지 않았습니다.

예수님은 왜 지옥에 내려가셔야 했습니까? 죄인이 구원받는 다른 길은 없었습니까? 없었을 것입니다. 하나님은 필요 없는 일은 아예 하지 않으셨을 것입니다. 우리는 여기서 죄가 얼마나 끔찍한지, 하나님이 죄를 얼마나 미워하셔야 하는지 봅니다. 하나님은 죄를 끔찍이 싫어하셨기 때문에, 당신의 귀하신 아드님을 잠깐 버리시고, 무저갱(하나님께 버림받은 상태)에 놓아두셨습니다.

우리는 다 지옥에 가야 마땅함

물론 우리는 여기서 우리가 마땅히 받아야 할 것이 무엇인지 봅니다. 우리는 다 영원한 지옥에 가야 할 운명입니다. 우리가 그런 운명을 타고난 것은 저주받은 인류에 태어나기 때문입니다. 우리는 우리 첫 조상 아담한테서 죄책의 짐을 물려받았습니다. 이것을 원죄라고 합니다. 게다가 우리가 실제로 저지르는 죄도 셀 수 없이 많습니다. 이런 죄들이 처벌을 받아야 합니다. 머지않아 저울이 균형을 이룰 것입니다. 심판 날에 모든 것이 바로잡힐 것입니다.

여러분이 죄 가운데 죽는다면, 그 뒤로 여러분을 기다리는 것이 무엇인지 보이지 않으십니까? 영원한 지옥이 여러분의 운명일 것입니다! 이것이 영원한 현실이 될 수 있다고 한번 생각해 보십시오! 하지만 죄인들을 위해 지옥의 고통을 견디신 구주를 여러분께 보여 드리겠습니다. 이 구주를 보고, 여러분이 겪어야 할 것을 구주께서 겪으셨음을 깨달으십시오. 그리고 자비를 구하십시오.

그리스도께서는 지옥에 내려가셨습니다. 왜 내려가셨습니까? 여러분과 저와 같은 죄인이 이루 말할 수 없는 공포에서 벗어나게 하시려고 그러셨습니다. 그리스도께서는 니고데모에게 이렇게 말씀하셨습니다. "모세가 광야에서 뱀을 든 것 같이 인자도 들려야 하리니……이는 그를 믿는 자마다 멸망하지 않고 영생을 얻게 하려 하심이라"(요 3:14, 16).

피할 길은 하나밖에 없음

여러분, 그리스도를 믿으십니까? 여러분은 이렇게 말할지도 모릅니다. '저는 지옥을 안 믿어요. 영원히 고통받는 곳이 있다는 생각을 받아들일 수 없어요.' 여러분은 어떻게든 다 잘될 것이라고 느낍니다. 하나님이 인류의 모든 악과 악의를 결국에는 다 덮어 두실 테니, 아무 일도 없을 것이라고 생각합니다.

하지만 여러분은 자신을 속이고 있습니다. 성경이 모든 면에서 뚜렷하다면, 결산할 날이 다가오고 있고, 장부는 말끔히 정리될 것입니다. 그날이 모든 사람에게만 아니라 여러분에게도 다가오고 있습니다. 그러니까 가장 중요한 물음은 '지옥을 어떻게 피할 것인가?' 하는 것입니다. 답은 여러분의 죄를 회개하고 복음을 믿으라는 것입니다(막 1:15). 여러분이 바깥 어두운 데로 쫓겨나야 마땅하다는 사실을 인정하십시오. 그리스도로 말미암아 여러분을 기억해 달라고 하나님께 구하십시오. 사실 하나님은 그렇게 하지 않으셔도 됩니다. 하나님은 자유로우십니다. "하나님께서 하고자 하시는 자를 긍휼히 여기시고 하고자 하시는 자를 완악하게 하시느니라"(롬 9:18).

믿는 사람의 위로

하나님은 주권자이십니다. 자칫 잘못하면 이 사실을 잊어버리기 쉽습니다. 우리는 하나님을 우리 수준으로 끌어내렸고, 여러 방편으로 하나님을 부리는 법을 배웠습니다. 하지만 성경 속 참 하나님은 주권자이십니다. 여러분을 구원하고 안 하고는 하나님 마음입니다. 우리가 이 사실을 알고, 우리 죄로 맹렬히 공격한 그 높으신 존재 앞에 엎드려 자비를 간청할 때에만 소망이 있습니다.

여러분, 손으로 입을 막고 무릎을 꿇고서 하나님이 여러분에게 말씀하시기를 기다리고 계십니까? 하나님이 당신을 참되게 기다리는 모든 사람에게 하신 말씀을 여러분도 들을 때까지 그 자리에 그대로 계십시오. "그를 건져서 구덩이에 내려가지 않게 하라 내가 대속물을 얻었다(찾았다)"(욥 33:24). 참으로 하나님이 대속물을 찾으셨습니다. 죄인을 너무 사랑해서 본디오 빌라도 아래서 고난을 받으시고, 십자가에 못 박히시고, 죽으시고, 장사되시고, 지옥에까지 내려가신 당신 아드님 안에서 찾으셨습니다.

이 구주를 믿는 사람은 복이 있습니다. 이 사람은 둘째 사망의 해를 받지 않을 것입니다(계 2:11). 이 둘째 사망은 불과 유황으로 타는 못입니다(계 21:8).

그리스도께서 지옥에 내려가신 사실이 불쌍하고 괴로워하는 당신의 백성에게 얼마나 큰 위로를 줍니까!『하이델베르크 교리문답』은 다음과 같이 묻고 답함으로 이 위로를 잘 나타내고 있습니다.

> 44문 지옥에 내려가셨다는 말을 왜 덧붙이고 있습니까?
> 내가 극심한 시련과 시험 가운데서도, 내 주 예수 그리스도께서 나를 지옥의 고통과 괴로움에서 구원하셨음을 확신하고, 거기서 풍성한 위로를 얻게 하기 위해서입니다. 그리스도께서는 이 땅에 사시는 내내, 더구나 십자가 위에서 말도 못 할 아픔과 괴로움과 두려움과 지옥 같은 고통을 친히 겪으심으로 나의 구원을 이루셨습니다(16주일, 44문답).

하나님을 찬양합시다! 놀라운 구원자이십니다!

🔍 더 깊은 공부와 나눔을 위한 질문

1. 그리스도께서 지옥에 내려가셨다는 항목을 초기 교부들은 어떻게 생각했습니까?
2. 마르틴 루터는 어떻게 생각했습니까?
3. 칼빈의 의견은 무엇이었습니까? 칼빈과 다른 종교개혁자들은 그리스도께서 지옥에서 고난당하셨다는 것을 어떻게 믿었습니까?
4. 성경에서 가르치는 지옥의 몇몇 측면을 설명해 봅시다.
5. 예수님이 십자가에서 당하신 가장 큰 고난은 무엇이었습니까? 예수님은 어떻게 울부짖으셨습니까?
6. 예수님이 십자가에서 당하신 지옥의 고통과 사람이 당하는 지옥의 고통은 어떻게 다릅니까?

7. 우리는 어떻게 지옥의 고통을 피할 수 있습니까?

8. 『하이델베르크 교리문답』은 믿는 사람이 그리스도께서 지옥에 내려가심에서 어떤 위

　로를 얻는다고 설명합니까?

〈지옥에 내려가신 예수님〉을 읽으면서 하나님께서 깨닫게 해 주신 것과 베풀어 주신 은혜를
생각하며 감사합시다. 또 깨달아 배우고 확신한 일에 거할 수 있게 해 달라고 기도합시다.

11. 사흘날에 죽은 자 가운데서 다시 살아나시고

45문. 그리스도의 부활은 우리에게 어떤 유익을 줍니까?

답. 먼저, 그리스도께서는 다시 살아나심으로 죽음을 이기셨고, 죽으심으로 우리를 위해 얻으신 그 의에 우리가 참여하게 하십니다. 둘째, 그리스도의 능력으로 우리도 새로운 생명으로 살리심을 받습니다. 끝으로, 그리스도의 부활은 우리의 복된 부활을 확실히 보증합니다.

사도신경의 다섯째 항목은 이렇게 진술합니다. "사흘날에 죽은 자 가운데서 다시 살아나시고."

죽은 자 가운데서 살아나신 예수님

"누가 우리를 위하여 무덤 문에서 돌을 굴려 주리요"(막 16:3)? 첫 부활절 아침에 막달라 마리아와 동료들은 이렇게 물었습니다. 이들은 안식일 전날 무덤에 묻히신 사랑하는 주님 몸에 바르려고 향품을 가져왔습니다. 예수님은 이제 다 끝났으니 자기네가 할 수 있는 일이라고는 예수님께 마지막 경의를 표하는 일밖에 없겠다고 생각했습니다. 이들은 마지막으로 자신을 바치고 집으로 돌아가서 그토록 사랑한 주님이 떠나신 것을 슬퍼하려고 했습니다.

하지만 자신들이 빈 무덤으로 가고 있다는 것을 알지 못했습니다. 그리스도께서 죽은 자 가운데서 살아나셨다는 놀라운 사실을 몰랐습니다. 하나님이 당신의 거룩한 자로 썩음을 당하지 않게 하시리라고 구주께서 몇 번이고 말씀하셨지만, 그 말씀을 새까맣게 잊고 있었습니다. 그리스도의 가르침에 조금만 더 귀 기울였다면, 하나님의 아드님이 죽음의 어두운 구덩이에 매여 계실 수 없음을 알았을 것입니다. 부활의 영광스러운 소식은 이것입니다.

무덤에서 다시 살아나셨네
원수를 이기고
어둠의 권세 이기고
성도들과 함께 다스리시려
영원히 살아 계시네
사셨네 사셨네
할렐루야 다시 살아나셨네[12]

---

12 "무덤에 머물러" 새찬송가 160장 후렴.

교회의 생명을 보증하는 예수님의 죽으심

그리스도께서 무덤에서 살아나셨기 때문에 교회는 결코 죽을 수 없습니다. 이 소식은 오늘날 더욱 기쁘게 선포해야 합니다. 많은 사람이 기독교가 죽었다고 믿고 있고, 세속 신학자들은 시체를 묻고 싶어 안달이 난 듯보입니다. 하지만 우리 선조들의 신앙을 파묻게 된 사람들은 커다란 착각을 하고 있습니다. 그리스도께서 장사되셨을 때 원수들은 드디어 그리스도를 해치웠다며 가슴이 한껏 부풀어 올랐지만 그리스도께서 죽은 자 가운데서 다시 살아나셔서 원수들을 어리둥절하게 하셨던 것처럼, 그리스도의 교회도 거듭 매장을 당했지만 입관식을 마친 뒤 다시 쌩쌩하게 살아나서 원수들을 거듭 어리둥절하게 했습니다.

부활절 아침에 일어난 일은 그저 역사 속 사실만이 아니라, 역사 속 성례이기도 합니다. 그리스도의 부활은 표와 인입니다. 참으로 예수님이 살아 계시니 예수님의 교회도 살아 있다는 보증입니다. 길버트 체스터턴 Gilbert Keith Chesterton의 『영원한 인간』the Everlasting Man이라는 책에 보면, "다섯 번 죽은 믿음"이라는 장이 있습니다. 거기서 체스터턴은 그리스도와 그리스도의 교회는 서로 아주 긴밀하게 이어져 있어서 교회에 일어나는 모든 일이 그리스도께도 일어난다고 말합니다.

교회는 몸이고 그리스도는 머리이십니다. 이처럼 지난 이천 년 동안 그리스도께서는 세계 곳곳에서 일어난 핍박과 전쟁과 폭력 행위 가운데서 자기 교회와 운명을 함께하셨습니다. 모든 것이 거듭해서 엉망진창이 되었지만, 교회는 언제나 잠재울 수 없는 신령한 힘으로 기독교 신앙에 맞선 모든 혼란과 저항을 이겨 냈습니다. 이것은 예수님이 무덤에서 나오는 법을 아시기 때문이었다고 체스터턴은 말합니다.

그러니까 참된 기독교가 끝났다고 하는 것은 참 바보 같은 소리입니다. 원수들은 교회를 무덤에 봉인하려 했지만, 교회는 거기서 거듭거듭 살아 나왔음을 역사가 보여 줍니다. 교회는 그리스도의 몸이기 때문에 그리스도께 일어났던 일이 교회에도 일어납니다.

누신 곳 헛되이 지키네

예수 내 구주

죽은 자 헛되이 봉하네

예수 내 주님

무덤에서 다시 살아나셨네[13]

그리스도 안에서 교회도 살아났고, 다시는 죽지 않습니다.

기독교 신앙을 무너뜨리려 함

그런데 오늘날은 교회가 죽은 것처럼 보이지 않느냐고 여러분은 묻습니다. 정말 그렇습니다. 우리 세대는 기독교 신앙을 죽이려 하고 있고, 그리스도의 몸을 묻을 채비를 하고 있습니다. 세상만 이 일을 하는 것이 아닙니다. 배교한 교회도 마찬가지입니다. 세속 신앙과 물질주의 신앙이 "성도에게 단번에 주신 믿음"(유 1:3)을 무너뜨리고 있습니다. 무덤을 봉하는 돌은 현대 과학입니다. 이 현대 과학은 우리 신앙이 터무니없음을 보여

---

13 "무덤에 머물러" 새찬송가 160장 2절.

주려고 역사학과 심리학과 사회학의 수많은 논거를 제시하기 때문에, 우리는 이따금 절망스러운 한숨을 내쉬며 이렇게 말합니다. "누가 우리를 위하여 무덤 문에서 돌을 굴려 주리요"(막 16:3)?

후기 현대인의 영혼이 세상과 물질주의에 물든 것은 부인할 수 없는 사실입니다. 세속주의 정신이 우리를 얼마나 지배하는지 우리 감각은 날로 무뎌져서 신령한 사실을 받아들이지 못할 지경에 이르렀습니다. 우리는 기독교를 우리 입맛과 유행에 맞추었습니다. 우리는 우리가 바라는 대로 기준을 바꾸시는 하나님, 우리 욕구를 헤아리고 우리 야망을 꺾지 않으실 하나님, 우리가 하고 싶은 대로 예배할 수 있는 하나님을 원합니다. 우리가 찾는 하나님은 우리에게 다른 어떤 것보다 우리 개인생활과 사업과 수술실과 주식 시장과 꽉 막힌 고속도로에서 성공과 안전과 마음의 평안을 주셔야 하는 하나님입니다.

많은 교회와 신앙 운동은 현대인의 소원과 변덕에 발맞추느라 정신없습니다. 교회들은 최신 판촉 기법과 사업 기술, 업계와 현대 광고 매체에서 빌려온 갖가지 방법을 갈수록 더 많이 쓰고 있습니다. 그렇다면 겉으로 드러나는 형식과 방법론을 강조하면서 기독교 신앙의 내용을 바꾸고 성령님의 일하심을 대수롭지 않게 여긴다고 한들 놀랄 것이 무엇입니까?

교회의 본질

하지만 기독교가 죽음이 눈앞에 다가와 의사의 사망 선고만 기다리고 있는 듯 보여도, 교회는 살아 있습니다. 여기저기서 생명의 흔적이 보입니다. 물론 여러분이 기대하는 그런 교회는 아닙니다. 전처럼 문화를 형성하고 사회를 지배할 힘도 없습니다. 그런 교회는 죽었고 무덤에 머무를 것입니다. 아마 그것도 좋은 일일 것입니다.

새 교회는 흔히 생각하는 대로 전쟁터로 나아가는 군대의 모습과도 다릅니다. 우리는 교회를 눈앞의 적들을 밀어붙이는 용사들의 무리라고 생각한 적이 정말 많습니다. 찬송가에 보면, 교회는 자주 군악 소리에 맞춰 행군하는 모습으로 그려집니다. 부유한 우리 북미 그리스도인들이 하는 행군이라고는 일요일 아침에 우리가 가장 좋아하는 텔레비전 프로그램을 보려고 푹신한 의자에서 텔레비전까지 하는 행군밖에 없습니다. 하지만 군대를 닮은 교회라는 이 전체 개념은 그저 시적 비유일 뿐입니다. 에이든 토저는 이렇게 말합니다. "그리스도인 개인을 군인에 빗댈 수는 있겠지만, 땅 위의 교회를 승리한 군대로 그리는 것은 현실과 동떨어진 것이다. 교회의 실제 형편은 이리들 가운데 있는 양 떼, 집을 향해 무거운 발걸음을 옮기는 멸시받는 순례자의 모임, 나팔 소리를 기다리며 유월절 피로 보호받는 특별한 나라, 신랑이 오기를 기다리는 신부로 그리는 것이 더 정확하다."[14]

이것이 절대로 죽을 수 없는 교회입니다. 교회로 알려진 공적이고 조직화된 구조가 현대 사회에서 사라질 때, 여러분이 보게 될 교회는 바로 이런 교회입니다. 아니면 이 교회를 아예 못 볼지도 모릅니다. 오늘날 세계 곳곳에서 일어나는 것처럼 핍박이 교회를 강제로 땅속으로 몰아넣을 것이기 때문입니다.

---

14 A. W. Tozer, "The Church Cannot Die", in *Man: the Dwelling Place of God*, (Camp Hill, Penn: Christian Publications, 1966). 우리말로는 『임재체험』(규장)으로 옮겨졌다.

참된 교회

여러분은 참되고 진실한 교회의 지체십니까? 그리스도의 참 제자이십니까? 그렇다면 여러분에게 힘겨운 시간이 닥칠 것입니다. 여러분은 바울이 디모데에게 한 경고가 사실임을 더욱 실감할 것입니다. "무릇 그리스도 예수 안에서 경건하게 살고자 하는 자는 박해를 받으리라"(딤후 3:12). 그리스도인을 향한 세상의 태도는 아직도 존 번연John Bunyan의 『천로역정』 The Pilgrims Progress에 나오는 허영의 시장 시민들의 태도와 같습니다. 이 시민들은 크리스천과 그 친구를 데려다가 "마구 때리고 흙투성이로 만들어 옥에 가둔 다음 모든 사람의 구경거리가 되게 했습니다." 존 번연이 본 것처럼, 크리스천이 맨 먼저 할 일은 허영의 시장에서 문화나 정치나 경제를 이끌어 가는 것이 아니라, 그곳의 더러움에 물들지 않도록 깨끗함을 지키고 힘닿는 대로 거기서 빠져나오는 것이었습니다.

청교도인 번연이 자기가 겪은 일을 조금 부풀려 말했을 수도 있습니다. 그리스도인은 사회에서 할 일이 있고, 세상의 시민으로서 자신이 맡은 일을 게을리해서는 안 되기 때문입니다. 그렇다고 해도 믿는 사람의 표지에 대해 우리 중에 많은 사람이 생각하는 것보다 번연의 표현이 성경에 더 가깝습니다. 세상과 그 죄악 된 기쁨에서 떨어져 사는 삶이 신약에서 말하는 그리스도인의 한 가지 표지 아닙니까? 바울은 이렇게 말합니다. "그러므로 너희가 그리스도와 함께 다시 살리심을 받았으면 위의 것을 찾으라 거기는 그리스도께서 하나님 우편에 앉아 계시느니라 위의 것을 생각하고 땅의 것을 생각하지 말라 이는 너희가 죽었고 너희 생명이 그리스도와 함께 하나님 안에 감추어졌음이라"(골 3:1-3).

이 말씀이 우리한테도 해당됩니까? 우리는 세상의 죄악 된 기쁨에 대해 죽고 있고, 그리스도와 거룩함 안에서 자라고 있습니까? 하나님이 그렇게 해 주시길 빕니다. 이것은 힘든 삶으로 이어지지만, 거룩한 길에서 은혜로 끝까지 견디는 모든 사람에게 많고 놀라운 일이 일어날 것입니다. 같은 사도가 이어 말합니다. "우리 생명이신 그리스도께서 나타나실 그때에 너희도 그와 함께 영광 중에 나타나리라"(골 3:4).

그리스도인의 위로

그리스도께서 무덤에서 살아나셨습니다. 이것은 그리스도께서 살아 계시고, 그리스도께서 살아 계시니까 그리스도를 믿으면 우리도 살 것이란 뜻입니다. 이것이 사도신경의 다섯째 항목이 주는 위로입니다. "사흘날에 죽은 자 가운데서 다시 살아나시고."

주님의 이름을 사랑하는 사람에게
믿음의 능력 살아 있게 하옵소서
죄와 사탄이 날이면 날마다
거룩한 불길을 끄려고 애쓰나이다

우리를 죽음에서 건지시려
능력과 자비로 먼저 이기신 주님
주님이 새롭게 하시지 않으면
우리의 일생은 실패뿐이나이다

주님을 바라고 주님께 엎드려

주님의 도움을 요청하나이다

우리의 생명과 부활이신 주님

우리의 소망과 기쁨과 모든 것.

🔍 더 깊은 공부와 나눔을 위한 질문

1. 예수님 무덤을 찾아간 사람들은 무덤이 텅 빈 것을 발견했습니다. 이들은 무엇을 잊고 있었습니까?

2. 예수님이 무덤에서 살아나셔서 당신의 원수들을 당황하게 하셨던 것처럼, 교회는 어떻게 그 원수들을 당황하게 하고 놀라게 합니까? 성경이나 교회 역사에서 보기를 몇 가지 들어 봅시다.

3. 그리스도께서 죽은 자 가운데서 살아나신 것이 어떻게 교회가 절대로 죽지 않으리라는 보증입니까?

4. 오늘날 기독교 신앙은 어떤 공격을 받습니까? 보기를 몇 가지 들어 봅시다.

5. 세상 속에 있는 교회에 대한 몇 가지 잘못된 그림은 무엇입니까?

6. 참된 교회가 세상에 어떻게 알려져야 하는지, 성경이 말하는 몇 가지 표지를 설명해 봅시다. 원하신다면, 몇 가지 표지를 덧붙여 보십시오.

7. 역사도 증명하는 그리스도의 부활에서 그리스도인이 얻는 위로는 무엇입니까?

〈사흘날에 죽은 자 가운데서 다시 살아나시고〉를 읽으면서 하나님께서 깨닫게 해주신 것과 베풀어 주신 은혜를 생각하며 감사합시다. 또 깨달아 배우고 확신한 일에 거할 수 있게 해 달라고 기도합시다.

12. 하늘에 오르사

46문. "하늘에 오르사"라는 말은 무슨 뜻입니까?

답. 그리스도께서 제자들이 보는 앞에서 땅에서 하늘로 오르셨고, 우리 유익을 위해 하늘에 쭉 계시다가, 장차 산 자와 죽은 자를 심판하러 다시 오실 것이라는 뜻입니다.

47문. 하지만 그리스도께서는 세상 끝 날까지 우리와 함께 계시겠다고 약속하지 않으셨습니까?

답. 그리스도께서는 참 사람이시자 참 하나님이십니다. 그리스도께서 당신의 인성으로는 이제 이 땅에 계시지 않지만, 당신의 신성과 위엄과 은혜와 성령으로는 잠시도 우리를 떠나 계시지 않습니다.

48문. 그런데 그리스도의 신성이 있는 곳마다 그리스도의 인성이 있는 것이 아니라면, 그리스도의 두 본성은 서로 떨어져 있는 것입니까?

답. 절대로 그렇지 않습니다. 신성은 제한이 없고 어디에나 있기 때문에, 그리스도께서 취하신 인성의 한계를 뛰어넘을 수밖에 없습니다. 그런데도 신성은 인성 안에 있고, 인성과 위격의 연합을 이루고 있습니다.

49문. 그리스도의 승천은 우리에게 어떤 유익을 줍니까?

답. 첫째, 그리스도께서 우리 대언자로서 하늘에서 우리를 위해 당신 아
버지 앞에 나타나십니다. 둘째, 우리 몸이 그리스도 안에서 하늘에
있습니다. 이것은 머리이신 그리스도께서 당신의 지체인 우리를 당
신에게 끌어올리시리라는 확실한 보증입니다. 셋째, 그리스도께서
우리에게 보증으로서 당신의 성령을 보내십니다. 성령의 능력으로
우리는 그리스도께서 하나님 우편에 앉아 계신 위엣 것을 찾고 땅엣
것을 찾지 않습니다.

교회는 사도신경의 여섯째 항목에서 이렇게 고백합니다. "하늘에 오르사."

승천의 중요성

성경에서 그리스도의 승천은 그분의 부활만큼 눈에 띄게 드러나지는 않
습니다. 아마 예수님의 삶에서 참된 전환점이 되었던 것은 승천보다는 부
활이었기 때문일 것입니다. 어떻게 보면 부활은 승천으로 보완되고 완성
될 수밖에 없다고 할 수 있겠습니다. 그리스도께서 더 높은 영광의 삶으
로 옮겨지신 것은 부활에서 시작되었고 승천에서 완성되었습니다.

이것은 승천이 그 자체로는 중요하지 않다는 말이 아닙니다. 승천은
예수님 사역의 절정입니다. 그리스도께서는 영광과 존귀로 관을 쓰시려
고 하늘에 오르셨습니다(히 2:9). 그리스도께서 자기 아버지가 맡기신 일
을 훌륭하게 해내셨기 때문에, 하나님은 그리스도를 지극히 높여 모든

이름 위에 뛰어난 이름을 주셨습니다(빌 2:9).

놀랍게도 현대 신학자들은 대체로 그리스도의 승천에 큰 관심이 없습니다. 이를테면 칼 바르트Karl Barth는 "이 사건은 신약에서 거의 말하지 않는다. 그러니까 아예 빼 버리는 것이 좋을 뻔 했다"고 말합니다. 어떻게 이런 위대한 학자가 저렇게 바보 같은 소리를 할 수 있었는지 저로서는 이해가 가지 않습니다. 복음서와 사도행전에 보면 우리 구주의 승천을 적잖이 말하고 있습니다. 이 사건을 직접으로나 간접으로 말하는 몇몇 구절을 언급해 보면, 마가복음 16장 19절, 누가복음 24장 50-51절, 요한복음 6장 61-62절, 14장 1-4절, 16장 7절, 사도행전 1장 9-11절이 있습니다. 그리스도의 승천은 충분히 증언된 사실입니다.

당신의 승천을 예언하신 그리스도

그리스도께서 하늘로 올라가실 때, 제자들은 슬퍼했습니다. 주님이 제자들에게 그들을 떠나실 것이라고 몇 번이나 말씀하셨지만, 제자들은 알아듣지 못했습니다. 그래서 마침내 일상의 동무요 친구가 정말로 떠날 것이 분명해지자, 제자들은 몹시 힘들어했습니다. 하지만 예수님은 당신이 떠나가는 것이 얼마나 필요한 일인지 알려 주셨습니다. "내가 떠나가지 아니하면 보혜사가 너희에게로 오시지 아니할 것이요"(요 16:7). 참으로 제자들은 그리스도의 승천에 놀라서는 안 되었습니다.

그리스도께서 하늘로 가셔야 했던 것은 사리에 꼭 맞는 일이었습니다. 의심 많은 사람들은 승천 이야기를 듣노라면, 믿지 못해 고개를 절레절레 흔듭니다. '그것은 그냥 흔한 기적 얘기일 뿐이에요.' 하지만 이 사람들이 잊고 있는 것이 있습니다. 예수님이 하늘에서 내려오신 것은 하늘로 돌아가신 것보다 더 큰 기적이라는 사실입니다. 그리스도께서 영광의 나라에서 죄로 저주받은 땅에 오신 것은 기적 중의 기적입니다. 죄인을 지극히 사랑하셔서 죄인을 구원하시려고 죄인과 같이 사시기까지 자신을 낮추신 그 사실을 누가 다 이해할 수 있습니까? 하지만 그리스도께서 영광으로 되돌아가신 것을 보고는 결코 놀라서는 안 됩니다. 하늘은 그리스도의 고향입니다. 그리스도의 아버지 집이 하늘에 있습니다. 그래서 예수님은 대제사장 기도에서 이렇게 기도하신 것입니다. "아버지여 창세전에 내가 아버지와 함께 가졌던 영화로써 지금도 아버지와 함께 나를 영화롭게 하옵소서"(요 17:5).

슬퍼하는 제자들

예수님은 제자들이 보는 앞에서 올라가셨습니다. 제자들은 자기네 친구요 구주요 주님이신 예수님을 눈으로 따라갔습니다.

사랑하는 사람을 눈앞에서 떠나보내는 것은 언제나 슬픈 일입니다. 여러분, 아내나 남편을 공항까지 배웅해 보신 적 있으십니까? 여러분은 비행기를 타는 곳까지 사랑하는 사람을 따라갑니다. 비행기가 뜰 때까지 기다리고, 비행기가 안 보일 때까지 하늘을 뚫어져라 쳐다보고 서 있습니다. 하지만 여러분은 사랑하는 사람한테만 그렇게 합니다. 그냥 사업상으로만 아는 사람이라면, 공항까지는 데려다주겠지만 아마 비행기 타는 곳에 떨구어 놓고는 얼른 자리를 뜨고 말 것입니다.

여러분, 감람산에 있는 제자들처럼 예수님이 계신 하늘을 쳐다보신 적 있으십니까? 그렇다면 여러분도 천사들이 전한 위로를 받은 것입니다. 천사들이 슬퍼하는 제자들한테 뭐라고 했는지 기억하십시오. "갈릴리 사람들아 어찌하여 서서 하늘을 쳐다보느냐 너희 가운데서 하늘로 올려지신 이 예수는 하늘로 가심을 본 그대로 오시리라"(행 1:11). 다른 말로 하면, '슬퍼하지 마라. 너희가 사랑하는 구주를 다시 볼 것이다' 그렇게 말한 것입니다. 이것이 바로 모든 거듭난 신자의 소망입니다. 그리스도께서는 당신의 백성을 모두 집으로 데려가시려고 다시 오실 것입니다. 그때까지 구주께서는 하늘 성소에서 우리를 위해 일하고 계실 것입니다.

예수님이 하늘에서 하시는 일

여러분은 예수님이 거기서 무슨 일을 하고 계시냐고 묻습니다.

먼저, 성경은 그리스도께서 그 아버지 앞에서 믿는 사람의 대언자시라고 말합니다. 요한일서에서 사도는 이렇게 말합니다. "누가 죄를 범하여도 아버지 앞에서 우리에게 대언자가 있으니 곧 의로우신 예수 그리스도시라"(2:1). 요한은 앞서 이렇게 말했습니다. "하나님은 빛이시라 그에게는 어둠이 조금도 없으시다"(1:5). 그러니까 우리가 하나님과 사귐이 있다 하고 어둠에 행하면 거짓말을 하고 진리를 행하지 않는 것입니다(1:6). 우리는 빛 가운데 행함으로 서로 사귐을 갖게 되고 그 아들 예수의 피가 우리를 모든 죄에서 깨끗하게 해 주십니다(1:7).

빛 가운데 행한다는 말은 우리에게 죄가 없다는 뜻이 아니라고 요한은 말합니다(1:8). 그러면 우리는 스스로 속이는 것일 뿐이기 때문입니다. 하지만 우리가 우리 죄를 자백하고 믿음으로 하나님의 미쁘심과 의로우심을 꼭 붙들면, 하나님은 우리 죄를 사하시고 우리를 모든 불의에서 깨끗하게 하실 것입니다(1:9).

사도는 믿는 사람들에게 이 편지를 쓰고 있습니다. 그리스도께서 이들을 위해 죽으셨고, 죄 사함과 영원한 의를 얻으셨습니다. 이들은 원리로 보면 죄의 권세에서 건짐을 받았고, 모든 속임에서 벗어나기를 간절히 바라는 사람들입니다. 빛 가운데 행하고 있지만, 자신들이 아직도 밥 먹듯 죄를 짓는 것을 거듭 발견하고는 크게 낙담하는 사람들입니다. 물론 뜻하지 않는 죄를 짓는 것이지만, 그렇다고 해도 죄를 짓고 있고 그 죄에 대한 책임이 있습니다.

이런 죄 가운데 단 하나라도 이들을 정죄하기에 충분하기 때문에, 아버지 앞에서 이들에게 대언자가 없었다면, 이들은 이 죄 때문에 아버지와 복된 사귐을 빼앗겼을 것입니다. 예수 그리스도께서 바로 그 대언자, 곧 변호자이십니다. 그리스도께서는 이들의 모든 죄에 대한 용서를 확보하시려고 이들을 끊임없이 변호하십니다. 믿는 사람이 죄를 지을 때마다, 예수님은 아버지께 자신이 갈보리에서 흘린 피를 떠올려 주시고, 이 피를 보고 저 죄인에게 자비를 베풀어 달라고 간구하십니다.

그리스도의 기도는 언제나 응답받습니다. 그리스도께서 하늘에 계신 것 자체가 그분의 온전한 희생제사를 끊임없이 떠올려 주시는 것입니다. 아버지는 그 피를 보실 때마다(이것은 '언제나'를 말합니다), 당신의 백성을 사랑과 자비로 바라보실 수 있습니다.

그리스도께서 대언자로서 하늘에 계신 것이 또한 우리의 위로입니까? 우리는 얼마나 자주 죄를 짓고, 그래서 얼마나 자주 하나님의 은혜를 느끼지 못합니까? 우리가 우리 죄를 자백하면 그리스도께서 아버지 앞에서 우리를 대언하실 것입니다. 우리는 이 놀라운 진리를 믿어야 합니다. 우리는 예수님의 이름으로 은혜의 보좌에 나아가 예수님의 온전한 희생제사에 기대어 간청할 수 있습니다. 예수님이 우리를 도우실 것입니다. 예수님은 사람으로서 죄가 없으셨지만 모든 일에 우리와 똑같이 시험을 받으셨기 때문에, 우리의 문제를 이해하십니다(히 4:15).

믿는 사람이 그리스도의 승천에서 얻는 두 번째 유익은 그리스도께서 사람의 본성으로 하늘에 계시기 때문에 그분의 백성도 언젠가 하늘에 있으리라는 사실입니다. 그리스도께서는 자기 몸인 교회의 머리시니까 그 몸의 지체인 믿는 사람도 머리가 계신 곳에 함께 있을 것입니다. 이것은 바울이 말하는 것처럼 그리스도인이 벌써 하늘에 있음을 암시합니다. "또 함께 일으키사 그리스도 예수 안에서 함께 하늘에 앉히시니"(엡 2:6). 우리가 그리스도의 것이면, 우리는 벌써 하늘에 있습니다.

그러니까 우리가 하늘에 갈 것이라는 말도 맞지만, 어떤 면에서 우리는 벌써 하늘에 있습니다. 물론 우리는 아직 우리 발로 땅을 딛고 서 있지만, 언젠가 예수님이 계신 하늘로 올려질 것입니다. 예수님이 하늘에 계신 것은 우리도 언젠가 예수님과 함께 있으리라는 보증이요 담보입니다. 예수님이 이렇게 말씀하지 않으셨습니까? "내가 너희를 위하여 거처를 예비하러 가노니……내가 다시 와서 너희를 내게로 영접하여 나 있는 곳에 너희도 있게 하리라"(요 14:2-3).

보증과 시금석

물론 이 사실을 믿는 것이 언제나 쉬운 일은 아닙니다. 자신이 죄악 됨을 느끼고, 사탄과 세상과 육신과 맞서 싸우기에 얼마나 연약한지 깨달을 때 이것을 믿기가 더더욱 힘듭니다. 하지만 그리스도께서도 이것을 생각하셨습니다. 그리스도께서는 제자들을 떠나시기 전에 제자들에게 "너희를 고아와 같이 버려두지 아니하……리라"(요 14:18)고 약속하셨습니다.[15] 그리스도께서는 제자들에게 다시 오실 것이었습니다. 어떻게요? 오순절 날에 부어 주실 당신의 성령으로 다시 오실 것이었습니다. 그리스도께서는 지금도 성령으로 당신의 교회 안에 거하시고, 믿는 사람이 부활의 삶을 살 수 있게 하십니다.

사도 바울은 성령을 보증이라고 말합니다. 고린도후서에서 바울은 이렇게 말합니다. "그가 또한 우리에게 인치시고 보증으로 우리 마음에 성령을 주셨느니라"(1:22). 보증이란 말은 계약금이나 첫 할부금을 뜻합니다. 이것은 그 자체로 갚아야 할 전액을 나중에 갚겠다는 담보나 보증입니다. 계약금으로서 성령님이 하시는 일 가운데 하나는 믿는 사람이 그리스도를 생각하게 하시고, 그리스도를 위해 살 수 있게 하시는 일입니다. 성령님의 능력으로 우리는 우리 자신을 부인하고, 죄를 미워하고, 죄를 피하고, 우리 영혼의 원수들과 끝까지 맞서 싸우는 법을 배웁니다.

이것이 여러분에게도 해당되는지 알아보기 위한 시금석이 여기 있습니다. 여러분은 그리스도를 사랑하고, 그 뜻대로 행하려고 애쓰십니까? 하나님의 일을 위해 살고 계십니까? 여러분 자신의 힘이 아니라 성령님을 힘입어 그렇게 사십니까? 그럴 때에만 여러분은 그리스도인이며, 그리스도의 승천이 주는 위로를 정당하게 누릴 것입니다. 한 찬송 작가의 말처럼, 이 얼마나 놀라운 위로입니까!

---

15 킹 제임스 성경에는 "너희를 위로 없이 버려두지 않으리라"고 되어 있다.

우리의 인성을 구름 저 너머

하나님 우편에 올리신 주님

하늘에서 우리는 거기에 앉아 있고

거기에 주님과 영광 중에 서 있나이다

예수님 다스리시니 천사들 경배하네

인자가 하나님과 함께 보좌에 계시네

강하신 주님, 주님의 승천에서

믿음으로 우리의 승천을 보나이다.

 더 깊은 공부와 나눔을 위한 질문

1. 성경이 눈에 띌 만큼 많이 말하지 않는데도, 그리스도의 승천은 왜 중요합니까?

2. 신약에서 직접으로나 간접으로 그리스도의 승천을 말하고 있는 구절을 찾아보고, 간단히 설명해 봅시다.

3. 구약에서 그리스도의 승천을 말하는 구절이 있습니까? 몇 구절만 나열해 봅시다. 용어 색인이나 성경 사전을 이용합시다.

4. 그리스도께서 십자가로 가시기 전에 제자들에게 당신의 승천에 대해 뭐라고 하셨습니까?

5. 예수님의 제자들은 예수님이 하늘로 돌아가셨을 때 왜 슬퍼했습니까? 제자들은 천사들에게 어떻게 위로받았습니까?

6. 그리스도께서 하늘에서 아버지와 함께 계신 것이 믿는 사람에게 주는 첫 번째 유익을 간단히 설명해 봅시다.

7. 그리스도께서 하늘에서 아버지와 함께 계신 것이 믿는 사람에게 주는 두 번째 유익을

간단히 설명해 봅시다.

8. 예수님이 자기가 하늘에 있는 동안 믿는 사람을 고아와 같이 버려두지 않으실 거라고
   하시며 보증으로 무엇을 주셨습니까?

9. 이 위로가 우리 것임을 확신하기 위한 시금석은 무엇입니까?

〈하늘에 오르사〉를 읽으면서 하나님께서 깨닫게 해 주신 것과 베풀어 주신 은혜를 생각하며
감사합시다. 또 깨달아 배우고 확신한 일에 거할 수 있게 해 달라고 기도합시다.

13. 전능하신 하나님 우편에 앉아 계시다가

50문. "하나님 우편에 앉아 계시다가"라는 말을 왜 덧붙이고 있습니까?

  답. 그리스도께서 하늘에 오르신 목적이 바로 하나님 우편에서 교회의 머리로 나타나시는 것이기 때문입니다. 아버지께서는 그로 말미암아 만물을 다스리십니다.

51문. 우리 머리이신 그리스도의 이 영광이 우리에게 어떤 유익을 줍니까?

  답. 먼저, 그리스도께서는 성령으로 당신의 지체인 우리에게 하늘의 은사를 부어 주십니다. 그런 다음, 당신의 능력으로 우리를 모든 원수에게서 지키시고 보호하십니다.

이제 이어서 사도신경 여섯째 항목 후반부를 살펴보겠습니다. "전능하신 하나님 우편에 앉아 계시다가." 우리가 이 구절에서 고백하는 내용은 무엇입니까? 우리는 그리스도께서 자기 아버지 우편에 앉아 계신 것을 어떻게 생각해야 합니까?

하늘에서 그리스도의 지위

우리는 이 표현이 비유임을 깨달아야 합니다. 하나님은 영이시라서 오른
손이 없으십니다. 그러니까 그리스도는 하나님 오른편에 앉아 계실 수 없
습니다. 왼편도 마찬가지입니다. "하나님 우편"은 하나님의 능력을 가리
키는 표현입니다. 성경에 따르면, 하나님은 우주의 통치자이시고, 그 오
른손으로 능력과 권세를 행하십니다. 성경 시대에는 이 뜻을 누구나 다
알았습니다. 모든 임금과 황제는 오른팔로 쓰는 사람, 곧 그들이 다스릴
권한을 위임한 사람을 데리고 있었습니다. 그 사람은 총리나 왕태자였고,
군주의 왕좌 오른편 보좌에 앉았을 것입니다.

　성경은 하나님께도 오른팔로 쓰시는 사람이 있다고 말합니다. 이 사
람은 하나님 우편에 앉아 계신 나사렛 예수이십니다. 십자가에서 죽으
시고 무덤에서 살아나신 바로 그 예수님이 지금 전능하신 하나님 아버지
바로 옆 보좌에 앉아 계십니다. 이것은 예수님이 지금 하나님의 능력과
권세를 행사하고 계신다는 뜻입니다. 십자가에 못 박히시고 참혹하게 죽
임 당하신 바로 그 예수님이 우주의 통치자이십니다!

지극히 높아지신 그리스도

그리스도께서 실제로 이 높은 자리에 오르신 것을 성경이 잘 증언하고
있습니다. 구주께서는 하늘에 오르시기 바로 전에 슬퍼하는 제자들에
게 이렇게 말씀하셨습니다. "하늘과 땅의 모든 권세를 내게 주셨으니"
(마 28:18). 부활하시기 전에는 낮아지심과 고난의 상태에 계셨습니다. 자

기를 낮추셨고, 여호와의 고난 받는 종으로 죽기까지 복종하셨습니다(빌 2:8). 간고를 많이 겪으셨으며 질고를 아셨습니다(사 53:3). 사람이 아니라 벌레와 같으셨고 사람의 비방거리요 백성의 조롱거리셨습니다(시 22:6).

그러나 예수님의 영광스러운 부활은 예수님의 수치스러운 비하에 마침표를 찍었고, 이제 중보자 통치가 시작된다는 것을 알렸습니다. 엠마오로 가는 제자들에게 말씀하신 것처럼, 예수님은 이 통치권을 손에 넣으시려고 하늘로 올라가셨습니다. "그리스도가 이런 고난을 받고 자기의 영광에 들어가야 할 것이 아니냐"(눅 24:26)?

마리아에게 하신 약속에 따르면, 그리스도께서는 영광에 들어가셨을 때 다윗의 왕위를 손에 넣으셨습니다. "그가 큰 자가 되고 지극히 높이신 이의 아들이라 일컬어질 것이요 주 하나님께서 그 조상 다윗의 왕위를 그에게 주시리니 영원히 야곱의 집을 왕으로 다스리실 것이며 그 나라가 무궁하리라"(눅 1:32-33).

천년왕국설

그리스도의 높아지심을 다르게 생각하는 사람들도 있을 것입니다. 예수 그리스도께서 바로 지금 다윗의 왕위에 앉아 계심을 믿지 않는 사람들이 있습니다. 이들은 이 왕위가 그리스도께서 천 년 동안 다윗의 집을 다스리실 그 천년왕국을 위해 예비된 것이라고 말합니다.

하지만 이것은 우리 구속자의 영광을 빼앗는 일임이 틀림없습니다. 구속자께서는 바로 지금 만왕의 왕이시요 만주의 주십니다(계 17:14; 19:16). 그리스도의 왕권이 어떤 면에서 아직 다 드러나지 않은 것은 틀림없지만, 그리스도께서 이 세대가 끝나고 나서야만 왕으로 다스리실 것이라고 생각해서는 안 됩니다. 예수 그리스도는 영광 가운데 하늘로 올라가신 그 순간에 통치권을 넘겨받으셨습니다.

그리스도께서는 하늘 문에 들어가셨을 때, 죽은 자들 가운데서 부활하사 능력으로 하나님의 아들로 선포되셨고(롬 1:4), 귀인의 비유에서 말씀하신 왕위를 받으셨습니다. 이 귀인은 왕위를 받아 오려고 먼 나라로 갔습니다(눅 19:12). 여기서 "먼 나라"는 하늘이고, 그가 받은 "왕위"는 그리스도께서 지금 중보자로 다스리심을 말합니다. 이 귀인이 다시 돌아온 것은 그리스도의 다시 오심을 뜻합니다. 그리스도께서는 이 왕위를 은혜와 영광의 왕위로만 아니라 권세와 능력의 왕위로 받으셨습니다.

그리스도의 다스리심을 예언함

메시야께서 이처럼 시온의 왕으로서 존귀와 영광으로 관 쓰시리라는 것은 벌써 시편 2편에서 예언되었습니다. 이방 나라들이 분노하며 민족들이 헛된 일을 꾸몄고, 그들이 하나님의 명령으로 맨 사슬을 끊고 결박을 벗어 버리려고 했지만, 하나님은 당신의 왕을 당신의 거룩한 산 시온에 세우셨습니다(시편 2:1, 3, 6).

다윗의 자손으로 사람의 본성을 입으신 하나님의 아드님이 이렇게 높아지셨고, 바로 이 사실을 베드로가 첫 오순절 설교 때 선포한 것입니다.

이 예수를 하나님이 살리신지라 우리가 다 이 일에 증인이로다 하나님이
오른손으로 예수를 높이시매 그가 약속하신 성령을 아버지께 받아서 너희

가 보고 듣는 이것을 부어 주셨느니라 다윗은 하늘에 올라가지 못하였으나 친히 말하여 이르되 주께서 내 주에게 말씀하시기를 내가 네 원수로 네 발 등상이 되게 하기까지 너는 내 우편에 앉아 있으라 하셨도다 하였으니 그런즉 이스라엘 온 집은 확실히 알지니 너희가 십자가에 못 박은 이 예수를 하나님이 주와 그리스도가 되게 하셨느니라 하니라(행 2:32-36).

아버지께서 예수님을 주와 그리스도로, 곧 왕과 제사장으로 삼으셨습니다. 예수님은 주님으로서 주권과 최고권을 받으셨고, 그리스도로서 기름 부음을 받아 하나님의 집의 대제사장이 되셨습니다. 바울은 주 예수님이 그 다 이루신 사역에 대한 보상으로 이렇게 높아지셨다고 말합니다.

이러므로 하나님이 그를 지극히 높여 모든 이름 위에 뛰어난 이름을 주사 하늘에 있는 자들과 땅에 있는 자들과 땅 아래에 있는 자들로 모든 무릎을 예수의 이름에 꿇게 하시고 모든 입으로 예수 그리스도를 주라 시인하여 하나님 아버지께 영광을 돌리게 하셨느니라(빌 2:9-11).

하나님이자 사람으로서 다스리시는 그리스도

중요한 것은 그리스도의 높아지심이 사람이신 예수님의 높아지심이라는 사실입니다. 달리 말해, 모든 능력과 주권을 받으신 것은 그리스도의 인성이었습니다. 신격의 둘째 위격으로서는 벌써 만물에 대한 주권을 지니셨습니다. 하지만 그리스도께서 하나님 우편에서 높아지심이 주는 위로는 이것입니다. 곧, 그리스도는 하나님이신 사람으로서, 하나님의 아들이시자 사람의 아들로서, 다윗의 주님이시자 다윗의 자손으로서 다스리시고 통치하신다는 사실입니다.

이 진리를 묵상하는 것이 얼마나 영광스럽습니까! 그리스도께서는 보좌에 앉아 계십니다. 그리스도인 여러분, 이 사실을 잊지 마십시오. 우리는 자꾸 사물의 어두운 면만 봅니다. 주위를 둘러보면, 온통 우리를 낙담시키는 것들뿐입니다. 실제로 우리가 사람의 눈으로만 사물을 본다면, 낙관할 것이 하나도 없습니다. 오늘날 교회를 보십시오. 세상의 눈으로 볼 때, 얼마나 연약하고 보잘것없습니까! 하지만 1세기의 교회는 더 나은 자리에 있었습니까? 예수님은 이렇게 말씀하셨습니다. "보라 내가 너희를 보냄이 양을 이리 가운데로 보냄과 같도다"(마 10:16).

이 적은 무리의 믿는 사람을 알아서 살라고 내버려 두셨다면, 이들은 어떻게 되었겠습니까? 더구나 사방에서 핍박에 몰려오던 그 기독교 초창기에 말입니다. 보좌에 앉으신 그들의 주인이 아니었으면, 교회는 천 번도 더 망했을 것입니다. 하지만 교회는 망하지 않았고, 절대로 망하지 않을 것입니다. 하나님의 백성은 다음과 같은 구원의 위대한 노래를 얼마나 자주 불러야 합니까!

화가 난 원수들 공격할 때
주님이 이스라엘 돕지 않으셨다면
주님이 우리 편이 아니었다면
우리의 대의는 실패했을 것이라
주님의 도우심 없었더라면
물이 불어나 우리 영혼 삼켰으리라

성난 물결 다스리시는 하나님을 찬양할지라(시 124:1-6).**[16]**

하나님의 백성을 위한 위로

그리스도께서는 그 전능하신 보호의 손길로 밖에서 오는 원수들만 막아
주시는 것이 아닙니다. 우리 안에 있는 수많은 원수도 그리스도의 전능하
신 능력으로만 통제할 수 있습니다. 조셉 필폿은 자신의 『복되신 구속자
의 거룩하신 인성 묵상』에서 이것을 아름답게 표현합니다.

> 우리는 날마다 시간마다 강력한 죄, 솟구치는 욕망, 강렬한 유혹, 사방을
> 둘러싼 악이 아무 힘도 없는 우리의 가장 작고 연약한 부분을 공격하는 것
> 을 느낍니다. 그러나 믿음의 눈으로 아버지 우편에 계신 복되신 우리 주님
> 을 볼 때, 주님은 그 은혜의 능력으로 우리가 주님을 바라고, 붙잡고, 주님
> 께 도움을 구하도록 우리를 인도하십니다. 섭리 속 시련, 가정의 어려움,
> 육신의 아픔과 연약함, 교회 안의 비뚤어진 것, 세상의 반대와 핍박, 믿지
> 않는 추악한 마음(우리는 이것을 거룩하게 할 수도 억누를 수도 없다), 갈수
> 록 험난해지는 거칠고 울퉁불퉁한 길, 가슴속의 의심과 공포와 불안, 마음
> 속의 미끄러짐과 넘어짐, 헤맴, 휘청거림, 험하고 좁은 길에서 자꾸 나자빠
> 짐, 절뚝거리는 우리를 호시탐탐 노리는 원수들, 주님 말고는 아무도 동정
> 하거나 돕지 않음, 우리가 이 모든 원수를 보고 두려워할 때, 우리는 보좌
> 에 앉으신 왕이요 머리요 남편의 필요를 얼마나 절실히 느낍니까! 그분의

---

16 352:1, 2, in *The Psalter: with responsive readings*, (United Presbyterian Board of Publication,
1912)

따듯한 마음은 불쌍히 여길 만큼 부드럽고, 그 굳센 팔은 위로를 줄 만큼 든든합니다.[17]

이것이 하나님의 백성이 그리스도께서 보좌에 앉아 계심을 깨달을 때 얻는 위로입니다. 여기서 위로 받는 것이 '하나님의 백성'이라는 것을 눈여겨보십시오. 그리스도를 믿지 않는 사람은 그리스도의 다스리심과 통치하심을 생각하며 위로를 받을 수 없습니다. 그러니까 질문은 이것입니다. 여러분은 그리스도인이십니까? 믿는 사람이십니까? 저는 주일마다 교회에 나오는 사람을 말하는 것이 아닙니다. 교회를 꼬박꼬박 나간다고 해도 여전히 구원받지 못할 수 있습니다. 여러분이 "전능하신 하나님 우편에 앉아 계시다가" 하고 외면서도 이 복된 진리의 능력과 위로는 아예 느끼지 못할 수 있습니다. 그 능력과 위로는 예수님이 우리 삶의 주인이실 때만 옵니다. 바울과 함께 "주님 무엇을 하리이까?"(행 22:10) 하고 물으며 주님의 규에 복종하는 법을 배울 때만 옵니다.

그리스도께서는 우리를 죄에 대한 형벌에서만 아니라, 죄에 대한 사랑에서도 건지시는 구원자이십니다. 여러분이 죄를 사랑한다면 스스로 속이고 있는 것입니다. 그리스도께서 여러분의 구원자시라면, 그분은 또한 여러분의 주님이십니다. 참으로 거듭난 신자는 거룩하게 되고, 하나님을 기쁘시게 하고, 하나님을 거스르는 짓은 하지 않기를 갈망합니다. 여기서 주 되심이 들어옵니다. 그래서 참 신자는 이렇게 기도합니다.

---

17 J. C. Philpot, "King of kings", in *Meditations on the Sacred Humanity of the Blessed Redeemer*, (Harpenden, England: Gospel Standard Strict Baptist Trust, 1975).

주님, 우리 죄악을 발로 밟으시고, 우리 뜻을 꺾고 주님 뜻을 따르게 하시고, 우리 주님과 하나님으로서 우리 위에서 또 우리 안에서 다스리시고 통치하시고, 반항하는 모든 생각을 사로잡아 그리스도께 복종하게 하시고, 주님의 길로 걷게 하시고, 주님의 형상을 본받게 하시고, 어떤 죄도 우리를 주장하지 못하게 하시옵소서.[18]

예수님이 하나님 우편에 왕으로 앉아 계신 것은 절대로 메마른 교리가 아닙니다. 그냥 이론상의 개념도 아닙니다. 이것은 날마다 반드시 해야 하는 체험의 문제입니다.

🔍 더 깊은 공부와 나눔을 위한 질문

1. 예수님은 실제로 하나님 우편에 앉아 계십니까? 설명해 봅시다.
2. 그리스도의 승천이 예언되었음을 성경으로 증명해 봅시다.
3. 천년왕국설은 그리스도의 다스리심을 어떻게 생각합니까?
4. 그리스도께서 지금 하늘에서 다스리심을 성경으로 증명해 봅시다.
5. 사도 베드로는 그리스도께서 하늘에서 다스리심을 어떻게 설명했습니까?
6. 사도 바울은 그리스도께서 하늘에서 다스리심을 어떻게 설명했습니까?
7. 그리스도께서 하늘에서 하나님이시자 사람으로서 다스리시는 것을 믿는 것이 그리스도인에게 왜 위로가 됩니까?
8. 그리스도께서 바로 지금 하늘에서 다스리시는 것을 믿는 것이 날마다 그리스도인으

---

18 앞의 책.

로 걸어가는 데 어떤 도움을 줍니까?

〈전능하신 하나님 우편에 앉아 계시다가〉를 읽으면서 하나님께서 깨닫게 해 주신 것과 베풀어 주신 은혜를 생각하며 감사합시다. 또 깨달아 배우고 확신한 일에 거할 수 있게 해 달라고 기도합시다.

14. 저리로서 산 자와 죽은 자를 심판하러 오시리라

52문. 그리스도께서 "산 자와 죽은 자를 심판하러 오시리라"는 사실이 당신에게 어떤 위로를 줍니까?

답. 어떤 슬픔과 핍박 가운데서도, 나는 고개를 들고 전에 나를 대신하여 하나님의 심판대 앞에 서시사 내게서 모든 저주를 없애 주신 바로 그분이 심판자로서 하늘에서 오시기를 기다립니다. 그리스도께서 그분과 나의 원수는 다 영원한 정죄 가운데로 던지실 것이지만, 나와 택하신 모든 사람은 자기에게 이끄사 하늘의 기쁨과 영광을 맛보게 하실 것입니다.

그리스도께서는 만왕의 왕이요 만주의 주시며, 자기 교회의 머리로서 하나님 우편에 앉아 계십니다. 그리스도께서 하나님 우편에서 하시는 모든 일은 한 가지 마지막 큰 목표인 그분의 다시 오심을 바라고 있습니다. 사도신경은 그리스도께서 "저리로서", 곧 하늘에서 "산 자와 죽은 자를 심판하러 오시리라"고 말합니다.

그리스도는 언제 다시 오시는가

그날이 언제일까요? 어떤 면에서는 그리스도께서 언제나 오고 계신다고 말할 수 있습니다. 그리스도께서는 당신의 교회를 모으시는 복음 설교 안에서, 복음 설교를 통해서 오고 계십니다. 또 세상에서 일어나는 여러 사건을 통해서도 오고 계십니다. 전쟁과 전쟁의 소문에서, 혁명과 지진과 기근과 같은 각 나라의 모든 문제에서 오고 계십니다.

그런데 성경은 특별히 세상 역사가 끝이 나고 하늘나라가 그 모든 영광과 완전함으로 시작될 그리스도의 마지막 오심에 우리 눈길을 모읍니다. 이 일이 언제 일어날까요? 이것은 물론 신약 시대 이후로 교회를 사로잡았던 질문입니다.

초대 교회는 그리스도께서 아주 속히 돌아오시리라 기대했습니다. 신약 성경에 따르면, 믿는 사람은 말세를 살고 있고(벧전 1:20), 잠깐만 고난당하면 되고(벧전 1:6), 앞날이 다가오고 시간이 가까이 오고 있고(벧전 4:7), 심판주가 문밖에 서 계십니다(약 5:9).

답은 무엇인가

이런 진술들이 후세대를 자꾸 헷갈리게 했습니다. 그리스도께서 곧 다시 오시리라는 초기 그리스도인들의 기대가 모두 틀렸습니까? 제가 볼 때 답은 여기서 찾아야 합니다. 곧, 성경에서 그리스도의 처음 오심과 다시 오심은 아주 밀접한 관련이 있다는 사실입니다. 구약 선지자들은 역사 속에서 당신의 백성을 거듭 찾아오신 이스라엘의 하나님이 이들을 마지막으로 찾아오셔서 악인을 심판하시고, 의인을 구속하시고, 땅에서 악을 모조리 쓸어버리실 그날을 고대했습니다. '여호와의 날'은 메시아가 장차 한 번 올 것을 나타내는 표현이었습니다.

신약의 교회는 그리스도의 성육신에서 구약의 약속이 이루어진 것을 봤습니다. 그러나 메시아의 한 번 오심을 처음 오심과 다시 오심으로 나눠야 한다는 사실은 차츰차츰 배웠을 뿐입니다. 메시아가 처음 오신 목적은 자기 백성을 구속하시는 것이었습니다. 하지만 원수들을 심판하시려면 또 다른 오심, 곧 다시 오심이 필요했습니다.

주님의 이 두 번 오심을 가릴 수는 있겠지만, 갈라서는 안 됩니다. 그리스도께서는 처음 오실 때 터를 닦으셨고, 다시 오실 때 하나님의 집을 완성하실 것입니다. 처음 오심으로 중보자 일을 시작하셨고, 다시 오심으로 그 일을 끝마치십니다. 그리스도의 처음 오심과 다시 오심은 서로 긴밀하게 이어져 있어서 하나를 다른 하나 없이 생각할 수 없기 때문에, 성경은 둘 사이에 흘러야 할 시간의 길이를 거의 강조하지 않습니다. 그러니까 그리스도께서 다시 오시는 순간을 계산하려는 어떤 노력도 근거 없는 헛수고일 뿐입니다. 주의 날은 밤에 도둑같이 이를 것이기 때문입니다(살전 5:2). 그때가 언제인지 아무도 모른다고 그리스도께서 하셨습니다(마 24:36).

많은 사람이 그리스도께서 땅에 돌아오시기를 오랫동안 미루시는 것을 보고는 '그것이 바로 성경이 진리가 아니라는 증거다'고 말합니다. 그러나 언제나 이렇게 조롱하는 사람들이 있었습니다. "주께서 강림하신다는 약속이 어디 있느냐 조상들이 잔 후로부터 만물이 처음 창조될 때와 같이 그냥 있다"(벧후 3:4). 하지만 베드로의 답변은 여전히 최고의 답변입니다. "주의 약속은……더딘 것이 아니며 오직 주께서는 너희를 대하여 오래 참으사 아무도 멸망하지 아니하고 다 회개하기에 이르기를 원하시 느니라"(벧후 3:9). 게다가 주께는 하루가 천 년 같고 천 년이 하루 같습니 다(벧후 3:8). 우리가 아는 것은 다만 그리스도께서 이 세대 끝에 다시 오 시리라는 것뿐이고, 성경은 심판하러 딱 한 번 오신다고 말합니다.

마지막

성경은 또 이 세상 끝에 큰 격변이 있을 것을 보여 줍니다. 그리스도께서 불현듯 개입하셔서 이 세대를 끝내실 것입니다. 바울은 그리스도께서 이 일을 끝마치시고 의로 속히 이루시리라고 말합니다(롬 9:28 KJV). 그리스도 께서 오시면 역사는 중단될 것입니다.

그러나 이것은 마치 오늘이고 내일이고 천 년 뒤고 백만 년 뒤고 마지 막 때가 언제라도 찾아올 것처럼 하나님이 그 때를 아무렇게나 정하신다 는 뜻이 아닙니다. 마지막은 때가 차고 나서야만 올 것입니다.

이것이 무슨 뜻입니까? 그리스도께서 처음 오실 때도 때가 찬 다음에 오신 것처럼, 다시 오실 때도 때가 차고 나서야 오실 것이라는 뜻입니다. 불의의 양이 꽉 차야 합니다. 죄에 담긴 끔찍한 뜻, 곧 하나님을 향한 적 대감이 모두 밝히 드러나야 합니다. 뿌리가 되는 아담의 첫 범죄가 열매 를 다 맺어야 합니다. 또 그리스도의 고난이 가득 차야 합니다. 이 고난 의 양은 원리로 볼 때 그리스도께서 이 땅에 계시는 동안 친히 다 채우셨 지만, 세상에서 고난 받는 성도들도 채우고 있습니다. 오늘날 많은 하나 님의 자녀가 믿음 때문에 고난 받는 것을 우리는 압니다. 무엇보다 전체 주의 정권 아래 있는 나라들에서 그렇습니다.

또 택함 받은 사람이 모두 태어나서 그리스도의 몸으로 모여야 하는 것은 말할 것도 없습니다. 그렇다면 택함 받은 마지막 한 사람이 거듭나서 교회에 들어올 그때에야 비로소 그리스도께서는 산 자와 죽은 자를 심판하러 다시 오실 것입니다.

심판의 최종성

그리스도의 목적은 이 땅을 천 년 동안만 다스리시는 것이 아닙니다. 그리스도께서는 무슨 일을 하시든 완벽하게 하시기 때문에 그 일은 바꿀 수 없습니다. 『하이델베르크 교리문답』은 그리스도께서 심판자로서 하늘에서 오셔서 하실 일을 이렇게 설명합니다. "그리스도께서 그분과 나의 원수는 다 영원한 정죄 가운데로 던지실 것이지만, 나와 택하신 모든 사람은 자기에게 이끄사 하늘의 기쁨과 영광을 맛보게 하실 것입니다"(19주일, 52문답).

이런 마지막 심판이 있을 것임을 성경으로 증명하려고 크게 애쓸 필요가 없습니다. 몇 구절이면 죽은 자가 모두 살아나 그리스도의 심판대 앞에 서리라는 것을 증명하기에 충분할 것입니다.

> 이를 놀랍게 여기지 말라 무덤 속에 있는 자가 다 그의 음성을 들을 때가 오나니 선한 일을 행한 자는 생명의 부활로, 악한 일을 행한 자는 심판의 부활로 나오리라(요 5:28-29)

> 보라 내가 속히 오리니 내가 줄 상이 내게 있어 각 사람에게 그가 행한 대로 갚아 주리라(계 22:12)

모든 사람은 죽는 순간에 먼저 저마다 예비 심판을 받습니다. 하지만 이것을 넘어 마지막에 무시무시한 공개 법정이 열리리라는 것을 우리는 성경에서 어렴풋이 봅니다. 그때 하나님은 당신의 은혜와 영광을 숨김 없이 드러내실 것입니다. 모든 잘못을 바로잡으시고, "악이 늘 강해 보여도 하나님이 여전히 다스리고 계심"[19]을 온 세상이 보게 하실 것입니다. 그때 그리스도인의 삶이 참으로 온당하다는 것을 모든 사람이 깨닫게 될 것입니다.

여러분은 때때로 이렇게 물을 것입니다. '자기를 부인하고, 자기희생의 십자가를 지고, 그리스도를 따름으로 얻는 유익이 있습니까?' 자, 그날에 크고 분명한 대답이 들려올 것입니다. 그날 예수님은 당신의 충성스러운 제자들에게 이렇게 말씀하실 것입니다. "네 주인의 즐거움에 참여할지어다"(마 25:21). 하지만 지금 저런 일들을 비웃고 하나님과 참 신앙을 깔보는 사람은 끔찍한 말씀을 듣게 될 것입니다. "저주를 받은 자들아 나를 떠나 마귀와 그 사자들을 위하여 예비된 영원한 불에 들어가라"(마 25:41).

이 재판장은 절대로 이중 잣대를 쓰지 않으십니다. 그분은 더할 나위 없이 공평하실 것입니다. 각 사람은 자기가 받은 계시의 빛에 따라 심판받을 것입니다. 기록된 율법이 없는 사람은 기록된 율법 없이, 그 마음에 새겨진 율법을 따라 심판받을 것입니다(롬 2:12-15). 하지만 복음을 아는 사람은 이같이 큰 구원을 등한히 여기면 화가 있을 것입니다(히 2:3).

---

19 "This is My Father's World"라는 찬송의 3절로서, 우리말로는 "참 아름다워라"라는 제목으로 옮겨졌으나, 위의 가사는 빠져 있다.

심판을 피하라

각자 자기 마음을 살펴봅시다. 여러분이 영원을 소망하는 근거가 충분하지 않다면, 여러분은 틀림없이 벌벌 떨게 될 것입니다. 마지막 심판이 정확히 '마지막'이 될 것이기 때문입니다. 그리스도께서 심판자로 다시 오실 때, 그분의 백성은 그분을 자기네 구주로 알아볼 것입니다. 재판석에 앉으신 인자가 이들의 친구일 것입니다. 이들은 은혜로 이 친구를 신뢰하는 법을 배웠고, 이 친구한테서 지은 죄를 모두 용서받았습니다.

성령님은 하나님의 모든 백성이 자기 죄를 알게 하십니다. 이들은 하나님이 죄 때문에 자신들을 지옥에 보내실지라도 그것이 아주 정당하다는 것을 인정하는 법을 배웁니다. 하지만 성령님은 또 그렇게 자신을 정죄하는 죄인들에게 그들을 대신해 하나님의 심판대 앞에 서신 주 예수 그리스도를 계시하십니다. 죄인들은 그리스도께서 자기 백성의 죄를 짊어지고서 가야바와 빌라도 앞에 어떻게 서셨는지 떠올리고는 이렇게 외칩니다. '예수님, 귀하신 예수님!'

> 오로지 죄인을 위하여
> 고난 받으신 주님
> 죄는 바로 제가 지었는데
> 죽음의 고통은 주님이 당했나이다.

그리스도께서 그 무시무시한 법정에서 정죄 받으셨기 때문에, 우리는 마지막 심판 때 죄 없다 하심을 받을 것입니다. 사실 우리는 벌써 죄 없다 하심을 받았습니다. 그리스도 예수 안에 있는 자에게는 결코 정죄함이 없기 때문입니다(롬 8:1). 우리가 은혜로 우리 구주 예수 그리스도께 속할 때, 우리는 심판자이신 예수 그리스도를 겁내지 않아도 됩니다. 우리는 아름다운 복음 나팔 소리를 알기 때문에, 우리를 심판으로 부르는 마지막 나팔 소리에 겁먹지 않을 것입니다. 복음 나팔은 우리를 이끌어 그리스도를 믿게 했습니다. 심판 나팔은 우리를 이끌어 그리스도를 보게 할 것입니다. 그때 우리는 그리스도를 참모습 그대로 볼 것이고, 왕을 그 아름다움 가운데서 볼 것입니다(요일 3:2; 사 33:17).

어떤 교부가 말한 것처럼, 그리스도는 언제나 아름다우십니다. 구유에서도 아름답고, 그 삶에서도, 십자가와 부활과 승천에서도 아름다우십니다. 하지만 무엇보다 하늘의 구름을 타고 다시 오실 때 가장 아름다우실 것입니다. 하나님의 모든 자녀는 큰 기쁨과 기대로 그날을 간절히 기다립니다. 여러분이 죄 때문에 두려움에 휩싸인다면, 여러분의 모든 죄를 속하시는 어린양의 보배로운 피에서 깨끗이 함을 구하십시오. 그리고 하나님 앞에서 거룩하게 행하는 데서 끝까지 견딜 힘을 달라고 기도하십시오.

때가 심상치 않습니다. 큰 환란이 오고 있고, 실제로 벌써 세계 곳곳에서 일어나고 있습니다. 거기서 그리스도인은 핍박을 받고 그리스도를 고백한 대가로 죽임을 당합니다. 그러나 우리 주 예수 그리스도께서 보좌에 앉아 계시기 때문에, 사탄은 딱 거기까지만 허락받을 것입니다. 그리스도께서는 때가 무르익고 당신의 목적이 다 이루어지면 돌아오실 것입니다. 하루도 늦거나 빨리 오지 않으실 것입니다. 그때까지 우리는 이 눈물 골짜기 같은 세상에서 몸부림치겠지만, "볼지어다 내가 세상 끝날까지 너희와 항상 함께 있으리라"(마 28:20)고 약속하신 그분은 미쁘십니다.

🔍 더 깊은 공부와 나눔을 위한 질문

1. 그리스도께서 언제나 오고 계시다는 것이 무슨 뜻인지 설명해 봅시다.

2. 왜 초기 그리스도인들은 그리스도께서 곧 다시 오시리라고 생각했습니까?

3. 그리스도께서 다시 오심을 미루고 계시는 것처럼 보입니다. 이에 대해 성경은 뭐라고 답합니까?

4. 성경은 그리스도께서 때가 차야 오실 것이라고 말합니다. 무슨 뜻입니까?

5. 요한복음 5장 28-29절이나 요한계시록 22장 12절과 같이, 심판의 최종성을 보여 주는 본문을 찾아봅시다. 이런 본문들이 그리스도인에게 두 번째 기회가 있음을 증명합니까? 설명해 봅시다.

6. 지금 그리스도를 본받고 세상의 비웃음을 견딤으로 마지막 심판 때 얻는 유익은 무엇입니까?

7. 마지막 심판 때 하나님 만나는 일을 우리는 어떻게 준비할 수 있습니까?

8. 그리스도인은 날마다 몸부림치고, 사탄이 그리스도와 그리스도를 본받는 사람들을 어떻게 반대하는지 봅니다. 이런 그리스도인에게 어떤 위로가 있습니까?

〈저리로서 산 자와 죽은 자를 심판하러 오시리라〉를 읽으면서 하나님께서 깨닫게 해 주신 것과 베풀어 주신 은혜를 생각하며 감사합시다. 또 깨달아 배우고 확신한 일에 거할 수 있게 해 달라고 기도합시다.

15. 성령을 믿사오며

53문. 당신은 성령님에 대해 무엇을 믿습니까?

    답. 첫째, 성령님이 성부와 성자와 함께 참되고 영원한 하나님이심을 믿습니다. 둘째, 성령님을 내게도 주셨음을 믿습니다. 성령님은 내가 참된 믿음으로 그리스도와 그 모든 은택에 참여하게 하시고, 나를 위로하시고, 영원토록 나와 함께하십니다.

성령이 무엇입니까? 이것은 또 다른 물음으로 이어집니다. 성령은 인격입니까 사물입니까? 성령은 성부와 성자와 같이 진짜 살아 있는 존재입니까? 아니면 그저 하나님의 능력이나 감화력과 같이 어떤 힘입니까? 많은 사람이 성령을 '그것'이라고 말합니다. 이들이 옳습니까? 도리어 '그분'이라고 해야 하지 않겠습니까?

인격이신 성령님

신약 성경은 성령님이 인격이심을 똑똑히 가르칩니다. 예수님은 아버지께서 자기(그리스도) 이름으로 보내실 보혜사에 대해 이야기하면서 이렇게 말씀하셨습니다. "그가 너희에게 모든 것을 가르치고"(요 14:26). 사도 바울도 인격의 특징을 성령님께 돌립니다. "성령은 모든 것 곧 하나님의 깊은 것까지도 통달하시느니라"(고전 2:10). 통달은 이해의 행위입니다. 성령님이 통달하실 수 있는 것은 성령님이 아시기 때문입니다(고전 2:11).

또 성령님은 "뜻"을 지니셨습니다. 이것은 아마 인격의 가장 두드러진 특징일 것입니다. "이 모든 일은 같은 한 성령이 행하사 그의 뜻대로 각 사람에게 나누어 주시는 것이니라"(고전 12:11). 그리고 성령님이 말씀하시는 것으로 볼 때, 인격체만이 할 수 있는 행동도 성령님에게 돌려집니다. 바울은 "성령이 밝히 말씀하시기를"(딤전 4:1) 하고 말합니다. "귀 있는 자는 성령이 교회들에게 하시는 말씀을 들을지어다"(계 2:7)는 말씀도 있습니다.

더 많은 구절을 들어 성령님이 그저 하나님에게서 나오는 힘이나 영향력이 아님을 보여 줄 수도 있지만, 위에서 든 증거만으로도 성령님이 거룩하시고 지성이 있으신 한 인격이심은 충분히 드러납니다.

하나님이신 성령님

성령님과 관련해 우리가 풀어야 할 다음 숙제는 이것입니다. 성령님의 본성은 무엇입니까? 성령님은 삼위일체의 존재 범위에서 어떤 자리를 차지하고 계십니까? 이것을 답하려면 다시 성경으로 돌아가야 합니다. 성경은 성령님이 오직 하나님께만 돌릴 수 있는 그런 이름과 완전함으로 구별되심을 보여 줍니다. 또 성령님은 하나님만 가지고 계신 그런 능력을 가지고 계십니다. 성령이 성부와 성자와 동등하시고, 본질이 같으시고, 함께 영원하시다는 것이 성경의 가르침입니다.

우주를 창조하고, 성경을 감동하고, 그리스도의 인성을 이루는 일 들을 성령님께 돌리는 것으로 볼 때, 성령님은 하나님이신 것이 틀림없습니다. 바울의 말을 빌려 쓰자면, 주는 영이십니다(고후 3:17).

성경은 분명히 성령님을 하나님이라고 말합니다. 베드로는 아나니아한테 "어찌하여 사탄이 네 마음에 가득하여 네가 성령을 속이……느냐"(행 5:3)고 하고 나서, 이렇게 잘라 말했습니다. "사람에게 거짓말한 것이 아니요 하나님께로다"(행 5:4)!

구속을 적용하시는 성령님

성령님이 인격이시며, 그것도 하나님의 한 위격이심을 보여 주려고 왜 이렇게 시간을 많이 쏟아붓습니까? 성령님이 하나님의 한 위격이 아니었다면, 성부와 성자와 같은 하나님이 아니었다면, 우리는 결코 구원받지 못했을 것이기 때문입니다.

사람이 구원받기 위해서는 하나님의 아드님이 반드시 십자가 위에서 죽으셔야 했습니다. 사도신경은 예수님이 성령으로 잉태되시고, 동정녀 마리아에게 나시고, 본디오 빌라도 아래서 고난 받으셨다고 자세히 설명해 줍니다. 이것은 그리스도께서 죄인들을 위해 어떤 일을 하셨는지 보여 줍니다. 그리스도께서는 고난 받으시고 죽으심으로 자기 백성의 죗값을 치르셨고, 이들을 하나님 아버지와 화목하게 하셨습니다. 하지만 그리스도께서 얻으신 이 구원이 어떻게 죄인의 것이 됩니까? 바꿔 물으면,

이천 년 전에 일어난 일이 어떻게 오늘 내 삶을 바꿉니까?

여기서 성령님이 들어옵니다. 성령님이 그리스도의 구속 사역을 우리 삶에 적용하십니다. 여기에는 벌써 우리 힘으로 이 일을 할 수 없다는 뜻이 담겨 있습니다. 우리는 우리 노력으로 그리스도의 구원 사역이 우리 안에 효력을 나타내게 할 수 없습니다.

사람이 이 일을 할 수 있다고 주장하는 사람들이 있습니다. 이들은 '그리스도께서 우리 죄를 위해 죽으셨으니까, 이제 우리가 그 사실을 믿어야 한다. 우리의 자유 의지로 그리스도께서 우리를 위해 하신 일을 받아들여야 한다. 그러면 우리는 구원받는다. 더 말할 것도 없다'고 주장합니다.

그런데 여기서 문제는 성경이 사람의 타고난 상태에 대해 뭐라고 하는지 생각하고 있지 못한다는 것입니다. 성경은 사람이 본성상 어떻다고 가르칩니까? 사람은 허물과 죄로 죽었고(엡 2:1), 그 안에 하나님을 향한 적대감이 가득합니다(롬 8:7). 아무도 본성상 하나님을 찾지 않고(롬 3:11), 하나님이 구원해 주시길 바라지 않습니다. 사람은 예수 그리스도를 믿을 수 없을뿐더러, 믿고 싶어 하지도 않습니다. 특별히 사람은 믿고 싶어 하지 않습니다. 그리스도께서 믿지 않는 유대인들에게 뭐라고 하셨는지 보십시오. "너희가 영생을 얻기 위하여 내게 오기를 원하지 아니하는도다"(요 5:40). 이것이 사실이기 때문에, 구원이 사람의 결정에 맡겨졌다면 이제껏 아무도 구원받지 못했을 것입니다. 그 결정은 보나 마나 부정이었을 테니까요.

새로운 탄생

그러면 실제로 그리스도께 오고 그리스도를 믿는 사람들은 어떻게 된 것입니까? 성령님이 하신 일입니다!

성령님만이 죄인의 마음을 바꾸실 수 있고, 죄인이 기꺼이 자기 죄를 자백하고 그리스도께로 도망가서 그리스도의 피로 깨끗이 함을 받게 하실 수 있습니다. 성령님은 중생, 곧 새로운 탄생이라고 하는 행위로 이러한 결과들을 일으키십니다. 여러분은 요한복음 3장에 기록된 사건을 기억하실 것입니다. 예수님은 바리새인인 니고데모와 이야기를 나누시면서 이 박식한 이스라엘 학자에게 이렇게 말씀하십니다. "진실로 진실로 네게 이르노니 사람이 거듭나지 아니하면 하나님의 나라를 볼 수 없느니라"(3절). 이렇게 위에서부터 나지 않으면 우리는 잃어버린 상태와 처지에 그대로 있다가 마침내 지옥에 떨어지게 됩니다.

여러분, 이것이 무슨 뜻인지 아십니까? 여러분이 성령으로 거듭나지 않으면, 여러분의 운명은 영원한 멸망이라는 뜻입니다. 여러분이 종교에 아주 열심 있는 사람일 수 있습니다. 하지만 그것이 꼭 여러분이 새로 태어났다는 뜻은 아닙니다. 니고데모도 종교에 아주 열심 있는 사람이었지만, 성령님이 하나님으로서 하시는 일과 그것을 체험해야 한다는 사실을 도무지 몰랐습니다. 예배에 꼬박꼬박 참석하지만 니고데모처럼 이런 것들을 도통 모르는 니고데모의 '형제자매'가 꽤 많습니다. 많은 사람이 입으로는 성령님과 성령님의 거듭나게 하시는 일이 꼭 필요하다고 말합니다. 그런데 막상 보면 성령님 없이도 자기네 스스로 아주 잘할 수 있을 것처럼 그렇게 말하고 행동합니다. 아더 핑크는 이렇게 말합니다.

그리스도의 구속 사역이 죄인에게 적용되려면 반드시 자연을 초월하는 작용이 있어야 한다는 것은 이제 누구나 받아들이는 사실이 아닙니다. 도리어 이런저런 활동들로 볼 때 지금 널리 받아들여지는 사상은, 거듭나지 않은 영혼에게 성경을 글자 그대로 가르치면 이들이 자기네 의지력으로 그리스도를 믿기로 충분히 결심할 수 있다는 것입니다.[20]

그러나 홉킨스Samuel Hopkins가 쓰고 있듯이, 사람이 아무리 가르치고 설득해도 죄인이 구주께로 돌아서게 하지는 못할 것입니다.

하늘에 있는 모든 천사와 성도, 땅에 있는 모든 경건한 사람이 자기네 뜻과 수고를 다 합쳐 한마음으로 모든 능력을 발휘한다 해도, 이들은 한 죄인도 거듭나게 할 수 없습니다. 참으로 죄인의 거듭남을 위해 이들이 할 수 있는 일은 아무것도 없습니다. 죄인을 거듭나게 하는 것은 유한한 지혜와 능력의 범위를 무한히 뛰어넘는 효력입니다(고전 3:6-7).[21]

이것은 정말 사실입니다.

설교자에게 귀 기울이고
하나님의 진리가 밝히 드러난다 해도
영원한 보좌에서 오시는
더 큰 선생이 필요해

---

20 Arthur Pink, "the Holy Spirit", in *The Holy Spirit*, (Radford, VA: Wilder Publications, 2009). 우리말로는 『성령론』(엠마오)으로 옮겨졌다.
21 앞의 책, "the Holy Spirit Regenerating."

적용은 오로지 하나님 하시는 일.[22]

더 자세히 말하면, 적용은 성령 하나님이 하시는 일입니다.

성령님의 전능하신 능력

성령님은 하나님이셔야 합니다. 죄인이 거듭나려면 전능한 능력이 필요하기 때문입니다. 성경은 중생을 세상 창조와 견줍니다. 중생은 새로운 창조입니다. 다시 한번 아무것도 없는 데서 무엇을 일으키시는 것입니다. 사실 죄인을 새로 지으시는 것은 세상을 처음 지으신 것보다 훨씬 더 놀라운 일입니다. 첫 창조 때는 아무것도 하나님을 반대하지 않았지만, 새 창조 때는 죄와 사탄의 모든 권세가 힘을 합해 그 일을 저항하기 때문입니다. 핑크를 다시 인용하자면,

> 중생은 물이 포도주로 바뀌는 것이 아니라, 어떤 것이 정반대의 것으로 바뀌는 것입니다. 돌 같은 마음이 살처럼 부드러운 마음으로 바뀌고(겔 11:19), 이리가 양으로 바뀝니다(사 11:6). 이것은 그리스도께서 보여 주신 어떤 기적보다 더 큰 기적입니다. 그래서 그리스도께서는 사도들에게 성령의 강한 능력을 받으면 이들이 당신이 하는 일보다 큰일도 하리라고 말씀하신 것입니다(요 14:12).[23]

---

22 앞의 책.
23 앞의 책.

오순절

오순절 날에 성령님이 교회에 내려오셨습니다. 교회는 그저 다락방에 앉아 있는 제자들의 적은 무리일 뿐이었습니다. 원수들의 증오 때문에 겁먹은 사람들 백이십 명이었습니다. 이들은 그리스도께서 보내 주기로 약속하신 보혜사를 기다리고 있었습니다. 성령님은 홀연히 표적들(강하고 급한 바람 같은 소리와 불의 혀처럼 갈라지는 것들)과 함께 임하셨고(행 2:2-3), 그날이 끝날 무렵 그 적은 회중이 삼천 명으로 불었습니다. 이 새로 회심한 사람들은 누구였습니까? 그리스도의 원수들이었습니다. 심지어 그리스도를 십자가에 못 박는 일에 가담한 사람도 있었습니다. 물론 그전까지는 예수를 믿을 의향이 아예 없던 사람들이었습니다.

이 사람들은 이상한 소리와 광경에 이끌렸고, 거기서 베드로의 설교를 들었습니다. 천하 각국에서 왔지만, 베드로가 하는 설교를 다 알아들을 수 있었습니다. 이 놀라운 설교자는 예수의 영이 막 임했는데, 그것이 그리스도가 다시 살아나서 하늘로 올라갔다는 증거라고 말했습니다(행 2:32-33). 예수는 이들의 생각처럼 죽은 것이 아니었습니다. 이들은 예수를 십자가에 못 박았고 예수의 무덤을 봉했지만, 이 나사렛 사람은 다시 살아나서 자신의 영을 교회에 보냈습니다.

구경꾼들은 까무러칠 듯이 놀랐고, 잔뜩 겁을 먹었습니다. "그들이 이 말을 듣고 마음에 찔려 베드로와 다른 사도들에게 물어 이르되 형제들아 우리가 어찌할꼬 하거늘"(행 2:37). 베드로는 이렇게 답했습니다. "너희가 회개하여 각각 예수 그리스도의 이름으로 세례를 받고 죄 사함을 받으라 그리하면 성령의 선물을 받으리니"(행 2:38).

회개하고 믿으라

바로 이 일이 일어났습니다. 삼천이나 되는 사람이 다 죄를 회개하고, 예수를 믿고, 세례를 받고, 성령을 받았습니다. 참으로 그날 제자들은 예수님이 땅에 계시는 내내 자신들이 봤던 것보다 더 큰일을 봤습니다. 성령님이 이 커다란 죄인들의 마음을 완전히 바꾸시는 기적을 행하셨습니다. 이들은 그리스도를 못 박은 자에서 그리스도를 믿는 자로 신분을 옮겼습니다.

지금도 여전히 같은 기적이 일어날 수 있습니다. 성령님은 가장 단단한 마음도 부수실 수 있고, 가장 완고한 뜻도 꺾으실 수 있습니다. 여태 그리스도를 거절하고 죄를 사랑한 여러분이라도 성령님은 바꾸실 수 있습니다. 성령님이 손끝만 스치셔도 여러분은 무릎을 꿇고 이렇게 부르짖을 것입니다. "내가 어떻게 하여야 구원을 받으리이까"(행 16:30)? 답은 언제나 같습니다. "주 예수를 믿으라 그리하면 너와 네 집이 구원을 받으리라"(행 16:31).

여러분이 은혜로 그리스도 예수 안에 있는 하나님의 자비와 사랑에 매달린다면(이것이 믿는다는 뜻이기 때문에), 여러분은 곧이어 모든 시대의 교회와 함께 이렇게 고백할 것입니다. "성령을 믿사오며." 그때 여러분은 이 믿음만 아니라 그밖에 구원에 필요한 모든 것을 주신 분이 바로 성령님이심을 알게 될 것이기 때문입니다.

> 오소서 성령님 오소서
> 밝은 빛 비추사
> 마음의 어둠을 헤치고
> 우리 눈 여소서.

1. 우리는 왜 성령님을 '그것'이라고 하면 안 됩니까? 설명해 봅시다.

2. 성령님이 '성부와 성자와 동등하시고, 본질이 같으시고, 함께 영원하시다'는 것이 무슨 뜻입니까?

3. 성령님을 하나님이라고 한 성경의 증거를 들어 봅시다.

4. 성령님의 일하심 없이 우리는 구원받을 수 있습니까? 없다면 그 까닭을 말해 봅시다.

5. 새로운 탄생이라고도 하는 중생은 무엇입니까? 성경은 중생을 무엇에 빗댑니까?

6. 성령님이 교회에 내려오신 그날에 무슨 일이 일어났습니까?

7. 성령님이 죄인을 변화시키시고, 죄인이 거듭날 때 무슨 일이 일어납니까?

〈성령을 믿사오며〉를 읽으면서 하나님께서 깨닫게 해 주신 것과 베풀어 주신 은혜를 생각하며 감사합시다. 또 깨달아 배우고 확신한 일에 거할 수 있게 해 달라고 기도합시다.

16. 거룩한 공회……를 믿사옵나이다

54문. 당신은 그리스도의 "거룩한 공회"에 대해 무엇을 믿습니까?

답. 하나님의 아드님이 자신을 위해 영생을 주시려고 온 인류 가운데서 교회를 택하셨고, 그 택하신 교회를 세상이 시작하는 날부터 끝나는 날까지 참된 믿음으로 하나가 되도록 자신의 말씀과 성령으로 불러 모으시고 지키시고 보호하심을 믿습니다. 또 내가 이 교회의 살아 있는 지체이고 영원히 그럴 것임을 믿습니다.

공교회는 보편 교회를 뜻함

사도신경은 아홉째 항목에서 "거룩한 공회"[24]를 믿는다고 고백합니다. 이것은 개신교 목회자 입에서 나오기에는 이상한 소리로 들릴 수 있습니다. 우리가 거룩한 '가톨릭교회'를 믿습니까? 여기서 '가톨릭교회'라는 말은 로마 가톨릭교회를 말하는 것이 아니라, '보편 교회'를 뜻할 뿐입니다. 우리는 거룩한 보편 교회를 믿습니다. 이것이 모든 그리스도인이 이 믿음의

---

24 여기서 "공회"라는 말은 영어로 '가톨릭교회(catholic church)'로서, 공교회 또는 보편 교회를 뜻하는 말이다. 그런데 로마 가톨릭교회에서 이 이름을 가져다 쓴 것이다.

항목에서 고백하는 바입니다. 교회는 온 세계에 두루 퍼져 있습니다.

부르심 받은 교회

교회는 또한 믿음의 대상입니다. "거룩한 공회"를 믿는다는 말은 세상에 그런 교회가 있다고 내가 믿는다는 뜻입니다. '교회'는 헬라어로 '에클레시아'인데, 이것은 '불러내다'는 동사에서 나온 낱말입니다. 이처럼 에클레시아는 특별한 목적을 위해 부름 받은 사람들의 모임을 뜻합니다.

그 옛날 에클레시아는 공동의 관심사를 놓고 함께 의논하려고 사자를 보내서 불러낸 시민들의 총회였습니다. 신약에서 이 낱말은 복음으로 불러낸 사람들, 곧 예수 그리스도를 믿고 예수 그리스도와 교제하게 하려고 "악한 자 안에 처한"(요일 5:19) 세상에서 복음으로 불러낸 사람들의 모임이나 집단을 나타내는 데 쓰입니다.

하나뿐인 교회

하지만 교회는 신약에만 나타나는 현상이 아닙니다. 많은 사람이 그렇게 믿고 있습니다. 다비J. N. Darby와 스코필드C. I. Scofield를 따르는 세대주의자들은 교회를 하나님이 당신의 계획에 끼워 넣으신 삽입구나 막간극 정도로 여깁니다. 이 사람들은 그리스도께서 한 나라를 세우시려고 이 땅에 오셨는데, 그 수도는 예루살렘이고, 그리스도께서 친히 다윗의 왕위에 앉으실 계획이었다고 말합니다. 하지만 유대 민족은 그리스도가 왕이 되는 것을 거부했고, 이에 따라 그리스도께서는 재림 때까지 이 나라를 잠시 미루어 두고 그사이에 교회를 세우기로 결정하셨다는 것입니다.

그러나 성경에 어긋나는 이 이상한 교회관은 19세기에 생겨나 북미에서 큰 인기를 얻었기 때문에, 우리 개혁주의 선조들은 생판 모르는 것이었습니다. 16세기와 17세기의 모든 개혁파와 루터파 신조는 다음의 진술과 일치했습니다. "하나의 보편 교회가 세상이 시작될 때부터 있었고, 세상이 끝날 때까지 있을 것이다. 그리스도는 영원한 왕이시고, 왕은 백성 없이 있을 수 없기 때문이다"(『벨직 신앙고백』27항).

오순절주의자들과 세대주의자들은 오순절 날에 교회가 시작되었고, 신약 교회와 구약 이스라엘은 본질에서 다르다고 주장합니다. 그러나 이것은 사실이 아닙니다. 신약 자체가 교회와 이스라엘 회중의 역사가 이어진다고 가르칩니다. 구약 성경을 헬라어 옮긴 칠십인역성경은 회중이라는 히브리말을 에클레시아로 옮기고 있는데, 앞에서 말했듯이 에클레시아는 교회는 가리키는 헬라어입니다. 바울은 역사 속의 교회를 그 맨 처음 시작부터 바울 자신이 있던 때까지 한 그루의 감람나무로 말하고 있습니다. 거기서 원가지 얼마(이스라엘)가 믿지 않아서 꺾였고, 그 자리에 돌감람나무 가지(이방인)가 접붙임 받았습니다. 또 다른 곳에서는 이방 신자들에게 그들이 그리스도 안에서 아브라함의 자손, 곧 하나님의 이스라엘이 되었다고 말합니다(갈 3:7, 9).

교회는 시간이 시작될 때부터 성도의 교제에 부르심 받았고, 시간이 끝날 때까지 그렇게 부르심 받을 사람들로 이루어집니다.

보이는 교회 보이지 않는 교회

하지만 우리는 두 가지 부르심이 있다는 것을 알아야 합니다. 밖에서 말씀으로만 부르시는 것이 하나 있고, 안에서 말씀과 성령으로 부르시는 것이 또 하나 있습니다. 이 안에서 부르시는 것을 효력 있는 부르심이라고도 하는데, 택함 받은 사람만이 이런 부르심을 받습니다.

이와 관련해, 종교개혁자들은 교회를 보이는 교회와 보이지 않는 교회, 곧 사람이 보는 교회와 하나님이 보시는 교회로 구분했습니다. 사람은 교회를 조직된 집단으로 봅니다. 이 교회는 건물이 있고, 거기서 지체들이 함께 모여 예배를 드립니다. 하지만 이 눈에 보이는 집단을 사도신경에서 말하는 '하나의 거룩한 공교회'와 같다고만 할 수는 없습니다. 이 보이는 교회는 보이지 않는 교회를 포함하지만, 그 범위가 아주 같은 것은 아닙니다. 보이는 교회에 속한 많은 사람이 보이지 않는 교회에는 속하지 않습니다.

보이지 않는 교회라고 하는 까닭은 이 교회의 회원 되는 자격이 내면에 있기 때문입니다. 믿음, 소망, 사랑은 감지할 수 있는 대상이 아닙니다. 사람의 판단으로는 성령의 이런 열매가 있는지 없는지 절대로 알아낼 수 없습니다. 그러니까 그리스도인은 동일하게 보배로운 믿음을 고백하고, 그 삶이 하나님의 말씀과 어우러져 보이는 사람들을 사랑으로 판단해야 합니다. 하나님만이 마음을 살피시고 사람의 깊은 속을 시험하십니다. 주께서 자기 백성을 아시고, 주께서만 아십니다(딤후 2:19).

『웨스트민스터 신앙고백』Westminster Confession of Faith 25장에 따르면, 보이는 교회는 "전 세계에 걸쳐 참 신앙을 고백하는 모든 사람과 그 자녀들"로 이루어집니다. 그리스도께서는 이 보이는 교회에 복음의 사역과 규례를 주셨는데, 이것은 보이지 않는 교회로 죄인을 모으시고 성도를 온전하게 하시려는 것이었습니다. 사도는 에베소서 4장 11-13절에서 이것을 아주 똑똑히 가르칩니다.

> 그(그리스도)가 어떤 사람은 사도로, 어떤 사람은 선지자로, 어떤 사람은 복음 전하는 자로, 어떤 사람은 목사와 교사로 삼으셨으니 이는 성도를 온전하게 하여 봉사의 일을 하게 하며 그리스도의 몸을 세우려 하심이라 우리가 다 하나님의 아들을 믿는 것과 아는 일에 하나가 되어 온전한 사람을 이루어 그리스도의 장성한 분량이 충만한 데까지 이르리니

당신의 교회를 결코 버리지 않으시는 그리스도

이것이 교회에 복음 사역을 명하신 목적이기 때문에, 택함 받은 사람이 모두 그리스도께로 모이고, 이들 하나하나가 다 온전함에 이를 때까지 복음 사역은 이어질 것입니다. 그리스도께서는 "볼지어다 내가 세상 끝날까지 너희와 항상 함께 있으리라"(마 28:20) 말씀하셨습니다. 이 말씀은 그리스도께서 쉬이 지치는 자기 백성에서 주시는 위로의 약속이기도 하지만, 복음이 성공하리라는 확증이기도 합니다.

적은 수의 죄인만이 성령님의 효력 있는 부르심을 듣고 그리스도께로 모이는 것 같은 때가 있습니다. 하지만 교회 역사에 보면, 구원받을 큰 무리가 교회에 더해질 때도 있었습니다. 그 수가 많든 적든, 택함 받은 사람은 남김없이 구원받을 것입니다. 아버지께서 그리스도께 주신 모든 사람이 그리스도께 나아올 것이고, 그 가운데 하나도 잃지 않으실 것입

니다. "또 이 우리에 들지 아니한 다른 양들이 내게 있어 내가 인도하여야 할 터이니 그들도 내 음성을 듣고 한 무리가 되어 한 목자에게 있으리라"(요 10:16).

하나의 거룩한 보편 교회

'하나의 거룩한 공교회를 믿사옵나이다.' 참으로 교회는 하나입니다. 수많은 분열로 갈기갈기 찢겨서 모두 서로 다른 교파에 속해 있다고 해도, 여전히 모든 신자의 기본 된 하나 됨이 있습니다. 참으로 거듭난 그리스도인들은 성령과 믿음의 끈으로 머리이신 그리스도와 하나 될 뿐 아니라, 같은 몸의 지체로서 서로서로 하나 됩니다. 바울은 말합니다. "우리가 유대인이나 헬라인이나 종이나 자유인이나 다 한 성령으로 세례를 받아 한 몸이 되었고 또 다 한 성령을 마시게 하셨느니라"(고전 12:13).

그리스도의 교회는 또한 거룩합니다. 교회가 거룩하다고 하는 것은 교회의 지체가 모두 완전하기 때문도 아니고, 심지어 참으로 거듭난 지체가 모두 완전하기 때문도 아닙니다. 교회는 주님의 것이라서 거룩합니다.

우리는 교회의 거룩함을 두 가지 의미에서 생각해야 합니다. 곧, 객관의 거룩함과 주관의 거룩함이 있습니다. 성경에 따르면, 세상에서 빼내어져 거룩하신 하나님을 섬기는 데 구별된 모든 사람이 거룩합니다. 모든 사물도 마찬가지입니다. 이를테면, 구약의 성막과 성전은 그 기구와 그곳에 딸린 모든 것과 더불어 거룩했습니다. 그곳에서 섬긴 제사장들도 거룩했습니다. 이들은 하나님을 섬기는 일에 구별되었다는 뜻에서 객관으로 또는 예식으로 볼 때 거룩했습니다.

예수 그리스도의 교회도 마찬가지입니다. 교회의 지체들과 그 자녀는 이렇게 객관의 의미에서 거룩합니다. 이들은 세상과 분리되어 살아 계신 하나님을 섬기는 일에 구별된 사람들입니다.

그러나 '하나의 거룩한 공교회'라는 말은 객관의 거룩함하고만 관련 있는 것이 아닙니다. 그리스도의 교회는 또한 주관과 내면에서 거룩합니다. 교회의 지체들은 거듭났고, 성령으로 다시 태어났습니다.

참된 지체

거듭나지 않은 많은 사람이 보이는 교회의 지체가 될 수 있지만, 어쨌든지 교회의 참되고 살아 있는 지체는 모두 거듭났습니다. 이들은 돌 같은 마음을 대신해 살처럼 부드러운 마음을 받았고(겔 11:19), 속사람으로 하나님의 법을 즐거워합니다(롬 7:22). 완전함하고는 거리가 멀지만, 하나님을 사랑하고 하나님의 길로 행합니다. 그래서 성경은 이 사람들보고 성도라고 말합니다. 교회의 몇몇 훌륭한 지체만 성도라고 하는 것이 아닙니다. 참된 지체는 모두 성도입니다. 고린도 교회는 흠이 많아 망가졌지만, 사도 바울은 그 지체들보고 성도라고 했습니다(고전 1:2).

'하나의 거룩한 공교회(보편 교회)를 믿사옵나이다.' 이것이 또한 여러분의 고백입니까? 여러분은 교회의 살아 있는 지체이십니까? 개교회에 여러분 이름이 등록된 것만으로는 부족합니다. 아무리 건전한 보수 교회라 해도 마찬가지입니다. 여러분의 이름이 하늘에 있는 생명책에 기록되어야 합니다. 하나님은 이 잃어버린 세상에서 당신의 말씀과 성령으로 효력 있게 부르셔서, 믿고 회개하게 하심으로 당신의 귀하신 아드님과 하나 되게 하신 모든 사람의 이름을 이 책에 적으셨습니다.

그리스도께 대한 믿음과 하나님께 대한 회개, 이것이 바로 하나의 거룩한 공교회의 참된 지체임을 나타내는 표지입니다. 이들은 예수 그리스도 안에 있는 하나님의 은혜를 떠나서는 스스로 아무것도 할 수 없는 죄악 되고 비참한 사람들입니다. 그래서 오직 그리스도만 바라보고, 그렇게 해서 자기네가 그리스도의 교회에 속했음을 보여 줍니다. 『벨직 신앙고백』에 따르면, 이 교회는 "예수 그리스도 안에서 온전한 구원을 기대하고, 그리스도의 피로 씻음 받고, 성령의 거룩하게 하심과 인치심을 받은 참된 기독교 신자들의 거룩한 회중"(27항)입니다.

> 모든 나라에서 택함을 받으나
> 온 땅 위에 하나이니
> 그 구원의 헌장은
> 한 주님, 한 믿음, 한 출생이라
> 한 거룩한 이름을 찬송하고
> 한 거룩한 음식을 함께 먹고
> 한 소망을 품고서
> 모든 은혜 받도다. [25]

---

25 "교회의 참된 터는" 새찬송가 600장 2절.

1. 공회는 어떤 교회를 말합니까?

2. 교회, 곧 에클레시아는 무슨 뜻입니까?

3. '하나의 거룩한 공교회'를 정의해 봅시다.

4. 보이는 교회와 보이지 않는 교회는 어떻게 다릅니까?

5. 교회가 자꾸 보잘것없고 무력하고 불완전해 보일 때, 무엇이 여러분에게 위로를 줍니까?

6. 왜 교회를 '거룩하다'고 합니까?

7. 참되고 살아 있는 교회의 지체임을 나타내는 몇 가지 표지는 무엇입니까?

〈거룩한 공회……를 믿사옵나이다〉를 읽으면서 하나님께서 깨닫게 해 주신 것과 베풀어 주신 은혜를 생각하며 감사합시다. 또 깨달아 배우고 확신한 일에 거할 수 있게 해 달라고 기도합시다.

17. 성도가 서로 교통하는 것……을 믿사옵나이다

55문. "성도가 서로 교통하는 것"은 무슨 뜻입니까?

답. 첫째, 믿는 사람은 모두 또 저마다 그리스도의 지체로 그리스도와 교제하고 그리스도의 모든 보화와 은사에 참여한다는 뜻입니다. 둘째, 각 지체는 다른 지체의 유익과 구원을 위해 자기가 받은 은사를 선뜻 그리고 즐거이 써야 한다는 뜻입니다.

후대에 덧붙임

"거룩한 공회"를 믿는다는 고백은 "성도가 서로 교통(교제)하는 것"을 믿는다는 구절로 완성되는데, 이 구절은 초기 사도신경에서는 발견되지 않습니다. 이것은 후대에 덧붙인 것으로, 5세기 후반 즈음에 끼워 넣은 것으로 보입니다. 앞에서 말했듯이 사도신경은 단번에 만들어지지 않았고, 그 분량을 차츰차츰 늘려 갔습니다.[26] 가끔가다 몇 구절을 덧붙인 까닭은, 대체로 교회 안에 일어난 이단들을 반대하기 위해서였습니다.

---

26 1장에서 언급하고 있다.

그러면 성도의 교제를 믿는다는 구절은 왜 덧붙였을까요? 아마 도나투스파의 오만한 교리와 관행에 대응하려고 그랬을 것입니다. 이 교파는 자기네 교단 안에만 참 신자가 있다고 주장했습니다. 오늘날 많은 교파처럼 이 사람들도 자기네만이 그리스도의 참 교회라 우겼고, 자기네 회원이 되기를 거부하는 사람은 모두 내쫓았습니다.

이 도나투스파를 가장 강력하게 반대한 사람 가운데 하나가 바로 우리가 잘 아는 교부 아우구스티누스Augustinus입니다. 아마도 아우구스티누스의 주도 아래 사도신경의 아홉째 항목으로 "성도가 서로 교통하는 것……을 믿사옵나이다" 하는 구절을 덧붙였을 것입니다. 여기서 교회가 고백하는 바는, 모든 참된 그리스도인은 이 세상 어디에 있든지 함께 신자의 한 몸을 이룬다는 것입니다.

그리스도와 맺은 관계가 밑받침함

이 성도의 교제는 그리스도와 맺은 관계가 그 밑바탕에 있습니다. 참된 신자는 누구나 예수 그리스도와 하나 됩니다. 성경은 이 연합을 포도나무와 가지의 관계로 설명하기도 하고, 남편과 아내의 연합이나 몸의 여러 지체와 머리의 연결에 빗대기도 합니다. 이 각각의 관계를 보면, 그 밑바탕에 한쪽에서 발견되는 생명이 다른 한쪽에서도 발견된다는 생각이 자리 잡고 있습니다.

신비한 연합

그리스도와 그 백성 사이의 연합은 생명의 연합입니다. 우리가 참 그리스도인이면, 우리는 그리스도께 일어난 모든 일이 우리한테도 일어난다고 말해도 좋습니다. 그리스도가 하신 일을 우리도 그리스도 안에서 했습니다. 물론 어떤 의미에서 그리스도의 체험은 그리스도만의 독특한 체험입니다. 그리스도가 겪으신 일을 우리는 몸소 겪지 않았습니다. 그리스도께서 고난 받으시고 죽으시고 다시 살아나실 때, 우리도 말 그대로 고난 받고 죽고 다시 살아난 것이 아닙니다. 하지만 우리가 그리스도와 하나로 여겨졌기 때문에, 우리는 영적인 의미에서 이런 일들을 했습니다.

신학자들은 이것을 꼭 알맞게도 신비한 연합이라고 했습니다. 이것은 하나님이 이 연합을 우리에게 계시해 주셨다는 뜻입니다. 이 연합은 이 세상의 개념으로 이해하고 설명할 수 있는 것이 아닙니다. 이것은 자연을 초월하는 실재입니다. 사실 성경은 이 연합을 남편과 아내의 관계와 비교하지만, 이마저도 어렴풋한 비교일 뿐입니다. 그리스도와 그 백성 사이의 이 신비한 연합은 결혼 관계를 비롯한 이 세상의 어떤 연합이나 교제를 완전히 뛰어넘습니다. 우리는 할 수 있는 일이라고는 바울과 함께 이 비밀이 참으로 크다고 고백하는 일뿐입니다(엡 5:32).

우리는 이것을 설명할 수도, 이해할 수도 없지만, 성경은 믿는 사람이 어떤 신비한 방식으로 그리스도가 우리 구원을 위해 하신 일들에 실제로 참여한다고 가르칩니다. 그러나 이것은 우리가 그리스도께 합일되어 그리스도와 한 인격을 이룬다거나, 우리가 실제로 그 일을 했다는 뜻이 아닙니다. 그것이 아니라, 그리스도가 홀로 이루신 구속 사역을 우리에게 나누어 주신다는 뜻입니다.

그리스도와 맺은 이 신비한 연합에서 믿는 사람들 간의 연합과 교제가 나옵니다. 모든 그리스도인은 생명과 유익을 함께 누립니다. 이들은 동일하게 보배로운 믿음을 함께 가지고 있고, 구원의 모든 복에 함께 참여하고, 구속자가 자기들을 위해 공로로 얻으신 모든 보화와 은사를 함께 받습니다. 이러한 교제를 '성도의 교제'라고 합니다.

온전하지 않은 성도

성도는 어떤 사람입니까? 많은 사람이 이 말을 듣고는 곧바로 완전한 사람이나 완전에 가까운 사람을 떠올립니다.

하지만 바울이 고린도 신자들을 성도라고 한 것을 생각한다면, 우리는 이제 남달리 거룩한 사람만을 위해서 이 이름을 구별해 쓰지 않을 것입니다. 고린도 성도들은 참으로 아주 평범한 그리스도인이었습니다. 사실 그 가운데는 몹시 나쁜 사람도 있었습니다. 그러나 바울은 이 때문에 이 사람들을 성도라고 부르기를 거부하지 않았습니다. 왜 그랬습니까? 성경에 따르면, 성도는 예수 그리스도를 믿고 그리스도의 피로 씻음 받은 사람이기 때문입니다.

그러나 아직 온전하지는 않습니다. 여전히 죄를 짓고, 모자란 점투성이입니다. 야고보의 말처럼, 우리는 다 실수가 많습니다(약 3:2). 요한은 우리가 죄가 없다고 하면 스스로 속이는 것이라고 새삼 일깨워 줍니다(요일 1:8). 우리가 이 세상에 있는 동안, 우리는 쭉 죄인입니다. 그러니까 자기가 죄 없는 상태에 이르렀다고 주장하는 사람은 하나님의 율법이 완전함을 얕보거나 자신이 영적으로 이룬 일을 돋봄으로 잘못 생각하는 것입니다.

세상과 분리됨

성도는 세상에서 분리되어 하나님께 드려진 사람입니다. 하나님의 자녀는 누구나 마찬가지입니다. 하나님은 그리스도 안에서 이들을 택하셨고, 이들 안에 거하셔서 이들을 거룩하게 하시는 성령으로 이들을 거듭나게 하셨습니다. 이들은 은혜로 세상을 저버리고, 옛 본성을 십자가에 못 박고, 경건하게 살아가는 법을 배웁니다. 이러한 '성도들'은 모두 그리스도 안에서 하나입니다.

한 성령께서 이들을 인도하십니다. 사도는 이렇게 말합니다. "몸이 하나요 성령도 한 분이시니 이와 같이 너희가 부르심의 한 소망 안에서 부르심을 받았느니라 주도 한 분이시요 믿음도 하나요 세례도 하나요 하나님도 한 분이시니 곧 만유의 아버지시라 만유 위에 계시고 만유를 통일하시고 만유 가운데 계시도다"(엡 4:4-6).

서로 사랑함으로 모든 사람이 알게 됨

믿는 사람들 간의 이 신령한 연합은 또한 밖으로 드러나야 합니다. 성도들이 그리스도 안에서 정말 하나라는 사실을 가장 뚜렷하게 보여 주는 것은 성도들끼리 서로 사랑하는 것입니다.

성경은 초기 그리스도인들이 한마음과 한뜻이 되었다고 말합니다(행 4:32). 이들은 사랑의 띠로 연합되었습니다(골 2:2). 그러니까 신약 성경에서 믿는 사람들에게 서로 사랑하라는 계명보다 더 자주 명령한 계명은 없습니다. 예수님은 이렇게 말씀하셨습니다. "새 계명을 너희에게 주노니 서로 사랑하라 내가 너희를 사랑한 것 같이 너희도 서로 사랑하라"(요 13:34). 성령의 감동하심을 입은 요한은 형제를 사랑하는 것이 우리가 사망에서 옮겨 생명으로 들어간 증거라고 말합니다(요일 3:14).

믿는 사람들은 주 예수 그리스도를 변함없이 사랑하는 것처럼(엡 6:24), 그 안에 그리스도의 형상이 보이는 모든 사람을 사랑할 것입니다.

은사와 은혜를 함께 나눔

믿는 사람들은 이처럼 서로 하나가 되었기 때문에, 서로 교제하며 자기 은사와 은혜를 함께 나눕니다. 육신의 몸이 여러 지체로 이루어져 있는 것 같이(어떤 지체가 다른 지체보다 더 중요하긴 하지만 서로에게 도움이 되지 않는 지체는 없습니다), 그리스도의 신비한 몸도 여러 지체로 이루어져 있습니다.

모두 받은 은사와 은혜가 서로 다릅니다. 목사와 장로와 집사와 일반 성도가 있습니다. 성령님께 깊은 가르침을 받은 사람이 있고, 이제 막 은혜가 시작된 사람도 있습니다. 하지만 그리스도 안에서 '부모'거나, 주 안에서 한낱 '어린아이'거나, 훌륭한 지성을 받았거나, 그저 평범한 이해력과 영적 통찰력을 받았거나, 이보다 못한 복을 받았거나, 그리스도 몸의 모든 지체는 서로에게 유익이 되어야 하며, 교회 전체의 유익을 증진해야 합니다.

그래서 사도는 믿는 사람들에게 "형제를 사랑하여 서로 우애하고 존경하기를 서로 먼저 하며"(롬 12:10), "짐을 서로 지라"(갈 6:2)고 권고합니다. 믿는 사람은 즐거워하는 자들과 함께 즐거워하고 우는 자들과 함께 울고(롬 12:15), 여러 성도를 위해 간구하고(엡 6:18), 기회 있는 대로 모든 이에게 착한 일을 하되 더욱 믿음의 가정들에게 해야 합니다(갈 6:10).

자진해서 나눔

사도행전에 보면, 초기 그리스도인들이 모든 물건을 서로 통용했다고 나옵니다(행 2:44). 하지만 자기 소유를 억지로 다른 사람들과 나눈 것이 아니었습니다. 이것은 어디까지나 자진해서 한 일이고, 사랑으로 한 일이었습니다.

물론 우리가 여기서 보게 되는 것은 세상의 나눔과 초기 그리스도인들의 나눔이 다르다는 사실입니다. 세상 사람들의 나눔은 '네 것이 내 것이라'는 원칙에서 시작합니다. 하지만 초기 그리스도인들의 나눔은 '내 것이 네 것이라'는 원칙에서 시작했습니다. 참으로 어마어마한 차이입니다! 성도의 교제는 그리스도인의 사랑의 율법을 완성합니다(롬 13:8-10).

참사랑은 오류를 참아 넘기지 않음

하지만 이 문제와 관련해 많은 사람이 저지르는 실수를 저질러서는 안 됩니다. 사랑의 율법을 완성하는 것은 그저 감상에 젖어 서로 손을 잡고 '우리는 사랑의 띠로 하나가 되었습니다'와 같은 노래를 부르는 데 있지 않습니다.

참사랑은 단순한 유대감을 넘어서는 것입니다. 성경이 말하는 참사랑은 진리하고도 관련이 있습니다(고전 13:6). 참사랑은 한결같지 않은 행실을 참지 못하는 만큼, 교리에 대한 무관심도 참지 못합니다. 참사랑은 삶의 순결함 뿐 아니라 믿음의 순결함도 요구합니다. 설교에서 세상의 지혜가 나타나 보이기 시작할 때, 경고의 목소리를 내는 것이 참사랑입니다.

나팔이 복음의 기쁜 소리를 내기는커녕 흐리멍덩한 소리를 내기 시작할 때, 우리는 편안히 앉아 그 소리를 가만히 듣고만 있지 않을 것입니다. 그렇습니다. 참사랑은 강단에서 하나님의 뜻이 온전히 전해지기를 요구할 것입니다(행 20:27).

덕을 세우는 비판은 성도가 교제하는 데 없어선 안 될 요소입니다. 많은 사람이 우리보고 평화를 깨뜨리는 사람이라고 할지라도 이 의무를 회피해서는 안 됩니다. 위급할 때는 서로 달래서 잠자는 것보다 경종을 울리는 것이 낫습니다. 물론 사랑하고 걱정하는 마음으로 이런 일을 해야 합니다.

함께 모여 예배하는 성도들

"성도가 서로 교통하는 것……을 믿사옵나이다." 이것이 또한 여러분의 고백입니까? 여러분은 성도신가요? 여러분이 온전하냐고 묻는 것이 아닙니다. 하지만 여러분은 예수 그리스도를 믿으십니까? 여러분의 구원자와 하나 되었습니까? 보이는 교회의 회원이 되는 것만으로는 안 됩니다. 여러분은 다시 태어나야 합니다. 우리는 거듭나야만 성도가 되고, 그리스도가 맏아들이신 하나님의 가족이 됩니다.

여러분이 은혜로 '성도'가 되었다면, 성도로서 할 일을 해야 합니다. 그 일을 하십시오. 예배에 성실하게 참석하십시오. 어떤 그리스도인들은 집에서도 교회에서처럼 복을 받을 수 있다고 주장합니다. 하지만 이것은 제멋대로 드리는 예배입니다. 사도는 히브리 그리스도인들에게 모이기를 폐하는 어떤 사람들의 습관과 같이 하지 말라고 권고합니다(히 10:25).

아무리 혼자서 성경을 공부하고 방송 설교를 듣는 일 들을 할지라도, 그것으로 다 같이 모여 나누는 성도의 교제를 대신할 수는 없습니다. 주님이 당신의 백성에게 기꺼이 복 주시는 곳, 주님의 백성이 가장 친밀한 성도의 교제를 나누는 곳은 바로 하나님의 집입니다. 다윗은 이것을 기쁘게 선언합니다.

> 여호와여, 주께서 시온을 택하시고
> 언제나 크게 사랑하여 이르시기를,
> 이는 내가 영원히 쉴 곳이라
> 내가 여기 살기로 하였노라
> 내가 이 성을 틀림없이 복 주고 도우리라
> 그 빈민을 먹이고 그 성도들을 기쁘게 하리로다
> 그 제사장들이 구원을 옷 입고 내 앞에 서리로다 하셨나이다
> (시 132:13–16).[27]

🔍 더 깊은 공부와 나눔을 위한 질문

1. 우리가 성도의 교제 안에 들어와 있는지를 결정하는 것은 어떤 관계입니까?

2. 그리스도와 믿는 사람의 신비한 연합은 무엇입니까?

3. 성도는 온전합니까? 그렇지 않다면 그 까닭을 말해 봅시다.

4. 성도는 세상에서 어떻게 분리됩니까?

---

27 367:4, in *The Psalter: with responsive readings*, (United Presbyterian Board of Publication, 1912).

5. 예수님은 당신을 따르는 사람들에게 어떠한 계명을 주셨습니까? 요한복음 13장 34-35절을 봅시다.

6. 모든 성도가 같은 은사와 은혜를 받았습니까? 그리스도의 교회에서 차지하는 위치가 같습니까? 그렇지 않다면 그 까닭을 말해 봅시다.

7. 그리스도인이 서로 함께 나누고 교제하는 법을 몇 가지만 이야기해 봅시다.

8. 믿는 사람은 어떤 동기로 서로 나누어야 합니까?

9. 그리스도인들이 교회 안에서 오류를 보게 될 때, 왜 서로를 책망해야 합니까? 또 어떻게 책망해야 합니까?

10. 참 그리스도인을 어느 한 교회에서만 볼 수 있습니까? 답해 봅시다.

11. 예배에 참석하는 것이 왜 그렇게 중요합니까? 성경의 증거는 무엇입니까?

〈성도가 서로 교통하는 것……을 믿사옵나이다〉를 읽으면서 하나님께서 깨닫게 해주신 것과 베풀어 주신 은혜를 생각하며 감사합시다. 또 깨달아 배우고 확신한 일에 거할 수 있게 해달라고 기도합시다.

18. 죄를 사하여 주시는 것……을 믿사옵나이다

56문. 당신은 "죄를 사하여 주시는 것"에 대해 무엇을 믿습니까?

답. 그리스도께서 하나님의 공의를 만족시키셨기 때문에, 하나님이 내 죄만 아니라 내가 평생 맞서 싸워야 할 내 부패한 본성도 더는 기억하지 않으시고, 오히려 은혜로 그리스도의 의를 내게 베푸셔서 내가 결코 정죄함에 이르지 않게 하실 것을 믿습니다.

양심의 가책

아마도 죄 사함(죄 용서)에 대한 이 항목보다 우리와 더 관련 있는 주제는 없을 것입니다. 우리는 다 죄인 아닙니까? 우리는 다 죄책감이 든다는 것이 무엇인지 알지 않습니까? 스스로 정직한 평범한 사람이라면 누구나 양심이 자신을 자꾸 괴롭힌다는 사실을 인정할 수밖에 없을 것입니다. 한 시인은 "양심은 우리를 다 겁쟁이로 만든다"고 말했습니다. 우리는 끊임없이 죄책감에 시달립니다. 모든 사람이 그렇습니다. 그리스도인이든 그리스도인이 아니든 마찬가지입니다.

이런 죄책감의 가장 괴로운 점은 우리가 벌을 받아도 싸다는 양심의 책망입니다. 이 때문에 많은 사람이 이런저런 강박 행동에 시달리는 것입니다. 사람들은 이것으로 자신을 벌하려 합니다. 그런데 아무리 스스로 애를 써도 좀처럼 위로가 지속되지 못합니다. 정신과 진료실마다 죄책감에 시달리는 환자들로 넘쳐나는 것이 그 증거입니다. 이들은 이 뿌리 깊은 감정에서 벗어나기를 얼마나 간절히 바랍니까!

모두가 죄인임

여러분은 어떻습니까? 여러분은 정신과 진료실에 한 번도 안 가봤을 수도 있습니다. 하지만 양심의 가책이 무엇인지 압니다. 여러분도 속으로는 영혼을 좀먹는 이 감정에서 벗어나기를 바랍니다. 여러분은 부모님이나 친구한테 잘못한 일이 있을 것입니다. 오래전 일이지만, 그때 했던 모진 말과 못된 짓이 아직도 떠오릅니다. 마음속 깊숙한 곳으로는 이것이 먼저 하나님께 지은 죄라는 것을 여러분은 압니다. 이 사실을 인정하기 싫을지도 모릅니다. 하지만 여러분이 그 사실을 마주하고 싶든 않든, 그 사실을 깨닫든 못 깨닫든, 모든 죄책감은 어쨌든 하나님의 율법을 어기는 데서 나온다고 할 수 있습니다. 사람의 진짜 문제는 사람이 죄인이라는 데 있습니다.

오늘날이 아무리 과학과 교양의 시대라 해도, 저는 거의 모든 사람이 그들에 대해 모르는 것이 없는 신이 있음을 알고 있다고 믿습니다. 마음속으로는 자신들이 이 신을 화나게 했고, 그래서 어려움에 빠졌다는 것을 압니다. 복음이 다루는 문제가 바로 이것입니다. 복음은 우리가 죄책을 지닌 죄인이라는 문제를 다룹니다. 어떻게 보면 성경 전체가 죄와 죄책에 대한 반응이라고 할 수 있습니다. 사람의 죄와 죄책에 대한 하나님의 반응입니다.

죄를 용서하시는 하나님

성경은 하나님이 죄를 용서해 주신다고 말합니다. 그래서 성경을 믿는 그리스도인들은 언제나 이 놀라운 소식에 반응하여 이렇게 고백했습니다. "죄를 사하여 주시는 것……을 믿사옵나이다."

성경에서 가장 아름다운 본문 가운데 하나는 미가 7장 18-19절입니다. 거기서 선지자는 당신의 백성을 향한 하나님의 용서하시는 사랑을 이야기하면서 이렇게 말합니다.

> 주와 같은 신이 어디 있으리이까 주께서는 죄악과 그 기업에 남은 자의 허물을 사유하시며 인애를 기뻐하시므로 진노를 오래 품지 아니하시나이다 다시 우리를 불쌍히 여기셔서 우리의 죄악을 발로 밟으시고 우리의 모든 죄를 깊은 바다에 던지시리이다.

하나님의 본성에 뿌리내린 용서

이 구절에서 용서의 가능성은 바로 하나님의 본성에 견고히 뿌리내리고 있습니다. 볼테르Voltaire는 빈정대기는 했지만 진리를 말했습니다. "용서는 하나님 일이지." 더 믿을 만한 증거는 다윗한테서 나옵니다. "주는 선하사 사죄하기를 즐거워하시며 주께 부르짖는 자에게 인자함이 후하심이니이다"(시 86:5). 저는 우리가 하나님의 이 용서하시려는 성향을 자꾸 까먹을까 걱정입니다.

우리는 하나님을 잘못 생각하기가 쉽습니다. 이를테면 복수심을 품으시거나 용서하기 싫어하시는 분으로 생각할 수 있습니다. 그러나 하나님은 죄를 용서하시는 하나님이십니다. "여호와라 여호와라 자비롭고 은혜롭고 노하기를 더디하고 인자와 진실이 많은 하나님이라"(출 34:6). 하나님이 이렇게 말씀하시는 것입니다. '내가 누군지 알고 싶다면 여기 내 이름이 있다. 내 이름이 말해 줄 것이다. 나 여호와는 악과 과실과 죄를 용서하는 자비로운 하나님이다(출 34:6-7).'

하나님이 어떻게 용서하실 수 있는가

하지만 성경이 실제로 용서가 하나님의 본성에 뿌리박고 있다고 가르친다 해도, 그것이 다는 아닙니다. 하나님이 용서하신다는 말은 영광스러운 진리지만, 그 진리가 전부는 아닙니다. 성경은 또한 하나님이 '어떻게' 죄를 용서하실 수 있는지 설명합니다.

아까 말했듯이 죄책감의 가장 괴로운 점은 우리가 벌을 받아도 싸다는 양심의 책망입니다. 그러니까 이 형벌의 문제가 만족스러울 만큼 해결되지 않는 한, 우리 삶에서 실제로 죄책감을 뿌리 뽑을 수 없습니다.

비뚤어진 전과를 바로잡는 규정 없이 덮어놓고 죄를 용서하는 것은 유익이 되기보다는 해가 됩니다. 사회에 죄를 지으면 그 대가를 치러야 한다는 사실을 우리는 다 압니다. 어린 소녀를 유괴해 잔인하게 죽인 변태 성욕자는 그 지은 죄에 맞는 형벌을 받아야 마땅합니다. 판사가 겨우 삼일 동안만 이 사람을 옥에 가두어 두라고 한다면, 우리는 그런 가벼운 처벌을 보고 화를 참지 못할 것이고, 그러는 것은 당연한 일입니다.

죄는 처벌을 받아야 함

그런데 왜 하나님께 지은 죄는 처벌받지 말아야 합니까? 왜 하나님은 죄를 그냥 용서하셔야 하고, 지난 일을 그냥 잊어버리셔야 합니까? 그런 값싼 용서는 아무런 가치가 없고, 따라서 죄책감을 조금도 덜어 주지 못합니다.

하지만 성경은 이런 용서를 모릅니다. 하나님의 용서는 사람의 연약함을 그냥 눈감아 주는 것이 아니라, 우리 문제의 뿌리로 곧장 갑니다. 성경이 전하는 용서는 예수 그리스도의 십자가와 떼려야 뗄 수 없는 관계에 있습니다. 하나님이 사람의 죄를 용서하실 수 있는 것은, 하나님의 아드님이 사람의 죗값을 치르셨기 때문입니다. 죄를 용서하려면, 먼저 죄를 처벌해야 합니다.

그리스도 안에서 죄를 처벌하심

그리고 죄는 처벌되었습니다. 하나님께서 예수 그리스도 안에서 죄를 처벌하셨습니다. 그리스도께서 죄인을 대신하셨고, 위대한 대속자로서 죄에 대한 하나님의 진노를 감당하셨습니다. 구주의 이 대속 사역에 대해 이사야는 이렇게 말합니다. "그가 찔림은 우리의 허물 때문이요 그가 상함은 우리의 죄악 때문이라……여호와께서는 우리 모두의 죄악을 그에게 담당시키셨도다"(사 53:5-6).

그렇습니다. 성경은 그저 감상에 뿌리내린 용서가 무엇인지 모릅니다. 그런 하나님을 우리가 어떻게 공경하고, 어떻게 예배하고, 어떻게 거룩하다 거룩하다 거룩하다 노래할 수 있겠습니까? 그러니까 성경이 말하는 참된 용서는 의로운 용서입니다. 이 용서는 하나님의 공의로우심과 거룩하심과 어우러지는 용서요, 세상을 다스리는 도덕법과 어우러지는 용서입니다. 그리스도 안에서 죄는 처벌되었고 공의는 만족되었습니다. 하나님은 참으로 죄악을 용서하십니다. 하지만 친히 어마어마한 대가를 치르셨습니다. 하나님은 우리를 용서하시려고 그 외아들 예수 그리스도의 위격 안에서 우리가 받아야 할 형벌을 친히 짊어지셨습니다.

반드시 필요한 믿음

"죄를 사하여 주시는 것……을 믿사옵나이다." 시대와 장소를 떠나 모든 그리스도인은 이것을 기쁨으로 고백합니다. 이것이 또한 여러분의 고백입니까? 여러분은 죄 사함을 믿으시나요? '하나님이 내 죄를 용서해 주셨다!'고 말할 수 있습니까? 이 일은 반드시 필요합니다.

마르틴 루터가 수도원에 있을 때였습니다. 루터는 복음의 빛에 이르려고 몸부림치고 있었습니다. 그때 한 나이 든 수도사가 루터의 귀에 속삭였습니다. "죄를 사하여 주시는 것을 믿사옵나이다." 이것이 루터의 마음을 움직였고, 루터는 이 말을 따라 했습니다. "죄를 사하여 주시는 것을 믿사옵나이다." 그런데 그때 이 수도사는 이렇게 덧붙였습니다. "형제여, 다윗과 베드로의 죄를 사해 주셨다고 믿는 것만으로는 안 된다오. 마귀도 그렇게 믿으니 말이야. 내 죄도 사하여 주신 것을 믿는다고 말할 수 있어야 하오."

그때 루터는 이전에 맛보지 못한 위로를 맛보았습니다. 불현듯 빛이 비쳤습니다. 그리스도께서 루터를 위해서도 죽으셨고, 루터는 이 사실을 깨닫게 되자 더듬거리며 이렇게 말했습니다. '그래. 내 죄도 용서해 주셨어.'

루터는 마침내 죄 사함을 온전히 기뻐하게 되었습니다. 루터와 함께 자신이 하나님 앞에서 멸망할 죄인임을 보게 된 사람들도 그렇게 될 것입니다.

죄를 앎

성령님은 구원받는 사람들이 죄와 죄책을 깨닫도록 인도하십니다. 그런데 조금 전에 죄인은 누구나 어느 정도 죄책감을 느낀다고 결론 내리지 않았습니까? 맞습니다. 그러나 우리 죄를 거룩하신 하나님을 거스른 죄로 똑똑히 보게 되지 않는 한, 우리는 결코 하나님의 용서하시는 은혜를 맛보지 못할 것입니다. 스펄전은 이렇게 말했습니다. "먼저 죄의 쓴맛을 보기 전까지는 절대로 긍휼의 단맛을 알 수 없습니다. 죄가 어떻게 상처 낼 수 있는지 느끼지 못한다면 은혜가 어떻게 치료할 수 있는지 절대로 모를 것입니다."[28] 죄를 얄팍하게 알면, 용서도 얄팍하게 알게 됩니다.

그러니까 죄를 참되고 깊게 깨달으려고 힘쓰십시오. 그것만이 용서를

---

28 Charles Spurgeon, "Redemption through Blood: the Gracious Forgiveness of Sins", in *The Metropolitan Tabernacle Pulpit*, vol. 37, (Pasadena, TX: Pilgrim Publications, 1977).

참되고 깊게 깨닫는 길입니다. '죄를 얼마나 깊이 깨달아야 하지요?' 하고 여러분은 묻습니다. 사람마다 다릅니다. 한 청교도 신학자의 충고에 귀 기울여 보십시오.

> 하나님이 우리를 다루시는 방법은 참으로 다양합니다. 사람들이 새로 태어날 때 느끼는 괴로움은 저마다 다 다릅니다. 어떤 사람은 사랑에 사로잡혀서 하나님의 자비를 함부로 쓴 것을 깨닫고 진심 어린 눈물을 흘립니다. 어떤 사람은 더 흉악하고 완고해서 하나님이 더 거칠게 다루십니다. 이 영혼은 죄를 철저히 깨닫게 되어 용서를 받아들일 만큼 낮아집니다. 그런 다음 구원자가 필요함을 보게 되고, 그분을 많은 사람 가운데 가장 어여쁜 분으로 사랑하게 됩니다(아 5:9-10). 그러니까 낙심하지 마십시오. 여러분의 마음이 죄 때문에 상하고 깨진다면, 여러분의 죄는 지워질 것이기 때문입니다. 에브라임이 눈물을 흘리자마자 하나님의 창자가 움직였습니다. "그를 위하여 내 창자가 들끓으니 내가 반드시 그를 불쌍히 여기리라"(렘 31:20).

죄를 자백함

솔로몬이 말하듯이 여러분이 죄를 자복하고 버리면, 하나님이 여러분도 불쌍히 여기실 것입니다. "자기의 죄를 숨기는 자는 형통하지 못하나 죄를 자복하고 버리는 자는 불쌍히 여김을 받으리라"(잠 28:13).

여러분이 진심으로 "죄를 사하여 주시는 것……을 믿사옵나이다" 하고 고백한다면, 여러분은 죄를 미워하고 죄를 피하는 법도 배운 것입니다. 그리스도께서는 당신의 백성을 사탄의 종노릇하는 데서 건지십니다.

이것은 하나님의 백성이 이제 "이같이 큰 구원"(히 2:3)에 감사하며 자유롭게 하나님을 섬긴다는 뜻입니다.

🔍 더 깊은 공부와 나눔을 위한 질문

1. 평범한 사람들은 대부분 죄책감에 시달리고, 자기가 벌을 받아도 싸다고 느끼는 것이 사실입니까? 왜 그렇습니까?

2. 미가 7장 18-19절과 시편 86편을 읽어 봅시다. 여러분은 하나님이 죄를 용서하신다는 성경의 가르침이 왜 그렇게 놀라운 소식이라고 생각하십니까?

3. 죄를 저질러도 처벌하지 않고 그냥 용서해 주는 판사를 사람들이 좋아하겠습니까? 그렇지 않다면 그 까닭을 말해 봅시다.

4. 하나님은 어떻게 우리를 벌하지 않으시고도 우리를 용서하실 수 있습니까? 죄의 결과는 그대로 남겨 두고 우리를 용서하신 것입니까?

5. 우리는 용서를 맛보기 전에 하나님에 대해 무엇을 믿어야 합니까?

6. "죄를 얄팍하게 알면, 용서도 얄팍하게 알게 된다"는 말이 무슨 뜻인지 설명해 봅시다.

7. 하나님이 죄를 용서해 주신다는 것을 여러분이 온 마음으로 믿는다면, 여러분의 삶은 어떻게 달라질까요?

〈죄를 사하여 주시는 것……을 믿사옵나이다〉를 읽으면서 하나님께서 깨닫게 해 주신 것과 베풀어 주신 은혜를 생각하며 감사합시다. 또 깨달아 배우고 확신한 일에 거할 수 있게 해 달라고 기도합시다.

19. 몸이 다시 사는 것과 영원히 사는 것을 믿사옵나이다

57문. "몸이 다시 사는 것"은 당신에게 어떤 위로를 줍니까?

답. 이 생명이 끝나자마자 내 영혼이 머리이신 그리스도께로 올려질 뿐
아니라, 내 몸도 그리스도의 능력으로 다시 살리심 받고 내 영혼과
다시 하나 되어 그리스도의 영광스러운 몸과 같이 될 것입니다.

58문. "영원히 사는 것"은 당신에게 어떤 위로를 줍니까?

답. 지금 벌써 내 마음으로 영원한 기쁨이 시작됨을 느끼기 때문에, 나는
이 생명이 끝나고 나서 완전한 복락을 누리게 될 것입니다. 이 복락
은 눈으로 보지 못하고 귀로 듣지 못하고 사람의 마음으로 생각하지
도 못한 것이고, 하나님을 영원히 찬송하게 하려고 주신 것입니다.

영원한 삶을 찾아 헤맴

몇 해 전인가 잘나가는 한 여성 잡지에 "부자가 젊음과 아름다움을 지키
는 법"이란 기사가 실렸습니다. 부자가 어떻게 젊음과 아름다움을 지키
는지 여러분도 많이 궁금했을 것입니다. 이 기사는 이런저런 시술과 피부

관리로 적어도 십 년은 더 젊어질 수 있다고 말합니다. 더 젊게 보이려고 수술하는 사람이 해마다 늘고 있습니다. 이 기사는 이렇게 말합니다. "사실상 오늘날 우리 몸에서 손댈 수 없는 곳은 없다. 여기저기를 떼어내거나 집어넣어서 더 젊고 늘씬한 몸매를 만들 수 있다. 몸무게로 고민하는 여성들이 수술로 눈 깜짝할 사이에 날씬해지는 것은 이제 흔한 일이다."

젊음을 지키려는 이런 미친 듯한 시도(부자는 성공했고 돈 없는 사람은 시도로 그쳤습니다)는 사람의 마음 밑바닥에 깔린 삶에 대한 사랑과 죽음에 대한 공포를 가장 뚜렷하게 보여 줍니다. 물론 사람은 언제나 죽음을 지극히 자연스러운 일로 여기는 척합니다. 사람들은 말합니다. '개나 나무가 죽는 것처럼 사람도 뭐 그렇게 죽는 거 아닌가요? 저도 갈 때 되면 가겠죠. 그러니까 속 썩여 봤자 소용없어요.' 그런데 과학자가 하나 나타나서 이제 곧 사람의 기대 수명이 많이 늘어날 것이라는 예측이라도 하면, 너도나도 그것이 사실이기를 바랍니다. 왜 그렇습니까? 진짜로 죽고 싶은 사람은 없기 때문입니다. 그래서 수백만의 사람이 언젠가 영원한 젊음의 열쇠를 찾으리라고 기대하며 과학을 믿는 것입니다.

무덤 너머의 삶

하지만 이 모든 헛된 소망은 "몸이 다시 사는 것과 영원히 사는 것을 믿사옵나이다" 하고 고백하는 그리스도인의 확고한 기대에 대면 얼마나 희미합니까? 사도신경의 이 마지막 두 항목에 따르면, 무덤 너머의 삶, 곧 영원한 삶(영생)이 있습니다. 그러니까 그리스도인은 그저 의학이 발달해서 이 세상에서 몇 년 더 살기를 기대하지 않습니다. 그리스도인의 소망은 참으로 죽음과 무덤 저 너머에까지 이릅니다. 그리스도인은 주님과 영원히 함께할 것을 확신합니다.

물론 그리스도인이 아니어도 죽지 않음을 믿을 수 있습니다. 이방 헬라인들도 죽음 이후의 삶을 굳게 믿었습니다. 플라톤Platon은 그 소망에 대해 감동을 주는 글을 썼고, 소크라테스Socrates는 몸이라는 감옥에서 벗어나기를 고대했습니다. 좀 더 최근에는 '행복한 사냥터'[29]를 꿈꾸는 북미 인디언들이 있습니다. 이런 이교도들은 하나같이 영혼이 죽지 않는다는 믿음을 가지고 있습니다.

몸과 영혼의 부활

하지만 몸과 영혼 둘 다 죽지 않는다고 믿는 것은 그리스도인밖에 없습니다. 그리고 하나님의 계시에 바탕을 둔 그리스도인의 확신은 도움을 받지 않은 이성의 추측보다 훨씬 더 설득력 있습니다. 플라톤의 영혼 불멸 교리는 성경의 부활 교리에 대면 희미하기 그지없습니다. 성경이 말하는 부활 교리는 그리스도의 권위가 밑받침하고 있습니다. 그리스도께서는 당신이 부활이요 생명이라고 하셨을 뿐 아니라(요 11:25), 죽으신 사흘날에 실제로 무덤에서 다시 살아나셔서 그 사실을 증명하셨습니다.

바울은 고린도전서 15장에서 의심하는 사람들과 예수 그리스도 안에 나타난 온전한 계시를 받아들이는 사람들을 향해 부활을 선포합니다. 고린도 교회에는 몸이 다시 사는 것을 부인하는 사람들이 있었습니다. 이

---

29 북미 인디언들이 생각하는 낙원이다.

사람들은 그리스 철학의 영향을 받아 영원한 삶을 영혼에만 제한했습니다. 하지만 바울은 이런 생각을 철저히 거부합니다. 그리스도의 몸과 영혼이 무덤에서 다시 살아나셨던 것처럼, 몸과 영혼이 모두 부활할 것이기 때문입니다.

사람의 영혼만 죽지 않을 것이라고 믿는 것은, 그리스도의 구속 사역을 부당하게 대하는 일입니다. 이 구속 사역으로 사람은 하나님의 피조물로서 그 본래의 영광을 회복하기 때문입니다. 그러니까 몸의 부활이 없다면, 부활은 아예 없는 것입니다.

잠자는 영혼

바울은 영혼이 한동안 몸과 떨어져 있는 이른바 중간 상태에 대해 말하고 있지 않습니다. 바울의 관심은 오로지 마지막 날에 일어날 일에만 있습니다. 중간 상태에 대해 말하면서, 죽을 때 몸과 영혼이 분리된다는 사실을 부인하는 사람들이 있습니다. 이들은 부활하는 날까지 몸과 영혼이 함께 있을 것이라고 믿습니다. 그동안 영혼은 마지막 나팔을 기다리며 잠자고 있다는 것입니다.

하지만 벌써 상당히 오래된 교리인 이 '영혼 수면설'은 그리스도의 영광과 그 백성의 행복을 앗아가는 교리입니다. 성경은 그리스도인이 죽자마자 주님과 함께 있다고 충분히 분명하게 가르칩니다. 부자와 나사로 비유에 보면, 나사로는 천사들에게 받들려 아브라함의 품에 들어가지만, 부자는 고통 중에 눈을 뜹니다(눅 16:22-23).

사도 바울은 빌립보서에서 세상을 떠나 그리스도와 함께 있고 싶다고 말합니다(1:23). 주님은 십자가에 달린 강도에게 이렇게 약속하십니다. "오늘 네가 나와 함께 낙원에 있으리라"(눅 23:43). 여기서 회개한 강도가 그날 그리스도와 함께 들어갈 낙원이 그저 음부나 죽은 자의 영역을 뜻할 뿐이라고 주장하는 사람들이 있지만, 이것은 말도 안 되는 해석입니다. 낙원은 하늘에서 영광 가운데 있는 상태를 뜻합니다. 이 범죄자는 바로 그날 그리스도와 함께 이 영광의 상태로 들어갈 것이었습니다.

이처럼 성경은 믿는 사람의 영혼이 죽자마자 하늘로 올려져 주님과 함께 있을 것이라고 가르칩니다. 이 사실을 증명하기 위해 또 다른 보기를 들 수 있습니다. 바울은 그 어떤 것도 "우리를 우리 주 그리스도 예수 안에 있는 하나님의 사랑에서 끊을 수 없으리라"(롬 8:39)고 말합니다. 죽음조차도 끊을 수 없습니다. 죽음이 우리한테는 맨 마지막 원수이고 공포의 왕이지만, 그리스도께는 당신의 백성을 당신 앞으로 인도하는 종일 뿐입니다.

이 사실을 믿으면 그리스도인은 두려움 없이 죽음을 맞이할 수 있습니다. 이 생명이 끝나면 곧바로 구주와 함께 있을 것임을 알기 때문입니다. 이것은 주 예수 그리스도를 사랑하는 모든 사람에게 참으로 영광스러운 전망입니다!

땅에 뿌려진 몸

이 전망이 영광스럽기는 하지만, 이것이 다는 아닙니다. 그리스도인의 영혼만 아니라, 그리스도인의 몸도 영광 가운데 주님과 함께 있을 것입니다. 언제요? 그리스도가 다시 오실 때입니다. 그리스도께서 하늘의 구름을 타고 오실 때 영광스러운 부활이 있을 것입니다.

그 일이 정확히 어떠할지 우리는 모릅니다. 성경은 몸의 부활을 말할 때 그 일이 정확히 어떻게 일어날지 설명하지 않습니다. 하지만 보기를 하나 들고 있습니다. 다시 고린도전서 15장으로 돌아가 봅시다. 거기서 사도는 몸을 땅에 뿌리는 씨에 빗대고 있습니다. 죽은 성도는 씨로서 땅에 묻히고, 언젠가 추수할 곡식으로 자라날 것입니다. 몸은 죽을 것으로 땅에 묻히지만, 죽지 않을 것으로 다시 살아날 것입니다. 추하고 약하게 땅에 묻히지만, 아름답고 강하게 다시 살아날 것입니다. 육신의 몸으로 땅에 묻히지만, 신령한 몸으로 다시 살아날 것입니다.

'이런 과학 시대에 어떻게 몸의 부활을 그대로 믿을 수 있지요? 초기 그리스도인들은 씨와 곡식의 예로 만족했을지 모르지만, 오늘날 우리가 어떻게 그런 단순한 믿음을 붙들 수 있습니까? 다 꿈 아닙니까? 희망 사항 아닙니까? 많은 사람이 몸의 부활을 믿고 싶어 한다고 해도, 무턱대고 믿을 수는 없습니다.'

하나님의 전능하신 능력

오늘날 우리가 심장이나 신장 이식이 가능하다고 믿는 까닭은 무엇입니까? 그런 복잡한 수술을 할 수 있는 의사가 있다는 것을 알기 때문입니다. 사람들은 의사의 기술을 믿으니까 수술칼에 자신을 맡깁니다. 마찬가지로 그리스도인도 자기가 다시 살아나리라고 믿는 것은 하나님이 어떻게든 그 일을 하실 수 있다는 것을 알기 때문입니다.

몸의 부활에 대한 항목은 사도신경의 맨 마지막에 나옵니다. 바꿔 말해, 기독교 신앙은 우리 몸이 다시 살아날 것을 선언함으로 시작하는 것이 아니라, 그것으로 끝이 납니다. 기독교 신앙은 전능하사 천지를 만드신 하나님과 그 외아들 우리 주 예수 그리스도를 바라봄으로 시작합니다. 어려운 수술에 대한 신뢰가 수술하는 의사에 대한 신뢰에 달려 있다면, 그리스도인이 자기 몸이 다시 살아나리라는 믿음의 근거를 전능하신 하나님의 솜씨와 능력에 두는 것은 왜 안 됩니까?

시간 안에서 시작되는 영원한 삶

"몸이 다시 사는 것과 영원히 사는 것을 믿사옵니다." 이것이 또한 여러분의 고백입니까? 여러분, 하늘에서 그리스도와 함께 영원히 살 날을 기다리십니까? 그렇다면 여러분은 그 삶의 능력을 지금 벌써 알고 있어야 합니다. 영생은 죽은 다음에 시작하는 것이 아니기 때문입니다. 영생은 여기 이 세상에서 우리가 다시 태어날 때 벌써 시작됩니다. 참으로 성령으로 거듭나는 그 순간 영원이 시간 안에 들어오고, 영원한 삶이 시작됩니다. 그때 우리는 부활의 삶을 살기 시작합니다. 우리는 하늘을 미리 맛봅니다. 아직 이 눈물 골짜기 같은 세상에 있지만, 우리는 마음으로 영원한 기쁨이 시작된 것을 느낍니다.

이 기쁨을 아십니까? 이것은 세상의 기쁨하고는 다릅니다. 이 기쁨은 슬픔과 뒤섞인 기쁨입니다. 사실 이 영원한 기쁨을 체험하는 사람은 먼저 죄 때문에 슬퍼하고 자신을 혐오하는 사람뿐입니다. 그리스도께서는 이러한 사람들에게 놀라운 약속을 주십니다. "애통하는 자는 복이 있나니 그들이 위로를 받을 것임이요"(마 5:4). 이들은 믿음으로 주 예수 그리스도를 자신의 구주로 영접할 때 죄 사함을 받고, 그리스도 안에 있는 기쁨과 모든 지각에 뛰어난 하나님의 평강을 맛봅니다(빌 4:4, 7).

영원한 기쁨이냐 영원한 슬픔이냐

그런 영원한 기쁨이 시작되는 곳에는 또한 주님께 복종하고 주님을 위해 살려는 바람이 있습니다. 여러분도 그렇습니까? 그렇지 않다면, 여러분은 부활과 영생 교리에서 위로를 얻지 못할 것입니다. 여러분이 그리스도인이 아니라면, 여러분의 앞날은 칠흑같이 캄캄합니다. 물론 마지막 날에 여러분도 다시 살아날 것입니다. 하지만 영광스러운 부활이 아니라, 영원한 수치와 절망의 부활이 될 것입니다. 주님의 백성은 영원한 영광에 들어가겠지만, 여러분은 영원히 끝나지 않는 멸망에 던져질 것입니다.

그리스도께로 돌아서서 여러분을 구원해 달라고 간청하십시오. 부활과 생명이신 그분 발 앞에 엎드리시고, 그분을 믿으십시오. 그리스도께서 자기를 힘입어 하나님께 나아가는 자들을 온전히 구원하실 수 있음을 믿으십시오(히 7:25). 그러면 예수님이 마르다에게 하신 말씀이 여러분께도 해당될 것입니다. "무릇 살아서 나를 믿는 자는 영원히 죽지 아니하리니 이것을 네가 믿느냐"(요 11:26)? 이 물음에 어떻게 답하느냐에 여러분의 영원한 운명이 달려 있습니다.

1. 죽고 싶은 사람은 별로 없어 보입니다. 왜 그렇습니까?

2. 죽을 때 그리스도인의 소망은 무엇입니까?

3. 사람의 부활에 대해 성경의 가르침과 이교 신앙의 가르침은 어떻게 다릅니까?

4. 영혼이 잠자는 것 같은 일은 없음을 보여 주는 성경의 보기를 몇 가지 들어 봅시다.

5. 그리스도인이 죽을 때 일어나는 일을 설명하려고 고린도전서 15장에서는 어떤 보기를 들고 있습니까?

6. 믿는 사람은 몸이 정말로 다시 살아나리라는 확신의 근거를 어디에 둡니까? 설명해 봅시다.

7. 믿는 사람에게 영원한 삶은 언제 시작됩니까?

8. 하나님과 누리는 영원한 기쁨의 또 다른 측면은 무엇입니까? 이 기쁨은 언제까지 이어집니까?

〈몸이 다시 사는 것과 영원히 사는 것을 믿사옵나이다〉를 읽으면서 하나님께서 깨닫게 해 주신 것과 베풀어 주신 은혜를 생각하며 감사합시다. 또 깨달아 배우고 확신한 일에 거할 수 있게 해 달라고 기도합시다.

십계명

너는 나 외에는 다른 신들을 네게 두지 말라

너를 위하여 새긴 우상을 만들지 말고 … 그것들을 섬기지 말라

너는 네 하나님 여호와의 이름을 망령되게 부르지 말라

안식일을 기억하여 거룩하게 지키라

네 부모를 공경하라

살인하지 말라

간음하지 말라

도둑질하지 말라

네 이웃에 대하여 거짓 증거하지 말라

네 이웃의 집을 탐내지 말라

하나님이 이 모든 말씀으로 말씀하여 이르시되

나는 너를 애굽 땅, 종 되었던 집에서 인도하여 낸 네 하나님 여호와니라

너는 나 외에는 다른 신들을 네게 두지 말라

너를 위하여 새긴 우상을 만들지 말고 또 위로 하늘에 있는 것이나 아래로 땅에 있는 것이나 땅 아래 물속에 있는 것의 어떤 형상도 만들지 말며 그것들에게 절하지 말며 그것들을 섬기지 말라 나 네 하나님 여호와는 질투하는 하나님인즉 나를 미워하는 자의 죄를 갚되 아버지로부터 아들에게로 삼사 대까지 이르게 하거니와 나를 사랑하고 내 계명을 지키는 자에게는 천대까지 은혜를 베푸느니라

너는 네 하나님 여호와의 이름을 망령되게 부르지 말라 여호와는 그의 이름을 망령되게 부르는 자를 죄 없다 하지 아니하리라

안식일을 기억하여 거룩하게 지키라 엿새 동안은 힘써 네 모든 일을 행할 것이나 일곱째 날은 네 하나님 여호와의 안식일인즉 너나 네 아들이나 네 딸이나 네 남종이나 네 여종이나 네 가축이나 네 문안에 머무는 객이라도 아무 일도 하지 말라 이는 엿새 동안에 나 여호와가 하늘과 땅과 바다와 그 가운데 모든 것을 만들고 일곱째 날에 쉬었음이라 그러므로 나 여호와가 안식일을 복되게 하여 그날을 거룩하게 하였느니라

네 부모를 공경하라 그리하면 네 하나님 여호와가 네게 준 땅에서 네 생명이 길리라

살인하지 말라

간음하지 말라

도둑질하지 말라

네 이웃에 대하여 거짓 증거하지 말라

네 이웃의 집을 탐내지 말라 네 이웃의 아내나 그의 남종이나 그의 여종이나 그의 소나 그의 나귀나 무릇 네 이웃의 소유를 탐내지 말라(출 20:1-17; 신 5:6-21).

…

예수께서 대답하여 이르되 네 마음을 다하며 목숨을 다하며 힘을 다하며 뜻을 다하여 주 너의 하나님을 사랑하고 또한 네 이웃을 네 자신같이 사랑하라 하였나이다(눅 10:27).

1. 서론

하나님이 이 모든 말씀으로 말씀하여 이르시되
나는 너를 애굽 땅, 종 되었던 집에서 인도하여 낸
네 하나님 여호와니라(출 20:1-2).

92문. 하나님의 율법이 무엇입니까?

답. 하나님이 이 모든 말씀으로 말씀하여 이르시되(출 20:1-17; 신 5:6-21),
"나는 너를 애굽 땅, 종 되었던 집에서 인도하여 낸 네 하나님 여호와
니라."

1계명 "너는 나 외에는 다른 신들을 네게 두지 말라."

2계명 "너를 위하여 새긴 우상을 만들지 말고 또 위로 하늘에 있는 것
이나 아래로 땅에 있는 것이나 땅 아래 물속에 있는 것의 어떤 형상도
만들지 말며 그것들에게 절하지 말며 그것들을 섬기지 말라 나 네 하
나님 여호와는 질투하는 하나님인즉 나를 미워하는 자의 죄를 갚되
아버지로부터 아들에게로 삼사 대까지 이르게 하거니와 나를 사랑하
고 내 계명을 지키는 자에게는 천대까지 은혜를 베푸느니라."

3계명 "너는 네 하나님 여호와의 이름을 망령되게 부르지 말라 여호
와는 그의 이름을 망령되게 부르는 자를 죄 없다 하지 아니하리라."

4계명 "안식일을 기억하여 거룩하게 지키라 엿새 동안은 힘써 네 모
든 일을 행할 것이나 일곱째 날은 네 하나님 여호와의 안식일인즉 너
나 네 아들이나 네 딸이나 네 남종이나 네 여종이나 네 가축이나 네
문안에 머무는 객이라도 아무 일도 하지 말라 이는 엿새 동안에 나 여

호와가 하늘과 땅과 바다와 그 가운데 모든 것을 만들고 일곱째 날에 쉬었음이라 그러므로 나 여호와가 안식일을 복되게 하여 그날을 거룩하게 하였느니라."

5계명 "네 부모를 공경하라 그리하면 네 하나님 여호와가 네게 준 땅에서 네 생명이 길리라."

6계명 "살인하지 말라."

7계명 "간음하지 말라."

8계명 "도둑질하지 말라."

9계명 "네 이웃에 대하여 거짓 증거하지 말라."

10계명 "네 이웃의 집을 탐내지 말라 네 이웃의 아내나 그의 남종이나 그의 여종이나 그의 소나 그의 나귀나 무릇 네 이웃의 소유를 탐내지 말라."

93문. 이 계명들은 어떻게 나뉩니까?

답. 두 대목으로 나뉩니다. 첫째 대목은 네 개의 계명으로 하나님께 대한 우리의 태도를 가르치고, 둘째 대목은 여섯 개의 계명으로 이웃에 대한 우리의 의무를 가르칩니다.

그리스도인의 행동

한번은 어떤 인쇄업자가 '믿는 그리스도인'이란 말을 '행동하는 그리스도인'으로 잘못 찍은 일이 있었습니다. 이 사람이 크게 잘못했습니까? 확실한 것은 믿는 그리스도인은 행동하는 그리스도인이어야 한다는 사실입니다. 예수님은 언젠가 이렇게 물으셨습니다. "너희는 나를 불러 주여 주여 하면서도 어찌하여 내가 말하는 것을 행하지 아니하느냐"(눅 6:46)?

기독교 신앙은 우리가 '그리스도인의 행동'이라고 하는 명확한 행실을 요구합니다. 우리는 행함으로 믿음을 보여야 합니다(약 2:18, 20).

우리의 길잡이

하나님이 받으실 만한 행위가 무엇인지 우리는 어떻게 압니까? 그리스도인의 행동을 가르쳐 줄 수 있는 길잡이가 있습니까? 네, 있습니다! 이 길잡이를 '십계명'이라고 합니다. 십계명은 우리의 목적지인 하늘로 가는 길을 보여 주는 지도입니다.

신앙을 고백하는 많은 그리스도인이 이 사실에 반대합니다. 이들은 그리스도인이 율법과 더는 아무 관련이 없다고 믿습니다. 우리는 은혜 아래 있지 율법 아래 있지 않다는 것입니다. 물론 이 말은 그 자체로 흠잡을 데 없는 사실입니다. 그리스도께서 당신의 백성을 위해 율법을 다 이루셨고, 이들을 율법의 저주에서 건져 내셨습니다. 이런 의미에서 그리스도인은 이제 율법 아래 있지 않습니다. 그리스도인의 구원은 십계명에 순종하느냐 안 하느냐에 달려 있지 않습니다.

하지만 이것은 믿는 사람이 율법과 이제 아무 상관이 없다는 뜻이 아닙니다. 십계명을 제대로 이해하려면, 십계명의 머리말을 잘 살펴봐야 합니다. "하나님이 이 모든 말씀으로 말씀하여 이르시되 나는 너를 애굽 땅, 종 되었던 집에서 인도하여 낸 네 하나님 여호와니라"(출 20:1-2).

율법은 언제 주셨는가

바로의 종 되었던 애굽 땅에서 막 벗어난 이스라엘은 이제 가나안으로 가는 길이었습니다. 주님이 언제 이스라엘에게 당신의 율법을 주셨는지 눈여겨보십시오. 주님이 율법을 주신 것은 이스라엘을 애굽에서 건져 내신 뒤였고, 이스라엘이 가나안으로 들어가기 전이었습니다. 왜 그때 주셨습니까? 이스라엘의 구원이 이스라엘의 순종이나 선행 때문이 아님을 가르쳐 주시기 위해서였습니다. 이스라엘이 종 되었던 집에서 빠져나오게 된 것은 오로지 하나님이 당신의 주권을 따라 베푸신 은혜 때문이었습니다.

이스라엘은 바로와 애굽 백성의 종이었습니다. 애굽 사람들은 악했고 헛된 신을 섬겼습니다. 하지만 이스라엘이라고 더 나은 것은 아니었습니다. 이스라엘도 우상을 섬겼습니다. 그러니까 이스라엘은 그럴 만한 가치가 있어서 구원받은 것이 틀림없이 아니었습니다. 오직 하나님의 성실하심이 이스라엘을 구원했습니다. 하나님이 이들의 조상 아브라함과 맺으신 언약을 기억하셨기 때문에 이스라엘을 구원하셨습니다(출 2:24). 이 언약을 기억하셨기 때문에 여호와께서는 이스라엘 백성을 풀어 주셨고, 호렙 산에서 율법을 주시면서 이스라엘과 이 언약을 새로 맺으셨습니다.

하나님은 왜 이때 당신의 율법을 주셨습니까? 이스라엘에게 이 율법이 필요했기 때문입니다. 이스라엘은 애굽에서 건짐 받았지만 아직 가나안에 있지는 않았습니다. 아직 완전히 건짐 받은 것이 아니었습니다. 이스라엘은 오직 은혜로 구원받았지만, 가나안으로 들어가기 전에 여호와의 율법에 복종하는 법을 배워야 했습니다.

길잡이로서 율법이 필요함

교회도 마찬가지입니다. 우리는 율법의 행위가 아닌 은혜로 구원받습니다. 하지만 구원을 받은 뒤로는 우리에게 율법이 필요합니다. 율법은 하늘로 가는 길에서 우리가 어떻게 행동해야 할지 가르쳐 주기 때문입니다.

한번 하나님께서 이스라엘보고 '나를 어떻게 섬길지 너희가 알아서 결정하라'고 하셨다고 생각해 보십시오. 지금 이스라엘은 광야에서 이방 나라들에 둘러싸여 있습니다. 이런 상황에서 경험 없고 서투른 이스라엘은 곧 그릇된 길로 빠지고 말았을 것입니다. 실제로 이스라엘은 율법이 길잡이로 있는데도 거듭해서 잘못된 길로 가지 않았습니까? 하물며 율법이 없었으면 어땠을지 생각해 보십시오.

신약의 이스라엘인 교회도 율법이 필요합니다. 교회 역시 적지에서 근대 이교주의와 거짓 종교와 온갖 사이비 종파에 둘러싸여 있습니다. 이 모든 것이 그리스도를 참되게 따르는 사람들을 미혹하려 합니다. 하나님의 율법이 우리의 길잡이로 없었다면 우리는 어쩔 뻔했습니까?

많은 사람에게 율법은 성가신 것입니다. 이것도 하지 말라 저것도 하지 말라 하니까 젊은 사람들은 막 화를 냅니다. 더 나이 든 사람도 마찬가지입니다. 이들은 하나님의 계명이 자기네 활동을 옭아매는 굴레라고 생각합니다. 실제로 우리는 다 본성상 율법을 그런 식으로 바라봅니다. 우리는 우리 길로 가고 싶어 해서 하나님의 율법을 싫어합니다. 그런데도 주님은 우리의 유익을 위해 율법을 주셨습니다. 십계명은 인류가 여태껏 받은 가장 큰 복입니다.

우리를 보호하는 율법

하나님이 이스라엘에게 율법을 주신 또 다른 까닭은, 당신의 백성을 악한 세력에서 지키시기 위해서였습니다. 율법은 이스라엘을 이방 사람들의 가증한 관행에서 갈라놓는 울타리 노릇을 했습니다. 이스라엘이 자신을 스스로 돌봐야 했다면, 머지않아 자멸하고 말았을 것입니다. 하지만 율법이 이스라엘을 부패한 세력에서 지켜 주었습니다.

　율법은 우리를 위해서도 같은 일을 합니다. 율법은 우리를 에워싼 악에서 우리를 보호하고 싶어 합니다. 그러니까 율법에 감사하십시오. 여러분이 십계명을 귀하게 여기는 가정과 교회에서 자랐다면 감사하십시오.

　오늘날 세상만사가 왜 이리 잘못되어 갑니까? 간단히 말해, 하나님의 율법을 업신여기기 때문입니다. 하늘이 새들을 위해 있고 물이 물고기를 위해 있고 철로가 기차를 위해 있듯이, 율법은 사람을 위해 있습니다. 이 철로를 망가뜨리고, 이 계명을 망가뜨려 보십시오. 그러면 삶이라는 기차는 탈선하고 맙니다.

　하나님의 율법은 보호막입니다. 율법은 우리 목숨과 건강과 소유와 명예를 지켜 줍니다. 사람들이 율법을 겉으로만 지켜도 우리 사회 전체가 복될 것입니다. 한 나라는 하나님의 율법을 지키는 만큼만 번성합니다.

그리스도인은 율법을 좋아함

아직도 율법이 여러분을 옭아맨다고 원망하십니까? 도리어 이렇게 말해야 하지 않을까요? '주님, 율법을 주셔서 감사합니다. 율법은 저를 큰 어

리석음과 죄에서 막아 주나이다. 이 길잡이가 없었으면 저는 키 없는 배와 같았을 것입니다.'

이것이 그리스도인의 말입니다. 이렇게 말하는 사람은 율법을 좋아하고, 하나님의 도우심으로 율법을 지키는 것을 삶의 목표로 삼습니다. 이 사람은 율법에서 벗어나게 해 달라고 하지 않을 것입니다. 그리스도인이고 은혜 아래 있기 때문입니다. 은혜는 믿는 사람의 삶에서 그런 일을 하지 않습니다. 은혜는 결코 죄지을 구실을 마련해 주지 않습니다.

그러므로 여러분의 삶을 들여다보십시오. 여러분이 은혜받았다고 하면서도 율법을 별로 좋아하지 않는다면, 여러분은 은혜를 아예 안 받았거나 하나님이 거듭남을 통해 주시는 참된 은혜를 안 받은 것입니다.

율법을 지키려면 은혜가 필요함

은혜가 무엇입니까? 로이드존스D. Martyn Lloyd-Jones는 "사람을 율법의 저주에서 건져 내어 율법을 지킬 힘을 주는 하나님의 기막힌 선물"이라고 정의했습니다. 은혜는 우리를 이끌어 하나님을 사랑하게 하는 것입니다. 우리가 하나님을 사랑한다면 하나님의 계명도 사랑할 것입니다.

예수님은 "나더러 주여 주여 하는 자마다 다 천국에 들어갈 것이 아니요 다만 하늘에 계신 내 아버지의 뜻대로 행하는 자라야 들어가리라"(마 7:21)고 경고하셨습니다. 아버지의 뜻이 무엇입니까? 십계명, 곧 도덕법입니다.

은혜가 율법을 무효로 만들지 않음

하나님의 율법은 무효가 되거나 파기된 적이 없습니다. 바울이 디도에게 쓰기를 "그가 우리를 대신하여 자신을 주심은……우리를 깨끗하게 하사 선한 일을 열심히 하는 자기 백성이 되게 하려 하심이라"(딛 2:14)고 했습니다. 하나님과 관련해서 선한 일은 하나님의 율법에 부합하는 일뿐입니다.

여러분, 하나님의 율법을 좋아하십니까? 하나님의 계명에 순종하는 것이 여러분의 기쁨인가요? 본성으로는 아무도 그렇지 않습니다. 우리는 하나님과 하나님의 율법을 싫어하고, 하나님의 아들이신 예수 그리스도를 미워합니다. 사람들은 입 밖에 내지는 않더라도 속으로는 이렇게 말합니다. "우리가 그들의 맨 것을 끊고 그의 결박을 벗어 버리자"(시 2:3). 더구나 오늘날 사람들은 자기네 악한 욕구를 가로막는 모든 규제를 없애려 힘쓰고 있습니다. 저주를 퍼붓고 음란한 말을 떠들어 대려고 언론의 자유를 재촉하고, 자신의 변태 성욕을 마음껏 채우려고 동성애 권리를 촉구하며, 뜻하지 않은 죄의 결과를 지워 없애려고 낙태권을 요구합니다.

이것은 다 도를 지나친 행위기 때문에, 하나님께 감사하게도 점잖은 많은 사람이 아직도 이런 죄들을 역겨워합니다. 하지만 하나님의 율법에 대한 이런 반역의 씨앗이 우리 모두의 마음속에 살아 있습니다.

완전한 순종을 요구하시는 하나님

우리는 우리 마음속에 여전히 살아 있는 죄와 불순종 때문에 걱정합니까? 우리는 타락한 피조물이라서 날마다 생각과 말과 행동으로 죄를 짓고 하나님의 계명을 어깁니다. 하나님은 당신의 모든 피조물에게 완벽한 순종을 요구하십니다. 하나님은 율법을 한쪽에 제쳐 놓고 '너를 용서하마. 네가 나한테 죄를 지었지만 나는 다 잊겠다' 하실 수 없습니다. 이렇게 말씀하시는 하나님은 하나님이실 수 없습니다.

하나님이 말씀하신 것은 무엇이든 반드시 일어납니다. 하나님은 벌을 면제하지 않겠다고 하셨습니다(출 34:7). 각 나라와 개개인의 죄를 벌하실 것입니다. 우리는 벌써 하나님의 심판을 받고 있지 않습니까? 전쟁과 기근과 질병과 죽음이 세상을 온통 뒤덮고 있습니다. 우리 삶에서는 깨어진 관계와 아픔과 두려움을 경험합니다. 이 모든 것이 다 죄의 결과입니다.

매일의 자백과 용서

그러니까 우리 죄를 하나님께 자백하고, 하나님의 아들이신 그리스도 예수 안에서 하나님의 용서하시는 은혜를 간청하는 것이 얼마나 필요합니까! 예수님은 율법을 온전히 지키셨습니다. 하나님의 요구를 다 만족시키셨고, 이로써 구원을 위해 자기를 믿고 바라는 모든 사람을 위해 온전한 의를 얻으셨습니다.

믿음으로 이 의를 꼭 붙드십시오. 그러면 하나님이 여러분을 자녀로 받아 주실 것입니다. 여러분에게서 율법의 저주를 없애 주시고, 그리스도 안에서 영광스러운 자유를 맛보게 해 주실 것입니다. 그러면 여러분은 또한 하나님의 율법을 좋아할 수밖에 없을 것입니다. 성령님을 힘입어 하나님이 당신의 계명에서 여러분에게 요구하시는 것을 즐거이 행할 수밖에 없을 것입니다. 죄인이 구원받을 때마다 늘 이런 일이 일어납니다.

그리스도 다 이루신 율법을 보고

그리스도 용서하시는 음성 들으니

노예가 자녀 되고

의무가 선택되네.

🔍 더 깊은 공부와 나눔을 위한 질문

1. 그리스도인의 행동을 위한 길잡이가 무엇이고, 성경 어디에서 볼 수 있습니까?

2. 하나님이 이스라엘 백성에게 언제 십계명을 주셨습니까? 왜 그때 주셨습니까?

3. 신약의 그리스도인인 우리는 은혜로 구원을 받는데도 왜 여전히 하나님의 율법에 복종해야 합니까?

4. 왜 십계명이 하나님이 인류에게 주신 가장 큰 복입니까?

5. 그리스도인은 왜 하나님의 율법을 지키고 싶어 해야 합니까? 율법을 지키고 싶어 하지 않는다는 것은 무슨 뜻입니까?

6. 우리가 하나님의 율법을 온전히 지킬 수 있습니까? 그렇지 않다면 그 까닭을 말해 봅시다.

7. 구원받은 죄인들이 죄를 짓고 하나님의 율법에 순종하지 않을 때, 하나님은 이들을 용서하십니까? 설명해 봅시다.

8. 하나님의 율법에 순종하지 않는 데서 나오는 죄와 죄책을 없애기 위해 복음이 마련한 치료책은 무엇입니까?

〈서론〉을 읽으면서 하나님께서 깨닫게 해 주신 것과 베풀어 주신 은혜를 생각하며 감사합시다. 또 깨달아 배우고 확신한 일에 거할 수 있게 해 달라고 기도합시다.

2. 1계명

너는 나 외에는 다른 신들을 네게 두지 말라(출 20:3).

94문. 하나님께서는 1계명에서 무엇을 요구하십니까?

답. 내 영혼의 구원을 간절히 바라는 만큼 모든 우상 숭배, 마술과 점치는 일과 미신, 성자들이나 다른 피조물에게 기도하는 것을 피하고 멀리하라는 것입니다. 그리고 유일하신 참 하나님을 바르게 알고, 하나님만 의지하고, 겸손과 인내로 하나님께 순종하고, 모든 좋은 것을 하나님께만 기대하고, 마음을 다해 하나님을 사랑하고 두려워하고 영화롭게 하라는 것입니다. 한마디로 아무리 작은 일이라도 하나님의 뜻을 거스르기보다는 모든 피조물을 포기하라는 것입니다.

95문. 우상 숭배가 무엇입니까?

답. 우상 숭배는 말씀으로 당신을 계시하신 유일하신 참 하나님 대신, 또는 하나님과 나란히 다른 어떤 대상을 만들거나 지님으로 그 대상을 믿는 것입니다.

율법은 하나님이 주신 규범

그리스도께서 당신의 백성을 위해 율법을 다 이루셨고 이들을 율법의 저주에서 건져 내셨지만, 그리스도인은 여전히 율법에 매여 있습니다. 그리스도인은 십계명에 복종해야 합니다. 하지만 구원을 얻기 위한 것이 아니라, 율법이 하늘로 가는 길을 안내해 주기 때문입니다. 바꿔 말하면, 하나님의 법은 우리의 도덕 행동을 위하여 하나님이 주신 규범입니다. 우리는 십계명을 한 계명씩 따로따로 살펴볼 것입니다.

하나님만이 홀로 경배받으셔야 함

첫째 계명은 이것입니다. "너는 나 외에는 다른 신들을 네게 두지 말라"(출 20:3). 여기서 우리가 배우는 것은, 하나님은 우리가 하나님 한 분만 예배할 것을 요구하신다는 것입니다. 하나님은 어떤 경쟁자도 허락하지 않으십니다. 십계명을 제대로 이해하려면 이 사실을 반드시 알아야 합니다.

하나님이 어떤 분이신지 알아야 함

참된 도덕은 참된 신앙에서 나오기 때문에, 먼저 이 율법을 주신 하나님이 누구신지 알아야 비로소 하나님의 율법에 복종하기 시작할 수 있습니다. 하나님은 어떤 하나님이십니까? 하나님의 성품은 어떻습니까?

　많은 사람이 십계명을 가벼이 여기는 까닭은 율법을 주신 하나님이 얼마나 거룩하시고 엄위로우신지 통 모르기 때문입니다. 이스라엘 백성은 이런 면에서 달랐습니다. 이스라엘은 하나님이 시내 산에서 율법을 계시하실 때 함께 보이신 어마어마하고 무시무시한 영광을 결코 잊지 않았습니다.

이스라엘 백성은 하나님이 당신의 율법을 주실 때 시내 산기슭에 진을 치고 있었습니다(출 19:17). 산 위에는 우레와 번개와 먹구름이 있었고, 온 산이 흔들렸습니다(출 19:16, 18). 그리고 이 산에서 어둠을 뚫고 나팔과 같은 웅장한 소리가 들려왔습니다. 이스라엘의 하나님 여호와의 목소리였습니다. 청취자에게는 보이지 않는 라디오 진행자가 자기 이름을 알림으로 자신을 소개하는 것처럼, 주님은 이러한 말로 이스라엘에게 당신을 소개하셨습니다. "나는 너를 애굽 땅, 종 되었던 집에서 인도하여 낸 네 하나님 여호와니라"(출 20:2).

여기서 말씀하시는 분은 언약의 하나님이십니다. 하나님은 당신의 백성을 위해 능한 일을 행하셨습니다. 바로의 잔인한 노역에서 이스라엘을 구출해 주셨습니다. 여호와 하나님이 이스라엘의 새 주인이 되셨고, 그렇기 때문에 이스라엘은 여호와의 율법에 복종해야 했습니다. 이 율법은 하나님 한 분만을 예배하라는 말로 시작합니다.

구원의 관계

1계명은 근본이 되는 계명입니다. 1계명을 지키십시오. 그러면 여러분은 율법 전체를 지킨 것입니다. 그 반대도 사실입니다. 1계명을 어기십시오. 그러면 다른 계명도 다 어긴 것입니다.

이 말은 여러분이 먼저 하나님과 바른 관계, 곧 구원의 관계에 있어야 하나님의 율법을 지킬 수 있다는 뜻입니다. 여러분은 하나님만을 예배해야 합니다. 이것은 여러분이 마음과 뜻과 목숨과 힘을 다하여 하나님을 사랑해야 한다는 것을 암시합니다(신 6:5; 마 22:37). 하나님이 첫째 계명에서 우리에게 요구하시는 바가 바로 이것입니다. 우리는 다른 무엇보다 하나님을 더 사랑해야 합니다. 땅의 소유보다 하나님을 더 사랑해야 하고, 심지어 우리 아내와 남편과 자식보다도 하나님을 더 사랑해야 합니다.

언약의 관계

"너는 나 외에는 다른 신들을 네게 두지 말라"(출 20:3). 이것은 언약의 하나님이 하신 말씀입니다. 하나님과 이스라엘은 언약 관계에 있었습니다. 성경은 이 관계를 자주 결혼 서약으로 맺어진 남편과 아내의 관계와 비교합니다. 그래서 교회를 그리스도의 신부라고 하는 것입니다. 따라서 모든 우상 숭배는 사실상 간음입니다. 우상 숭배는 다른 남자한테 눈을 돌리고 그 남자를 따라가는 짓입니다.

하나님은 이것을 못 참으십니다. 질투하시는 하나님이시요 또 열심이 있으신 하나님, 곧 당신의 영광에 열심이 있으신 하나님이신 까닭입니다. 하나님은 당신의 백성이 하나님 당신만을 위해 있기를 바라셔서 이들이 티끌만큼이라도 다른 대상을 사랑하는 것을 못 견디십니다. 하나님은 어떤 경쟁자도 못 받아들이십니다. 하나님께는 '전부 다'이거나, '아예 아니'거나 둘 중 하나입니다.

사랑의 관계

우리는 "너는 나 외에는 다른 신들을 네게 두지 말라"는 말씀에서 사람의 반응을 구하시는 하나님의 사랑의 음성을 듣습니다. 원문에는 '너는 내 눈 앞에서 다른 신들을 네게 두지 말라'고 되어 있습니다. 하나님은 다른 신들을 차마 눈 뜨고 못 보십니다. 그러나 동시에 우리가 다른 신들을 우리 마음속 깊숙한 곳에 아무리 꼭꼭 숨기려 애쓴다 해도, 하나님의 눈을 피할 길이 없습니다. 하나님은 우리의 모든 우상을 보십니다.

　여러분은 '우상은 있지도 않은데, 하나님이 어떻게 보실 수 있느냐?'고 묻습니다. '하나님은 한 분뿐이시고, 다른 신들은 다 사람의 상상력이 만들어 낸 것 아니냐? 다른 신들은 실제로 존재하지 않는다.'

　물론 하나님도 이 사실을 아십니다. 우리보다 더 잘 아십니다. 그러니까 하나님은 이 우상이 당신을 위협이라도 할까 봐 그것이 걱정되어서 우리보고 우상을 멀리하라고 경고하신 것이 아닙니다. 하나님은 우리를 염려하셔서 우리에게 경고하십니다. 우리가 신이 아닌 무언가를 사랑하다가 헛것을, 허깨비를 믿었다는 것을 너무 늦게 알게 된다면, 우리는 멸망하고 말 것입니다. 그래서 주님은 오직 당신만 사랑하라고 우리에게 권고하시는 것입니다.

우상을 숭배함

첫째 계명은 아주 과격합니다. 둘 중 하나만 선택하라고 합니다. 하나님을 예배할지 우상을 예배할지 고르라고 합니다. 우리는 이따금 세 가지

가능성이 있다고 생각합니다. 첫 번째 가능성은 참 하나님을 섬기는 것입니다. 두 번째는 거짓 신이나 우상을 섬기는 것입니다. 우리는 곧바로 새긴 우상이나 해, 달, 별을 숭배하는 이교도를 떠올립니다.

또 세 번째 가능성이 있다고 생각하는 사람들이 있습니다. 곧, 아무 신도 섬기지 않는 것을 말합니다. 참 하나님을 섬기지 않으면서도 자기네가 우상 숭배자가 아니라고 생각하는 사람들의 큰 무리가 있습니다. 이들은 신을 믿지 않는 무신론자들입니다.

하지만 쉽게 말해 세 번째 가능성은 없습니다. 1계명이 진리라면, 가능성은 딱 두 가지뿐입니다. 하나님을 예배하거나 우상을 예배하는 것입니다. 세상에 무신론자는 없습니다. 어리석은 사람은 그 마음에 말하기를 하나님이 없다고 하겠지만(시 14:1), 이것은 부질없는 소망에 지나지 않습니다. 하나님한테서 벗어나려는 헛된 몸부림일 뿐입니다.

우리가 신의식을 억누르고, 우리 자신이나 다른 사람에게 하나님은 없다고 설득할 수 있을지 몰라도, 우리 마음속 깊은 곳으로는 우리보다 더 큰 어떤 능력과 마주해야 한다는 것을 압니다. 우리가 참되신 하나님을 외면한다면, 다른 무언가를 믿게 될 것입니다. 그러면 결국 우상 숭배자가 되고 맙니다.

첫째 계명은 인류를 둘로 나눕니다. 하나님을 예배하는 사람과 우상을 숭배하는 사람입니다. 세 번째 가능성은 없습니다.

여러분은 둘 중 어디에 딸려 있으십니까? '전 무신론자가 아니에요' 하고 여러분은 말합니다. 하지만 이 말이, 여러분이 하나님을, 하나님만을 섬긴다는 뜻입니까? 여기에 조금이라도 못 미치면 우상 숭배가 되고 맙니다.

우상 숭배

우상 숭배가 무엇입니까? 우리가 하나님을 대신하거나 하나님과 나란히 누군가 또는 무언가를 믿는 것입니다. 이 정의가 참이라면, 모든 사람은 우상 숭배자입니다. 물론 이것은 성경이 아주 밝히 가르치는 바입니다. 본성상 참되신 하나님을 예배하는 사람은 아무도 없습니다. 하나님을 참되게 예배하려면 먼저 하나님을 사랑해야 하니까, 참 하나님을 예배할 수 없는 것입니다.

사람의 예배가 하나님이 받으실 만한 것이 되려면, 먼저 사람과 창조주 사이에 사랑의 관계가 있어야 합니다. 하지만 사람의 본성상 이런 사랑의 관계는 없습니다. 바울은 육신의 생각이 하나님과 원수가 된다고 그랬습니다(롬 8:7). 육신에 속한 사람은 이 사실을 압니다. 하나님이 자기 원수임을 마음 깊이 느낍니다. 그래서 하나님을 믿는 것은 그만두고 하나님을 미워하기도 바쁩니다. 하지만 믿을 것은 필요하니까 자신을 위해 어떤 우상을 고안해 냅니다.

사람의 상태가 본성상 얼마나 끔찍합니까! 여러분, 자신이 우상 숭배자임을 깨달은 적 있으십니까? 여러분이 1계명을 어긴 죄를 성령님이 깨우쳐 주신 적 있습니까? 저는 여러분이 돌이나 나무로 만든 우상에게 절한다고 생각하지 않습니다. 하지만 그런 일을 한 적이 없더라도, 하나님은 여전히 여러분을 우상 숭배자로 생각하실 수 있습니다. 여러분은 하나님 말고도 믿는 것이 아주 많기 때문입니다. 여러분 자신을 믿은 적은 없으십니까? 여러분의 지혜와 통찰력과 영리함은요? 여러분은 여러분의 능력과 은사와 재주를 자주 의지하지 않으십니까? 이것이 우상 숭배입니다.

완전함을 요구하시는 하나님

이제껏 우리는 1계명에서 무엇을 금하는지만 살펴보았습니다. 1계명에서 적극 명령하는 것은 하나님을 온전히 사랑하고 온전히 믿으라는 것입니다.

누가 이 기준에 이를 수 있습니까? 누가 능히 이 모든 일을 행할 수 있습니까? 아무도 없습니다. 단 한 사람도 할 수 없습니다!

오직 한 분만 예외시니, 곧 그리스도이십니다. 그리스도에 대해서만 '참 하나님만을 사랑하고 믿었다'고 말할 수 있습니다. 그리스도는 하나님 말고 다른 것을 털끝만큼도 사랑하신 적이 없습니다. 그분은 죄인의 대표로 이 일을 하셨습니다. 그리스도께서는 자기 아버지의 율법에 복종하시되, 첫째 계명을 어긴 것을 깨달은 사람들을 위해 이 첫째 계명에도 복종하셨습니다.

그리스도만이 우리의 소망

그러니까 우리의 소망은 그리스도밖에 없습니다. 우리는 그리스도의 순종과 의가 필요합니다. 이것은 오직 믿음으로만 우리 것이 될 수 있습니다. 하나님은 우리가 예수님과 예수님이 죄인들을 위해 하신 일을 믿어야만 우리를 받아 주실 수 있습니다.

하나님이 받으실 만한 예배를 드리려면 우리는 하나님을 사랑해야 합니다. 이 사랑의 관계는 우리가 믿음으로 그리스도와 하나 될 때만 맺어질 수 있습니다. 그때 하나님의 사랑이 우리 마음에 부은바 됩니다(롬

5:5). 우리 안에 이 사랑이 있을 때, 하나님은 우리가 가장 갈망하는 대상이 되십니다. 그때 우리는 오직 하나님만 믿게 되고, 지옥에 가야 마땅한 죄인들을 위해 당신의 독생자를 보내사 죽게 하신 하나님으로서 하나님을 예배하고 경배하게 됩니다.

우리를 향하신 하나님의 사랑이 얼마나 큰지 볼 때, 우리는 하나님의 계명, 특별히 "너는 나 외에는 다른 신들을 네게 두지 말라"는 첫째 계명을 지킴으로 그 사랑을 되돌려 드릴 것입니다.

여러분은 그리스도인이십니까? 그렇다면 여러분은 하나님만을 사랑하고 하나님만을 예배하는 사람입니다. 이것은 여러분이 우상 숭배에서 아주 완벽히 벗어난다는 말이 아닙니다. 여러분은 하나님 외에 다른 것들을 믿기가 얼마나 쉬운지 거듭해서 발견할 것입니다. 그러나 이것이 여러분의 죄가 되고, 여러분은 성령의 능력으로 이 죄와 싸우는 법을 배웁니다.

언젠가 이 싸움이 끝날 것입니다. 성경은 야곱이 가나안에 도착했을 때 자기의 모든 우상을 땅에 묻었다고 기록하고 있습니다(창 35:4). 그리스도인 여러분, 여러분의 우상들도 묻힐 것입니다! 다시는 볼 수 없게 영원히 묻힐 것입니다. 그러면 여러분은 하나님, 곧 여러분을 구원하신 하나님을 온전히 완벽히 영원히 믿고 섬기고 공경할 것입니다. 여러분의 앞날이 이와 같으리라고 말할 수 있으십니까? 아니라면 회개하십시오. 성경이 이렇게 말하기 때문입니다. "의인이 겨우 구원을 받으면 경건하지 아니한 자와 죄인은 어디에 서리요"(벧전 4:18)?

1. 1계명은 무엇이고, 성경 어디에서 볼 수 있습니까?

2. 출애굽기 19장에서 우리는 이스라엘 백성이 하나님의 계명을 받기 위해 자신을 어떻게 준비해야 했는지 봅니다. 이 사실이 하나님에 대해 무엇을 말해 줍니까?

3. 하나님은 "나는 너를 애굽 땅, 종 되었던 집에서 인도하여 낸 네 하나님 여호와니라"(출 20:2)는 말씀으로 십계명을 소개하십니다. 이 말씀이 무슨 뜻인지 하나님과 하나님 백성의 관계로 설명해 봅시다.

   1) 구원의 관계

   2) 언약의 관계

   3) 사랑의 관계

4. 우리는 하나님을 예배할지 우상을 예배할지 선택해야 합니다. 세 가지 가능성이 있다고 생각하는 사람들이 가끔 있습니다. 이 세 가지 가능성은 무엇입니까? 이 세 가지가 정말 다 가능한지 설명해 봅시다.

5. 우상 숭배를 정의해 봅시다.

6. 하나님을 온전히 섬기는 사람이 있습니까? 설명해 봅시다.

7. 율법을 지키는 일과 관련해 우리의 유일한 소망은 무엇입니까?

8. 십계명을 지키는 일과 관련해 그리스도인의 표지는 무엇입니까?

〈1계명〉을 읽으면서 하나님께서 깨닫게 해 주신 것과 베풀어 주신 은혜를 생각하며 감사합시다. 또 깨달아 배우고 확신한 일에 거할 수 있게 해 달라고 기도합시다.

3. 2계명

너를 위하여 새긴 우상을 만들지 말고
또 위로 하늘에 있는 것이나 아래로 땅에 있는 것이나
땅 아래 물속에 있는 것의 어떤 형상도 만들지 말며
그것들에게 절하지 말며 그것들을 섬기지 말라
나 네 하나님 여호와는 질투하는 하나님인즉 나를 미워하는 자의 죄를 갚되
아버지로부터 아들에게로 삼사 대까지 이르게 하거니와
나를 사랑하고 내 계명을 지키는 자에게는
천대까지 은혜를 베푸느니라(출 20:4-6).

96문. 하나님께서는 2계명에서 무엇을 요구하십니까?

답. 하나님을 어떤 식으로든 형상으로 표현하지 말고, 하나님 말씀에서 명령하신 것과 다른 방식으로 하나님을 예배하지도 말라는 것입니다.

97문. 그러면 어떤 형상도 만들어서는 안 됩니까?

답. 하나님은 어떤 식으로든 형상으로 표현할 수 없고 표현해서도 안 됩니다. 피조물은 형상으로 표현할 수 있지만, 그것을 예배하거나 그것으로 하나님을 섬기려고 형상을 만들거나 지니는 일은 금하십니다.

98문. 하지만 교회에서 일반 성도를 위한 책으로 형상들을 허용할 수 있지 않습니까?

답. 그럴 수 없습니다. 우리는 하나님보다 더 지혜로운 척해서는 안 됩니다. 하나님은 당신의 백성이 말 못 하는 우상을 통해서가 아니라 당

신의 말씀에 대한 살아 있는 설교를 통해서 배우기를 바라십니다.

거짓된 하나님 형상

1계명은 근본이 되는 계명입니다. 참된 종교의 본질이 참되신 하나님을 예배하는 데 있음을 보여 주기 때문입니다. 이제 2계명으로 눈을 돌려 이 둘째 계명이 첫째 계명과 아주 밀접한 관련이 있음을 눈여겨보십시오. 하지만 다음과 같은 점에서 두 계명은 다릅니다. 1계명은 우리가 하나님을, 하나님만을 섬겨야 한다고 말해 주는 반면에, 2계명은 우리가 하나님을 어떻게 섬겨야 하는지 말해 줍니다.

우리는 어떤 새긴 우상(형상)도 만들어서는 안 됩니다. 이 명령은 우리의 시조 아담한테는 필요가 없었던 명령입니다. 아담은 자기 아내 하와와 함께 하나님의 형상으로 지음을 받았습니다. 이 형상은 말하자면 이들의 옷이었습니다. 아담과 하와는 이 옷을 입고 자신들을 창조하신 하나님께 나아갈 수 있었습니다. 하나님을 알고, 사랑하고, 섬기는 것이 이들의 기쁨이었습니다. 이 세 가지 직분 안에서 자신들을 지으신 분 앞에 선 아담과 하와는 가장 충만하고 풍부한 의미에서 하나님을 알고, 사랑하고, 섬기며 살았습니다.[1]

하지만 안타깝게도 우리 시조는 이 형상을 잃어버렸습니다! 하나님이 먹지 말라고 하신 나무 열매를 먹은 뒤로 아담과 하와는 이 아름다운 옷을 잃어버렸고, 자신들이 벌거벗은 것을 알게 되었습니다(창 3:6-7). 아담과

---

1 하이델베르크 교리문답 6문답; 웨스트민스터 대교리문답 17문답; 웨스트민스터 소교리문답 10문답 참고.

하와는 더는 하나님이 친히 계시해 주신 대로 하나님을 알지 못했습니다.

둘은 이제 하나님을 사랑하지도 않았고, 하나님을 섬기려는 바람도 사라졌습니다. 아담과 하와는 선지자와 왕과 제사장 직분을 빼앗기게 되었습니다. 이들은 곧 하나님이 주신 타고난 재능을 잘못 쓰기 시작했습니다. 이 재능을 하나님의 영광을 위해 쓰는 대신에 다른 신들을 예배하기 시작했습니다. 사람은 하나님의 참된 형상을 잃어버렸기 때문에 하나님의 거짓된 형상을 만들기 시작했습니다.

거짓 종교의 기원

사도 바울은 로마서 1장 21-23절에서 세상의 거짓 종교가 어떻게 생겨났는지 말해 줍니다. 거짓 종교는 하나님의 자연 계시를 왜곡하는 데서 나왔다고 바울은 말합니다. 이 계시는 그 자체로 충분히 분명했지만, 사람은 타락으로 영의 눈이 멀었습니다. 그래서 그 생각이 허망하여지고 미련한 마음이 어두워졌고, 스스로 지혜 있다 하나 어리석게 되었습니다.

사람들은 종교 문제에서 더는 똑바로 볼 수 없었고 제대로 생각할 수 없었습니다. 하나님의 형상으로 지음 받은 사람은 이제 자신의 형상으로 신들을 만들어서 이 질서를 뒤엎으려 했습니다. 애굽과 특별히 가나안 족속의 이방 종교는 사람이 자신을 위해 어떤 신들을 지어냈는지 보여 줍니다. 이런 신들은 그것을 만든 사람의 부패한 마음과 더러운 욕망을 그대로 보여 주었습니다. 그래서 시편 기자는 이렇게 말했습니다. "우상을 만드는 사람……은 모두 우상과 같이 되고 만다"(115:8, 새번역).

그러니까 여호와께서 시내 산에서 당신의 백성에게 이런 악행을 경고

하셨다고 해도 조금도 놀랄 것이 없습니다. "너를 위하여 새긴 우상을 만들지 말고"(출 20:4). 그런데 이스라엘은 하나님의 경고에 귀 기울였습니까? 안타깝게도 그러지를 않았습니다. 끝내 온 나라가 우상 숭배의 죄를 짓고 말았습니다.

오늘날의 거짓 신들

여러분은 당연히 이렇게 말할 것입니다. '그건 오래전 일이잖아요. 우리는 그 뒤로 많은 발전을 이룩했어요. 오늘날 누가 우상을 숭배하나요? 현대인이 얼마나 교양 있는데요.'

여러분, 정말 그렇게 생각하십니까? 그런데 점성술과 신비학과 초능력과 영매와 심지어 사탄 숭배에 대한 어마어마한 관심은 무엇입니까? 존 워릭 몽고메리John Warwick Montgomery는 『통치자들과 권세들』Principalities and Powers이라는 책에서 이렇게 쓰고 있습니다.

> 오늘날 '신비학에 대한 관심 폭발'은 많은 사람에게 뜻밖의 충격으로 다가온 것이 틀림없다. 믿기 힘든 기술 개선으로 인상 깊게 우주를 정복한 과학 시대에 이러한 관심은 있을 수 없다고 생각했기 때문이다. 하지만 허울뿐인 기독교는 '미국식 삶'이라는 이교의 가치 체계를 드러내 보이며 우리의 물질 만능 사회를 크게 물들였다……온 나라가 진공 상태에 빠졌고 그곳에 그리스도의 비유에 나오는 일곱 귀신이 쳐들어온다. 과학과 기술과 미국정신이 우리를 저버렸기 때문에, 어둠의 힘과 비이성과 마약에서 답을 찾을 것이다.

사람은 종교에 매인 존재입니다. 어떤 신이든 예배해야 합니다. 많은 사람이 성경의 하나님을 거절하기 때문에 다른 신들에게로 돌아서고 있습니다. 오늘날 우리는 이교주의로 되돌아가는 현장을 목격하고 있습니다. 느닷없이 2계명이 다시 절실해졌습니다.

하나님을 잘못 생각함

위에서 말한 어떤 기괴한 관행에도 참여하지 않는다 해도 우리는 여전히 우상 숭배를 저지를 수 있습니다. 여러분이 하나님의 형상을 새겨 만든 적이 없을 수 있지만, 생각으로 만든 형상은 어떻습니까? 여러분은 하나님께 대한 잘못된 생각과 개념을 품은 적 없으십니까? 이를테면 하나님께는 사랑만 있다고 생각해서 하나님이 또한 의로우시고 거룩하시다는 사실을 잊을 수 있습니다.

여러분은 눈먼 신을 예배하고 있을지도 모릅니다. 그래서 은밀한 데서 죄를 짓고는 하나님이 그런 하찮은 일까지 신경 쓰시지 않는다고 생각합니다. 하나님은 내가 하고 있는 일을 눈여겨보지 않으신다고 생각합니다. 아니면 여러분은 귀가 없는 하나님을 예배하고 있을 수도 있습니다. 그래서 하나님께 몇 차례 기도하고는 하나님이 도무지 듣지 않으시는 것 같으니까 기도를 멈춥니다. 아니면 여러분의 신은 손이 없는 신일 수도 있습니다. 그 신은 여러분을 도울 수 없습니다. 여러분의 문제가 그 신에게는 너무 크다고 여러분은 생각합니다. 그래서 다른 데서 도움을 구합니다.

이것이 다 우상 숭배 아닙니까? 하나님에 대한 이런 형상과 개념은 성경에 나타난 하나님에 전혀 미치지 못합니다. 결국 2계명은 우리 모두를 정죄합니다.

믿는 사람조차 우상을 숭배함

참되게 믿는 사람들조차 남아 있는 불신과 적은 믿음 때문에 하나님을 이처럼 그릇되게 생각하는 일이 많습니다. 함께 그리스도인 된 여러분, 정말 그렇지 않습니까? 여러분은 이따금 하나님을 엄하신 분으로 생각하지 않습니까? 여러분이 '내 죄가 너무 커서 하나님은 이제 나를 거들떠보지 않으실 거야' 하고 생각한다면, 여러분은 우상 숭배자입니다. 하나님은 긍휼이 많으시고 노하기를 더디 하시며 자비 베푸시기를 기뻐하시기 때문입니다(시 145:8).

어려운 일이 닥칠 때 여러분은 때때로 하나님이 여러분을 도와주시지 않을까 봐 걱정합니다. 그럴 때 여러분은 우상 숭배의 죄를 짓는 것입니다. "내가 결코 너희를 버리지 아니하고 너희를 떠나지 아니하리라"(히 13:5)고 하나님이 말씀하셨기 때문입니다.

이것이 죄임을 자백합시다. 우리가 하나님의 형상을 실제로 새겨 만들지 않았을 수 있습니다. 하지만 그런 형상을 손으로 만드나 생각으로 만드나 다를 것이 없습니다.

우리는 또 하나님이 하나님 말씀에서 우리에게 명하신 것과 다른 방법으로 예배해서도 안 됩니다. 사람이 제멋대로 지어낸 종교나 제멋대로 드리는 예배가 다 여기에 들어갑니다. 마음은 없이 입으로만 하나님을 섬기는 것도 다 마찬가지입니다. 여기에는 심지어 스스로 의롭게 여기고 우쭐거리는 마음으로 참된 종교를 변호하는 것도 포함됩니다. 이 모든 것이 다 우상 숭배입니다.

하나님의 형상이신 그리스도

우리는 아무 우상도 새겨서는 안 됩니다. 왜 안 됩니까? 하나님은 그려서도 안 되고, 그릴 수도 없기 때문입니다. 우리가 어떻게 하나님을 있는 그대로 나타낼 수 있겠습니까?

우리가 할 수 없기 때문에 해서는 안 될 일을 하나님이 그리스도 안에서 우리를 위해 하셨습니다. 바울이 골로새서 1장에서 말하는 것처럼, 그리스도는 하나님 형상의 완전한 계시이십니다. "그는 보이지 아니하는 하나님의 형상이시요"(15절). 여러분, 하나님이 어떤 분이신지 알고 싶으시면 예수 그리스도를 바라보십시오.

빌립이 예수님께 "아버지를 우리에게 보여 주옵소서 그리하면 족하겠나이다"(요 14:8) 하고 부탁드리자, 구주께서는 이렇게 답하셨습니다. "내가 이렇게 오래 너희와 함께 있으되 네가 나를 알지 못하느냐 나를 본 자는 아버지를 보았거늘 어찌하여 아버지를 보이라 하느냐"(요 14:9)? 이 말씀은 2계명과 관련해 오직 그리스도만이 하나님을 참되게 예배하도록 우리를 회복하실 수 있다는 뜻입니다. 그리스도만이 우리가 지음 받은 그 원래의 형상을 우리에게 되돌려 주실 수 있습니다.

둘째 아담이신 그리스도를 참되게 믿어야만 우리는 다시 하나님을 알고, 사랑하고, 섬기는 법을 배울 수 있습니다. 그리스도 없이 이 일은 불가능합니다. 그렇다면 모든 종교는 육신에 속한 이성이 제멋대로 지어낸 종교에 지나지 않습니다. 우리를 포함해 타락한 모든 사람은 본성상 이런 종교를 믿습니다.

하나님 형상의 회복

성령님이 우리 죄와 죄책을 깨우쳐 주시기 전까지 우리는 하나님을 제대로 섬길 수 없을뿐더러, 하나님을 제대로 섬기고 싶어 하지조차 않습니다. 성령님이 우리 죄를 깨우쳐 주실 때, 우리는 우리의 모든 종교에도 우리가 하나님의 원수이고 하나님의 진노 아래 있음을 보게 됩니다. 하지만 같은 성령님이 또한 우리에게 주 예수 그리스도를 유일한 구주와 구속자로 계시해 주실 것입니다. 그리스도는 잃어버린 죄인을 구원하시려고 하나님이 보내신 구원자이십니다.

구원은 주로 우리 안에서 하나님의 형상이 회복되는 데 있습니다. 그리스도를 믿는다는 것은 그리스도의 형상으로 새롭게 하심을 입는다는 뜻입니다(골 3:10; 엡 4:24). 그리스도는 우리의 본보기와 모범이 되시고, 우리는 여기에 우리 삶을 맞춥니다. 그러니까 그리스도인이 된다는 것은 이 세상에서 할 수 있는 한 그리스도를 닮는다는 뜻입니다. 이것이 참된 종교이고 참된 예배입니다. 우리는 그리스도를 믿음으로 하나님을 우리 아버지로 알고 사랑하고, 하나님의 뜻에 순종하면서 하나님을 위해 살려고 애씁니다.

여러분은 이런 종교를 가지고 계십니까? 아니면 주일 아침마다 겉을 꾸미고 형식을 따라 행동하느라 바쁘십니까? 여러분은 여전히 매주 한 번씩 교회에 갑니다. 그런데 하나님 집에서 보내는 그 한 시간조차 여러분에게는 커다란 짐입니다. 여러분은 그 시간에 차라리 골프를 치거나 낚시하는 것이 훨씬 좋겠다 싶을 것입니다. 여러분이 아직까지도 예배에 참석하는 까닭은 순전히 전통과 습관 때문입니다. 그렇다면 여러분의 자녀가 다 자랐을 때 더는 교회에 나가지 않을 수도 있다는 것을 잊지 마십시오. 하나님은 당신을 미워하는 자의 죄를 갚되 아버지부터 아들에게로 삼사 대까지 이르게 하십니다(출 20:5).

주님을 사랑하고 영과 진리로 주님을 예배하는 사람에게 하시는 일과는 얼마나 다릅니까! 하나님은 당신을 사랑하고 당신의 계명을 지키는 자에게는 천대까지 은혜를 베푸십니다. 하나님은 은혜 베풀기를 좋아하십니다. 이사야에 따르면, 심판은 하나님이 즐겨 하지 않으시는 하나님의 기이한 일입니다(사 28:21). 죄인을 구원하시고 죄인에게 복 주시는 일이야말로 주님의 가장 큰 일이요 가장 큰 기쁨입니다.

그러므로 주님을 섬기는 것이 여러분이 마음으로 바라고 삶으로 기뻐하는 일이 되었다면, 여러분만 아니라 여러분의 자녀도 유익을 얻을 것입니다. 이것이 하나님이 둘째 계명에서 약속하신 바입니다.

이 약속에 호소하시고, 주님을 경외함으로 자녀를 기르십시오. 자녀를 위해 기도하시고 자녀와 이야기를 나누십시오. 그러나 무엇보다 자녀에게 본이 되는 삶을 사십시오. 우리를 사랑하사 우리를 위해 자신을 버리신 그리스도의 형상으로 새롭게 하심을 입는다는 것이 무엇인지 몸소 보여 주십시오.

1. 1계명은 우리에게 하나님만 섬기라고 말합니다. 하나님을 섬기는 데서 우리에게 가르침이 더 필요한 까닭은 무엇입니까?

2. 옛 이스라엘 언약 백성은 우상을 섬기는 족속들에 둘러싸여 있었습니다. 다음 성경 구절을 보고, 이 족속들이 어떤 우상을 섬겼는지 간단히 설명해 봅시다.

   1) 이사야 40:18-20

   2) 이사야 44:9-20

   3) 예레미야 10:9

3. 이스라엘은 자기 자녀를 몰렉에게 바치는 끔찍한 죄까지 저질렀습니다(왕상 11:7; 왕하 23:10; 렘 32:35). 오늘날 이런 우상 숭배와 비슷한 죄는 무엇입니까?

4. 오늘날 우리 문화에서 우리를 특별히 유혹하는 우상 숭배는 무엇입니까?

5. 하나님을 잘못 생각하는 것이 왜 우상 숭배입니까? 우리는 언제 어떻게 하나님을 잘못 생각합니까?

6. 우리가 타락하기 전에 가졌던 하나님의 형상으로 우리를 회복시키실 수 있는 분은 누구십니까? 어떻게 회복하십니까?

7. 믿는 사람이 그리스도의 형상으로 회복된다는 것이 무슨 뜻입니까? 그리스도의 형상으로 회복된 결과는 무엇입니까?

8. 주님은 2계명을 업신여기는 자들을 어떻게 심판하시겠다고 위협하십니까?

9. 주님은 당신의 계명을 지키고 자녀에게 이 계명을 가르치는 자들에게 무엇을 약속하고 계십니까?

〈2계명〉을 읽으면서 하나님께서 깨닫게 해 주신 것과 베풀어 주신 은혜를 생각하며 감사합시다. 또 깨달아 배우고 확신한 일에 거할 수 있게 해 달라고 기도합시다

4. 3계명

너는 네 하나님 여호와의 이름을 망령되게 부르지 말라
여호와는 그의 이름을 망령되게 부르는 자를 죄 없다 하지 아니하리라
(출 20:7).

99문. 하나님께서는 3계명에서 무엇을 요구하십니까?

답. 저주나 거짓 맹세나 불필요한 맹세로 하나님의 이름을 욕되게 하거나 잘못 써서는 안 된다는 것입니다. 그뿐 아니라, 다른 사람이 이런 무시무시한 죄를 지을 때 입 다물고 모른 체함으로 그 죄에 동참해서도 안 됩니다. 한마디로, 하나님의 거룩한 이름을 오직 두려워하고 공경하는 마음으로만 사용하여, 하나님을 올바로 고백하고 부르며 우리의 모든 말과 행실에서 하나님께 영광을 돌리라는 것입니다.

100문. 그렇다면 맹세나 저주로 하나님의 이름을 욕되게 하는 일이 그런 죄를 있는 힘을 다해 막거나 금하려 하지 않는 사람들에게까지 하나님께서 진노하실 만큼 심각한 죄입니까?

답. 정말 그렇습니다. 하나님의 이름을 욕되게 하는 것보다 더 크고, 하나님을 더 진노하시게 하는 죄는 없습니다. 그래서 하나님은 이 죄를 사형으로 벌하라 명하신 것입니다.

101문. 하지만 우리는 하나님의 이름으로 경건하게 맹세할 수 있지 않습니까?

답. 할 수 있습니다. 국가가 국민에게 요구하는 경우나 하나님의 영광과 이웃의 안녕을 위해 신뢰와 진리를 보존하고 증진하는 데 꼭 필요한 경우에는 맹세할 수 있습니다. 이런 맹세는 하나님 말씀에 근거한 것이어서 구약과 신약의 성도들도 올바르게 사용했기 때문입니다.

102문. 성자들이나 다른 피조물로도 맹세할 수 있습니까?

답. 할 수 없습니다. 올바른 맹세는 홀로 사람의 마음을 아시는 하나님께 진리를 증언해 주시고 내가 거짓으로 맹세할 때 나를 벌해 주시기를 구하는 것입니다. 어떤 피조물도 이런 영예를 받을 자격이 없습니다.

맹세지거리는 하나님을 공격하는 것임

맹세지거리와 하나님의 이름으로 하는 저주를 주로 공장이나 군대 막사나 건설 현장에서나 들을 수 있었던 때가 있었습니다. 하지만 지금은 싹 바뀌었습니다. 오늘날 여러분은 라디오와 텔레비전에서 맹세지거리하는 것을 들을 수 있습니다. 신문에서도 어쩌다 볼 수 있고, 거의 모든 잡지와 책에서도 볼 수 있습니다. 경계가 아예 사라진 듯 보입니다. 그전에는 버릇이 없거나 가정교육을 제대로 못 받았거나 못 배워서 그런다고 생각했습니다. 그런데 이제는 누가 맹세지거리를 하든 말든 아무도 관심이 없어 보입니다.

　이것은 우연이 아닙니다. 바울은 말세에 사람들이 더욱더 악해질 것이라고 경고합니다. "사람들이 자기를 사랑하며 돈을 사랑하며 자랑하며 교만하며 비방하며"(딤후 3:2).

낙원에서 시작된 거듭나지 않은 사람의 하나님을 적대하는 마음이 우리 시대에 절정에 이른 듯 보입니다. 육신에 속한 사람이 이런 적대심을 표현하는 한 가지 방법은 하나님의 이름을 모독하는 것입니다.

하나님의 이름을 모독하는 것은 아주 심각한 죄입니다. 하나님 자신을 공격하는 것이나 마찬가지이기 때문입니다. 하나님의 이름은 하나님의 존재를 나타내신 것입니다.

하나님의 이름은 하나님이 누구신지 말해 줌

성경에서 이름은 언제나 깊은 뜻을 담고 있습니다. 그러나 지금은 그렇지 않습니다. 우리는 서로서로 이름을 붙여 주지만, 이것은 서로를 알아보기 위한 딱지에 지나지 않습니다. 하지만 성경에서 이름은 그 이름을 가진 사람의 성격이나 성품을 보여 주는 징표입니다.

하나님의 이름은 더더욱 그렇습니다. 하나님의 이름은 하나님이 누구신지, 거룩하신 이가 누구시고, 우리를 지으신 위엄 있는 존재가 누구시고, 그 아들 그리스도 안에서 자신을 죄인의 구원자로 계시하신 분이 누구신지 말해 줍니다.

성경에는 하나님의 이름이 많이 나타납니다. 하나님은 언약의 이름인 '야훼'나 '여호와'뿐 아니라, 주님을 뜻하는 '아도나이', 전능하신 이를 뜻하는 '엘샤다이', 지극히 높으신 이를 뜻하는 '엘리온', 하나님을 뜻하는 '엘로힘'으로 당신을 알리셨습니다.

하나님의 이런 이름들은 사람이 만든 것이 아닙니다. 사람의 생각으로 지어낸 것이 아니었습니다. 이런 이름들은 하나님이 우리에게 계시로 주신 것입니다. 우리가 하나님을 알 수 있도록 하나님이 우리에게 주신 선물입니다. 이런 이름들로 당신을 나타내신 하나님은 얼마나 은혜로우시고 겸손하십니까! 우리는 이 이름들로 하나님을 이해할 수 있고, 하나님에 대해 이야기하고 하나님께 말씀드릴 때도 이 이름들을 쓸 수 있습니다.

망령되이 씀

3계명은 여호와의 이름을 망령되게 부르지 말라고 합니다. 문자 그대로 보면, 여호와의 이름을 공연히 또는 무익하고 쓸데없이 입에 올리지 말라는 뜻입니다.

하나님의 이름을 함부로, 불경하게 쓰는 것은 무엇이든 철저히 금하고 있습니다. 그런데 모든 사람은 본성상 불경하기 때문에 신성 모독은 아주 흔한 죄입니다. 신성 모독이 무엇입니까? 속되지 않은 것을 속되게 하는 것입니다. 신성 모독은 거룩한 것과 속된 것, 깨끗한 것과 더러운 것의 벽을 허무는 짓입니다.

이와 관련해 우리는 하나님을 가리키는 표현들(My Goodness!, For Heaven's Sake!, By Golly! 등)을 쓰는 것에 대해 말하지 않을 수 없습니다. 맹세지거리하는 것을 한 번도 들킨 적 없을 듯한 경건한 사람들조차 이같은 표현을 써도 괜찮다고 생각합니다. 하지만 우리가 깨닫든 못 깨닫든, 이런 표현은 사실 더 노골적인 신성 모독을 감추려는 것일 뿐입니다. 그러니까 우리는 이런 표현을 피해야 합니다.

우리가 쉽게 간과하는 또 다른 형태의 신성 모독은 하나님의 이름을 아무 생각 없이 쓰는 것입니다. '오 마이 갓!'(Oh, my God)은[2] 평상시에 아주 흔히 쓰는 표현이 되었습니다. 다른 방식이기는 하지만, 이 죄는 교회 안에서 더욱 눈에 띕니다. 하나님의 거룩하신 이름을 그에 어울리는 두려움과 공경함 없이 쓸 때도 하나님의 이름을 생각 없이 쓰는 것입니다. 우리는 기도할 때마다 주님의 이름을 얼마나 쓸데없이 입에 담고 의미 없이 되풀이합니까! 우리가 신앙 이야기를 하고 성경을 의논할 때도 마찬가지입니다.

하나님의 이름을 쓰지 않음

아마 어떤 분들은 이렇게 말할 것입니다. '이것이 사실이고 성경을 읽거나 기도할 때조차 하나님의 이름을 잘못 쓸 수 있다면, 차라리 입을 닫고 있는 게 낫겠네요. 그러면 저는 주님의 이름을 아예 쓰지 않을래요. 그것이 가장 안전한 길이잖아요.'

이 또한 죄입니다. 하나님을 무시하는 죄입니다. 이것은 맹세지거리 하는 것만큼이나 나쁜 죄입니다. 보기를 하나 들어 봅시다. 여러분이 누군가에게 화가 나서 그 사람한테 기분 나쁜 말을 하는 것이 그 사람한테 더 상처를 줄까요, 아니면 그 사람을 완전히 무시하는 것이 더 상처를 줄까요?

그 사람을 무시하는 것이 더 나쁘지 않습니까? 어떤 사람이 여러분한

---

2 직역하면 '오 나의 하나님!'인데, 영어권 사람들은 충격을 받거나, 놀라거나, 화가 나거나, 괴로울 때 이 말을 입버릇처럼 쓴다.

테 화를 내고 큰소리치는 한, 적어도 여러분을 한 인격으로 생각하는 것입니다. 하지만 이 사람이 여러분한테 아무 말도 안 하고 여러분을 없는 사람 취급한다면, 이것은 훨씬 큰 모욕입니다.

많은 사람이 하나님을 이렇게 대합니다. 이들은 하나님을 무시합니다. 그러나 하나님이 당신의 이름을 계시해 주신 것은, 그냥 말없이 모른 체하라고 그러신 것이 아닙니다. 그렇게 하는 것은 저주하고 맹세지거리 하는 것만큼 죄악 된 일입니다. 여러분이 하나님의 이름 언급하기를 일부러 피한다면 하나님을 크게 모욕하는 것입니다.

모든 사람에게 죄가 있음

인본주의는 공생활에서 하나님을 몰아냈습니다. 교회에서나 집에서 따로 하나님을 이야기하는 것은 괜찮지만, 뭇사람 앞에서는 안 됩니다. 하나님을 믿지 않는 사람들이 기분 나빠하기 때문입니다. 사람들을 기분 나쁘게 하느니 하나님의 이름을 입에 담지 않는 것이 낫다는 것입니다. 공립학교에서 성경 읽기와 기도를 금하는 결정을 할 때, 그 밑바탕에 실제로 이런 생각이 자리 잡고 있었습니다. 중립을 지키자며 이런 일을 했습니다.

하지만 사람은 중립을 지킬 수 없습니다. 우리는 하나님을 찬성하든지 반대하든지 해야 합니다. 그리스도께서는 "나와 함께 아니하는 자는 나를 반대하는 자……니라"(마 12:30)고 하셨습니다. 모든 사람은 어디에 설지 정해야 합니다. "너희는 그리스도에 대하여 어떻게 생각하느냐?"(마 22:42)는 여전히 우리 각 사람이 마주하는 물음입니다. 우리는 선택해야 합니다. 마치 하나님이 안 계시기라도 한 것처럼 하나님을 무시할 수 없습니다.

주님의 이름을 잘못 쓰거나 아예 안 쓰거나 모두 죄입니다. 이 사실을 알 때, 정도의 차이는 있겠지만 우리가 다 죄가 있음을 깨달을 것입니다. 따라서 우리는 다 용서가 필요한데, 이 죄에 대해서도 그렇습니다. 예수 그리스도께서 이 죄 또한 친히 짊어지셨기 때문에 우리는 용서받을 수 있습니다. 그리스도께서는 이 땅에 사시는 동안 생각이나 말이나 행동으로 한 번도 하나님의 이름을 망령되게 부르신 적이 없었습니다. 그렇기 때문에 죽으시기 얼마 전에 이렇게 말씀하실 수 있었습니다. '아버지, 내가 이 세상에서 아버지 이름을 나타내었나이다(요 17:6).'

그러므로 우리는 그리스도를 믿음으로 신성 모독의 죄를 씻음 받습니다. 우리가 용서받기 위해 그리스도를 바라본다면, 그리스도께서는 또한 우리에게 주님의 이름을 바르게 쓰는 법을 가르쳐 주실 당신의 성령을 주실 것입니다.

당신의 이름을 지키시는 하나님

그리스도를 믿는 사람은 하늘에 계신 자기 아버지의 자녀입니다. 참 자식은 자기 아버지가 좋은 아버지면 아버지를 사랑하고 공경합니다. 이 자식한테 자기 아버지 이름은 큰 의미가 있습니다. 하나님의 자녀도 마찬가지입니다. 하나님의 이름은 하나님의 자녀에게 정말 소중합니다. 하나님의 자녀는 하나님의 이름을 사랑하기에 그 이름을 함부로 입에 올리지 않습니다. 하나님이 거룩하시니까 하나님의 이름도 거룩함을 압니다. 시편 기자는 말합니다. "그의 이름이 거룩하고 지존하시도다"(111:9).

오늘날 강조해야 할 사실이 있다면, 바로 하나님의 거룩하심입니다. 우리는 하나님의 사랑과 은혜와 자비에 대해 많이 듣지만, 하나님의 거룩하심도 들어야 합니다. 하나님은 거룩하시기 때문에 죄를 용납하거나 용인하실 수 없습니다.

신성 모독의 죄는 반드시 대갚음 받을 것입니다. 하나님은 당신의 이름을 망령되게 부르는 자를 죄 없다 하지 아니하리라고 하셨습니다. 하나님은 노하기를 더디 하시고 자비 베푸시기를 기뻐하시지만, 신성 모독보다 더 하나님의 화를 돋우는 일은 없습니다. 신성 모독은 말하자면 하나님을 끌어내리고 하나님의 이름에 먹칠하는 짓입니다. 그러므로 살아계신 하나님의 손에 빠져 들어가는 신성 모독자에게 화가 있을 것입니다 (히 10:31)! 사도는 "우리 하나님은 소멸하는 불이심이라"(히 12:29)고 말합니다. 이 사실을 절대로 잊지 맙시다.

하나님의 용서하시는 은혜가 필요함

『하이델베르크 교리문답』에서는 "하나님의 이름을 욕되게 하는 것보다 더 크고, 하나님을 더 진노하시게 하는 죄는 없다"(36주일, 100문답)고 말합니다. 사탄은 하나님을 크게 모독하는 자입니다. 사탄은 하나님을 모독하고 욕되게 하는 데서 사악한 기쁨을 느낍니다. 신성 모독의 죄보다 우리가 사탄의 종임을 더 잘 보여 주는 죄는 없습니다.

그리스도께서 재판을 받으실 때 거짓 증인들을 부추긴 것은 바로 사탄이었습니다. 이들은 하나님의 이름을 모독했다며 구주를 고발했습니다. 마침내 대제사장은 이렇게 말했습니다. "그가 신성 모독하는 말을 하였으니 어찌 더 증인을 요구하리요"(마 26:65)? 이것은 사람이 예수님에게 할 수 있는 가장 나쁜 짓이었습니다. 자기 아버지 이름을 그토록 사랑하신 예수님이 그 이름을 모독했다니요! 그런데 그리스도께서는 그 혐의를 부인하려고 하지 않으셨습니다. 이 죄 또한 친히 짊어지셨고, 우리가 받아야 할 이 죄에 대한 형벌, 곧 하나님의 진노를 받으셨습니다.

그리스도께서는 우리를 대신해 하나님의 진노를 받으셨습니다. 하나님의 분노의 벼락을 맞으셨습니다. 우리와 같이 하나님을 모독한 사람들이 영원한 멸망을 피할 수 있도록 지옥의 고통을 견디셨습니다. 바로 여기에 주님의 이름을 욕되게 한 죄인을 위한 소망이 있습니다.

하나님의 이름을 바르게 씀

여러분이 그런 죄인이십니까? 여러분이 3계명을 어긴 것을 하나님이 벌하실까 봐 두려우십니까? 지금 바로 주님께 여러분의 죄를 자백하십시오. 주님의 은혜를 구하십시오. 주님의 이름을 내세워 간청하십시오!

모세도 그렇게 했습니다. 이스라엘이 끔찍한 죄를 저질러서 하나님이 당신의 백성을 지면에서 쓸어 없애려고 하셨을 때, 모세는 여호와의 이름에 호소했습니다(출 32:11-13; 신 9:26-28). 곧 그 이름이 뜻하는바, 당신의 언약에 신실하심과 당신의 백성을 그 원수들에게서 건지시는 능력에 호소했습니다. 모세는 주께서 이스라엘을 멸하신다면 저 이방인들이 '무슨 신이 저런가? 애굽에서는 건져냈지만, 가나안으로 데려갈 능력은 없는 신이로구먼' 그럴 것이라고 주장했습니다.

그래서 모세는 여호와의 이름을 내세웠습니다. 모세는 이스라엘의 선함을 내세울 수 없었습니다. 선한 사람이 아무도 없었기 때문입니다. 그렇다고 자기 자신을 내세울 수도 없었습니다. 자기도 죄인이었기 때문입니다. 그래서 이스라엘 백성과 자기 자신에게서 눈을 돌려, 주님께 호소했습니다. 주님 자신에게서 이유를 찾아 달라고 호소했습니다.

이렇게 하는 사람은 아무도 실패하지 않습니다. 주님은 이스라엘에게 "나는 나를 위하며 나를 위하여 이를 이룰 것이라"(사 48:11) 말씀하셨기 때문입니다.

지금도 마찬가지입니다. 하나님은 죄인을 구원하실 때마다 당신을 위해, 당신의 영광과 존귀를 위해 구원하십니다. 우리 안에는 하나님이 우리를 멸하실 이유밖에 없습니다. 하지만 우리를 멸하지 않으시는 것은 오로지 여호와의 선하심 때문입니다. "여호와의 인자와 긍휼이 무궁하시므로 우리가 진멸되지 아니함이니이다"(애 3:22). 자기 죄를 돌아보는 사람은 누구나 이 말씀에 고개를 끄덕일 것입니다. 여러분도 그러십니까?

하나님은 여러분에게 당신을 찾을 시간을 주십니다. 여러분의 죄를 자백할 시간을 주시고, 당신의 이름에, 당신의 풍성하고 놀라운 이름에 호소할 시간을 주십니다. 여호와께서는 모세에게 자기 이름의 뜻을 설명해 주셨습니다. "여호와라 여호와라 자비롭고 은혜롭고 노하기를 더디하고 인자와 진실이 많은 하나님이라 인자를 천대까지 베풀며 악과 과실과 죄를 용서하리라"(출 34:6-7).

하나님은 당신을 겸손히 찾고, 죄를 자백하고, 그리스도의 피를 의지해 간청하는 모든 사람에게 당신을 이렇게 계시해 주십니다. 그러나 하나님을 거역하고 하나님의 이름을 더럽히는 모든 사람은 하나님이 벌을 면제하지 않으시리라는 사실을 뒤늦게 알게 될 것입니다.

🔍 더 깊은 공부와 나눔을 위한 질문

1. 맹세지거리와 신성 모독이 왜 하나님 자신을 공격하는 죄입니까?

2. 하나님의 이름은 왜 거룩합니까? 그리고 왜 그 이름을 공경함으로 대해야 합니까?

3. 우리가 하나님의 이름을 망령되게 써서 그 이름이 가치 없음을 내비치게 되는 보기를 몇 가지 들어 봅시다.

4. 하나님의 이름을 아예 쓰지 않는 것이 3계명에 복종하는 일입니까? 그렇지 않다면 그 까닭을 말해 봅시다.

5. 믿는 사람은 하나님의 이름이 더럽혀질 때 왜 슬퍼해야 합니까?

6. 『하이델베르크 교리문답』에서 "하나님의 이름을 욕되게 하는 것보다 더 크고, 하나님을 더 진노하시게 하는 죄는 없다"(36주일, 100문답)고 말한 까닭이 무엇이라고 생각하십니까?

7. 모세가 자기 백성 이스라엘을 대신해 간구할 때, 모세는 어떻게 그리스도의 모형이었습니까?

8. 출애굽기 34장 6절을 찾아보고 하나님이 당신을 얼마나 놀랍게 표현하셨는지 묵상해 봅시다. 하나님이 어떤 상황에서 당신을 이렇게 나타내셨습니까? 여러분은 그리스도께서 십자가 위에서 바로 이 놀라운 성품을 어떻게 계시하셨는지 볼 수 있으십니까? 나눠 봅시다.

〈3계명〉을 읽으면서 하나님께서 깨닫게 해 주신 것과 베풀어 주신 은혜를 생각하며 감사합시다. 또 깨달아 배우고 확신한 일에 거할 수 있게 해 달라고 기도합시다.

5. 4계명

안식일을 기억하여 거룩하게 지키라

엿새 동안은 힘써 네 모든 일을 행할 것이나

일곱째 날은 네 하나님 여호와의 안식일인즉

너나 네 아들이나 네 딸이나 네 남종이나 네 여종이나

네 가축이나 네 문안에 머무는 객이라도 아무 일도 하지 말라

이는 엿새 동안에 나 여호와가 하늘과 땅과 바다와

그 가운데 모든 것을 만들고 일곱째 날에 쉬었음이라

그러므로 나 여호와가 안식일을 복되게 하여

그날을 거룩하게 하였느니라(출 20:8–11).

103문. 하나님께서는 4계명에서 무엇을 요구하십니까?

답. 첫째, 복음 사역과 이를 위한 교육을 유지하고, 더구나 안식의 날인 주일에 내가 부지런히 하나님의 교회에 나아가 하나님 말씀을 듣고, 성례에 참여하고, 주님께 공적으로 기도하고, 그리스도인으로 가난한 사람에게 자선을 베풀라는 것입니다. 둘째, 내 평생 악한 일을 멈추고, 주님이 당신의 성령으로 내 안에서 일하시게 해서 이 세상에서 영원한 안식을 시작하라는 것입니다.

모든 사람이 지켜야 할 도덕 명령

십계명은 이스라엘 민족에게 주신 시민법이나 의식법과 달리 모든 시대

의 모든 사람이 지켜야 할 의무입니다. 십계명은 온 인류를 위한 하나님의 뜻을 나타내는 도덕법입니다. 보통 십계명 가운데 아홉 계명에 대해서는 이 사실을 인정합니다. 우상 숭배, 신성 모독, 살인, 간음, 도둑질, 거짓 증거가 잘못된 일이라는 사실은 거의 모든 사람이(적어도 신앙이 있는 사람이라면) 받아들일 것입니다. 하지만 안식일 준수도 모든 사람에게 의무를 지우는 도덕의 요구라는 의견은 그리스도인들 사이에서 상당히 말이 많은 문제입니다. 이 문제도 다른 문제들과 같이 성경에 호소함으로만 풀 수 있습니다.

출애굽기 31장에 보면, 안식일 준수에 관한 규례는 그리스도께서 그 모형을 이루시면 사라질 이스라엘의 의식법이 있는 데 있지 않고 도덕법이 있는 데 있습니다. 4계명은 나머지 아홉 계명과 마찬가지로 하나님이 그 영속성을 나타내시려고 돌판에 손수 쓰신 것입니다.

또 4계명의 표현 자체를 봐도, 이 계명은 유대인들만을 위해 계획된 계명이 아니라, 이스라엘 가운데 사는 모든 이방인도 똑같이 지켜야 할 계명이었던 것이 틀림없습니다. 이 이방인들은 하나님과 언약을 맺지도 않았고 의식법 아래 있지도 않았지만, 안식일을 거룩하게 지켜야 했습니다. "너나……네 문안에 머무는 객이라도 아무 일도 하지 말라"(출 20:10).

이 말씀은 4계명이 구약 시대의 유대인에게만 의무를 지우는 잠깐 있다 말 계명이 아니라, 이 세상이 있는 동안 쭉 이어질 모든 사람이 지켜야 할 법도로 계획되었음을 보여 줍니다. 그렇기 때문에 예수님은 이렇게 말씀하실 수 있었습니다. "안식일이 사람을 위하여 있는 것이요"(막 2:27). 유대인만 위해 있는 것이 아니라, 혈통에 상관없이 모든 사람을 위해 있다는 것입니다.

섬김을 뜻하는 안식

4계명은 쉼과 관련이 있습니다. 안식은 말 그대로 쉼을 나타냅니다. 안타깝게도 사람들은 성경에서 쓰는 안식이라는 말을 자주 오해합니다. 그래서 안식을 일과는 아주 반대되는 것으로 생각하고, 결국 안식일에 쉬는 것과 게으른 것을 혼동하고 맙니다.

하지만 게으름과 쉼은 아예 다른 말입니다. 게으름은 하나님의 말씀에서 늘 정죄하는 죄입니다. 성경이 말하는 쉼은 주님을 섬기되, 끊임없이, 부지런히 섬기는 것을 뜻합니다. 요한 사도는 하늘에 있는 자들이 하나님의 성전에서 밤낮으로 하나님을 섬기는 것을 봤습니다(계 7:15).

하늘 안식처는 게으른 사람의 낙원 같은 것과는 거리가 멉니다. 오히려 하늘에 계신 주님을 끊임없이 섬기는 곳입니다. 그런데도 이 섬김을 쉼이라고 하는 것은 어려움과 수고와 걱정이 없기 때문입니다. 죄와 부족함 없이 하나님을 섬기는 것입니다. 성도들은 이 일을 하면서 절대로 지치지 않을 것이고, 더없이 큰 기쁨과 만족을 누립니다.

안식일은 하늘에서 누릴 온전한 안식의 그림자나 맛보기입니다. 영원한 안식을 이 세상에서 시작하는 것입니다. 그리스도께서 다시 오시기까지 신구약의 전체 구원 역사는 참으로 이 영원한 안식에 들어가는 구속받은 사람의 역사입니다.

히브리서 4장에서 사도는 안식할 때가 하나님의 백성에게 남아 있다고 말합니다(9절). 무슨 뜻입니까? 하나님의 백성이 하늘에서 누릴 온전한 안식에 들어가려고 여전히 기다리고 있다는 뜻입니다. 그러나 이 세상에서 벌써 영원한 안식을 미리 맛보고 있습니다.

안식일 준수의 네 단계

안식일의 발전 역사를 따라가 보면 이해하는 데 도움이 될 것입니다. 우리는 안식일 준수의 발전을 서로 다른 네 단계 또는 네 상태로 구분합니다. 이것을 1) 창조의 안식일, 2) 의식법의 안식일 또는 그림자 안식일, 3) 부활의 안식일, 4) 마지막 안식일 또는 영원한 안식일이라고 말할 수 있겠습니다.

1) 창조의 안식일

먼저, 창조의 안식일을 살펴보겠습니다. 하나님은 하늘과 땅을 다 만드시고 나서 일곱째 날에 안식하셨습니다. 이것은 하나님이 하루 동안 아무 일도 안 하셨다는 뜻이 아닙니다. 그것은 하나님의 본성과 어긋나는 일이기 때문입니다. 그래서 예수님은 유대인들에게 "내 아버지께서 이제까지 일하시니 나도 일한다"(요 5:17)고 하시면서 그 사실을 강하게 부인하십니다. 따라서 하나님이 안식하셨다는 것은 엿새 동안의 창조를 마치시고 그 마치신 일을 기뻐하셨다는 뜻입니다.

하나님은 또 일곱째 날을 거룩하게 하시고 복 주셔서 사람을 위한 안식일이 되게 하셨습니다. 사람도 하나님의 안식에 들어가야 했습니다. 사람이 하나님의 율법에 복종했다면, 안식을 누리고 영원한 생명과 복락을 상징하는 생명나무를 먹었을 것입니다.

사람은 하나님의 안식에 들어가지 못했습니다. 하나님이 자기와 맺으신 언약을 깨뜨렸습니다. 사람은 타락했고, 그와 함께 온 인류가 안식과는 정반대의 상태, 곧 어둠과 부패, 죄로 말미암은 죄책과 불안의 상태로 떨어졌습니다. 죄의 삯은 사망이기 때문입니다(롬 6:23).

사람은 행위 언약을 깨뜨려서 이 안식을 누릴 자격을 빼앗겼지만, 하나님 편에서 이 안식을 지켜 주셨습니다. 타락한 뒤로도 "이를 행하라 그러면 살리라"(눅 10:28), 안식일과 관련해서 말하자면, '내 율법을 지켜라. 그러면 쉼을 주리라'는 요구는 그대로 남아 있습니다.

사람의 힘으로는 도저히 이 약속된 안식에 이를 수 없습니다. 사람은 계명을 못 지킵니다. 단 한 계명도. 그러니까 이 안식도 잊는 편이 나을 것입니다.

하나님이 사람 스스로 구원(안식)을 이루도록 내버려 두셨다면, 안식은 없었을 것입니다. 하나님은 그 크신 사랑으로 사람을 위해 이 안식을 마련해 주셨습니다. 어떻게요? 당신의 아들, 곧 둘째 아담으로 순종하셔서 자기 백성을 위해 영원한 안식을 얻으실 예수 그리스도를 주셨습니다. 구약 전체가 장차 메시아를 통해 올 이 안식을 가리키고 있습니다.

2) 의식법의 안식일 또는 그림자 안식일

그래서 주님은 이스라엘에게 율법을 주실 때 4계명을 집어넣으신 것입니다. "안식일을 기억하여 거룩하게 지키라"(출 20:8). 4계명은 새로운 계명이 아닙니다. 다만 옛 창조의 안식일이 되풀이된 것뿐입니다. 4계명은 약속된 안식이 다가오고 있음을 주마다 떠올려 주는 일을 해야 했습니다. 애굽이 죄로 말미암은 불안과 죄의 종 됨을 나타낸 것처럼, 가나안 땅은 약속된 안식의 모형이었습니다.

하나님은 강한 손으로 이스라엘을 애굽에서 건지셔서 가나안의 안식으로 인도하셨습니다. 거기서 이스라엘은 매주의 안식일만 아니라, 여러 절기의 안식일과 안식년과 희년을 지켜야 했습니다.

이 절기와 특별한 날들을 다 설명하려면 시간이 오래 걸릴 것입니다.

하지만 한 가지는 분명히 해야 합니다. 매주의 안식일은 기념이자 약속이었다는 것입니다. 신명기 5장에 보면, 이스라엘이 안식일에 해야 했던 일은 하나님이 애굽에서 크게 건져 주신 일을 기억하는 일이었습니다(15절).

매주의 안식일은 또한 다가올 일들에 대한 약속이었습니다. 가나안은 아직 안식의 땅이 아니고, 장차 메시아를 통해 올 흠 없고 완전한 안식의 모형일 뿐이었습니다. 그래서 히브리서 기자는 이렇게 말합니다. "만일 여호수아가 그들에게 안식을 주었더라면 그 후에 다른 날을 말씀하지 아니하셨으리라 그런즉 안식할 때가 하나님의 백성에게 남아 있도다"(4:8-9).

참 이스라엘 백성은 하나님이 말씀하신 그 다른 날을 애타게 기다렸습니다. 율법의 멍에에서 건짐 받기를 간절히 바랐습니다. 황소와 염소의 피가 결코 온전하게 할 수 없고, 주님의 참된 안식으로 인도할 수 없음을 갈수록 깨닫게 되었습니다.

하나님은 예수 그리스도 안에서 사람들의 이 오래 묵은 소원을 이루어 주셨습니다. 그리스도께서 하나님 뜻을 행하러 오셨습니다. 새 인류인 자기 교회를 대표하는 둘째 아담으로서 수고하고 애쓰셨고, 어둠의 권세와 맞서 싸우셨습니다. 겟세마네와 골고다에서 고난당하시고 생명의 피를 흘리셨고, 깊은 고통 가운데서 심히 놀라시고 슬퍼하셨습니다(막 14:33). 그런데도 끝까지 순종하셨습니다. 하나님은 그리스도를 죽은 자 가운데서 다시 살리셨을 때 그리스도로 말미암아 일을 마치시고 안식을 얻으셨습니다.

그러므로 신약의 신자들은 우리가 모세오경에서 보는 의식으로서 안식일을 더는 지킬 의무가 없습니다. 그리스도의 죽음과 부활로 안식일을 지키는 새로운 길이 열렸기 때문입니다.

3) 부활의 안식일

이레 가운데 첫날, 곧 주님이 부활하신 날에 주님의 안식이 이루어졌습니다. 부활하신 주님은 열린 무덤 옆에 서서 이렇게 선언하십니다. '다 이루었다. 이제 안식할 수 있다. 수고와 분투에서 쉬어라. 수고한 자들아, 죄인이 이제 예수 그리스도를 믿음으로 들어갈 수 있는 그 안식으로 와라.'

부활하신 날에 그리스도께서 하나님의 백성을 위해 이런 안식을 얻으셨기 때문에, 기독교회가 일요일을 따로 떼어 이 복된 사실을 기념한다고 해도 놀랄 것이 없습니다. 이레 가운데 마지막 날이 아닌 첫날이 그리스도인의 안식일입니다.

이것은 새 계명이 아니었습니다. 신약 성경 어디에도 교회가 토요일을 일요일로 바꾸라는 지시를 받았다고 쓰여 있지 않습니다. 하지만 그런 계명은 필요하지 않았습니다. 초기 그리스도인들은 자기네 구주요 주님의 부활이 옛 질서에 마침표를 찍었다는 사실을 충분히 알아차릴 만한 신령한 직관력이 있었습니다. 새 시대가 열렸습니다. 이것은 4계명이 폐기되었다는 뜻이 아니었습니다. 도리어 구약의 안식일이 예시하고 예언한 것이 이제 놀라운 실재가 되었다는 뜻이었습니다.

더 좋은 날이 동텄습니다. 이레 가운데 첫날에 동텄습니다. 바로 그날, 그리스도께서 죽은 자 가운데서 다시 살아나신 그날에 하나님은 우리 주 예수 그리스도로 말미암아 안식에 들어가셨습니다. 창조의 일을 마치시고 나서 일곱째 날에 안식하셨던 것처럼, 구속의 일을 끝마치신 첫날에 안식하셨습니다. 구약 백성이 일곱째 날에 안식하신 하나님을 본받으라는 명령을 받았던 것처럼, 신약의 그리스도인은 그렇게 하라는 말을 듣지는 않았지만 한 주의 첫째 날에 안식합니다.

참으로 불행하게도 제7일 안식일 예수 재림교도들과 또 다른 종파들은 율법주의 관점 때문에 이 사실을 보지 못합니다. 이들은 여전히 얽매여 있습니다. 이들의 종교는 행함의 종교입니다.

4) 영원한 안식일

그러나 성경이 말하는 종교는 믿음의 종교입니다. 우리는 믿음으로, 그리스도께서 다 이루신 사역을 믿음으로 구원받습니다. 히브리서 기자는 그리스도를 믿는 사람만이 하나님이 당신의 백성을 위해 예비하신 안식에 들어간다는 사실을 떠올려 줍니다. "이미 믿는 우리들은 저 안식에 들어가는도다"(4:3).

믿음이 얼마나 필요합니까! 여러분은 어떻게 믿음을 얻느냐고 묻습니다. 로마서 10장 17절에서 우리는 이런 믿음이 들음에서 나며 들음은 그리스도의 말씀으로 말미암는다는 사실을 배웁니다. 그러면 우리는 어디서 하나님의 말씀을 듣습니까? 하나님의 백성이 모인 교회에서 듣습니다. 거기서 일요일마다 복음이 전파됩니다. 그러니까 구원을 받고 싶다면, 하나님의 집을 섬기는 하나님의 일꾼들이 하나님의 말씀을 선포하는 곳에 있어야 합니다.

우리는 셋의 후손들이 여호와의 이름을 부르기 시작한 창세기 4장에서 벌써 이렇게 예배로 모이는 관습이 있었음을 봅니다. 거기서 공예배가 시작되었습니다. 이 관습은 구약 시대 내내 이어졌고 신약에까지 이르렀습니다. 하나님은 오순절 날에 예루살렘에 함께 모인 그리스도의 제자들 백이십 명에게 성령을 부어 주셨습니다. 이 유아기의 교회에 대해 성경은 이렇게 말합니다. "그들이 사도의 가르침을 받아 서로 교제하고 떡을 떼며 오로지 기도하기를 힘쓰니라"(행 2:42).

교회에서 하나님을 예배하는 것처럼 집에서도 예배할 수 있다고 하는 사람들을 성경은 반대합니다. 아더 핑크는 이렇게 말합니다.

주님은 당신의 날을 거룩히 지키는 일에 특별한 복을 주시는 반면, 안식일을 더럽히는 죄는 특별한 저주로 갚으십니다. 안식일을 어긴 쓰디쓴 대가가 무엇인지 지금 이 나라가 증명하고 있습니다.[3]

여러분, 일요일마다 충실하게(충만한 믿음으로) 예배에서 하나님의 백성을 만나십니까? 그리스도께서 다 이루신 사역 안에서 안식하십니까? 그렇다면 여러분은 지금 벌써 영원한 안식에 들어간 것입니다. 이 영원한 안식이 그리스도께서 하나님 우편에 앉아 계시는 하늘로 여러분을 인도할 것입니다.

🔍 더 깊은 공부와 나눔을 위한 질문

1. 4계명은 왜 유대인만 지켜야 하는, 한때 있다 마는 계명이 아니라 모든 사람이 지켜야 하는 계명입니까?

2. 성경에서 쓰는 안식이라는 말은 실제로 섬김을 포함하는 말입니다. 그렇다면 우리는 안식일, 곧 일요일을 어떻게 지켜야 합니까?

3. 안식일을 지키는 일은 네 단계로 발전했습니다. 이 사실을 깨닫는 것이 왜 중요합니까? 설명해 봅시다.

---

3 Arthur Pink, "the Fourth Commandment", in *The Ten Commandments*, (Mem- phis, TN: Bottom of the Hill Publishing, 2011), 우리말로는 『십계명의 올바른 이해』(보이스사)로 옮겨졌다.

4. 하나님이 세상을 창조하시고 나서 제칠일 안식일에 일을 완전히 멈추셨다면, 타락한 뒤로 구원받을 수 있는 사람이 있었을까요? 하나님은 당신의 백성을 위해 안식을 얻으시려고 어떻게 계속 일하셨습니까?

5. 출애굽기 16장 23–30절, 민수기 15장 32–36절, 레위기 19장 3, 30절, 23장 3절, 신명기 5장 12–15절을 읽어 보면, 이스라엘 백성이 의식법의 안식일 또는 그림자 안식일을 얼마나 철저히 지켜야 했는지 볼 수 있습니다. 히브리서 기자에 따르면, 이런 "그림자" 율법에 대해 신약의 신자들은 무엇을 배워야 합니까? 히브리서 4장 1–11절, 10장 1–31절을 본 뒤 나눠 봅시다.

6. 신약의 교회가 이레 가운데 첫날을 안식일로 지킬 때 어떻게 그리스도를 본받습니까? 설명해 봅시다.

7. 일요일이라고 하는 신약의 안식일에 우리가 해야 할 가장 중요한 몇 가지 활동은 무엇입니까?

〈4계명〉을 읽으면서 하나님께서 깨닫게 해 주신 것과 베풀어 주신 은혜를 생각하며 감사합시다. 또 깨달아 배우고 확신한 일에 거할 수 있게 해 달라고 기도합시다

6. 5계명

네 부모를 공경하라

그리하면 네 하나님 여호와가 네게 준 땅에서

네 생명이 길리라(출 20:12).

104문. 하나님께서는 5계명에서 무엇을 요구하십니까?

답. 내 아버지와 어머니만 아니라 나에 대해 권위를 가진 모든 사람에게 모든 공경과 사랑과 충성을 나타내고, 이들의 좋은 가르침과 징계에 마땅히 순종하며, 이들의 연약함과 부족함을 참고 견디라는 것입니다. 이들의 손으로 우리를 다스리시는 것이 하나님의 뜻이기 때문입니다.

권위의 위기

오늘날 사람들이 하찮게 여기는 계명이 하나 있다면, 그것은 바로 5계명입니다. 부모를 공경한다는 것도 다 옛말이 된 것 같습니다. 부모가 자녀에 대한 권위를 주장하던 옛 시대의 유물이 되었습니다. 오늘날 우리는 무지에서 깨어난 듯 보입니다. 생각이 트였습니다. 우리는 이제 모든 사람이 평등하고, 부모에게 자식에 대한 고유한 권리가 없음을 압니다. 부모가 이따금 자녀를 타이르고 이끌어 줄 수 있겠지만, 아무것도 강요할 수는 없습니다.

이런 생각이 우리 사회 전체에 퍼졌습니다. 부모의 권위만 아니라 모든 권위가 위기에 놓여 있습니다. 그 결과를 어디를 가나 볼 수 있습니다. 수많은 가정과 학교가 혼돈에 빠졌습니다.

문제의 뿌리는 사람이 하나님과 하나님의 법을 거역한다는 데 있습니다. 사람은 자유를 원합니다. 스스로 법이 되기를 원하고, 그래서 모든 규제를 없애려고 안간힘을 씁니다.

권위는 다 하나님에게서 나옴

하지만 성경은 모든 권위가 하나님에게서 나온다고 가르칩니다. 이 사실을 똑똑히 보는 것이 대단히 중요합니다. 사람은 스스로 다른 사람에 대한 권위가 없습니다. 다른 사람에 대한 권위를 가지려면 그 사람의 절대 소유주가 되어야 합니다. 하지만 같은 사람을 소유하는 사람은 아무도 없습니다. 부모마저도 이런 절대의 의미에서 자녀를 소유하고 있지 않습니다. 따라서 아무도 자기 이웃을 소유하지 않기 때문에 스스로 그 이웃에 대한 권위를 주장할 수 없습니다. 그러니까 하나님이 사람에게 이런 권위를 주셔야 합니다. 그리고 하나님이 실제로 그렇게 하셨습니다.

하나님은 인류의 창조주이십니다. 창조주로서 모든 사람의 절대 소유주십니다. 그러므로 하나님만이 사람에 대한 권위가 있으시고, 이 권위에 대한 존중을 요구할 권리가 있으십니다.

하나님이 영원한 왕이시니
온 백성아 떨지어다!

기본이 되는 부모의 권위

하나님은 질서 있는 사회를 만드시려고 어떤 사람에게 다른 사람에 대한 권위를 주셨습니다. 말하자면 권위로 옷을 입히셨습니다. 하나님이 사람에게 권위를 주신 첫 번째 형태는 부모의 권위였습니다.

부모 여러분, 여러분은 공무를 맡은 사람입니다. 하나님이 여러분에게 부모라는 직분을 주셨습니다. 이것은 부모가 하나님의 대리인이라는 뜻입니다. 하나님은 부모의 손으로 다스리시고 통치하십니다. 주님은 부모에게 자식 돌보는 일을 맡기셨습니다. 부모는 자녀를 양육해야 합니다.

그러니까 부모는 대단히 중요한 사람입니다. 5계명에서 "네 부모를 공경하라"고 하신 것에 놀랄 까닭이 없습니다. 하나님 말고 부모만큼 공경받아 마땅한 사람은 없습니다. 아버지와 어머니, 둘 다 말하는 것입니다. 성경은 이 사실을 강조합니다. 부모를 공경하는 일에서 하나님의 말씀은 아버지를 어머니 위에 두지 않습니다.

레위기 19장에 보면, 아버지보다 어머니를 먼저 언급합니다. "너희는 저마다 어머니와 아버지를 공경하여라"(3절, 새번역). 그렇게 하는 까닭이 있습니다. 자녀를 키우는 일은 특별히 어머니가 맡은 일이기 때문입니다. 어머니는 아이를 낳을 뿐 아니라, 먹이고 돌보고 가르칩니다. 그러니까 자식이 그 어머니를 존중하고 공경하는 것은 참으로 중요한 일입니다.

사람 눈으로 볼 때, 기도하는 어머니 모니카Monica가 없었으면 아우구스티누스는 어떻게 되었겠습니까? 선악 간에 어머니가 그 자식한테 미치는 영향은 참으로 어마어마합니다.

우리가 부모를 공경해야 하는 까닭은, 부모가 더 나이가 많거나 더 힘이 세거나 심지어 더 지혜로워서도 아닙니다. 물론 이런 것들도 부모를 공경해야 할 이유이기는 하지만, 무엇보다도 하나님이 그들을 우리 부모로 세우셨기 때문입니다.

가정: 가장 기본이 되는 권위 구조

다른 모든 권위도 마찬가지입니다. 하나님은 삶의 다른 영역에서도 권위를 세우셨습니다. 국가와 교회와 학교와 사회 안에 시민 권위와 교회 권위와 사회 권위를 세우셨습니다. 5계명에서 부모의 권위만을 언급하는 것은 이 권위가 모든 권위의 가장 기초가 되기 때문입니다. 가정생활은 더 넓은 사회생활의 기초입니다. 원래는 사회 전체가 단순한 가정생활이었습니다. 우리의 복잡한 사회 전체는 이 단순한 구성단위인 가정에서 나왔습니다.

그러니까 부모의 권위는 가장 기초가 됩니다. 어떤 공동체든 부모의 권위를 존중하면, 나머지 사회에 건전한 영향을 미칠 것입니다. 그 반대도 사실입니다. 부모의 권위를 존중하지 않는 곳은, 그 공동체 속의 다른 관계들에서 그 결과를 볼 수 있습니다. 학교에서는 선생을 존경하지 않을 것이고, 교회에서는 목사를, 거리에서는 경찰관을, 법정에서는 판사를 우습게 여길 것입니다. 우리 젊은이들은 권위를 존중하는 법을 배워야 합니다. 그렇지 않으면 우리 사회 전체가 무너질 것입니다.

이것을 가르치는 곳은 가정입니다. 부모 여러분, 여러분의 자녀는 자신에 대한 여러분의 권위가 하나님이 주신 권위임을 알아야 합니다. 여러분이 자녀에게 무엇을 하라고 할 때, 여러분은 자녀에게 명령할 권리가 있습니다. 여러분이 더 나이가 많거나 힘이 세서가 아니라, 하나님이 여러분에게 이 권리를 주셨기 때문입니다.

권위는 육체의 힘하고는 아무 상관이 없습니다. 권위는 영적인 힘입니다. 어떤 사람이 스스로 아무 힘이 없을지라도 위에서 내려오는 힘입니다.

부모의 권위는 그 근원이 하나님께 있습니다. 주님을 경외하며 우리를 키우도록 우리 부모를 세우신 분은 하나님이십니다.

근대 교육

부모들이 자녀들에게 하나님이 주신 권위를 행사해야 할 때가 있다면, 바로 지금입니다. 우리는 인본주의자들과 무신론자들의 자녀 양육관이 성경의 교육 원리와 방법을 뒤엎은 시대에 살고 있습니다. 근대 교육에서, 더구나 루소Jean-Jacques Rousseau 이후로 자녀에게 자기 뜻을 강요하는 부모와 교실에서 자기 권위를 행사하는 선생은 들어설 자리가 없어졌습니다.

루소와 루소를 따르는 사람들은 어린아이가 본성상 선하다는 그릇된 원리에서 시작했습니다. 아이의 삶에서 나타나는 악은 아이의 본성에서 나오는 것이 아니라 환경에서 나온다는 것입니다. 나쁜 본보기 때문에 생겨난다는 것입니다. 그러니까 되도록이면 아이를 혼자 두라는 것입니다. 아이한테 자꾸 이래라저래라 명령하지 말고, 아이가 될 수 있는 대로 자기 자신의 뜻과 생각을 따르는 법을 배우게 하라는 것입니다. 우리는 아이가 독창성 있게 자신을 표현하게 내버려 두라, 아이가 타고난 재능과 은사를 개발하는 법을 배우게 하라는 말을 자주 듣습니다.

자기표현

하지만 자기표현을 주장하는 사람들은 사람이 죄인이라는 사실을 완전히 놓치고 있습니다. 자기표현이 꼭 잘못된 것은 아닙니다. 타락하기 전 아담처럼 사람이 죄가 없었다면, 자기 재능과 생각을 표현하는 것은 선한 일이었을 것입니다. 그런데 사람은 죄가 있습니다! 부패했습니다. 그런 부패한 사람한테 '네 안에 있는 것을 표현해 봐라' 하고 부추긴다면, 무엇이 나오겠습니까?

위대한 선생이신 그리스도께 귀 기울여 봅시다. 그리스도께서는 이렇게 말씀하셨습니다. "마음에서 나오는 것은 악한 생각과 살인과 간음과 음란과 도둑질과 거짓 증언과 비방이니"(마 15:19).

사회에서 무슨 일이 벌어지고 있는지 아는 사람이라면 누구나 이것이 바로 사람들이 하고 있는 일임을 인정해야 할 것입니다. 이것이 아이들에게 자기를 표현하라고 한 결과입니다. 주위를 둘러보면 지난 오십 년가량 뿌린 것들을 이제 막 거두고 있음을 보게 됩니다. 오십 년가량 부모들과 선생들은 아이의 보좌 앞에 꿇어 엎드려 이렇게 여쭈었습니다. '주여, 무엇을 하리이까?'

오늘날 교육자들에 따르면, 가장 나쁜 죄는 자녀에게 무턱대고 시키는 것입니다. 여러분은 절대로 그렇게 해서는 안 됩니다. 자녀에게 무언가 요구할 것이 있다면, 먼저 자녀에게 왜 그 일을 해야 하는지 꼭 설명해야 합니다. 자녀들이 판단할 때 여러분의 요구가 뚜렷하게 타당하고 공정해 보이지 않는다면, 여러분은 자녀에게 그 일을 강요해서는 안 됩니다.

권위는 사랑으로 행사해야 함

이것이 다 하나님 때문에 권위를 존중하고 권위에 굴복한다는 순종의 원리를 부인하는 일입니다.

부모 여러분, 여러분은 큰일을 맡았습니다. 여러분이 성경의 원리에 따라 자녀를 키우지 않는다면, 여러분의 자녀는 커서 교회와 사회에 적응하지 못할 것입니다. 가정에서 복종하는 법을 배우지 못한다면, 다른 어디에서도 배우지 못할 것입니다.

저는 가정을 포학하게 다스리는 것을 옹호하는 것이 아닙니다. 단호하면서도 사랑스러운 손길이 필요합니다. 이 둘 사이에서 균형을 찾는 것이 쉬운 일은 아니지만, 그래도 이것이 여러분의 목표가 되어야 합니다. 자녀에게 단호하다는 말은 자녀에게 아무 일이나 강요해도 된다는 말이 아닙니다.

사도 바울이 고린도전서 13장에서 말한 것은 자녀를 기르는 데서도 사실입니다. 그중에 제일은 사랑입니다(13절). 하나님으로 말미암아 부모의 권위를 행사한다는 것은 사랑의 통로로 움직인다는 뜻입니다. 대화의 통로가 열려 있어야만 가정에 사랑이 흐를 수 있습니다. 돈에 굶주린 아버지나 침체에 빠진 어머니 탓에 이 통로가 막힌다면, 십 대를 보내고 있는 여러분의 자녀가 이 통로를 여는 것은 거의 불가능한 일입니다. 그 나이 때는 그리스도인 부모의 우정과 이해가 절실히 필요하기 때문입니다.

부모는 자녀가 이 시기를 지날 때 얼마나 애가 타는지 모릅니다. 부모와 자녀는 여느 때보다 이 시기에 더 세대 차이를 느낍니다. 이때 부모가 자녀와 멀어지는 일이 많습니다. 그러니까 자녀가 십 대가 되기 전에 부모는 자녀와 사랑과 대화의 끈을 더 튼튼히 이어 놓아야 합니다. 자녀가 더 어릴 때 쏟아부은 사랑과 기도와 훈계의 양만큼만 십 대가 된 자녀를 인도하는 일에 성공할 수 있습니다.

주님 안에서 순종함

부모가 어떻게 권위를 행사해야 하는지 살펴봤으니까, 이제 자녀의 책임에 눈을 돌려 봅시다. 사도 바울은 에베소서에서 "자녀들아 주 안에서 너희 부모에게 순종하라 이것이 옳으니라"(6:1)고 말합니다. 골로새서에서는 "자녀들아 모든 일에 부모에게 순종하라 이는 주 안에서 기쁘게 하는 것이니라"(3:20)고 말합니다. 여기서 바울이 "모든 일에"라는 말을 덧붙이고 있음을 눈여겨보십시오.

자녀는 모든 일에서 부모의 권위에 복종할 의무가 있습니다. 이것은 마음에 내키는 일이나 내키지 않은 일이나 여러분이 부모님께 순종해야 한다는 말입니다. 그리스도께서는 "너희가 나를 사랑하면 나의 계명을 지키리라"(요 14:15)고 말씀하십니다. 같은 법칙이 가정에도 적용됩니다. 여러분이 부모님을 사랑한다면, 부모님 말씀을 들으십시오. 부모님에게 순종하십시오.

바울은 또 "주 안에서 너희 부모에게 순종하라"고 말하고 있습니다. 5계명은 주님을 사랑하는 사람만 지킬 수 있습니다. 여러분이 세상에 있다면 기껏해야 겉으로만 권위를 존중하지 권위를 사랑하지는 않을 것입니다. 오로지 교회 안에서만, 은혜 언약 안에서만 권위를 사랑할 수 있습니다.

주님은 이 계명을 지킬 힘과 지혜를 주실 수 있습니다. 지키고 싶은 마음도 주실 수 있습니다. 우리는 본성상 아무 권위에도 복종하지 않기를 바랍니다. 우리는 반항아입니다. 그래서 가정에 문제가 아주 많은 것입니다. 하나님을 사랑하는 곳에서만 부모의 훈계와 교정에 마땅히 순종하려고 몸부림치는 자녀를 볼 수 있을 것입니다.

물론 부모가 자녀에게 하나님의 계명에 어긋나는 일, 이를테면 도둑질이나 거짓말을 하라고 시킨다면, 자녀는 부모보다 하나님께 복종해야 합니다. 이런 경우에 자녀는 또 다른 권위자, 예를 들어 목사나 선생이나 심지어 경찰까지 찾아가야 합니다.

상급

5계명에 보면, 이 계명을 지키는 데는 상급이 뒤따릅니다. "네 부모를 공경하라 그리하면 네 하나님 여호와가 네게 준 땅에서 네 생명이 길리라"(출 20:12).

물론 이 법칙에는 예외가 있습니다. 이 약속을 개개인에게 적용하는 것은 사실과 맞지 않습니다. 순종하는 자녀가 일찍 죽기도 하고, 반항하는 자녀가 오래 살기도 합니다. 이 약속의 의미를 더 넓은 사회생활에 적용해야 합니다. 그러면 우리는 5계명을 존중하는 국가와 교회가 잘되고 오래가는 것을 볼 것입니다.

권면

부모 여러분, 하나님이 주신 권위를 주님 안에서 행사하려고 애쓰십니까? 젊은이 여러분, 주님 안에서 부모에게 순종하고 있습니까? 여러분이 부모님을 좋아하지 않을 수도 있습니다. 그렇다고 해도 여러분에게 부모를 주신 분은 하나님이십니다. 어려운 일이겠지만, 여러분은 부모에게 순종해야 합니다. 솔직해집시다. 여러분도 늘 좋은 사람은 아니지 않습니까?

부모와 자녀 여러분, 우리는 다 우리의 숱한 죄를 용서할 하나님의 은혜가 필요합니다. 5계명을 어긴 죄도 마찬가지입니다. 성령님이 우리가 순종하지 않는 죄를 지은 것을 깨우쳐 주시고, 우리를 그리스도께로, 친히 순종하는 삶을 사셔서 순종하지 않는 부모와 반항하는 자녀를 위해 용서를 얻으신 그리스도께로 이끌어 주셔야 합니다. 예수님은 그 어머니 마리아와 의붓아버지 요셉에게 복종하셨기 때문에, 우리한테도 부모에게 복종하는 법을 가르쳐 주실 수 있습니다.

🔍 더 깊은 공부와 나눔을 위한 질문

1. 평등과 인권이 사회 행동의 근본 토대가 되었을 때 가정과 사회에서 무슨 일이 일어납니까? 보기를 몇 가지 들어 봅시다.

2. 모든 일에서 우리의 최고 권위는 누구십니까? 왜 그렇습니까?

3. 5계명은 왜 사회의 다른 권위 구조를 언급하는 대신 아버지와 어머니를 존중하고 공경하라고 그럽니까? 설명해 봅시다.

4. 세속 교육가들이 아이들보고 자신을 표현하라고 가르칠 때 자주 간과하고 부인하는 사실은 무엇입니까? 의논해 봅시다.

5. 부모가 자녀에게 사랑으로 순종하는 법을 가르치는 것이 왜 그리 중요합니까? 이것을 어떻게 가르쳐야 합니까?

6. 성경에게 자녀들에게 죄를 빼고는 "모든 일에" 부모에게 순종하라고 하는 것이 무슨

뜻입니까?

7. 권위에 복종하고 권위를 존중하는 사람에게 주시는 상급을 설명해 봅시다.

8. 사랑으로 순종하고 권위를 행사하는 데서 가장 훌륭하고 완벽한 본을 보이신 분은 누구십니까? 보기를 몇 가지 들어 봅시다.

〈5계명〉을 읽으면서 하나님께서 깨닫게 해 주신 것과 베풀어 주신 은혜를 생각하며 감사합시다. 또 깨달아 배우고 확신한 일에 거할 수 있게 해 달라고 기도합시다.

7. 6계명

105문. 하나님께서는 6계명에서 무엇을 요구하십니까?

　답. 나 스스로나 다른 사람을 시켜서, 행동으로는 말할 것도 없고 생각과 말과 몸짓으로도 내 이웃을 욕되게 하거나 미워하거나 상하게 하거나 죽이지 말고, 오히려 모든 복수심을 내려놓으라는 것입니다. 또 나 자신을 해치거나 일부러 위험에 빠뜨리지도 말라고 하십니다. 그렇기 때문에 국가도 살인을 막으려고 칼을 가진 것입니다.

106문. 하지만 이 계명은 살인에 대해서만 말하는 것 같습니다. 그런 것입니까?

　답. 하나님께서 살인하지 말라고 하시면서 우리에게 가르치시는 바는, 하나님께서 살인의 뿌리가 되는 시기와 미움과 분노와 복수심을 혐오하시고, 이 모든 것을 살인으로 여기신다는 사실입니다.

107문. 그러면 앞에서 말한 식으로 이웃을 죽이지만 않으면 됩니까?

　답. 아닙니다. 하나님께서 시기와 미움과 분노를 정죄하실 때, 우리 이웃을 우리 자신같이 사랑하고, 우리 이웃에게 인내와 화평과 온유와 자비와 모든 친절을 보이고, 우리 이웃이 해를 당하지 않도록 힘닿는 데까지 막고, 우리 원수에게까지 선을 행하라고 명하고 계시기 때문입니다.

사람의 죄는 사람이 하나님과 맺은 관계에만 아니라 그 이웃과 맺은 관계에도 영향을 미쳤습니다. 창세기 3장은 사람이 어떻게 하나님과 자신을 잇고 있던 사랑의 끈을 끊었는지 말해 줍니다. 창세기 4장은 가인이 자기 동생 아벨을 죽인 사건으로 이웃과 이어져 있던 끈도 어떻게 끊어졌는지 보여 줍니다. 6계명은 바로 이 죄, 곧 살인과 살인으로 이어지는 모든 죄(시기와 미움과 분노)를 다룹니다.

이 계명은 우리 이웃과 관련이 있음

6계명은 특별히 내 이웃의 인격을 다룹니다. 내 이웃의 생명을 존중하라고 말합니다. 무슨 뜻입니까?

맨 먼저, 우리는 우리 이웃이 누군지 물어야 합니다. 내 이웃은 내 삶에 들어온 다른 사람입니다. 버스 정류장에서 내 옆에 서 있는 사람이 내 이웃이고, 학교 친구, 직장 동료, 길 건너편에 있는 경쟁 상대도 내 이웃입니다. 내 이웃은 교회에서 내 옆에 앉아 있습니다. 내 이웃은 나하고 밀접한 이해관계가 있는 사람입니다. 너무 밀접해서 여러분은 그 사람한테 위협을 느낄지도 모릅니다. 내 이웃은 나랑 같은 일에 지원하는 사람입니다. 그래서 그 사람은 붙고 나는 떨어질 수도 있습니다.

달리 말해, 내 이웃은 하나님이 내 인생길 위에 두신 사람입니다. 나는 이 사람을 모른 척할 수 없습니다. 이 사람의 이익이 자꾸 내 이익과 맞부딪치고, 이 사람의 삶의 자리가 내 삶의 자리를 옥죕니다. 그러니까 내 이웃이 늘 달가운 사람은 아닙니다. 적어도 나한테는 늘 달갑지 않을 수 있습니다. 나는 이 사람한테 위협을 느껴서 이 사람을 완전히 싫어할 수도 있습니다. 하지만 대놓고 싫어하는 것이 아니라, 아주 점잖게 싫어합니다. 물론 말도 곱게 합니다. '안녕하세요? 밤새 잘 주무셨어요?' 하지만 이 사람이 영 마음에 들지 않습니다. 꼴도 보기 싫습니다. 이것이 바로 살인입니다. 사도 요한은 말합니다. "그 형제를 미워하는 자마다 살인하는 자니 살인하는 자마다 영생이 그 속에 거하지 아니하는 것을 너희가 아는 바라"(요일 3:15).

미움은 살인임

미움은 하나님 앞에서 살인하는 것입니다. 내 이웃을 미워하는 마음은 언제나 하나님을 대적하는 데서 나옵니다. 내가 내 이웃을 미워하는 것은, 하나님이 내 삶의 자리를 제한하시려고 내 옆에 두신 그 사람을 내가 못 받아들이기 때문입니다. 나는 그 사람이 거기 안 있었으면 좋겠습니다. 그것이 살인입니다.

살인은 내 편에서 내 이웃의 정당한 자리, 곧 내 이웃으로서 하나님이 정해 주신 자리를 없애려는 모든 노력입니다. 내가 그 사람을 실제로 죽이는 행동으로 이 일을 하든지, 아니면 그 사람이 죽기를 바람으로 이 일을 하든지, 하나님 보시기에는 하나도 다를 것이 없습니다.

우리가 생각으로 누군가를 죽일 수 있었다면, 우리 눈이 총알이었다면, 날마다 죽는 사람이 수두룩했을 것입니다. 그러니까 우리가 살인 소식을 들을 때, 이런 죄들이 대부분 생각에서 시작되었다는 것을 깨달아야 합니다. 적어도 미리 계획한 살인의 경우에는 그렇습니다. 살인은 미워하는 생각의 맨 마지막 결과입니다. 살인은 악랄한 욕구가 실제로 이루어진 것입니다. 살인을 이런 식으로 볼 때, 우리가 할 수 있는 말은 이 것뿐입니다. '하나님 은혜가 아니면 난들 별 수 있을까.'

사형

하나님은 사람이 실제로 살인을 저지르고 피 흘리는 것을 막으시려고 "살 인하지 말라"는 명령을 내리셨을 뿐 아니라, 정부를 세우셔서 사회를 보 호하고 행악자를 벌하게 하셨습니다.

여기서 논란이 많은 사형 문제가 나옵니다. 사실 사형은 아예 의논할 것도 없는 주제입니다. 하나님의 말씀은 "다스리는 자(권세)"가 "하나님의 사역자"요, "악을 행하는 자에게 진노하심을 따라 보응하는 자"라고 똑 똑히 말합니다(롬 13:3-4). 다스리는 자가 공연히 칼을 가지지 않았다(롬 13:4), 그러니까 칼을 써야 한다 그 말입니다.

수백 명의 사형수를 몇 년이고 옥에 그냥 가두어 두는 것은 잘못된 일 이고 죄입니다. 살인 판결과 사형 선고가 제대로 이루어졌다면, 더 미루 지 말고 사형을 집행해야 합니다. 제가 잔인하고 인정이 없어서 이런 말 을 합니까? 아닙니다. 성경이 "다른 사람의 피를 흘리면 그 사람의 피도 흘릴 것이니 이는 하나님이 자기 형상대로 사람을 지으셨음이니라"(창 9:6)고 말하기 때문입니다. 물론 여기서 열쇠는 뚜렷한 증거가 있어야 한 다는 것입니다. 고소당한 그 죄를 저질렀다는 사실에 대해 눈곱만큼도 의심할 만한 점이 없어야 합니다.

그러니까 오늘날 교계 지도자들이 말하는 것과 달리 사형은 6계명을 어기는 것이 아닙니다. 하나님은 분명히 사형을 요구하십니다. 감상(感

傷)에 젖어서 그러든 잘못된 인도주의 때문에 그러든 하나님의 분명한 명령을 거역하는 것을 변명할 수는 없습니다.

'사람의 생명을 진심으로 걱정해서 사형에 반대하는 사람도 있지 않나요? 범죄자의 회복을 도우려는 것이 더 인간답고 좋은 것 아닌가요? 살인자한테서 꼭 회개할 기회를 뺏어야만 하나요? 아직 하나님을 만날 준비가 안 된 사람의 목숨을 꼭 끊어야 하나요?'

이런 물음에 저는 이렇게 답하겠습니다. 물론 사람의 생명을 걱정하는 것은 좋은 일이지만, 그 근원이 올바를 때만 좋습니다. 그 근원은 하나님을 사랑하고 하나님 말씀에 순종하는 것입니다. 이런 인도주의자들이 하나님을 사랑하는 데서 시작하고 있지 않다는 것은, 낙태라는 주제만 꺼내면 볼 수 있습니다.

낙태

사형 제도를 없애려고 싸우는 바로 그 사람들이 낙태권을 허가해 달라는 데 자꾸 동조하는 것이 참 이상하지 않습니까? 한번 생각해 보십시오. 우리 사회는 한편으로 범죄자를 보호하고, 다른 한편으로 무고한 수천 명의 아이를 죽입니다. 이것이 바로 낙태입니다. 여러분이 어떻게 생각하든지 낙태는 목숨을 빼앗는 짓입니다.

사회는 배 속에 있는 아이를 죽일 것이고, 더 많은 사람을 마음껏 해하거나 죽이라고 상습범을 풀어줄 것입니다. 이것은 하나님이 우리에게 요구하시는 인명 존중이 아닙니다. 이들의 마음을 움직이는 것은 이웃에 대한 사랑이 아닙니다. 왜 아닙니까? 그 뿌리가 하나님과 하나님의 법을 사랑하는 데 있지 않기 때문입니다.

사랑은 비밀임

이것은 비밀입니다! 하나님은 참으로 우리에게 이웃을 사랑하라고 요구
하십니다. 하지만 먼저 하나님을 사랑하지 않는 한, 우리는 이웃을 사랑
할 수 없습니다. 본성상 아무도 그렇게 할 수 없습니다. 우리의 타락한 본
성은 하나님과 우리 이웃을 미워합니다. 따라서 우리에게 가장 크게 필요
한 것은 거듭나는 일입니다. 우리는 새로운 본성을 받아야 합니다. 그래
야 비로소 하나님을 다시 사랑하고 우리 이웃도 사랑하게 될 것입니다.
이 일은 그리스도를 믿는 참되고 구원 얻는 믿음으로만 가능합니다.

그리스도인이 자기 이웃을 사랑하는 것이 쉽다는 말이 아닙니다. 쉽
기는커녕 어려워도 여간 어려운 일이 아닙니다. 믿는 사람은 누구나 자
기 마음이 여전히 죄악 됨을 압니다. 시기가 가득하고, 때로는 미움에 완
전히 사로잡히기까지 한다는 것을 압니다. 이 얼마나 힘겨운 싸움입니
까! 그때 이런 체험을 합니다. "내가 원하는바 선은 행하지 아니하고 도
리어 원하지 아니하는바 악을 행하는도다……오호라 나는 곤고한 사람
이로다 이 사망의 몸에서 누가 나를 건져 내랴"(롬 7:19, 24).

그리스도의 순종

하지만 그리스도를 바라보면서 바울과 함께 이렇게 말할 수 있는 때도 있습

니다. "우리 주 예수 그리스도로 말미암아 하나님께 감사하리로다"(롬 7:25). 왜 그렇습니까? 그리스도는 하나님 앞에서 믿는 사람의 의이시기 때문입니다. 그리스도를 믿음으로 그리스도의 의가 내 것이 됩니다. 이 의가 나에게 전가되고, 내 장부에 기록됩니다. 하나님은 나를 보실 때, 내가 하나님의 율법을 완벽하게 지킨 것처럼 보십니다. 6계명에 대해서도 마찬가지입니다.

믿음으로 그리스도의 순종이 내 순종이 됩니다. 나는 믿음의 눈으로 그리스도께서 생명을 크게 존중하셔서 그 생명을 구하고 본래의 순전한 상태로 되돌리시려고 자기 생명을 바치신 것을 봅니다.

그리스도는 "처음부터 살인한 자"(요 8:44)인 사탄에게서 우리 생명을 건지시려고 친히 살인자들의 손에 들어가셨습니다. 살인자 중 하나로 여겨지셨고, 살인자들과 함께 십자가에 못 박히셨습니다. 그리스도께서 속죄의 피를 흘리신 결과로 살인자인 강도가 그리스도와 함께 낙원에 들어간 첫 번째 사람이 되었습니다. "오늘 네가 나와 함께 낙원에 있으리라"(눅 23:43). 이것은 십자가에 못 박히신 그리스도께서 자기 옆에 함께 매달린 이웃에게 전하신 소식이었습니다.

이 사람 뒤로 수많은 살인자가 줄을 이었습니다. 여러분과 제가 바로 살인자이기 때문입니다. 하나님과 우리 이웃을 미워한 자요 살해한 자입니다. 하지만 그리스도께서는 6계명을 어긴 죗값도 치르셨고, 이렇게 해서 우리가 하나님과 우리 이웃을 다시 사랑할 수 있게 해 주셨습니다.

우리 이웃을 사랑함

죄 용서를 아는 사람들은 또한 일곱 번만 아니라 일흔 번씩 일곱 번이라도 자기 형제자매를 용서하는 법을 배웁니다. 심지어 원수를 사랑하고 원수를 위해 기도하는 법까지 배웁니다.

우리 삶은 어떻습니까? 사랑의 영(성령)이 지배합니까, 미움의 영이 지배합니까? 우리가 그리스도인이라고 고백하면서도 여전히 마음속에 우리 이웃을 향한 분노와 시샘과 미움이 가득하다면, 우리 자신을 살펴보는 것이 좋을 것입니다. 여러분이 너무 쉽게 상처받거나 여러분이 좋아하지 않는 사람한테 빈정대며 말한다면, 여러분은 그리스도께 속하지 않았거나 그리스도와 가까이 살지 않는 사람입니다. 어떤 경우든 여러분은 "나는 마음이 온유하고 겸손하니……내게 배우라"(마 11:29) 하신 그리스도의 마음을 보여 주지 못하고 있습니다.

우리 이웃을 향한 이런 사랑은 가장 먼저 교회에서 실천해야 합니다. 그러나 안타깝게도 우리가 늘 보는 것은 무엇입니까? 형제는 형제와 아무 말이 없고 자매는 자매를 외면합니다. 때때로 그리스도인은 얼마나 화를 잘 내고 얼마나 미워합니까! 하나님의 성소에서 살인이 얼마나 자주 벌어집니까! 이 죄를 하나님께 자백합시다. 하나님께 용서를 구하고, 사랑하는 마음과 너그러운 심령을 달라고 부르짖읍시다.

이 땅에서는 결코 완전에 이를 수 없습니다. 우리는 남은 생애 동안 이 죄와 맞서 싸워야 할 것입니다. 하지만 우리가 그리스도 안에 있고 성령의 인도하심을 받는다면, 언젠가 모든 시기와 미움과 살인이 없어지리라는 놀라운 전망이 있습니다. 새 땅에서 우리는 하나님을 온전히 사랑하고 우리 이웃도 우리 자신과 같이 사랑할 것입니다.

그래서 주님은 이렇게 말씀하십니다. "내 거룩한 산 모든 곳에서 해됨도 없고 상함도 없을 것이니 이는 물이 바다를 덮음같이 여호와를 아는 지식이 세상에 충만할 것임이니라"(사 11:9). 이것이 주님을 사랑하는 모든 사람의 앞날입니다.

생명의 가치

여러분의 앞날도 이와 같습니까? 6계명은 생명의 가치를 강조합니다. 왜 그런 줄 아십니까? 살아 있다는 것은 회개할 기회가 있다는 뜻이기 때문입니다. 삶은 은혜의 때입니다. 여러분은 아직 은혜의 때에 있습니다. 하지만 여러분의 목숨이 곧 끊어질지도 모릅니다. 그러면 어찌시겠습니까? 여러분이 그리스도를 믿지 않고 죽는다면, 여러분의 삶이 끝나자마자 죽음(영원한 죽음)이 시작될 것입니다. 이것이 여러분이 바라는 일입니까? 여러분의 영혼을 스스로 죽이고 싶으십니까? 여러분이 죄에서 그리스도께로 돌이키기를 거부한다면, 이것이 바로 여러분이 하고 있는 일입니다. 여러분 자신의 멸망을 구하고 있습니다.

바보 같은 짓은 그만두십시오! 주님을 만날 수 있을 때 주님을 찾으십시오. 주님이 가까이 계실 때 주님을 부르십시오(사 55:6). 예수님은 말씀하십니다. "내게 오는 자는 내가 결코 내쫓지 아니하리라"(요 6:37).

> "대저 나를 얻는 자는 생명을 얻고 여호와께 은총을 얻을 것임이니라 그러나 나를 잃는 자는 자기의 영혼을 해하는 자라 나를 미워하는 자는 사망을 사랑하느니라"(잠 8:35-36).

1. 우리와 우리 이웃을 이어 주던 사랑의 끈이 어떻게 끊어졌습니까? 처음으로 살인한 사람은 누구입니까? 왜 그랬습니까? 창세기 3-4장을 봅시다.

2. 성경에 따르면 우리 이웃은 누구입니까?

3. 왜 미움과 살인은 같은 범주에 들어갑니까?

4. 왜 끔찍하고, 미리 계획하고, 증거가 뚜렷한 범죄에 대한 사형은 살인이 아닙니까?

5. 낙태는 왜 살인입니까?

6. 우리 이웃을 사랑하기가 쉽습니까? 그렇지 않다면 그 까닭을 말해 봅시다.

7. 그리스도께서 살인자들을 위해 죽으셨기에 살인자들도 구원받을 수 있다는 사실을 성경은 어떻게 증명합니까?

8. 이 땅에서는 결코 온전함에 이를 수 없지만, 말과 행동으로 우리 이웃에 대한 사랑을 보여 줄 수 있는 길을 몇 가지 제시해 봅시다.

9. 우리가 믿는 사람이든 믿지 않는 사람이든, 목숨을 소중히 여겨야 하는 까닭은 무엇입니까?

〈6계명〉을 읽으면서 하나님께서 깨닫게 해 주신 것과 베풀어 주신 은혜를 생각하며 감사합시다. 또 깨달아 배우고 확신한 일에 거할 수 있게 해 달라고 기도합시다.

8. 7계명

간음하지 말라(출 20:14).

108문. 하나님께서는 7계명에서 무엇을 가르치십니까?

> 답. 하나님께서 온갖 부정(不貞)을 저주하신다는 것입니다. 따라서 우리는 거룩한 결혼 관계에 있든지 혼자 살든지, 마음을 다해 어떤 부정이라도 미워해야 하고, 정결하고 절제하는 삶을 살아야 합니다.

109문. 하나님께서는 이 계명에서 간음과 같은 부끄러운 죄들만 금하십니까?

> 답. 우리 몸과 영혼이 다 성령의 전이기 때문에, 하나님께서는 우리 몸과 영혼을 깨끗하고 거룩하게 지키라고 명하십니다. 따라서 하나님께서는 모든 부정한 행동, 몸짓, 말, 생각, 욕망뿐 아니라, 그리로 꾀어내는 모든 것을 금하십니다.

오늘날의 도덕 순결

십계명의 두 번째 돌판은 사람이 그 이웃과 맺은 모든 관계를 다룹니다. 그 가운데 5계명은 사람들 사이의 권위를 지키고, 6계명은 사람의 생명을 보호합니다. 7계명은 넓게 보면 사람들 사이의 도덕 순결을, 좁게 보면 결혼생활을 보호합니다.

오늘날 사람들의 웃음거리가 된 것이 있다면, 육체와 도덕의 순결입니다. 우리는 큰 소리로 저항하며 '무엇이든 해도 된다'고 외치는 성(性)혁명의 한복판에 있습니다. 사람들은 '청교도적 관습은 내다 버리자. 우리의 욕구와 열망을 가로막는 모든 굴레를 벗어던지자'고 외칩니다. 우리 시대의 거의 모든 사람은 '본능이 시키는 대로 하자!'는 철학에 따라 살고 있는 듯 보입니다.

이런 태도로 삶을 산다면 결혼 제도는 무너지고 말 것입니다. 오늘날 성 전문가에 따르면, 결혼은 현시대에 맞지 않는 앞뒤 꽉 막힌 사회 관습입니다. 죽음이 서로를 갈라놓기 전까지 서로 충실한 남편과 아내라는 개념은 시대에 뒤떨어진 도덕의 예로서 비웃음거리밖에 안 되고 있습니다. '함께 인생을 즐길 수 있는 사람이 수도 없이 많은데 왜 굳이 한 배우자랑 수십 년을 같이 살아야 하는가? 그러니까 한 여자에 한 남자라는 유치한 관습은 갖다 버리고, 마음껏 성생활을 즐기자.'

이것이 바로 오늘날 우리와 우리 자녀가 살고 있는 도덕 풍토입니다. 그러니까 이 문제에서도 하나님의 말씀으로 인도받는 것이 얼마나 필요합니까! 세상은 성교육 책자를 셀 수 없이 많이 내놓고, 사람들은 그것을 사려고 수십억 원을 씁니다. 하지만 여기에 여러분이 손에 넣을 수 있는 가장 좋은 길잡이가 있습니다. 바로 성경입니다. 이 책을 펼쳐 보면, 이런 뚜렷하고 분명한 명령이 나옵니다. "간음하지 말라."

결혼의 기초

어느 날 바리새인들이 우리 구주께 이혼을 해도 되느냐고 묻자, 구주께서 는 이렇게 답하셨습니다. "모세가 너희 마음의 완악함 때문에 아내 버림 을 허락하였거니와 본래는 그렇지 아니하니라"(마 19:8). 여기서 우리는 그 리스도께서 몇 세기를 거슬러 결혼과 가정의 기초로 되돌아가신 것을 봅 니다.

이 기초는 하나님이 놓으셨습니다. 창세기 1장에는 이렇게 적혀 있습 니다. "하나님이 자기 형상 곧 하나님의 형상대로 사람을 창조하시되 남 자와 여자를 창조하시고"(27절). 성경이 사람의 성 차이를 사람이 하나님 의 형상으로 창조된 것과 관련지어 말하고 있음을 눈여겨보십시오. 결혼 으로 하나 된 남녀는 우리에게 하나님의 형상을 보여 줍니다.

남자와 여자는 상대방을 위해 만들어졌습니다. 남자는 여자 없이 불 완전합니다. 여자도 남자 없이는 삶에서 참된 성취감을 맛볼 수 없습니 다. 둘은 상대에게 서로 속했습니다. 창세기 1장과 2장은 결혼을 참으로 아름답게 그립니다. 성 해방 운동은 이 옛 제도를 얕볼지 모르지만, 하나 님은 아주 귀하게 여기십니다. 남자가 그 아내와 하나 되어 사는 것은 하 나님이 생각하고 계획하신 일이었습니다. 둘은 창조주의 영광을 위해 함 께 땅에 충만하고, 땅을 경작하고 지켜야 했습니다(창 1:28; 2:15).

아담과 하와는 함께 하나님을 기뻐했기 때문에 상대를 기쁘게 여겼습 니다. 둘은 정말 하나였습니다. 둘 사이에 아무 장벽이 없었습니다. "아 담과 그의 아내 두 사람이 벌거벗었으나 부끄러워하지 아니하니라"(창 2:25).

타락이 결혼에 미친 영향

하지만 우리가 이 시작점에서 멀리 떨어져 나온 것을 우리는 다 압니다. 사람은 하나님께 죄를 지었고, 이렇게 해서 스스로 생명 샘에서 떨어져 나왔습니다. 이것은 결혼에도 영향을 미쳤습니다. 아담과 하와는 하나님에게서 도망쳤을 뿐 아니라, 상대를 다르게 느끼기 시작했습니다.

부부는 이따금 무언가 잘못되었다는 뜻으로 서로 이렇게 말합니다. '우리 결혼생활이 전과 같지 않네요.' 둘은 상대를 처음 결혼했을 때와 다르게 느낍니다.

아담과 하와도 이 사실을 알게 되었습니다. 둘은 벌거벗은 것이 마음에 걸리기 시작했습니다. 그래서 무화과나무 잎을 엮어 치마로 삼았습니다. 둘은 서로 부끄러워했고, 멀어지기 시작했습니다.

이것은 죄 때문에 생긴 일입니다. 죄는 하나님과 우리의 관계를 망가뜨렸을 뿐 아니라, 삶의 다른 관계도 다 망가뜨렸습니다. 물론 가장 친밀한 남편과 아내의 관계도 망가뜨렸습니다. 사람이 벌거벗은 것을 부끄러워한 까닭은 하나님 앞에서 죄책감을 느꼈기 때문입니다. 죄는 남편과 아내 사이에 장벽을 세웠습니다. 원래 서로 터놓고 지냈지만, 가로막혀 버렸습니다. 순결하고 거룩했던 것이 이제 죄로 오염되었습니다.

성의 타락

사람은 자기 자신도 낯설어졌습니다. 성은 사람을 괴롭히기 시작했습니다. 하나님은 당신과 교제하면서 즐겁게 누리라고 성을 주셨지만, 사람은 성 자체만 보고 성을 좇게 되었습니다. 남편과 아내는 상대의 행복을 구하기보다 자기만족을 위해 상대를 이용하며 자기 이익만 꾀하게 되었습니다. 아니나 다를까 이들은 딴 여자와 딴 남자를 만나기에 이르렀습니다. 일부일처제는 일부다처제(또는 일처다부제)에 자리를 내주었고, 관능이 사랑을 대신했습니다. 사람은 혼자 있을 때에도 이상하고 삐뚤어진 성욕이 일었습니다. 자연스러운 성향과는 다른 무언가를 느끼기 시작했습니다. 타락 이전의 아담과 하와의 깨끗하고 순결한 삶은 차츰차츰 방탕한 삶으로 바뀌어 갔습니다.

이것이 낙원 이후의 사람 역사입니다. 오늘날 성의 타락은 더없이 끔찍한 지경에 이르렀습니다. 적어도 서구 문명에서는 그렇습니다. 새로운 도덕이 나타나 거의 모든 점에서 성경의 옛 도덕을 반대하는데, 교계 지도자들조차 이를 지지하는 실정입니다. 새로운 도덕은 서로 사랑하면 결혼 전에 성관계를 해도 괜찮다고 말합니다. 때로는 불륜 관계나 심지어 동성애에 대해서도 관대한 태도를 보입니다. 말할 것도 없이 새로운 도덕은 모든 영역에서 성을 더 개방하자고 말합니다.

죄와 성의 관계

여러분은 이렇게 말할지도 모릅니다. '개방하는 게 왜 잘못이죠? 예전에는 너무 숨기려고만 하지 않았나요?' 앞 세대 사람들이 성을 입에 담아서는 안 될 주제로 여긴 경향이 있었다는 것은 저도 인정합니다. 물론 잘못된 일입니다. 하지만 오늘날은 시계추가 반대쪽 끝으로 갔습니다. 사람들은 누가 더 노골적인지 누가 더 숨김이 없는지 서로 이기려고 안달입니다. 이 역시 잘못된 일입니다.

우리 부모들이 성을 너무 숨기려고 했는지 모르지만, 그렇게 한 데는 다 이유가 있었습니다. 우리 부모들은 성, 곧 죄 때문에 문제가 생긴 성이 아주 폭발하기 쉬운 것임을 알았습니다. 성은 죄와 너무 뒤엉켜 있어서, 성을 이야기하면서 깨끗한 마음을 지키기가 너무 힘듭니다. 우리 선조들은 이 사실을 알았고, 그래서 성에 대해 아주 신중했습니다. 너무 지나쳤는지 모릅니다. 그런데 지금은 정반대의 일이 일어나고 있습니다. 모든 것을 다 드러낼 만큼 성에 대해 너무 솔직하고 숨김이 없습니다. 왜 그렇습니까? 이런 새로운 태도를 취하는 동기가 무엇입니까?

현대인은 성과 죄가 떼려야 뗄 수 없는 관계에 있다는 것을 더는 못 봅니다. 오늘날 교육가들은 성이 자기네가 생각하는 케케묵은 금기 사항에서 벗어날 수만 있으면 좋겠다고 생각합니다. 이들은 사람이 성을 부끄러워한다는 사실을 이해하지 못합니다.

아담과 하와는 타락하자마자 벌거벗은 것을 부끄러워했습니다. 둘은 서로 성이 다른 것이 부끄러웠고, 이때부터 사람은 줄곧 이 사실을 부끄러워했습니다. 이것은 사람의 죄에 대한 하나님의 형벌이었습니다. 그래서 사람은 타락한 뒤로 옷을 입어야만 했습니다.

오늘날 교육가들은 이런 설명을 더는 믿지 않습니다. 이들은 사람이 성을 부끄러워하는 것은 성에 대해 쉬쉬한 탓이라고 생각합니다. 그래서 '성을 있는 그대로 드러내 봐라. 그러면 성에 대해 더 건전한 태도를 갖게 될 것이다' 이렇게 주장합니다.

정말 그렇습니까? 시 에스 루이스가 한 말이 참 흥미롭습니다. 루이스는 이렇게 말할 수밖에 없었습니다.

우리는 '성욕은 다른 타고난 욕구와 같은 것이니까, 성욕에 대해 쉬쉬하자는 빅토리아 여왕 적 바보 같은 사고방식만 갖다 버리면, 다 잘될 것이다'는 얘기를 신물 날 정도로 들어왔습니다……사람들은 성에 대해 쉬쉬하니까 성이 엉망진창이 되었다고 말합니다. 하지만 지난 이십 년 동안(루이스는 1952년에 이 책을 썼다), 성에 대해 쉬쉬하지 않았습니다. 쉬쉬하기는커녕 쉴 새 없이 떠들어 댔습니다. 하지만 여전히 성은 엉망진창입니다. 쉬쉬한 탓에 문제가 생겼다면, 터놓았을 때 문제가 풀렸을 것입니다. 하지만 그렇지 않았습니다. 제 생각에는 그 반대입니다. 성에 대해 쉬쉬해서 성이 엉망진창이 된 것이 아니라, 성이 엉망진창이 되었기 때문에 인류는 본래부터 성에 대해 쉬쉬했습니다.[4]

성을 함부로 씀

사람들은 자꾸 '성은 부끄러워할 것이 아니다'고 말합니다. 이 말이 '성은 제대로 쓰기만 하면 하나님의 선물이다'는 뜻이라면, 맞는 말입니다. 하지만 오늘날의 성, 우리 사회에서 함부로 쓰는 그 성을 뜻한다면, 이것은 틀린 말입니다. 이런 경우에 성은 참으로 부끄러워해야 할 것입니다. 시에스 루이스가 좋은 보기를 듭니다.

음식을 즐기는 것은 조금도 부끄러워할 일이 아닙니다. 하지만 세상 사람 절반이 음식을 삶의 주된 관심사로 삼고, 음식 사진을 보면서 침을 질질 흘

---

4 C. S. Lewis, "Sexual Morality", in *Mere Christianity*, (New York: HarperCollins, 1952). 우리말로는 『순전한 기독교』(홍성사)로 옮겨졌다.

리고 입맛을 다시느라 정신없다면, 부끄러워할 수밖에 없을 것입니다.[5]

성에 대해 이런 일이 일어났습니다. 성은 많은 사람에게 삶에서 가장 중요한 일이 되었습니다. 그러니까 수없이 많은 성 자극제에 둘러싸인 보통 사람이 깨끗한 마음을 지키기란 여간 어려운 일이 아닙니다. 그런데도 하나님은 "간음하지 말라"고 하십니다. 하나님은 우리가 순결하게 살기를 바라십니다. 하나님이 순결하시기 때문만이 아니라, 우리 몸과 영혼이 잘못될까 봐 하나님이 걱정하시기 때문입니다. 하나님은 오늘날 많은 사람이 그러는 것처럼 우리가 간통을 저질러서 우리 자신을 망가뜨리지 않기를 바라십니다.

성은 하나님의 선물

하나님은 우리를 성욕을 가진 존재로 지으셨습니다. 이것은 사실입니다. 하지만 이 성욕을 풀 수 있는 적법한 통로도 마련해 주셨습니다. 바로 결혼입니다.

죄는 한 남자와 그 아내의 가장 아름다운 관계를 엉망으로 만들었습니다. 그러나 하나님은 그 은혜로 그리스도 안에서 다시 결혼 관계를 회복하셨습니다. 그리스도께서 가나 혼인 잔치에 참석하신 것은 그리스도께서 결혼을 얼마나 크게 존중하셨는지 보여 줍니다.

구약에서 결혼은 하나님이 당신의 백성과 맺으신 언약을 보여 줍니다.

---

5 앞의 책.

신약에서는 결혼을 그리스도와 교회의 사랑을 상징하는 것으로 봅니다.

여기서 많은 사람이 어려움을 겪습니다. 이들은 여기서 성이 할 수 있는 일이 있다는 것을 못 봅니다. '성은 필요악 아닌가? 어떻게 남편과 아내의 성관계를 그리스도와 교회의 사랑과 견줄 수 있단 말인가?'

우리가 여기서 자꾸 어려움을 겪는 까닭은 우리가 너무 죄악 되기 때문입니다. 성을 깨끗하고 아름다운 것으로 생각하기가 너무 어렵습니다. 하지만 우리가 그리스도인이라면, 이 신비를 이해할 수 있어야 합니다. 그러기 위해선 기도가 필요합니다. 정말 많이 필요합니다. 우리의 결혼생활은 그리스도와 교회의 사랑을 보여 주어야 합니다.

자기 부인과 존중이 필요함

그리스도와 교회의 사랑을 보여 주는 결혼생활을 하려면, 날마다 자신을 부인해야 하고 서로 깊이 존중해야 합니다. 성경은 남자가 그 아내와 지혜롭게 동거해야 한다고 말합니다(벧전 3:7). 하지만 아내도 남편의 부부관계 요구권을 존중해야 합니다(고전 7:3-5). 오늘날 이런 결혼생활을 보기가 매우 힘듭니다. 아마 늘 그랬을 것입니다. 그렇더라도 우리가 그리스도인이라면 이것이 우리 목표여야 합니다. 하나님이 도우시면 이런 이상에 다가갈 수 있습니다.

우리가 우리 자신을 볼 때는 이런 말밖에 할 수 없습니다. '주님, 우리는 주님의 기준에 한참 못 미치나이다. 주님의 종을 심판하지 마옵소서. 주님의 거룩한 율법 앞에서 아무도 의롭다 하심을 입을 수 없나이다. 제가 음욕을 품고 여자를 봐서 벌써 정죄를 받았다면, 아, 주님, 이 죄인에

게 자비를 베푸시옵소서!'

여러분, 이렇게 기도하십니까? 여러분의 더러움이 여러분을 괴롭힙니까? 그렇다면 하나님께 용서가 있음을 기억하십시오. 하나님은 7계명을 어긴 죄도 용서해 주십니다. "그 아들 예수의 피가 우리를 모든 죄에서 깨끗하게 하실 것이요"(요일 1:7).

🔍 더 깊은 공부와 나눔을 위한 질문

1. 하나님이 7계명을 주신 까닭이 무엇입니까?
2. 결혼에 대한 현대사회의 태도를 몇 가지 설명해 봅시다.
3. 성경에 보면, 결혼의 기초는 언제, 어디에서 놓였습니까? 누가 놓으셨습니까?
4. 타락이 결혼 관계에 어떤 영향을 미쳤고, 어떤 결과를 가져왔습니까?
5. 성을 개방하는 것이 성에 대한 건전한 태도입니까? 그렇지 않다면 그 까닭을 설명해 봅시다.
6. 하나님이 정해 주신 성을 누리는 통로는 무엇입니까? 성은 하나님과 관련해 무엇을 보여 줘야 합니까?
7. 행복하고 건강한 결혼생활을 위해 꼭 필요한 요소는 무엇입니까?

〈7계명〉을 읽으면서 하나님께서 깨닫게 해 주신 것과 베풀어 주신 은혜를 생각하며 감사합시다. 또 깨달아 배우고 확신한 일에 거할 수 있게 해 달라고 기도합시다.

9. 8계명

도둑질하지 말라(출 20:15).

110문. 하나님께서는 8계명에서 무엇을 금하십니까?

답. 하나님께서는 국가가 벌할 수 있는 도둑질과 강도질만을 금하실 뿐
아니라, 이웃의 소유를 가로채려고 하는 악한 속임수와 간사한 꾀도
다 도둑질이라고 말씀하십니다. 강제로 또는 합법이라는 탈을 쓰고
이런 일들을 저지를 수 있는데, 곧 거짓 저울이나 자나 되, 불량품,
위조지폐, 고리대금, 그 밖에 하나님께서 금하신 일들을 말합니다.
또 모든 탐욕을 금하시고, 하나님의 선물을 아무렇게나 헛되이 쓰는
것도 금하십니다.

111문. 그렇다면 하나님께서 8계명에서 요구하시는 것은 무엇입니까?

답. 할 수 있고 해도 될 경우에는 언제든지 내 이웃의 유익을 증진하고,
남에게 대접을 받고자 하는 대로 내 이웃을 대접하고, 나아가 가난한
사람을 도울 수 있도록 성실하게 일하라는 것입니다.

개인 재산의 근거

우리는 창세기 1장에서 하나님이 사람을 자기 형상대로 지으시고, 사람에게 땅을 다스릴 권한을 주신 것을 봅니다(27-28절). 사람은 이 땅을 일구라는 명령을 받았습니다. 그리고 창조 세계에서 하나님이 처음에 심어 두신 것을 얻어야 했습니다. 하나님은 인류에게 공통으로 땅을 주셨을 뿐 아니라, 각 사람에게 이 땅의 한몫을 나누어 주셨습니다.

사유 재산, 개인 재산의 근거가 바로 여기에 있습니다. 하나님께서 사람에게 개인 재산을 가질 권리를 주셨습니다. 이 권리를 지켜야 합니다. 오늘날은 더욱 그래야 합니다. 이 권리를 문제 삼거나 부인하는 사람이 적지 않습니다. 사람들은 이 권리를 그저 사람이 만들어 낸 관습이라고 생각합니다. 하지만 8계명에 따르면, 하나님은 사유권을 인정하십니다. 그 밑바탕에 사유권에 대한 하나님의 규례가 없었다면 "도둑질하지 말라"는 명령은 의미가 없었을 것입니다.

그렇기 때문에 그리스도인은 모든 형태의 사회주의나 공산주의를 거부합니다. 국가에서 재산 공동 소유를 강요하기 때문입니다. 공산주의에 따르면, 사유 재산권은 커다란 악입니다. 한 사람 한 사람이 오로지 사회를 위해서 존재하기 때문입니다.

이것은 하나님 말씀과 어긋납니다. 하나님 말씀은 정반대로 가르칩니다. 사회와 모든 사회 제도는 결국 개인을 위해 존재합니다. 사람은 본질에서 저마다 영혼과 양심이 있고, 저마다 재능과 능력이 있고, 저마다 희망과 포부가 있는 개인입니다.

사회주의는 이른바 사회복지를 위해 개인을 집단에 합치려 합니다. 사회주의 철학에 따르면, 이 세상 재산은 오로지 사회의 것입니다. 하지만 성경은 하나님이 절대 소유주시고, 당신의 선물을 당신의 주권을 따라 나누어 주신다고 말합니다.

모든 재산은 하나님 것

우리가 우리 재산을 소유하는 것은 사실이지만, 덮어놓고 그런 것은 아닙니다. 절대 의미에서 보면, 우리 재산은 하나님의 것입니다. 우리는 하나님의 청지기입니다. 이것은 우리가 우리 창조주의 일을 관리해야 한다는 뜻입니다.

청지기는 자기 주인의 사업을 맡은 종으로서 자기 자신이 아닌 자기 고용주를 위해 할 수 있는 한 높은 이윤을 내려고 애쓰는 사람입니다. 사업은 꾸려 나가지만, 주된 관심사는 자기 주인을 위해 돈을 버는 일입니다.

타락하기 전에 낙원에서 바로 이런 일이 있었습니다. 아담은 하나님의 자녀였고, 자기 아버지가 만드신 세상에서 모든 것을 누릴 수 있었습니다. 동산의 모든 나무를 하나만 빼고 마음껏 먹을 수 있었습니다. 아담은 하나님의 청지기였고, 자기 자신이 아니라 자기 아버지를 위해 일하고 있었습니다. 이 일을 억지로 한 것이 아니라 기꺼이 했습니다. 아담이 한 일은 그의 감사와 사랑을 표현한 것이었습니다.

타락 이후 사람의 태도

죄가 이 모든 것을 뒤엎었습니다. 타락한 뒤로 사람은 세상이 자기 것이라고 생각합니다. 사람은 자신을 위해 살고, 할 수 있는 한 많이 가지려고 애씁니다. 모든 사람은 본성상 이기주의자입니다. 삶의 목적이 하나 있다면, 이 세상 재물을 있는 힘껏 긁어모으는 일입니다. 사람은 세상이 자기를 돌볼 의무가 있다고 생각합니다. 자기가 높은 임금을 받을 자격이 있다고 느낍니다.

사람은 이제 하나님을 섬기며 일하지 않습니다. 하늘에 계신 아버지께 감사하며 즐겁게 일하지 않습니다. 하나님께 도통 관심이 없을뿐더러 자기 이웃한테도 관심이 없습니다. 그저 자기만 위해 삽니다. 돈을 벌어서 사고 싶은 것을 살 수 있는 한, 이 일에 모든 관심을 쏟습니다. 하나님이 있든 말든, 이웃이 있든 말든 신경 쓰지 않습니다.

사람은 자신이 자기 재산을 소유하고 있다고 생각하지만, 사실은 그 반대입니다. 사람의 재산이 사람을 소유하고 있습니다. 하나님 없는 사람은 공산주의자나 사회주의자나 자본주의자나 세상 사람이나 이름뿐인 그리스도인이나 할 것 없이 다 물질의 노예입니다.

믿는 사람은 하나님의 권리를 인정함

그리스도만이 사람을 원래의 청지기 직분으로 돌려놓으실 수 있습니다. 그리스도를 믿음으로 우리는 다시 아버지의 자녀가 될 수 있습니다. 그때 우리는 다시 하나님의 세상에서 일하게 되고, 우리 자신과 우리가 가진 모든 것을 기쁨으로 하나님을 섬기는 데 바치게 됩니다.

이것은 우리가 하나님을 만물의 절대 소유주로 인정하기 때문입니다. 이것은 겸손한 감사와 어린아이 같은 순종으로 이어질 것입니다.

이런 감사와 순종은 결국 땅의 소유를 얻는 데서도 우리를 인도할 것입니다. 우리가 하나님의 손에서 땅의 소유를 얻는다는 말은 그것을 얻기 위해 일하지 않아도 된다는 말이 아닙니다. 하나님은 사람에게 땅을 주셨지만, 땅을 정복하고 경작하라고 명령하셨습니다. 하나님의 뜻에 따라 이 일을 해야 했습니다. 이것은 아담에게 아무런 문제가 안 되었습니다. 아담은 하나님의 뜻 행하기를 좋아했습니다.

우리가 하나님의 은혜로 그리스도 안에서 새로운 피조물이 되면, 우리는 다시 하나님의 뜻을 좋아하기 시작합니다. 그 뜻은 십계명에 나타나 있습니다. "도둑질하지 말라." 이것은 일단 부정의 명령입니다. 우리는 도둑질로 재물을 얻어서는 안 됩니다.

도둑질이 무엇인가

"도둑질"이라는 말을 들을 때 우리는 곧바로 은행털이, 날치기, 횡령, 위조들을 떠올립니다. 이런 일들은 더 뚜렷하게 8계명을 어긴 죄들입니다. 하지만 우리가 이런 죄를 저지른 적이 없다고 해서 8계명을 지켰다고 생각해서는 안 됩니다. 옛『하이델베르크 교리문답』에서는 이렇게 말합니다.

> 하나님께서는 국가가 벌할 수 있는 도둑질과 강도질만을 금하실 뿐 아니라, 이웃의 소유를 가로채려고 하는 악한 속임수와 간사한 꾀도 다 도둑질이라고 말씀하십니다. 강제로 또는 합법이라는 탈을 쓰고 이런 일들을 저지를 수 있습니다(42주일, 110문답).

내 이웃의 약점을 이용해 내 재산을 늘리려고 할 때, 나는 도둑질한 것입니다. 소득 신고서에 소득을 정직하게 신고하지 않을 때, 나는 도둑질한 것입니다. 제품을 거짓으로 광고할 때, 나는 도둑질한 것입니다.

그리스도인은 장사할 수 없다는 말도 가끔 나오는데, 이것은 사실이 아닙니다. 루디아는 장사를 했습니다. 루디아는 좋은 자주 옷감을 팔았고, 회심한 뒤로 장사를 그만뒀다는 말이 없습니다. 이것은 주님을 섬기면서 장사를 할 수 있다는 것을 보여 줍니다. 물론 쉬운 일이 아닙니다. 유혹과 압박이 많습니다. 그렇지만 이런 식으로 정직하게 일해서 생계를 꾸려 나갈 수 있습니다. 어쩌면 손쉽게 돈을 벌 수 있는 금쪽같은 기회를 놓칠지도 모릅니다. 그러나 큰 이익을 얻는 것보다 깨끗한 양심을 갖는 것이 낫습니다. 부당하게 얻은 이익은 다 복이 아닌 저주로 드러날 것입니다.

하지만 장사하는 사람만 8계명을 어길 위험에 놓인 것은 아닙니다. 고용을 받은 사람이 그날 해야 할 일을 정직하게 하지 않는 것도 도둑질입니다. 고용을 한 사람도 품삯을 제대로 주지 않으면 같은 죄를 저지른 것입니다.

우리는 도둑질하거나, 하나님이 하지 말라고 하신 어떤 방법으로도 땅의 소유를 얻으려 해서는 안 됩니다. 하지만 8계명은 우리가 소유를 올바로 얻는 법에만 관심 있는 것이 아니라, 이 소유를 쓰는 법도 보여 줍니다. 곧 하나님의 영광을 위해 써야 한다고 말합니다.

헤픈 사람도 구두쇠도 되어서는 안 됨

내 돈을 내 마음대로 쓸 수 없다는 것입니다. 내가 정직하게 생계를 꾸린다고 해서, 나 좋을 대로 내 돈을 쓸 수 있는 것이 아닙니다. 여기서도 하나님의 율법이 나를 인도해야 합니다. 이 율법은 내가 하나님의 선물을 아무렇게나 헛되이 써서는 안 된다고 말합니다.

나는 헤퍼서도 안 되고 인색해서도 안 됩니다. 실제로 이 둘은 다를 것이 하나도 없습니다. 달라 보이지만, 하나님 앞에서는 같습니다. 헤픈 사람이나 인색한 사람이나 자기 소유를 하나님의 청지기로 관리하지 않는 사람입니다. 둘 다 땅의 소유를 하나님의 영광보다는 자기 육신의 즐거움을 위해 씁니다. 구두쇠나 헤픈 사람이나 자기 이웃의 안녕을 돌아보지 않습니다.

자족의 은혜

이 두 죄를 고칠 길은 하나밖에 없습니다. 곧 자족의 은혜입니다. 바울은 빌립보서에서 이 은혜를 아름답게 표현합니다. "어떠한 형편에든지 나는 자족하기를 배웠노니"(4:11). 모든 그리스도인은 원리상 이렇게 말할 수 있습니다. 그리스도인은 바울과 같이 땅엣 것이 아닌 위엣 것을 생각하는 법을 배운 사람입니다(골 3:2, 개역한글).

이것은 그리스도인이 땅의 소유에 관심 두지 말라는 말이 아닙니다. 땅의 소유 없이 살아갈 수는 없습니다. 그리스도인도 그리스도 밖에 있는 사람들과 마찬가지로 먹을 쌀과 입을 옷과 살 집들이 있어야 합니다.

다른 점이 있다면 그리스도인은 자기가 가진 것에 만족한다는 것입니다.

바울은 자기가 자족한다, 만족한다 그랬습니다. 빌립보 사람들한테 자기가 가진 것이 넉넉하다고 했습니다. 물질의 복이 넘쳐흘렀기 때문이 아닙니다. 오히려 바울은 이 편지를 쓸 때 옥에 갇혀 네로의 칼에 처형당할 처지에 있었습니다. 그런데도 자족했습니다. 바울은 자족하는 법을 배웠습니다. 자족은 저절로 되는 것이 아닙니다. 그리스도의 학교에서 배워야 합니다.

우리의 타락한 본성으로는 다 불만이 있고 절대로 만족을 모릅니다. 자기가 가진 것에 만족하는 사람이 없어 보입니다. 오로지 그리스도인만 만족합니다. 왜 그렇습니까? 하나님과 화평을 누리기 때문입니다. 하나님과 화평을 누린다면, 모든 것을 가진 것입니다. 여러분의 죄가 용서받았음을 안다면, 왜 아직도 땅의 소유를 걱정해야 합니까? 여러분이 용서받았다면 하늘에 계신 여러분의 아버지를 힘입어 사는 것이고, 그분이 주시는 것은 무엇이든 모자람이 없습니다. 여러분의 필요를 아시는 하늘 아버지가 여러분을 보살피실 것입니다.

여러분, 이 자족의 은혜를 아십니까? 좋은 직업이 있고, 건강 상태가 아주 좋고, 자녀가 학교생활을 잘하고, 일이 다 잘 풀려서 만족한다고 생각하지 않도록 조심하십시오. 이런 자족은 여전히 겉으로 보이는 것을 의존하는 것입니다. 그리스도인의 참된 만족은 그 근원이 내면에 있습니다. 참된 만족은 그리스도를 여러분의 구주로 아는 데서 나오는 열매입니다. 그리스도를 믿는 믿음이 참된 만족과 자족을 줍니다.

온전함은 없음

이것은 그리스도인이 언제나 완벽하게 자족한다는 말이 아닙니다. 믿는 사람은 여전히 옛 본성과 맞서 싸워야 합니다. 바울은 자기 지체 속에서 한 다른 법이 자기 마음의 법과 싸운다고 말합니다(롬 7:23). 그래서 자족하는 법을 배워야 했다고 말하는 것입니다. 이것은 죄와 싸운다는 뜻입니다.

그리스도인은 누구나 이 싸움을 압니다. 그리스도인은 아직도 세상 사람처럼 생각하고 행동할 때가 얼마나 많습니까! 그릇된 것을 탐내고, 하나님이 주신 것에 만족하지 못하고, 어떻게 먹고살지 걱정합니다. 이런 일이 얼마나 어리석고 죄악 된지 성령님이 보여 주셔서 "하늘에서는 주 외에 누가 내게 있으리요 땅에서는 주밖에 내가 사모할 이 없나이다" (시 73:25) 하고 부르짖으며 회개하고 다시 하나님께로 돌이키기 전까지는 말입니다.

그리스도인의 가장 큰 재산

이 세상과 그 즐거움은 다 지나갑니다. 오직 하나님께서 우리 마음에서 일하신 것만 남습니다. 우리가 죽을 때 가져가는 물품은 하나도 없습니다. 여러분이 가진 것이 집과 자동차와 은행 계좌뿐이라면, 여러분은 얼마나 가난한 사람입니까! 여러분은 그리스도가 필요합니다. 그리스도의 피와 의가 필요합니다. 그리스도가 여러분의 구주이십니까?

그렇다면 여러분은 하나님의 청지기일 것입니다. 아니라면 여러분은 모든 것을 잃을 것입니다. 소유와 돈과 재산만 아니라, 영혼도 잃을 것입니다. 예수님은 "사람이 만일 온 천하를 얻고도 자기 목숨을 잃으면 무엇이 유익하리요?"(막 8:36) 하고 말씀하셨습니다.

여러분, 이렇게 말할 수 있으십니까? '주 예수님, 사랑합니다. 제가 가진 것이 다 주님의 것입니다.' 그렇다면 하늘에서 여러분의 상이 클 것입니다. 여러분은 여러분을 위해 하늘에 간직하신 썩지 않고 더럽지 않고 쇠하지 않는 유업에 대해 여러분의 몫을 받을 것입니다(벧전 1:4). 하지만 가장 큰 상급은 그리스도를 보는 일일 것입니다. 이것을 내다보고 다윗은 이렇게 노래했습니다.

> 내가 의로운 중에 마침내
> 주님의 빛나는 얼굴을 뵈오리니
> 피곤한 밤이 다 가고
> 주님과 함께 깰 때
> 주님의 영광을 보고 만족하리다(시편 17:15).[6]

---

6 631:7, in *The Psalter: with responsive readings*, (United Presbyterian Board of Publication, 1912).

1. 개인 재산을 인정하는 근거가 무엇입니까? 8계명은 어떻게 개인 재산을 옹호합니까?

2. 왜 공산주의와 사회주의는 하나님의 말씀과 8계명에 어긋납니까?

3. 사람은 청지기로서 하나님이 맡기신 소유를 어떻게 관리해야 합니까?

4. 죄가 하나님의 청지기 됨에 대한 사람의 태도를 어떻게 바꾸었습니까?

5. 우리가 하나님과 올바른 관계로 회복될 때, 우리 소유에 대한 우리 태도가 어떻게 달라집니까?

6. 남의 재산을 손에 넣을 때, 도둑질만 죄입니까? 도둑질 말고 또 어떤 일들이 죄가 됩니까?

7. 자족의 은혜를 설명해 봅시다. 이것은 더 나은 삶을 위해 애쓰지 말라는 뜻입니까?

8. 우리는 8계명을 완벽하게 지킬 수 있습니까? 설명해 봅시다.

9. 그리스도인의 가장 큰 재산이 무엇입니까? 왜 그렇습니까?

〈8계명〉을 읽으면서 하나님께서 깨닫게 해 주신 것과 베풀어 주신 은혜를 생각하며 감사합시다. 또 깨달아 배우고 확신한 일에 거할 수 있게 해 달라고 기도합시다.

10. 9계명

네 이웃에 대하여 거짓 증거하지 말라(출 20:16).

112문. 하나님께서는 9계명에서 무엇을 요구하십니까?

답. 어떤 사람에 대해서도 거짓으로 증거하지 말고, 누구의 말도 왜곡하지 말고, 뒤에서 욕하고 근거 없는 말로 헐뜯지 말고, 말을 들어 보지도 않고 섣불리 정죄하지 말고, 다른 사람이 섣불리 정죄하는 일에도 동참하지 말라는 것입니다. 오히려 하나님의 무서운 진노를 받지 않도록 모든 거짓과 속임을 마귀 본연의 일로 여겨 피하고, 법정에서나 다른 어디서든지 진리를 사랑하고 정직하게 진실을 말하고 고백하며, 할 수 있는 대로 내 이웃의 명예와 평판을 지키고 높이라는 것입니다.

다른 사람을 존중함

십계명은 하나님이 하나님 자신의 명예만 아니라 우리의 명예에도 큰 관심이 있으시다는 것을 보여 줍니다. 하나님은 3계명에서 하나님의 이름을 아무 생각 없이 경솔히 쓰지 말라고 하셨습니다. 이제 9계명에서는 우리 이웃의 이름도 존중하라고 요구하십니다.

우리 이름은 우리에게 정말 중요합니다. 이 이름이 우리에게 소중한 모든 것을 대표하기 때문입니다. 명성을 얻는 것은 큰 복입니다. 다른 사람이 우리를 칭찬할 때, 이것이 좋은 기름과 같다고 솔로몬은 말합니다 (전 7:1).

물론 우리가 우리 자신을 아는 것보다 우리 명성이 더 높을 수도 있습니다. 결국 남들은 눈에 보이는 행실로 우리를 판단할 수밖에 없기 때문입니다. 이것이 아주 좋아서 우리가 전혀 좋은 사람이 아닌데도 사람들이 우리를 좋게 평가할 수 있습니다. 하지만 그 반대의 경우도 가능합니다. 우리 자신의 실제 모습보다 우리에 대한 평판이 더 나쁠 수 있습니다. 여러분은 사람들이 생각하는 것보다 더 나은 사람일 수 있습니다. 이것은 큰 상처가 될 수 있습니다. 여기서도 여러분이 할 수 있는 일은 없습니다. 여러분은 사람들이 여러분에 대한 이야기를 못 퍼뜨리게 할 수 없습니다.

그러니까 여러분이 근거 없는 이야기로 손가락질을 받고서 어쩔 줄 모를 때 주님이 여러분을 감싸 주신다는 것이 얼마나 엄청난 일입니까! 주님은 여러분이 어떤 사람인지 온전히 아십니다. 여러분의 마음을 꿰뚫어 보시고 사람들이 여러분에 대해 하는 이야기가 참인지 거짓인지 아실 수 있습니다. 주님은 9계명에서 우리의 명예를 지키십니다. "네 이웃에 대하여 거짓 증거하지 말라."

거짓 증거

거짓으로 증거한다는 것이 무슨 말입니까? 여러분, 한번 법정에 불려 나갔다고 생각해 보십시오. 여러분의 이웃이 어떤 죄를 지었다고 고소를 당했고, 여러분은 그 일에 대해 무언가 알고 있습니다. 그래서 그 이웃에 대해 유리하게든 불리하게든 증언을 해야 합니다. 물론 여러분의 이웃이 죄를 지은 것이 확실하다면, 여러분은 그 이웃에게 불리한 증언을 해야 합니다. 하지만 그 사람이 죄가 없는 것을 안다면, 그 사람에게 유리한 증언을 해야 합니다. 그 사람이 죄가 없는 것을 알면서도 그 사람한테 불리한 증언을 한다면, 여러분은 여러분의 이웃에 대해 거짓 증거하고 있는 것입니다.

소문과 중상

9계명을 어기는 또 다른 형태의 죄는 소문만 듣고 다른 사람을 섣불리 판단하는 것입니다. 우리는 절대로 소문만 듣고 우리 이웃을 정죄해서는 안 됩니다. 우리가 이런 죄를 얼마나 자주 저지릅니까! 누군가 우리한테 아무개가 어떻다고 썩 좋지 않은 이야기를 하면, 우리는 어떻게 해야 합니까? 이 사람 말을 무작정 받아들여야 합니까? 아니면 이 사람이 비난하는 그 사람한테서 더 알아볼 것은 알아보고 그 사람 편에서도 이야기를 들어보려고 해야 합니까? 당연히 후자입니다. 아, 그런데 우리는 전자와 같이 행할 때가 얼마나 많습니까!

뒤에서 욕하고 수군댐

이것과 밀접하게 연관된 죄는 바로 뒤에서 욕하고 근거 없는 말로 남을 헐뜯는 일입니다. 자기 이웃의 명성에 먹칠하고는 마냥 좋아하는 듯한 사람들이 있습니다. 시기든 질투든 순전한 악의든 아마 어떤 동기가 있을 것입니다. 때때로 사람들은 그저 남의 말이나 하려고 만나기도 합니다. 이 사람들은 너무 얄팍해서 중요한 문제를 놓고는 이야기할 줄 모릅니다. 그래서 남들을 헐뜯고 흉보는 데 시간을 보냅니다. 그러고 집에 가서는 좋은 시간이었다고 말할 것입니다.

여러분은 어떻습니까? 험담과 중상이 사탄의 일임을 아십니까? 사탄은 처음부터 거짓말쟁이요 속이는 자입니다. 우리가 이런 일을 한다면 우리가 사탄의 자녀요 종임을 보여 줄 뿐입니다.

죄 가운데 태어남

이것이 우리의 본성입니다. 우리는 날마다 이 사실을 증명합니다. 오직 하나님의 은혜만이 우리 눈을 열어 이 사실을 보게 합니다. 그때 우리는 우리가 다 거짓말쟁이요 속이는 자임을 깨닫습니다. 하지만 그때 우리는 또 기도하기 시작합니다. '주님, 우리 마음을 진실하게 하옵소서.' 우리는 다윗과 함께 이렇게 말할 것입니다.

나는 죄 가운데 태어나 악하옵나이다
주님은 중심의 진실을 원하시나이다(시 51:5-6).[7]

그때 우리는 하나님에 대해서만 아니라 우리 이웃과 맺은 관계에서도

---

7 140:3, in *The Psalter: with responsive readings*, (United Presbyterian Board of Publication, 1912).

진실함이 필요함을 깨닫게 됩니다. 하나님은 진리십니다. 진리를 사랑하시고 거짓을 미워하십니다. 그래서 거짓말쟁이와 속이는 자를 벌하실 것입니다.

요한계시록에서는 새 예루살렘이 거짓말쟁이에게 닫혀 있을 것이라고 말합니다(21:27). 거짓말하는 자는 불못에 들어갈 것입니다. 우리는 이 죄가 얼마나 심각한지 잘 모릅니다. 하지만 성경은 곳곳에서 거짓말하지 말라고 경고합니다. 이를테면 야고보 사도는 혀가 끼치는 해악에 대해 많이 이야기합니다. "혀는 곧 불이요 불의의 세계라 혀는 우리 지체 중에서 온몸을 더럽히고 삶의 수레바퀴를 불사르나니 그 사르는 것이 지옥 불에서 나느니라"(약 3:6).

세상의 길

우리 시대에는 더욱 그렇습니다. 우리는 거짓말로 뒤덮인 시대에 살고 있습니다. 우리 사회 구석구석에 거짓이 스며들어 있습니다. 정치, 사업, 보도 매체는 말할 것도 없고 심지어 교회마저도 거짓말하고 속이기를 밥 먹듯 합니다. 그래서 많은 사람이 이것을 피할 수 없는 삶의 일부로 받아들입니다. 우리와 우리 자녀는 이런 부패한 사회 속에서 일하며 살아갑니다.

우리 마음도 만물보다 거짓되고 심히 부패한 까닭에(렘 17:9), 우리도 자꾸 세상을 본받아 남의 말을 하고 수군수군하고 근거 없는 말로 남을 헐뜯고 손가락질합니다. 우리는 우리의 악한 혀로 우리 이웃을 해칠 뿐 아니라, 우리 자신도 해칩니다. 여러분이 여러분의 형제를 대할 때 솔직하지 못하고 숨기는 것이 많다면, 주님과도 좋은 관계를 맺지 못할 것입니다. 맨 먼저 기도가 막힙니다. 여러분의 믿음이 흐릿해집니다. 주님과 은밀한 교통이 끊어집니다. 이것이 바뀌지 않으면, 여러분은 하나님의 은혜를 아예 잃을지도 모릅니다.

용서

우리가 다 날마다 짓는 이 죄를 자백합시다. 하나님께 용서가 있습니다. 하나님은 9계명을 어긴 죄도 용서해 주십니다. 예수 그리스도는 거짓말 하는 죄를 위해서도 죽으셨습니다. 우리에게 내려야 할 하나님의 무서운 진노가 그리스도께로 떨어졌습니다. 그리스도께서는 9계명을 어긴 자기 백성의 죄를 속하러 오셨습니다.

진리이신 그리스도는 거짓 고소를 순순히 받아들이셨습니다. 속이는 자로 정죄 받으셨고 거짓말쟁이로 십자가에 달리셨습니다. 하지만 그분 이 채찍에 맞으심으로 우리는 나음을 받았습니다(사 53:5). 그분이 찔리심 은 우리의 허물 때문이었습니다. 이렇게 해서 그리스도는 거짓 고소하고 수군수군하고 헐뜯고 거짓말하는 자들을 위해 용서를 얻으셨습니다.

이것이 무슨 뜻인지 아십니까? 하나님이 언젠가 야곱에게 "네 이름이 무엇이냐?"(창 32:27)고 물으셨습니다. 야곱은 "야곱이니이다" 하고 답했 습니다. 야곱은 속이는 자라는 뜻입니다. 이것이 또한 여러분의 이름입 니다. 그러니까 이 사실을 빨리 시인할수록 좋습니다. 진리의 성령님께 이 끔찍한 죄와 맞서 싸울 수 있게 도와 달라고 간구하십시오. 하나님의 영광과 이웃의 안녕을 위해 여러분의 혀를 쓸 수 있게 해 달라고 부르짖 으십시오.

회심

하나님은 우리 마음을 돌이키실 때, 우리 혀도 돌이키십니다. 여러분도 하나님이 이 작은 지체를 그냥 지나치시리라 생각하지 않을 것입니다. 회심은 내 모든 지체가 변한다는 뜻입니다. 내 손과 발과 눈과 귀만 아니라 그 밖에 모든 지체가 이제 주님을 섬기는 일에 헌신합니다.

몸 전체가 "성령의 전"(고전 6:19)이 됩니다. 물론 혀도 포함됩니다. 혀를 놀려 끊임없이 거짓을 말하고 헐뜯고 흉보고 수군대는 한, 우리는 그리스도인일 수 없습니다. 물론 이 세상에서는 결코 완전함에 이르지 못할 것입니다. 하지만 이 죄와 맞서 싸우지조차 않는다면, 우리의 회심을 의심해 보는 것이 좋을 것입니다.

우리는 혀를 올바로 쓰는 법을 배워야 합니다. 이것이 9계명에서 적극 요구하는 바입니다. 나는 내 이웃의 명성에 흠집 내기를 삼가야 할뿐더러, 그 이름을 높이려고 적극 애써야 합니다. 이것은 율법에서 가장 어려운 부분입니다.

남들에 대해 좋게 말함

하나님의 사랑이 내 안에 있을 때에만 이 일을 조금이나마 할 수 있을 것입니다. 여기서 사랑이 가장 중요합니다. 사랑이 먼저입니다. 심지어 진리를 말하는 것보다 먼저입니다. 여러분은 이따금 진리를 말할 수 있습니다. 그런데 사랑하는 마음이 없습니다. 형제에게 순전한 진실만을 말할 수 있습니다. 그런데 마음속에 분이 가득합니다. 그렇다면 여러분의 목적은 진리로 형제를 해하려는 것일 뿐입니다. 하지만 이런 식으로 진리를 말하는 것은 마귀도 할 수 있습니다. 우리는 언제나 진리를 말해야 하지만, 사랑 안에서만 해야 합니다.

이것이 무슨 뜻입니까? 내 이웃의 안녕을 가장 먼저 생각하라는 뜻입니다. 누가 근거 없이 내 이웃을 헐뜯는 소리를 들을 때, 나는 항변해야 합니다. 내 이웃이 저지른 어떤 죄에 대한 비난이 합당하다 해도, 나는 할 수만 있다면 내 이웃이 잘한 점을 가리켜 보이려고 최선을 다해야 합니다. 잘한 점이 없는 사람은 없습니다.

사랑은 내 이웃의 이름을 보호합니다. 사도 베드로는 "사랑은 허다한 죄를 덮느니라"(벧전 4:8)고 했습니다. 사랑은 누군가를 덮어놓고 나쁘게 생각하지 않습니다. 오히려 가장 좋게 생각합니다. 사랑은 모든 것을 참으며 모든 것을 믿으며 모든 것을 바라며 모든 것을 견디려고 애씁니다 (고전 13:7).

자기 성찰

이 원리들 가운데 하나라도 실천해 보신 적 있으십니까? 여러분은 이웃에 대해 좋게 말하는 것이 좋으십니까? 아니면 틈나는 대로 신나게 이웃을 깎아내리십니까?

이것은 정말 심각한 물음입니다! 우리 혀를 어떻게 쓰느냐에 따라 하나님과 우리의 관계가 결정됩니다. 혀를 잘못 쓰는 것만큼 우리에게 해로운 것은 없습니다.

마찬가지로 이 작은 지체를 올바로 쓰는 것만큼 신령한 생활에 유익한 일은 없습니다. 하지만 이보다 더 어려운 일도 없습니다. 자기도 모르게 입에서 안 좋은 말이 나갑니다. 의식하기도 전에 죄악 된 대화에 끼어듭니다. 집에 가면 죄책감이 듭니다. 하나님을 영화롭게 하고 이웃에게 도움이 되기는커녕, 험담하느라 아니 그보다 더 나쁜 일을 하느라 시간을 다 써 버렸기 때문입니다.

야고보의 말은 정말 사실입니다. "한 입에서 찬송과 저주가 나오는도다"(약 3:10). 남몰래 그토록 상냥하게 기도하고 교회에서 그토록 경건하게 찬송한 바로 그 입술로 예배가 끝나기가 무섭게 쓸데없고 죄악 된 대화에 끼어들 수 있습니다. 야고보는 경고합니다. "내 형제들아 이것이 마땅하지 아니하니라 샘이 한 구멍으로 어찌 단 물과 쓴 물을 내겠느냐"(약 3:10-11)? 그럴 수 없습니다! 그렇지만 모든 그리스도인은 이것이 바로 우리가 자주 하는 일임을 경험으로 압니다.

이 사실이 우리의 무릎을 꿇리기를 바랍니다. 이 큰 악에서 우리를 건져 달라고 하나님께 구합시다. 일심으로 주님의 이름을 경외하게 하시고, 내 이웃의 이름도 사랑하게 해 달라고 주님께 기도합시다(시 86:11).

우리가 진심으로 이렇게 기도할 수 있다면, 우리가 더는 마귀의 자녀가 아니요 참 하나님의 자녀라는 증거를 가진 것입니다. 하나님의 백성은 말 때문에 자꾸 넘어지지만, 하나님을 경외하며 자기 혀를 쓰기를 바라는 마음이 있습니다.

하나님의 백성은 하루하루 살아갈수록 자기가 아직도 얼마나 부패한 사람인지 더 보게 됩니다. 그래서 이 악한 세상에서, 무엇보다 자기의 죄악 된 자아에서 온전히 건짐 받기를 늘 간절히 바랍니다. 이들은 거짓으로 오염된 곳에서 숨쉬기가 갈수록 힘들다는 것을 알게 됩니다. 그래서 의가 있고 정직이 가득한 새 하늘과 새 땅을 바라봅니다(벤후 3:13). 그곳에는 다시 거짓과 속임, 수군댐과 헐뜯음이 없고, 오직 하나님과 우리 이웃에 대한 순전한 사랑만이 있을 것입니다.

우리의 소망

여러분의 소망도 이와 같습니까? 여러분은 이런 앞날을 갈망하십니까? 그렇다면 여러분은 복됩니다. 그러나 사도 요한의 경고를 잊지 마십시오. "주를 향하여 이 소망을 가진 자마다 그의 깨끗하심과 같이 자기를 깨끗하게 하느니라"(요일 3:3). 하나님의 도우심으로 9계명을 지키려고 애쓸 때, 이렇게 기도합시다.

여호와여 비옵나니
제 생각을 지키시고
제 말문을 지키소서
저의 죄악 된 마음이
악한 발길에 이끌려
엇나가게 마옵소서(시 141:3-4).[8]

---

8 386:4, in *The Psalter: with responsive readings*, (United Presbyterian Board of Publication, 1912).

🔍 더 깊은 공부와 나눔을 위한 질문 //

1. 주님은 어떻게 우리 명성과 평판을 보호하십니까?

2. 다음의 각 행동이 어떻게 9계명을 어기는 죄인지 설명해 봅시다.

    – 거짓 증거

    – 소문과 수군댐

    – 뒤에서 욕하고 헐뜯음

3. 우리는 왜 이리도 쉽게 위와 같은 죄에 동참하고 세상의 길을 따라갑니까?

4. 9계명을 어긴 죄도 용서받을 수 있는 까닭이 무엇입니까?

5. 우리가 회심할 때 우리 혀에 어떤 일이 일어납니까?

6. 우리가 혀를 써서 하나님과 다른 사람에 대한 우리 사랑을 어떻게 보여 줄 수 있습니까?

7. 구원받은 사람은 혀를 어떻게 씁니까?

〈9계명〉을 읽으면서 하나님께서 깨닫게 해 주신 것과 베풀어 주신 은혜를 생각하며 감사합시다. 또 깨달아 배우고 확신한 일에 거할 수 있게 해 달라고 기도합시다.

11. 10계명

네 이웃의 집을 탐내지 말라
네 이웃의 아내나 그의 남종이나 그의 여종이나
그의 소나 그의 나귀나 무릇 네 이웃의 소유를
탐내지 말라(출 20:17).

113문. 10계명은 우리에게 무엇을 요구합니까?

  답. 하나님의 계명 어느 하나에라도 어긋나는 욕망이나 생각은 티끌만
  큼도 우리 마음에 들어오지 못하게 하고, 언제나 마음을 다해 모든
  죄를 미워하고 모든 의를 기뻐하라는 것입니다.

114문. 그런데 하나님께로 돌이킨 사람이 이 계명들을 온전히 지킬 수 있습니까?

  답. 지킬 수 없습니다. 가장 거룩한 사람이라도 이 세상에서는 이런 순
  종을 겨우 시작할 뿐입니다. 그렇다고 해도 굳은 다짐으로 몇 가지
  계명만 아니라 하나님의 모든 계명에 따라 살기 시작합니다.

**115문. 그렇다면 이 세상에서 아무도 십계명을 온전히 지킬 수 없는데, 하나님
께서는 왜 그리 엄격하게 십계명을 설교하라고 하십니까?**

  답. 첫째, 우리가 평생토록 우리의 죄악 된 본성을 더욱더 알고, 그래서
  그리스도 안에 있는 죄의 용서와 의를 더 간절히 구하게 하시려는 것입
  니다. 둘째, 이 세상을 떠나 마침내 우리의 목적지인 완전에 이를
  때까지, 하나님께 성령의 은혜를 간구하면서 하나님의 형상을 따라

더욱더 새로워지도록 끊임없이 애쓰게 하시려는 것입니다.

내면의 죄

10계명은 오직 내면의 상태만을 다룬다는 점에서 다른 아홉 계명과 다릅니다. 다른 계명들도 사람의 내면생활과 관련이 있지만, 그저 암시되어 있을 뿐입니다. 다른 계명들은 내면의 욕구보다는 겉으로 드러나는 행동에 강조점이 있습니다. 하지만 10계명은 곧장 정신생활과 내면의 욕구와 갈망으로 우리의 눈길을 이끕니다.

10계명은 탐심을 금함으로 죄의 참모습을 파헤칩니다. 곧 죄의 뿌리가 외면의 행실이 아닌 내면생활에 있음을 보여 줍니다. 탐심은 바로 마음의 문제이기 때문입니다. 바울이 로마서에서 한 말이 바로 이런 뜻인 것이 틀림없습니다. "율법으로 말미암지 않고는 내가 죄를 알지 못하였으니 곧 율법이 탐내지 말라 하지 아니하였더라면 내가 탐심을 알지 못하였으리라"(7:7).

바울은 바리새인으로서 겉으로 보기에는 흠이 없을 정도로 하나님의 계명을 지켰습니다(빌 3:5-6). 눈에 보이는 행실에 관한 한, 바울은 간음이나 살인이나 도둑질을 저지르지 않았습니다. 그런데 어느 날 문득 내면의 욕구만을 말하는 10계명과 맞닥뜨렸고, 이것으로 자신의 죄악 된 마음을 깨닫게 되었습니다.

죄는 천주교에서 가르치듯이 손에서 시작하는 것이 아닙니다. 천주교에서는 탐심이 공공연한 죄의 행동으로 이어지지 않는 한 잘못된 것이 아니라고 말합니다. 하지만 성경은 그렇게 가르치지 않습니다. 성경은 언제나 죄를 그 근원까지 파헤칩니다. 예수님은 이렇게 말씀하십니다. "사람의 마음에서 나오는 것은 악한 생각 곧 음란과 도둑질과 살인과 간음과 탐욕과 악독과 속임과 음탕과 질투와 비방과 교만과 우매함이니"(막 7:21–22).

마음을 살피시는 하나님

땅의 재판관은 피의자의 생각에는 관심이 없습니다. 여러분이 고소를 당하더라도 고소당한 그 죄를 짓지 않았다는 사실만 밝히면 판사는 만족합니다. 여러분은 무혐의로 풀려날 것입니다. 하지만 하늘의 재판관께서는 그렇게 쉽게 만족하지 않으십니다.

여러분이 부자 청년처럼 "이 모든 것을 내가 지키었사온대 아직도 무엇이 부족하니이까?"(마 19:20) 하고 아무리 말해 봐야 소용없습니다. 여러분의 마음도 하나님 앞에서 늘 옳았다는 것을 밝힐 수 없다면, 하늘과 땅의 재판관께서는 여러분을 죄 없다 하지 않으실 것입니다.

땅의 재판관은 여러분이 이웃을 미워하더라도 죽이지만 않으면 상관하지 않습니다. 여러분은 벌이 적다고 불평할 수도 있고, 심지어 시위와 파업도 허용됩니다. 하지만 가서 은행을 털지 않는 한, 법을 어겼다고 고소당하지 않을 것입니다.

그러나 하나님은 더 깊이 들어가십니다. 여러분의 내면생활에 관심이 있으십니다. 마음을 살피십니다. 아더 핑크는 이렇게 쓰고 있습니다.

하나님은 욕망이라는 숨겨진 영역에 대해 당신의 권리를 선언하십니다. 하나님의 권위는 영혼과 양심에까지 미치고, 우리 생각과 상상에 의무를 지옵니다. 이것은 사람의 어떤 법도 할 수 없는 일입니다……하나님은 사람이 보듯이 보지 않으시고, 사람이 판단하듯이 판단하지 않으십니다. 모든 마음의 비밀이 하나님 눈앞에 밝히 드러나고 벌거벗겨집니다. 우리 마음속 욕망이 아무리 몰래 꿈틀댄다 해도 하나님은 우리가 한낮의 태양을 보는 것보다 더 또렷하게 보십니다.[9]

우리의 부패한 본성

10계명은 우리 안에서 일어나는 일, 우리 마음속 깊숙이 자리 잡은 잠재의식에서 일어나는 일을 다룹니다. 우리는 거기서 무슨 일이 일어나는지도 모를 때가 많습니다.

다윗은 이 사실이 얼마나 두려웠는지, 이렇게 기도할 수밖에 없었습니다. "자기 허물을 능히 깨달을 자 누구리요 나를 숨은 허물에서 벗어나게 하소서"(시 19:12). 다윗은 자기 안에 자기가 인식조차 못 하는 죄가 있는 것이 두려웠습니다. 다윗이 그런 죄가 거기 있으리라고 짐작할 수 있었던 것은 하나님이 그의 부패한 존재를 어느 정도 보여 주셨기 때문이었습니다.

다윗은 자기 죄와 죄책을 보고서 깜짝 놀라 이렇게 울부짖었습니다. "내가 죄악 중에서 출생하였음이여 어머니가 죄 중에서 나를 잉태하였나이다"(시 51:5). 다윗은 진짜 거듭난 그리스도인이라면 누구나 이내 알게 되는 사실, 곧 자기 본성 전체가 부패했다는 사실을 알게 되었습니다.

---

9 Arthur Pink, "the Tenth Commandment", in *The Ten Commandments*, (Memphis, TN: Bottom of the Hill Publishing, 2011), 우리말로는 「십계명의 올바른 이해」(보이스사)로 옮겨졌다.

이 사실을 10계명만큼 똑똑히 보여 주는 계명은 없습니다. "탐내지 말라."

모든 탐심이 잘못된 것은 아님

하지만 우리는 탐심 자체가 잘못된 것은 아니라는 것을 알아야 합니다. 탐낸다는 말은 바라거나 원하거나 희망한다는 말입니다. 이것 자체가 죄라고는 할 수 없습니다. 쉽게 말해, 하나님은 우리가 많은 것을 탐내거나 바라도록 우리를 지으셨기 때문입니다.

탐낼 수 있는 그 능력이 바로 하나님의 선물입니다. 그러니까 눈이 있는 한 보지 않을 수 없고 귀가 있는 한 듣지 않을 수 없듯이 여러분은 탐내지 않을 수 없습니다. 하나님이 우리를 그렇게 만드셨습니다. 하나님은 우리를 둘러싸고 있는 세상의 많은 것에 우리가 기대어 살도록 우리를 지으셨습니다. 우리는 배고프면 먹을 것을 탐내고, 목마르면 마실 것을 탐냅니다. 우리는 살 집과 입을 옷도 탐냅니다.

탐심은 태어날 때부터 시작됩니다. 갓난아이는 우유를 탐내고, 우유를 탐낸다는 것은 아이가 건강하다는 증거입니다. 우유를 탐내지 않으면 아이는 죽을 테니까 말입니다. 아이는 자라면서 줄곧 많은 것을 탐냅니다. 부모의 사랑을 탐내고, 그 뒤로는 배우자의 사랑과 삶의 자리를 탐냅니다.

탐내는 것은 매우 정상입니다. 그런데 10계명에서는 왜 탐내지 말라고 합니까? 10계명은 잘못된 것을 탐내거나 잘못된 방식으로 탐내는 것과 관련이 있기 때문입니다.

탐심은 언제 잘못인가

하나님이 우리에게 주시고 싶어 하지 않는 것을 우리가 가지고 싶어 할 때, 탐심은 죄가 됩니다. 10계명은 집과 아내와 남종과 여종과 소와 나귀와 같은 아주 평범한 소유에 대해 말합니다. 이런 것들을 바라는 것은 지극히 정당한 일입니다. 집이나 아내가 있기를 바라는 것은 조금도 잘못된 일이 아닙니다. 하지만 여기서 말하는 집과 아내가 바로 내 이웃의 집과 아내라면, 그것은 명백한 잘못입니다.

내 이웃의 집이나 아내, 그 밖에 내 이웃의 다른 어떤 소유를 탐낸다는 것은, 하나님이 내게 주신 것에 내가 만족하지 못한다는 뜻입니다. 실제로 탐심은 언제나 만족하지 못하는 마음에서 나옵니다. 탐심은 나 자신의 처지를 나보다 더 많이 가진(또는 더 많이 가진 것처럼 보이는) 다른 사람의 처지와 비교할 때 시작됩니다.

탐심이 우리 중에 많이 사람이 얽매이기 쉬운 죄라는 것을 누가 부인하겠습니까? 라디오와 텔레비전과 인터넷에서 수많은 광고가 쏟아져 나와 우리를 쉴 새 없이 자극합니다. 여기저기서 싼 이자로 돈을 빌려주겠다며 우리를 유혹하고, 우리는 새 차와 더 큰 집과 더 좋은 냉장고를 장만해야겠다는 충동을 느끼게 됩니다. 행복한 삶은 모든 것을 갖춘 사람의 것으로 그려집니다.

답은 자족에 있음

이것은 사도 바울의 훌륭한 진술과 얼마나 다릅니까!

어떠한 형편에든지 나는 자족하기를 배웠노니 나는 비천에 처할 줄도 알고 풍부에 처할 줄도 알아 모든 일 곧 배부름과 배고픔과 풍부와 궁핍에도 처할 줄 아는 일체의 비결을 배웠노라(빌 4:11-12).

성경은 하나님이 주신 것에 만족할 것을 요구합니다.

여러분은 바울이 말하는 참된 만족을 어디서 찾을 수 있느냐, 이 대단한 기술을 어떻게 배울 수 있느냐고 묻습니다. 하나님이 여러분이 가장 갈망하는 대상이 되시기 전까지는 절대로 못 배울 것입니다. 하나님은 아브라함에게 이렇게 말씀하십니다. "나는 네 방패요 너의 지극히 큰 상급이니라"(창 15:1).

하나님은 사람을 욕구를 가진 존재로 지으셨습니다. 우리는 아담이 배우자와 동반자를 바랐고, 하나님이 아담에게 꼭 맞는 조력자를 주신 것을 봅니다. 하지만 무엇보다 아담은 하나님과 교제하기를 탐냈습니다. 자신의 창조주를 첫째가는 갈망의 대상으로 삼았습니다. 아담이 자신의 첫째가는 목적을 피조물(사물과 자아)에서 찾기 시작한 것은 다만 사탄에게 속고 나서부터였습니다.

탐심을 고칠 길

사물은 결코 사람 마음에 만족을 줄 수 없습니다. 하나님은 우리에게 영원을 사모하는 마음을 주셨습니다(전 3:11). 그래서 잠깐 있다 사라질 것들이 사람의 허전함을 채울 수 없습니다. 따라서 탐심을 고칠 길은 예수 그리스도로 말미암는 영원한 생명을 발견하는 길뿐입니다. 여러분이 그것을 발견했다면, 더는 땅의 소유를 탐내지 않을 것입니다. 적어도 여러분의 마음을 땅의 소유에 두지 않는다는 의미에서 그럴 것입니다. 여러분은 예수님의 다음 말씀을 이해할 것이기 때문입니다.

> 너희를 위하여 보물을 땅에 쌓아 두지 말라 거기는 좀과 동록이 해하며 도둑
> 이 구멍을 뚫고 도둑질하느니라 오직 너희를 위하여 보물을 하늘에 쌓아 두
> 라 거기는 좀이나 동록이 해하지 못하며 도둑이 구멍을 뚫지도 못하고 도둑
> 질도 못하느니라 네 보물 있는 그곳에는 네 마음도 있느니라(마 6:19-21).

참된 그리스도인은 이 세상이 제안할 만한 그 어떤 것도 뛰어넘는 보물을 가지고 있습니다. 그는 이 세상과 그 모든 보물이 하나님이 새 하늘과 새 땅을 만드시기 전에 다 불타 없어져야 한다는 것을 압니다(벧후 3:12-13).

하지만 참된 보물은 결코 없어지지 않을 것입니다. 이 보물은 예수 그리스도를 믿는 모든 사람을 위해 하늘에 간직되었습니다(벧전 1:4). 사도 바울은 말합니다. "그러므로 너희가 그리스도와 함께 다시 살리심을 받았으면 위의 것을 찾으라 거기는 그리스도께서 하나님 우편에 앉아 계시느니라 위의 것을 생각하고 땅의 것을 생각하지 말라 이는 너희가 죽었고 너희 생명이 그리스도와 함께 하나님 안에 감추어졌음이라"(골 3:1-3).

율법의 목적

"탐내지 말라." 아더 핑크는 이 계명에서 하나님의 지혜를 보라고 말합니다.

여기에 나타난 하나님의 지혜를 보십시오. 하나님은 이 계명(10계명)을 나머지 모든 계명의 울타리와 파수꾼으로 십계명의 맨 끝에 두셨습니다……
'탐내지 말라'는 남의 것을 넘보거나 남의 것에 군침 흘리지 말라는 뜻입니다. '갖고 싶은 욕구를 어떻게 참느냐?'고 반박하는 사람이 있을지 모르겠습니다. 네. 정말 참을 수 없습니다. 하지만 바로 그 사실이 사람의 타락한 상태, 곧 사람의 마음이 심히 악하다는 것을 보여 줍니다. 그런 욕구가 죄악 되고 저주받을 것임은 이 계명에 비춰 봐야만 알 수 있습니다. 십계명의 이 마지막 말씀을 정직하게 마주하는 사람은 틀림없이 자신의 무력함을 깨달을 것입니다. 이것이 십계명을 주신 궁극의 목적입니다. 곧 우리 자신은 아무 소망이 없음을 보여 주셔서 우리가 입 다물고 그리스도께 가게 하시려고 율법을 주셨습니다.[10]

이처럼 우리가 우리 자신의 힘으로는 율법을 지킬 소망이 없음을 보고, 그리스도께 피하게 하는 것이 율법의 목적입니다. "그리스도는 모든 믿는 자에게 의를 이루기 위하여 율법의 마침이 되시니라"(롬 10:4).

그리스도는 율법을 온전히 지키셨고, 그래서 율법의 요구를 모두 만족시키셨습니다. 그러니까 그리스도를 믿으십시오. 그러면 그리스도의 순종이 여러분의 것이 됩니다. 하나님은 여러분을 보실 때, 여러분이 당신의 계명을 직접 다 지킨 것처럼 보실 것입니다. 10계명도 마찬가지입니다.

정말 놀랍지 않습니까? 이것이 바로 복음이고, 복음의 전부입니다. 복음은 생각과 말과 행동으로 하나님의 율법을 어긴 죄인들에게 값없는

---

10 앞의 책.

용서를 제안합니다. 여러분은 그런 죄인이십니까?

온갖 더러운 생각과 행동에서
자신의 죄책과 비참이
얼마나 큰지 보게 된 죄인아
그리스도 피가 네 영혼 고칠 수 있다

부끄러움과 벌거벗음이
정죄에서 벗겨 주고
저주에서 건져 주는
그 빛나는 옷 사랑하게 하리

통으로 짜인 이 옷은
영원한 사랑으로 물려주신 것이니
너를 덮을 왕복으로
영원 전에 계획되었도다

아들이신 그리스도 이루신 것,
하나님이 전가하시고, 믿음으로 입는 그것 말고는
우리 죄책을 씻고 우리 수치를 가릴
다른 어떤 피나 이름도 구하지 않으리.[11]

---

11 113:3, 5-7, in *Gadsby's Hymns: A Selection of Hymns for Public Worship*, (Birmingham: Solid Ground Christian Books, 2009).

🔍 더 깊은 공부와 나눔을 위한 질문

1. 10계명과 다른 아홉 계명의 가장 큰 차이는 무엇입니까?

2. 하나님이 우리 외면의 행실 못지않게 우리 마음에도 관심이 있으시다는 사실은 하나님에 대해 무엇을 말해 줍니까?

3. 10계명은 우리 존재의 부패함을 어떻게 드러냅니까?

4. 모든 탐심과 욕구가 잘못된 것입니까? 설명해 봅시다.

5. 정상인 욕구와 잘못된 욕구의 차이점을 설명해 봅시다.

6. 우리는 참된 만족을 어디서 어떻게 찾습니까?

7. 율법의 목적은 무엇입니까? 율법은 우리를 어디로 데려가야 합니까?

〈10계명〉을 읽으면서 하나님께서 깨닫게 해 주신 것과 베풀어 주신 은혜를 생각하며 감사합시다. 또 깨달아 배우고 확신한 일에 거할 수 있게 해 달라고 기도합시다.

주기도문

하늘에 계신 우리 아버지여

이름이 거룩히 여김을 받으시오며

나라가 임하시오며

뜻이 하늘에서 이루어진 것같이 땅에서도 이루어지이다

오늘 우리에게 일용할 양식을 주시옵고

우리가 우리에게 죄 지은 자를 사하여 준 것같이

우리 죄를 사하여 주시옵고

우리를 시험에 들게 하지 마시옵고

다만 악에서 구하시옵소서

나라와 권세와 영광이 아버지께 영원히 있사옵나이다 아멘.

하늘에 계신 우리 아버지여

이름이 거룩히 여김을 받으시오며

나라가 임하시오며

뜻이 하늘에서 이루어진 것같이 땅에서도 이루어지이다

오늘 우리에게 일용할 양식을 주시옵고

우리가 우리에게 죄 지은 자를 사하여 준 것같이

우리 죄를 사하여 주시옵고

우리를 시험에 들게 하지 마시옵고

다만 악에서 구하시옵소서

나라와 권세와 영광이 아버지께 영원히 있사옵나이다 아멘.

(마 6:9-13; 눅 11:2-4)

1. 기도란 무엇인가

116문. 그리스도인에게 기도가 왜 꼭 필요합니까?

답. 기도는 하나님께서 우리에게 요구하시는 감사의 으뜸가는 부분이기 때문이고, 하나님께서는 당신의 은혜와 성령을 진실한 바람으로 쉬지 않고 구하고 그것에 감사하는 사람에게만 주실 것이기 때문입니다.

117문. 하나님께서 기뻐하시고 들으시는 기도는 어떤 기도입니까?

답. 첫째, 말씀으로 당신을 계시하신 유일하고 참되신 하나님께만 그분이 우리에게 구하라고 명하신 모든 것을 진심으로 구하는 기도입니다.

둘째, 우리의 부족함과 비참함을 똑바로 낱낱이 깨달아 하나님의 위엄 앞에 우리 자신을 철저히 낮추는 기도입니다.

셋째, 우리가 그럴 만한 가치가 없는데도 하나님께서 당신의 말씀에서 약속하신 대로 우리 주 그리스도로 말미암아 우리 기도를 틀림없이 들어주시리라는 사실을 온전히 확신하는 기도입니다.

기도의 중요성

기도가 무엇입니까? 어떤 사람은 그리스도인의 목숨(호흡)과 같고 믿는 사람의 고향 공기와 같다고 했습니다. 『하이델베르크 교리문답』 116문답에서는 "하나님께서 우리에게 요구하시는 감사의 으뜸가는 부분"이라고 말합니다.

많은 사람이 이 말을 듣고 깜짝 놀랍니다. 뜻밖의 이야기입니다. 왜 기도가 그리스도인의 삶에서 그렇게 중요한 일을 맡아야 합니까? 감사의 으뜸가는 부분이라니요? 기도는 하나님이 믿는 사람들에게 가장 먼저 요구하시는 것입니까?

많은 사람이 그리스도인의 첫째 의무는 하나님의 계명에 순종하는 것이라고 주장할 것입니다. 더구나 활동가 성향이 있는 사람은 이것을 강조할 것입니다. 기도도 좋지만 선을 행하는 것이 더 중요하다는 것입니다. 그 밑바탕에는 기도가 더 쉽고 힘이 덜 든다는 생각이 자리 잡고 있습니다. 여러분, 사람들이 '기도와 행함이 있어야 한다'고 말하는 것을 다 들어 보지 않으셨습니까? 이 말은 맞지만, 이 사람들은 자꾸 기도를 강조하는 사람은 행함이 모자라다는 뜻으로 이런 말을 합니다.

물론 마치 '기도만 하면 아무것도 안 해도 된다'는 식으로 수동성이나 게으름을 감싸려고 그러는 것이 아닙니다. 다만 기도는 결코 그렇게 쉬운 일이 아니라는 점을 꼬집고 싶을 뿐입니다. 기도는 우리가 본성상 할 수 있거나 하려고 하는 것이 아닙니다.

참된 기도

우리가 참된 기도에 대해 말하고 있다는 점을 잊지 마십시오. 말은 기도라고 하면서도 실상은 기도가 아닌 것이 많습니다. 참된 기도는 참된 그리스도인만 할 수 있습니다. 사실 어떤 사람이 믿는 사람인지 아닌지는 기도하는 데서 드러납니다. 기도는 그리스도 안에서 갓 태어난 아이가 처음으로 하는 선행입니다.

기도는 참으로 하나님이 우리에게 요구하시는 감사의 으뜸가는 부분입니다. 하나님은 처음부터 우리에게 많은 것을 요구하지 않으십니다. 적어도 사람들 눈에 띄는 것을 요구하지 않으신다는 것은 확실합니다. 그러나 하나님은 우리가 기도로 당신께 가까이 오기를 요청하십니다. 이것은 은밀한 곳에서 혼자 하는 기도를 말합니다.

대표 기도

주님은 주님의 집에서나 주님의 백성들이 모이는 데서와 같이 누군가가 대표로 기도할 것을 요구하기도 하십니다.

그러나 대표 기도가 언제나 신령한 삶의 엄밀한 잣대는 아닙니다. 강단이나 다른 이들이 있는 곳(거기가 어디든지)에서 드리는 기도는 하나님보다 청중을 향하는 일이 적지 않습니다. 그래서 예수님은 제자들한테 이렇게 말씀하셨습니다. "너는 기도할 때에 네 골방에 들어가 문을 닫고 은밀한 중에 계신 네 아버지께 기도하라 은밀한 중에 보시는 네 아버지께서 갚으시리라"(마 6:6).

개인 기도

"네 골방에 들어가……라"는 말씀은 다른 것을 다 끊고 하나님께 집중하라는 뜻입니다. 은밀한 중에 계신 하나님 앞에 여러분의 마음을 쏟아 놓으십시오. 이런 기도가 반드시 있어야 합니다. 이런 기도가 통 부족한데도 신령하게 살 수는 없습니다.

은밀한 기도, 곧 개인 기도는 성경을 읽고, 공예배에 참석하고, 설교를 듣고, 성찬식에 참여하는 것보다 훨씬 중요합니다. 누군가 이 모든 일을 부지런히 행할 수 있습니다. 하지만 기도가 뒷받침되지 않으면 이런 활동은 다 아무것도 아닙니다.

그리스도인의 표지

기도는 하나님의 자녀가 공통으로 지니는 한 가지 표지입니다. 하나님의 자녀는 다 밤낮으로 하나님께 부르짖습니다. 울부짖는 것이 갓난아이의 본성인 것만큼 기도하는 것은 하나님 자녀의 새로운 본성입니다. 죄인의 마음속에 있는 은혜의 참된 역사를 보여 주는 모든 증거 가운데서 꾸준한 기도생활보다 더 만족스러운 표지는 없습니다.

누군가 잘못된 동기로 설교할 수 있습니다. 진리에 아주 열심 있을 수 있고, 칭찬받을 만한 모든 일을 할 수도 있습니다. 그렇다고 하더라도 이 사람은 가룟 유다일 수 있습니다. 하지만 자기 골방에 들어가 은밀한 중에 계신 하나님께 자기 영혼을 쏟아 놓으려는 사람이 거짓된 마음을 품을 것 같지는 않습니다.

그래서 주님은 참된 회심의 가장 좋은 증거로서 친히 기도에 인 치셨던 것입니다. 그리스도께서는 다메섹에서 아나니아를 사울에게 보내실 때, 사울의 마음이 변했다는 다른 징표를 주시지 않았습니다. "보라, 그가 기도하는 중이니라"(행 9:11, KJV 직역)고 하셨을 뿐입니다. 설교하거나 증언하는지 눈여겨보라고 하시지 않고, 기도하는 것을 눈여겨보라고 하십니다.

복의 통로

기도가 왜 그렇게 중요합니까? 우리는 기도가 한 사람이 그리스도인임을 보여 준다는 사실을 봤습니다. 그런데 또 다른 까닭이 있습니다. 우리가 신령한 복을 받을 수 있는 길이 기도밖에 없기 때문입니다. 하나님이 우리에게 기도하기를 바라시는 까닭은, 기도가 바로 당신의 복을 우리에게 흘러내려 보내시는 통로이기 때문입니다. 물론 하나님께 그런 통로가 꼭 필요한 것은 아닙니다. 하나님은 우리가 기도하지 않아도 당신이 바라시는 모든 것을 우리에게 바로 주실 수 있습니다. 그러나 문제는 '하나님이 무엇을 하실 수 있느냐'가 아니라 '하나님이 무엇을 하기를 바라시느냐'입니다. 하나님은 기도를 당신의 백성이 복을 받을 유일한 길로 정하셨습니다.

하지만 이런 논증을 이해하지 못하는 사람들이 늘 있어 왔습니다. 이들은 이렇게 말합니다. '하나님이 나에게 무엇을 주시기로 작정하셨다면, 내가 그것을 위해 기도를 하든 안 하든 주실 것이다. 그러니까 기도가 실제로 이루는 것은 아무것도 없다. 기도가 좋은 정신 활동일 수는 있겠지만, 하나님이 변하지 않으신다면 그 작정하신 모든 일이 일어날 것이다.'

이렇게 말하면 성경에 나온 많고도 분명한 선언을 반대하는 것입니다. 야고보는 "의인의 간구는 역사하는 힘이 큼이니라"(약 5:16)고 말합니다. 이사야는 우리에게 하나님이 야곱 자손에게 자기를 헛되이 찾으라고 이르신 적이 없다는 사실을 떠올려 줍니다(사 45:19, 개역한글).

성경은 하나님이 변하지 않으심과 기도의 효력을 모두 가르칩니다. 우리가 이해하든 못 하든 둘은 서로 모순되지 않습니다. 우리는 모순의 두려움 없이 '하나님은 참으로 기도라는 방편으로만 택하신 자들에게 당신의 은혜와 성령을 주시기로 작정하셨다'고까지 말할 수 있습니다. 하나님은 "그래도……이같이……내게 구하여야 할지라"(겔 36:37)고 말씀하셨습니다.

우리는 날마다 체험으로 이것을 확인하게 됩니다. 하나님은 보통 진지하고 겸손하고 간절한 기도에 대한 응답으로 당신의 복을 나누어 주시지, 이런 기도 없이 복을 주시지 않습니다. 이것이 늘 하나님의 계획이었습니다. 하나님이 시간 안에서 하시는 일은 영원 전에 작정하신 일입니다. 따라서 우리가 기도하지 않으면 주님은 우리에게 아무것도 주지 않으실 것입니다. 이것이 하늘나라의 법칙입니다.

기도의 필요성

그렇다면 그리스도인은 왜 꼭 기도해야 합니까? 결국은 하나님이 기도를 요구하시기 때문입니다. 거기에 가장 심오한 이유가 있습니다. 하나님이 기도를 명령하실 수 있습니까? 기도는 하고 싶을 때 해야 하는 것 아닙니까?

많은 사람이 필요를 느낄 때만 기도하지만, 잘못된 일입니다. 여러분이 기도할 필요를 느낄 때만 기도한다면, 얼마 안 있어 기도를 아예 그만두게 될 것입니다. 하나님이 우리 마음을 아시니까 우리한테 쉬지 말고 기도하라고 명하신 것입니다(살전 5:17).

여러분의 기도생활은 어떻습니까? 여러분은 나쁘다고 답해야 할지 모릅니다. 여러분은 '한때는 기도 많이 했어요. 그런데 요즘 들어 그냥 무릎을 꿇고 싶은 마음이 잘 안 드는 거 같아요. 너무 지쳤어요' 하고 말합니다. 여러분, 다시 기도할 필요를 느낄 때까지 기다리지 마십시오. 필요를 느끼든 못 느끼든 그냥 기도하십시오.

무엇을 위해 기도할 것인가

무엇을 위해 기도해야 합니까? 여러분이 기도할 필요를 느끼게 해 달라고 기도하십시오. 다시 전처럼 기도하게 해 달라고 기도하십시오. 은혜와 간구의 성령을 구하십시오(슥 12:10). 사탄을 조심하십시오. 기도는 아무 짝에도 쓸모없다고 여러분을 설득하려 할 것입니다. 사탄의 말을 듣지 마십시오. 하나님께 귀 기울이십시오. 하나님은 "쉬지 말고 기도하라"(살전 5:17)고 하십니다. 이 말씀 앞에서 논쟁은 더 의미가 없습니다.

어떤 분들은 이렇게 반박할지 모릅니다. '그런데 저는 기도하면서조차 제가 죄악 됨을 느껴요. 심지어 늘 죄악 된 생각을 품은 채 골방에 들어가는걸요. 제 기도에 진저리가 나네요. 기도를 잠깐 쉬는 게 낫지 않을까요?' 여러분의 경우만 유별난 것이 결코 아닙니다. 성경에 나오는 모든 성도가 같은 일로 푸념을 했습니다. 바울은 "곧 선을 행하기 원하는 나에게 악이 함께 있는 것이로다"(롬 7:21)고 했고, 다윗은 "내가 헛된 생각들을 미워하노라"(시 119:113, KJV 직역)고 했습니다.

여러분이 은혜의 보좌로 나아가려고 할 때마다 사탄은 여러분을 방해할 것입니다. 사탄은 우리가 무릎 꿇는 꼴을 눈꼴사나워 못 보기 때문에 우리를 골방에 못 들어가게 하려고 무슨 짓이든 다 합니다. 그리스도인으로 살면서 순탄한 항해를 기대하지 마십시오. 그리스도인의 삶은 처음부터 끝까지 전쟁이고, 기도의 성소에서보다 싸움이 더 치열한 곳은 없습니다. 존 라일은 이렇게 말합니다. "우리에게 아무 문제도 일으키지 않는 기도는 일단 크게 의심해 봐야 합니다. 우리는 어떤 기도가 선한지 제대로 판단하지 못하기 때문에, 우리가 가장 만족하지 못하는 기도를 하나님은 가장 기뻐하실 때가 많습니다."[1]

꾸준한 기도

그러므로 끈기 있게 기도하십시오. 주님이 겸손한 자의 기도를 멸시하지 않으시리라는 것을 믿으십시오. 주님의 창자가 죄인들을 위해 들끓습니다(렘 31:20). 주님의 마음이 열려 있기 때문에 주님의 팔도 열려 있습니다. 여러분에게는 죄인이 죽는 것을 기뻐하지 않는다고 하신 주님의 엄숙한 선언이 있습니다(겔 33:11).

주님은 높아지신 왕으로서 반역자와 배신자에게 와서 용서를 구하라고 청하십니다. 왜 속죄소를 멀리하십니까? 주님은 거기서 자기 죄를 자백하며 빈손으로 나아오는 모든 사람에게 그렇게 많은 것을 거저 주시는데 말입니다.

---

1 J. C. Ryle, *A Call to Prayer*, (Edinburgh: The Banner of Truth Trust). 우리말로는 『기도를 잃어버린 당신에게』(복 있는 사람)로 옮겨졌다.

어떻게 기도할 것인가

여러분은 어떻게 시작하느냐, 어디서 시작해야 하느냐고 묻습니다. 모든 여정에는 언제나 첫걸음이 있기 마련입니다. 가만히 앉아 있는 데서 앞으로 나아가는 변화가 있어야 합니다. 죄라는 먼 나라에서 아버지 집으로 가는 이 여정도 마찬가지입니다. 그 첫걸음은 탕자가 스스로 돌이켜 자신의 곤경을 깨닫고 기도한 그때 내디딘 것과 같습니다(눅 15:11-32). 여기가 시작점입니다. 이 여정은 기도로 시작되고, 그때 마음속으로 이렇게 울부짖습니다. "하나님이여 불쌍히 여기소서 나는 죄인이로소이다"(눅 18:13).

여러분, 구원을 갈망하십니까? 무엇을 해야 하냐고요? 그리스도께로 가십시오! 한적한 곳을 찾아가 무릎을 꿇고 긍휼을 구하십시오. 하나님의 은혜와 성령을 받을 길은 그 길밖에 없습니다. 하나님이 구원하기를 기뻐하신다는 것을 의심하지 마십시오. 하나님은 여러분이 구원받고 싶어 하는 것보다 더 여러분을 구원하고 싶어 하십니다.

여러분이 이 사실을 못 믿을지 모르겠습니다. 여러분은 벌써 오랫동안 기도했을 수 있습니다. 그런데 아무것도 달라진 것이 없어 보입니다. 하지만 그것은 사실일 수 없습니다. 여러분이 진실하지 못하거나, 주님이 여러분을 시험하고 계시는 것입니다. 여러분이 진실하지 않다면, 그래서 끊고 싶지 않은 죄에서 구원해 달라고 기도하고 있다면, 아무 일도 일어나지 않는다고 놀라서는 안 됩니다.

아직 응답을 받지 못했다고 해서 아무도 내 기도를 듣지 않았다고 생각하지 마십시오. 주님이 들으셨습니다. 죄인이 가슴이 터질 듯이 울부짖을 때마다 예수님이 듣고 계십니다. 주님이 응답을 늦추신다면, 정말 지혜로운 이유가 있으셔서 그런 것입니다. 그 이유 하나는 여러분의 진실함을 알아보고 싶으시다는 것입니다.

꾸준히 기도하십시오. 그러면 틀림없이 응답받을 것입니다. "비록 더 딜지라도 기다리라 지체되지 않고 반드시 응하리라"(합 2:3).

간절한 바람으로 네 입을 크게 열라

내가 네 필요를 채우리라(시 81:10).[2]

🔍 더 깊은 공부와 나눔을 위한 질문 \\

1. 하나님이 그리스도인에게 요구하시는 가장 중요한 선행은 무엇입니까?

2. 한 사람의 기도생활이 어떻게 그 사람이 그리스도인인지 보여 줍니까?

3. 왜 대표 기도가 항상 신령한 삶의 엄밀한 잣대나 척도는 아닙니까?

4. 성경을 읽거나 교회에 가거나 다른 활동을 하기 전에 왜 기도해야 합니까?

5. 누군가가 참된 그리스도인임을 증명하는 가장 좋은 증거는 무엇입니까?

6. 기도는 주님이 평소에 우리에게 복을 주시는 유일한 통로입니까? 설명해 봅시다.

7. 우리는 기도할 필요를 느낄 때만 기도해야 합니까? 설명해 봅시다.

8. 무엇을 위해 기도해야 합니까? 몇 가지만 자세히 나열해 봅시다.

9. 하나님은 어떤 자세로 기도하는 것을 기뻐하십니까?

10. 하나님은 언제나 기도에 응답하십니까? 설명해 봅시다.

〈기도란 무엇인가〉를 읽으면서 하나님께서 깨닫게 해 주신 것과 베풀어 주신 은혜를 생각하며 감사합시다. 또 깨달아 배우고 확신한 일에 거할 수 있게 해 달라고 기도합시다.

---

2 222:5, in *The Psalter: with responsive readings*, (United Presbyterian Board of Publication, 1912).

2. 무엇을 위해 기도할 것인가

118문. 하나님께서 우리에게 무엇을 구하라고 명하셨습니까?

　　답. 영혼과 몸에 필요한 모든 것인데, 우리 주 그리스도께서 친히 가르
　　쳐 주신 기도에 다 담겨 있습니다.

119문. 주님께서 가르쳐 주신 기도는 무엇입니까?

　　답. 하늘에 계신 우리 아버지여

　　　　이름이 거룩히 여김을 받으시오며 나라가 임하시오며

　　　　뜻이 하늘에서 이루어진 것같이 땅에서도 이루어지이다

　　　　오늘 우리에게 일용할 양식을 주시옵고

　　　　우리가 우리에게 죄지은 자를 사하여 준 것같이

　　　　우리 죄를 사하여 주시옵고

　　　　우리를 시험에 들게 하지 마시옵고 다만 악에서 구하시옵소서

　　　　나라와 권세와 영광이 아버지께 영원히 있사옵나이다 아멘.

기도는 그리스도인이 해야 할 가장 중요한 일입니다. 사실 그리스도인은
바로 이 기도로 자신의 그리스도인 된 신분을 드러냅니다. 주님은 아나니

아에게 "보라, 그가 기도하는 중이니라"(행 9:11, KJV 직역) 그러셨는데, 이것으로 교회를 핍박한 사울이 하나님께 진실로 돌이켰다는 증거를 주신 것입니다. 그러므로 기도는 그리스도인의 표지입니다.

기도할 바를 앎

이제 우리가 무엇을 놓고 기도해야 하는지 곰곰이 생각해 보겠습니다. 이 문제로 고민하는 사람이 많지 않습니다. 주님 앞에서 읊어 댈 긴 기도 목록이 있는데 무슨 고민이 있겠습니까? 이 사람들은 주님께 이것도 주시고 그것도 주시고 저것도 달라고 구합니다. 문제는 이것이 대부분 자기밖에 모르는 기도라는 사실입니다.

우리는 자꾸 잘못된 것을 구합니다. 참된 그리스도인들은 이것을 압니다. 이들은 자기네가 정말로 필요한 것이 무엇인지 실은 모른다는 것을 은혜로 배웠습니다.

로마에 있는 그리스도인들도 마찬가지였습니다. 바울이 "우리는 마땅히 기도할 바를 알지 못하나"(롬 8:26) 그랬을 때, 바울은 로마 그리스도인을 대변하고 있었습니다. 예수님의 제자들도 예수님한테 "주여, 우리에게 기도를 가르쳐 주옵소서"(눅 11:1) 하고 부탁드렸습니다. 제자들도 기도가 꼭 필요하다는 것은 알았지만, 어떻게 기도하고 무엇을 기도할지 갈피를 잡지 못했습니다. 제자들의 요청에 대한 답은 주기도문이었습니다.

성령님을 온전히 의존하는 우리

우리는 이 완벽한 기도의 간구 내용을 하나하나 자세히 공부할 것입니다. 먼저, 우리가 강조하고 싶은 점은 성령님을 기도의 선생으로 온전히 의존해야 한다는 것입니다.

그리스도께서 제자들에게 기도를 가르쳐 주셨던 것처럼, 우리도 기도라는 이 거룩한 기술을 익히려면 그리스도의 성령께 배워야 합니다. 자칫하면 이런 필요를 얕볼 위험이 있습니다. 어떤 사람들은 이렇게 말합니다. '우리는 성경이 있잖아요. 성경은 우리가 무엇을 놓고 기도할지 똑똑히 알려 줘요. 게다가 우리는 주기도문도 있는걸요. 주기도문은 기도의 의무를 돕는 좋은 길잡이에요. 그러니까 성경을 읽고 예수님이 제자들한테 가르쳐 주신 이 기도를 공부하기만 하면 돼요. 그러면 준비 끝이죠.'

정말 그것만 있으면 됩니까? 저는 아더 핑크가 다음과 같이 이야기한 것을 좋아합니다. "하나님의 나타난 뜻은 하나님 말씀에 나와 있다. 그런데 요리책에 여러 요리를 준비하는 방법과 지침이 담겨 있는 것과는 다르다."[3]

사도 바울은 골로새 그리스도인들에게 그리스도의 말씀이 '모든 지혜로' 너희 속에 풍성히 거하게 하라고 권면합니다(골 3:16, KJV). 이것은 우리가 성경의 문자를 알아야 할 뿐 아니라(이것 자체도 중요하지만), 성경의 뜻과 쓰임도 깨달아야 한다는 뜻입니다. 그렇지 않으면 우리는 알지도 못하면서 말만 내뱉는 꼴이 될 것입니다.

---

3 Arthur Pink, "The Scriptures and Prayer", in *Profiting from the Word*, (Edinburgh: Banner of Truth Trust, 1981). 우리말로는 『말씀의 유익』(생명의 말씀사), 『성경은 언제 우리에게 유익을 주는가』(여수룬)로 옮겨졌다.

우리 눈을 여시는 성령님

이러한 성경의 지식(지혜)을 얻으려면 우리는 성령님이 필요합니다. 성령님만이 하나님의 말씀을 우리 상황에 적용하심으로 우리에게 마땅히 기도할 바를 가르쳐 주실 수 있습니다. 성령님의 이런 일하심이 얼마나 필요합니까!

성령님은 기도라는 이 거룩한 기술을 대체 어떻게 가르쳐 주십니까? 먼저, 우리 눈을 여셔서 우리가 멸망할 처지와 상태에 있음을 보고 느끼게 하십니다. 성령님이 빛을 비추실 때, 먼저 우리 상태를 보여 주시고 이것으로 우리 마음을 움직이십니다. 우리가 얼마나 더러운지, 그래서 거룩하게 하시는 은혜가 얼마나 절실히 필요한지 보여 주십니다. 우리가 최선으로 하는 일도 결함이 있어서, 하나님 앞에서 의롭다 하심을 받기에는 턱없이 모자라다는 사실을 보여 주십니다.

성령님은 우리에게 우리 안에 있는 죄의 권세를 보여 주시고, 우리가 죄의 꼬임에 대처하는 데 얼마나 연약하고 무능한지 보여 주십니다. 우리의 헐벗음과 가난함, 연약함과 미련함, 눈멀고 우둔함을 보여 주십니다.

이것은 다 우리의 무력함을 보여 주셔서, 우리의 유일한 도움이신 그분을 우리가 구하게 하시려는 것입니다. 그래서 성령님은 우리의 참된 필요를 보여 주시고 나서, 복음에 나타난 그 복의 본질과 푸짐함과 뛰어남을 보여 주십니다. 성령님은 우리의 죄책만 보여 주시는 것이 아니라, 죄책을 용서받는 길도 보여 주십니다. 누가 이 용서를 값 주고 사셨는지 보여 주시고, 이 용서를 죄책 있는 죄인에게 어떻게 나누어 주시는지 보여 주십니다.

그리스도께로 이끄시는 성령님

성령님은 영혼의 눈을 여서서 오직 하나인 구주, 예수 그리스도를 보게 하시고, 우리를 북돋아 믿음으로 그리스도께 피하게 하십니다. 그리스도 안에는 곤고한 죄인에게 필요한 모든 것, 곧 우리의 끔찍한 죄책을 속하는 피와 우리의 모든 더러움을 씻는 물이 다 있습니다.

우리가 한없이 깨끗하고 영원한 그리스도의 의를 처음으로 어렴풋이 볼 때, 얼마나 그리스도를 갈망하게 됩니까! '아, 예수님, 예수님이 필요해요! 아, 구원하시는 주님, 하나님 앞에서 제 의가 되어 주세요! 주님의 능력이 제 삶에 나타나 거룩하게 살게 해 주세요. 주님의 충만하심으로 저의 필요를 모두 채워 주세요!'

우리는 우리가 마땅히 받아야 할 멸망에서 그리스도의 피밖에 우리를 구원할 수 없음을 밝히 보는 데 이릅니다. 우리의 소망은 온통 이 피에 쏠리고, 속에서 이런 기도가 우러나옵니다. '예수님을 주세요. 아니면 저는 죽어요.' 그때 영혼은 하나님이 그리스도 안에서 당신의 주권을 따라 베푸시는 은혜 앞에서 할 말을 싹 잃습니다. 나아가 성령님은 그리스도께서 구원하실 능력이 있을 뿐 아니라 구원하시기를 기뻐하신다는 것을 보여 주셔서, 우리가 참되고 구원 얻는 믿음으로 그리스도를 영접하도록 인도하십니다.

성령님을 의존하는 우리

성령님이 이렇게 빛을 비추시는 일이 은혜의 삶이 시작될 때에만 필요하다고 생각해서는 안 됩니다. 그 뒤로도 하나님의 백성은 복되신 성령님의 이 가능하게 하시는 사역이 끊임없이 필요합니다. 바울이 로마 사람들에게 우리가 마땅히 기도할 바를 알지 못한다고 할 때, 바울은 벌써 믿고 구원받은 사람들에게 말하고 있습니다. 하나님의 자녀는 결코 혼자 힘으로 걷는 데 이르지 못합니다. 언제나 도움이 필요하고, 기도생활과 관련해서 보다 자신의 연약함을 더 깊이 깨닫게 되는 순간은 없습니다.

우리 마음이 부패한 탓에 기도는 기쁨이 되기보다 짐이 되기가 쉽습니다. 우리가 온 힘을 다해 기도하려고 할 때조차, 이리저리 헤매는 생각과 차가운 마음이 우리를 괴롭히고, 현실성 없는 간구와 메마른 고백이 우리를 힘들게 합니다. 이 얼마나 기계 같은 실천입니까? 우리의 간구가 얼마나 시들시들합니까? 진지한 생각과 상한 마음이 얼마나 모자라요? 그러니까 은혜와 간구의 성령이 없다면, 하나님의 자녀가 무엇을 할 수 있겠습니까?

우리를 가르치시는 성령님

성령님은 우리가 더욱 간절하고 절박하게 기도하도록 도우실 뿐 아니라, 우리가 무엇을 위해 기도해야 할지도 가르쳐 주십니다. 우리에게 정말로 무엇이 필요한지 깨닫게 해 주십니다. 이를테면, 믿음이나 굴복이나 순종과 같이 우리에게 없는 것이 무엇인지 알려 주십니다. 이렇게 먼저 우리의 연약함을 보고 느끼게 하신 다음, 이 연약함을 가지고 은혜의 보좌로 나아가도록 도와주십니다.

성령님은 우리의 두려움을 가라앉히시고, 우리 믿음이 자라게 하시고, 우리 소망을 견고하게 하시고, 우리 마음을 하나님께 이끄심으로 우리 연약함을 도우십니다. 그리고 우리 감각을 새롭게 하셔서 하나님의 크신 자비와 변하지 않는 사랑, 우리를 대신하신 그리스도 희생제사의 무한한 공로를 깨닫게 하십니다.

성령님은 또 우리의 온갖 필요를 은혜로 채워 주신다는 사실이 복음의 약속에 다 나타나 있음을 계시해 주십니다. 이러한 약속은 기도의 잣대임은 물론이고 기도의 내용도 담고 있습니다.

하나님이 약속하신 것을 간구함

가끔가다 '우리가 기도할 때 무엇을 구할 수 있느냐?'고 묻는 분들이 있습니다. 저는 『하이델베르크 교리문답』의 말을 빌려 '하나님이 우리에게 구하라고 명하신 모든 것'이라고 답하겠습니다(118문답). '하나님이 성경에서 우리에게 약속하신 모든 것'이라고 답하는 사람도 있을 수 있습니다. 이것은 하나님이 우리에게 주시기로 약속하신 모든 것을 우리가 하나님께 구해야 한다는 말인데, 하나님이 이 모든 것을 약속하신 사실 자체가 우리에게 그것이 필요하다는 뜻이기 때문입니다. 그런데도 우리는 하나님이 당신의 교회에 주신 "그 보배롭고 지극히 큰 약속"(벧후 1:4)을 보는 눈이 얼마나 어둡습니까! 무지가 이름뿐인 그리스도인은 말할 것도 없고 성도들까지 뒤덮고 있지 않습니까? 그러니 신령한 체험이 얼마나 빈곤하고 부족합니까? 기쁨과 확신이 얼마나 적습니까? 이것은 다 우리가 기도하는 마음으로 성경을 살펴보지 않는 까닭입니다. 하나님이 우리에게 은혜로 주신 것들을 알려면, 성령님의 도우심이 얼마나 필요합니까(고전 2:12)!

성령님만이 우리의 현재 상황에 가장 알맞은 약속을 떠올려 주실 수 있고, 그 약속을 알아채는 감각을 우리 마음에 새기실 수 있습니다. 이렇게 해서 우리가 그 약속을 의지해 참으로 절박하고 끈덕지게 하나님 앞에 간구하게 하실 것입니다. 이것이 참된 기도입니다. 믿음으로 하나님이 약속하신 것을 간구하는 것입니다. 우리 영혼의 눈앞에 어떤 특별한 약속을 가져오신 성령님은 우리를 북돋아 그 약속을 의지해 간구하게 하십니다. 이 얼마나 귀한 일입니까!

온전히 풍족하신 그리스도

죄가 산더미 같고 불신앙에 사로잡혀서, 하나님의 자녀가 감히 은혜의 보좌에 다가가지 못하는 때가 있을 수 있습니다. 자기가 자격 없다는 생각에 너무 짓눌려서 멀리 떨어져 있을 수밖에 없습니다. 그런데 그때 성령님이 낙담한 우리 마음에 온전히 풍족한 그리스도의 피를 보여 주십니다. 이내 산은 무너지고 불신앙은 억눌리어, 영혼은 화목하게 되신 하나님께 가까이 갑니다.

하나님의 자녀 가운데 이런 체험을 하지 못한 사람이 누구입니까? 죄책감 때문에 고개를 못 들고, 자신이 한없이 추악함을 느껴서 영혼이 부끄러움에 휩싸일 때, 갑자기 뚜렷한 영문도 없이 예수님이 사랑과 은혜로 나타나십니다. 성령님이 하신 일입니다. 성령님은 그리스도를 사랑스럽고 보배롭게 하셔서 믿는 사람들에게 그리스도의 영광을 나타내십니다. 그래서 우리 자신을 보던 눈을 돌려, 그리스도의 피만 보게 하십니다. 이 피는 우리의 모든 죄가 우리를 정죄하라고 외치는 것보다 더 큰 소리로 하나님께 자비를 간청합니다.

간구하시는 성령님

"우리는 마땅히 기도할 바를 알지 못하나 오직 성령이 말할 수 없는 탄식으로 우리를 위하여 친히 간구하시느니라"(롬 8:26). 이 말씀은 성령님이 친히 탄식하시고 기도하신다는 뜻이 아닙니다. 탄식하고 기도하는 것은 우리지만 성령님이 인도하신다는 말씀입니다. 성령님은 우리 안에 강렬한 소원을 불러일으키시고 말할 수 없는 탄식을 자아내십니다. 성령님이 하시는 일은 어떤 면에서 대사를 떠올려 주는 사람이 하는 일과 같습니다. 때때로 배우는 외운 대사를 까먹거나 얼버무리고, 자칫 낱말을 잘못 쓰기도 합니다. 그래서 보이지 않는 곳에 나지막이 대사나 낱말을 바로잡아 줄 수 있는 사람이 있는 것입니다. 하나님의 성령께서도 이처럼 어쩔 줄 모르는 그리스도인에게 바른 소원을 떠올려 주시고 그리스도께서 당신의 백성에게 그 말씀으로 약속하신 모든 것을 생각나게 하심으로 이 영혼을 도우십니다. 아더 핑크는 이것을 정말 아름답게 이야기합니다.

> 하나님은 당신의 백성에게 두 중보 기도자를 주셨습니다……한 분은 우리에게 하나님을 대변하시고, 다른 한 분은 하나님 앞에서 우리를 대변하십니다. 한 분은 우리에게 기도를 떠올려 주시고, 다른 한 분은 우리 기도를 아버지께 드리십니다. 한 분은 우리를 위해 복을 구하시고, 다른 한 분은 우리에게 복을 전해 주십니다.[4]

---

4 Arthur Pink, "The Spirit Interceding", in *The Holy Spirit*, (Lafayette, IN: Sovereign Grace Publishers, 2002). 우리말로는 『성령론』(엠마오)으로 옮겨졌다.

복된 기도

하나님의 백성은 얼마나 복됩니까! 그 구원을 이루려고 일하시는 이 두 중보 기도자가 계시니 말입니다! 이들의 기도는 성령님이 가르치시기 때문에 보좌 앞에 이르고 제때 응답을 받습니다. 개즈비William Gadsby의 찬송이 이것을 잘 간추리고 있습니다.

하나님에게서 난 죄인은
하나님 앞에 기도를 쏟아 놓으리
속을 끙끙 앓으며 한숨 푹푹 내쉬며
말을 쥐어짜내며 눈물 줄줄 흘리며

그 마음의 간절함이
높고 높으신 분께 오르니
주님 잠깐 미루셔도
이내 그 필요 채워 주시리

죄로 죽은 죄인은
번지르르 말하길 좋아할지 몰라도
생명 얻은 죄인은
마음 깊이 우러난 기도하길 바라지

참되고 생생한 기도는
다 성령님 지어 주신 것
주님 지어 주셨으니
주님 꼭 들어주시리.

1. 무엇을 위해 기도할지 알기가 쉽습니까? 설명해 봅시다.

2. 우리에게 기도를 가르쳐 주시는 위대한 선생은 누구십니까? 어떻게 가르쳐 주십니까?

3. 우리가 하나님께 다가갈 때, 성령님은 보통 우리 자신에 대해 먼저 무엇을 가르쳐 주십니까?

4. 성령님이 우리 눈을 열어 그리스도의 보배로우심을 보여 주실 때, 우리는 무엇을 느끼게 됩니까?

5. 우리가 신령한 삶을 시작할 때, 우리는 기도를 가르쳐 주시는 성령님만 있으면 됩니까? 여러분의 의견을 말해 봅시다.

6. 우리의 신령한 삶과 관련해 성령님이 우리에게 기도하라고 가르쳐 주시는 것을 몇 가지만 말해 봅시다.

7. 우리가 기도할 때 간구할 수 있는 어떤 약속들이 하나님 말씀에 들어 있습니까?

8. 우리가 신령한 삶을 살다가 무력함에 빠질 때, 성령님은 우리 기도를 어떻게 도우십니까?

9. 성령님은 기도하고 있는 우리를 위해 어떻게 간구하십니까?

10. 믿는 사람이 기도하면서 가장 복되다고 느낄 때는 언제입니까?

〈무엇을 위해 기도할 것인가〉를 읽으면서 하나님께서 깨닫게 해 주신 것과 베풀어 주신 은혜를 생각하며 감사합시다. 또 깨달아 배우고 확신한 일에 거할 수 있게 해 달라고 기도합시다.

3. 하늘에 계신 우리 아버지여

120문. 그리스도께서는 왜 하나님을 "우리 아버지"라고 하라고 명하셨습니까?

   답. 그리스도께서는 기도의 처음 시작부터 우리 안에 하나님을 공경하고 신뢰하는 마음을 불러일으키기를 바라셨는데, 이것이 우리 기도의 기초입니다. 그리스도로 말미암아 우리 아버지가 되신 하나님은 우리가 참된 믿음으로 구하는 것을 우리 부모가 땅의 좋은 것에 대해 우리를 거절하지 않는 것보다 훨씬 더 거절하지 않으실 것입니다.

121문. 여기에 왜 "하늘에 계신"이란 말이 붙어 있습니까?

   답. 하나님의 하늘의 위엄을 땅의 것으로 생각하지 않게 하고, 전능하신 능력의 하나님께 영혼과 몸에 필요한 모든 것을 기대하도록 하기 위해서입니다.

하나님께 아룀

이제 우리가 어떻게 기도해야 하는지 보여 주는 가장 좋은 성경의 보기인 주기도문을 살펴봅시다. 예수님은 기도를 가르쳐 달라는 제자들의 요청에 주기도문을 답으로 가르쳐 주셨습니다. 제자들이 "주여, 우리에게 기도를 가르쳐 주옵소서"(눅 11:1) 하고 부탁드리자, 예수님은 이렇게 답하셨습니다. "너희는 이렇게 기도하라 하늘에 계신 우리 아버지여 이름이 거룩히 여김을 받으시오며……"(마 6:9-13). 이것은 우리가 먼저 살펴볼 주기도문의 머리말입니다.

주님은 제자들에게 기도를 시작할 때 먼저 하나님을 바르게 생각하는 것이 중요하다고 가르쳐 주십니다. 이것은 정말 중요합니다. 우리는 가만히 내버려 두면 하나님에 대해 엉뚱한 생각을 하기 일쑤입니다. 그리스도께서는 당신의 백성에게 하나님을 바르게 생각하라고 가르치십니다. 여기 머리말에 엿보이는 하나님의 선하심과 위대하심보다 하나님을 더 바르게 생각하는 것이 무엇입니까?

우리를 지으신 우리 아버지

하나님은 좋은 아버지이시고, 하늘에 계신 크신 아버지이십니다. 이처럼 담대함과 경외함으로 하나님께 다가가라는 가르침을 우리는 한꺼번에 받습니다.

하나님은 어떤 뜻에서 아버지이십니까? 모든 사람을 창조하셨으니까 넓게 보면 하나님은 모든 사람의 아버지라고 할 수 있을 것입니다. 모든 사람은 하나님이 지으셨기 때문에 하나님의 아들이나 자녀입니다.

이 관계가 우리를 구원하지는 않지만, 그래도 대단히 중요합니다. 육신에 속한 사람은 이 관계 덕분에 하나님의 피조물로서 하나님께 기도할 자격을 얻습니다. 우리는 구원을 받았든 못 받았든, 회심했든 못 했든 다

이 관계 안에 있기 때문에 하나님이 손수 지으신 피조물로서 하나님께 나아갈 수 있습니다. 우리는 하나님께 우리를 멸하지 마시고 우리가 망하지 않게 해 달라고 간구할 수 있을 것입니다.

믿는 사람의 아버지이신 하나님

하지만 예수님이 제자들에게 하나님을 아버지라고 하라고 권하셨을 때, 예수님은 이 창조주와 피조물의 관계를 염두에 두시지 않았습니다. 예수님은 의심할 나위 없이 자기 아버지이신 하나님과 그 아들 그리스도를 믿는 자들 사이의 특별한 관계를 생각하고 계셨습니다.

믿는 사람만이 이 깊고 신령한 의미에서 하나님을 자기 아버지라고 할 수 있을 것입니다. 믿는 사람이 "우리 아버지여" 할 때는 만물을 지으신 창조주, 그 이상을 뜻하는 것입니다. 믿는 사람이 이 이름으로 말하는 분은 우리 주 예수 그리스도의 아버지십니다. 본성상 하나님과 이런 관계에 있는 사람은 없습니다. 바울은 에베소서 2장에서 우리가 다 "진노의 자녀"라고 말합니다. 이 사실은 아무리 강조해도 지나치지 않습니다. 주님이 가르쳐 주신 기도는 자녀의 기도입니다. 하나님과 그 은혜를 모르는 자들이 입에 담기에 어울리지 않는 기도입니다.

죄라는 먼 나라에서 산 우리는 그리스도의 피로 하나님과 가까워지고 나서야만 하나님의 권속이 됩니다(엡 2:13, 17, 19). "(예수를) 영접하는 자……에게는 하나님의 자녀가 되는 권세를 주셨으니"(요 1:12).

놀라운 관계

하나님의 백성은 이 사실에 끝없이 놀랍니다. 성령님이 이들의 눈을 처음 여실 때, 이들은 자기네가 자기네 아비 마귀의 욕심대로 행하는 진노의 자녀라는 것을 보게 됩니다(요 8:44; 엡 2:3). 사탄은 본질상 우리 아비이고, 우리는 날마다 사탄의 뜻대로 행함으로 이 사실을 증명합니다.

우리는 오직 은혜로 이것을 믿을 수 있습니다. 성령님이 우리 마음에 믿음을 일으키실 때, 비로소 우리는 성경이 말하는 모든 것을 믿게 됩니다. 구원자가 계시고 하나님이 사랑이시라는 사실만 아니라, 우리가 하나님의 원수이고 하나님의 진노 아래 있다는 사실도 믿게 됩니다. 이 사실을 깨달을 때, 우리는 많은 사람이 그러듯이 감히 그렇게 쉽고 가볍게 하나님을 우리 아버지라고 하지 못합니다.

오늘날 이렇게 망설이는 사람이 거의 없어 보입니다. 그러나 하나님의 참 성도들은 그렇게 서슴없이 아버지라고 말할 수 없습니다. 이들은 자신들이 큰 죄를 지은 하나님과 자신들 사이에 거리가 있음을 느끼게 됩니다. 그리고 하나님이 자신들과 같이 그렇게 죄 많은 사람의 아버지 이실 수 없음을 압니다. 그래서 참 성도들은 성령으로 말미암아 예수 그리스도를 믿게 된 뒤로도 여전히 처음에는 하나님을 아버지라 부르기를 어려워합니다. 그렇게 부를 자격이 있는데도 함부로 부르지를 못합니다. 이들에게는 하나님의 자녀로, 하나님의 가족으로 일컬음 받는 것이 그저 놀라운 일일 뿐입니다. 다윗은 사울의 딸과 결혼하는 것을 대단한 영광으로 생각했습니다. 그래서 사울의 신하들한테 "왕의 사위 되는 것을 너희는 작은 일로 보느냐 나는 가난하고 천한 사람이라"(삼상 18:23)고 그랬습니다.

아버지와 아들 관계

하나님이 티끌과 재와 같은 죄 많은 우리에게 주시는 특권과 영광을 무엇과 견줄 수 있겠습니까? 그런데도 하나님은 "(내가) 너희에게 아버지가 되고 너희는 내게 자녀가 되리라"(고후 6:18)고 하십니다. 달리 말하면, 여러분에게 아버지 구실을 다 하시겠다는 것입니다.

어떻게 아버지 구실을 하십니까? 바울이 갈라디아서에서 말하는 것처럼, 믿는 우리에게 당신이 아버지로서 우리를 사랑하신다는 확신을 주심으로 하십니다. "너희가 아들이므로 하나님이 그 아들의 영을 우리 마음 가운데 보내사 아빠 아버지라 부르게 하셨느니라"(4:6).

'그런데 제가 하나님을 우리 아버지라고 해도 되는지 어떻게 알지요? 그렇게 하는 것은 주제넘은 일 아닌가요?' 하고 여러분은 묻습니다. 답은 여러분에게 성경의 근거가 필요하다는 것입니다. 열쇠가 되는 구절은 로마서 8장 16절입니다. "성령이 친히 우리의 영과 더불어 우리가 하나님의 자녀인 것을 증언하시나니." 율법 아래서 의심이 가는 모든 일을 두 증인의 입으로 확정해야 했던 것처럼(신 19:15), 여기서 성령님은 우리 영과 더불어 우리가 하나님의 자녀라고 증언하십니다. 우리 영이 우리가 양자라고 증언하는 것만으로는 안 됩니다. 우리 영은 속이고 거짓말할 수 있습니다. 그래서 우리는 성령님의 확증이 필요합니다.

성령의 증언

성령님의 이 증언은 정확히 무엇입니까? 먼저 성령님은 우리가 우리 자신을 시험해 봐야 할 몇 가지 표지를 성경에 두셨습니다. 이를테면, 로마서 8장에 이런 말씀이 나옵니다. "무릇 하나님의 영으로 인도함을 받는 사람은 곧 하나님의 아들이라"(14절). 다음으로 요한일서 3장 10절도 있습니다. "이러므로 하나님의 자녀들과 마귀의 자녀들이 드러나나니 무릇 의를 행하지 아니하는 자나 또는 그 형제를 사랑하지 아니하는 자는 하나님께 속하지 아니하니라."

우리가 성령님의 이러한 인도하심을 어느 정도 알고, 주님의 길로, 의의 길로 행하기를 바란다면, 성령님은 우리가 그리스도의 것이고, 따라서 하나님의 자녀라고 증언하십니다.

육신에 속한 사람한테서는 이런 열매를 찾을 수가 없습니다. 우리 삶에 이런 열매가 있는 것을 볼 때, 우리는 성령님이 우리 안에 이 열매를 맺으셨다고 믿어도 좋습니다. 청교도인 토머스 맨턴은 이렇게 말합니다.

성령이 그리스도께 내려와 그 위에 머무신 것을 보고 요한이 그리스도가 하나님의 아들이신 것을 알았던 것처럼, 우리는 성령님의 일하심과 내재하심으로 우리가 하나님의 자녀인지 아닌지 알고, 하나님이 우리에게 당신의 성령을 주시므로, 곧 우리 안에서 은혜가 역사하므로 우리가 하나님 안에 거하고 하나님이 우리 안에 거하시는 줄을 압니다(요일 4:13).[5]

---

5 Thomas Manton, *The Complete Works of Thomas Manton*, Vol. 1, (Birmingham: Solid Ground Christian Books, 2008 reprint), p. 52.

계시의 영

성령님은 또 우리가 이런 은혜를 알아보도록 도우십니다. 우리는 이런 은혜를 늘 보지도 못하고, 그것이 은혜라고 함부로 믿을 수도 없습니다. 하갈은 하나님이 눈을 열어 주시기 전까지 자기 옆에 있는 샘을 보지 못했습니다(창 21:19). 하나님의 자녀도 자주 그렇습니다. 하나님의 자녀는 성령님의 빛 없이는 성령님의 역사를 못 봅니다. 이들은 은혜를 안다고 함부로 단정 짓지 못할 때가 많습니다. 여전히 자신들 안에서 부패함을 너무 많이 보기 때문입니다. 그래서 우리가 '아니 어떻게 이런 부패가 은혜와 함께 있을 수 있어요?' 하고 묻습니다. 그러나 성령님은 하나님 백성의 원망과 한숨조차 이들 안에 있는 새 생명의 증거임을 보여 주시면서 이들을 구출하러 오십니다.

거룩하게 하시는 성령님은 또한 계시의 영이십니다. 은혜의 근원이신 그분은 은혜의 가장 좋은 계시자요 해석자이십니다. 하나님의 자녀는 은혜의 증거가 아무리 많이 보인다 한들, 함부로 자기가 하나님의 자녀라고 단정 짓지 못합니다. 자신을 속일까 두려워하는 이들에게 의심을 다 물리치실 성령님이 필요합니다. 주님을 구하는 모든 이에게 이 성령을 약속하셨습니다.

우리의 기도를 도우시는 성령님

우리는 이런 성령님의 역사를 위해서도 충분히 기도합니까? 요한은 "그의 성령을 우리에게 주시므로 우리가 그 안에 거하고 그가 우리 안에 거하시는 줄을 아느니라"(요일 4:13)고 말합니다. 성령님은 우리 기도를 도우시고, 우리에게 하나님과 하나님의 구원을 끈기 있게 구할 힘을 주십니다. 우리를 격려하시고, 우리에게 빛을 비추시고, 우리 마음에 하나님의 사랑을 부으시고, 우리에게 그리스도를 보배롭게 하시고, 우리 감정을 그리스도께로 이끄십니다. 그래서 '나는 이것을 체험해 봐서 안다'고 말할 수 있는 때가 옵니다.

성령의 증언이 무엇인지 알고 싶다면, 여러분은 무엇보다 성경에서 말하는 믿는 사람의 표지가 무엇이고, 하나님 자녀의 삶에 어떤 열매가 맺히는지 알아야 합니다. 그리고 나서 여러분이 가장 정직하고 진실하게 결론을 내리도록 성령님이 도와주시기를 빌면서 여러분의 삶을 성경에 대봐야 합니다. 성령의 이 증거를 가진 사람들은 "우리 아버지여" 하고 말할 수 있습니다. 이들은 양자의 영을 받았으므로 "아빠 아버지"(롬 8:15)라고 부르짖습니다.

하나님을 아버지라고 부름

여러분은 이렇게 말할지 모릅니다. '그런데 하나님보고 아버지라고 하는 사람이 꽤 많아요. 이 사람들한테 다 양자의 영이 있다는 말입니까?' 아니요, 절대 아닙니다. "아버지"라고 말하기는 당연히 쉽습니다. 저는 많은 사람이 성령님의 구원하시는 일을 티끌만큼도 모르면서 "아버지"라고 말하고 있을까 봐 두렵습니다.

여러분은 그 차이를 어떻게 알 수 있습니까? 다시 한번 말하지만, 아들 됨의 표지가 뚜렷이 보여야 합니다. 하나님을 아버지라고 부르는 사람은 하나님께 대한 깊은 경외감을 드러내야 합니다. 이 사람은 자기 아버지가 하늘에 계시고 보좌에 앉아 계심을 압니다. 그래서 하나님을 거스르거나, 자기 아버지에게 근심 끼칠 일 하기를 두려워할 것입니다. 하나님의 자녀는 유혹이 닥쳐올 때 그 마음이 움찔하여 요셉과 함께 이렇게 말할 것입니다. "내가 어찌 이 큰 악을 행하여 하나님께 죄를 지으리이까"(창 39:9)? '아버지가 하지 말라고 하셨는데, 내가 감히 어떻게 이런 짓을 하겠어!'

여러분의 삶에서도 그러십니까? 믿는 사람은 절대로 유혹에 무릎 꿇지 않는다는 말이 아닙니다. 그렇지만 그 삶의 경향과 방향이 죄에서, 아버지께서 하지 말라고 하신 모든 일에서 떠나 있습니다. 물론 죄를 피하기만 하는 것이 아닙니다. 믿는 사람은 하나님이 적극 명령하신 일도 행합니다. "나의 하나님이여 내가 주의 뜻 행하기를 즐기오니"(시 40:8).

은혜를 간구함

성경에 나오는 이런 몇 가지 표지를 우리 안에서 볼 수 있을 때까지 주제넘게 하나님을 우리 아버지라고 하지 맙시다. 도리어 하나님의 성령을 주셔서 여러분의 죄와 죄책을 깨우쳐 주시고, 여러분의 눈을 여셔서 여러분이 놓인 위험을 보게 해 달라고 구하십시오.

성령의 이 증거를 아직 받지 못한 사람들에 대해 무슨 말을 할 수 있을까요? 이들도 하나님의 참 자녀일 수 있습니까? 네. 믿는 사람의 표지가 있어도 자기가 정말 하나님의 자녀라는 느낌과 확신은 모자랄 수 있습니다.

그런 사람들은 어떻게 해야 합니까? 토머스 맨턴은 이렇게 지시합니다.

1. 여러분이 "아버지"라고 할 수 없다면, 고아로서 여러분의 사정을 간구하십시오. 호세아 선지자는 "고아가 주로 말미암아 긍휼을 얻음이니이다"(호 14:3) 하고 말합니다. 가련하고 무력한 피조물로 나아가, 그리스도 안에서 하나님과 화평하고 화목하기를 구하십시오.

2. 간절한 바람으로 하나님을 아버지라고 부르십시오. 여러분이 성령의 증거로 하나님을 아버지라고 할 수 없다면, 뜨겁고 간절한 바람으로라도 그렇게 하십시오.

3. 예수 그리스도의 이름으로 나아가십시오. 하나님께 한 아들이 계시니, 그 이름은 하늘에서 큰 의미가 있습니다. 그러니까 여러분이 여러분의 아버지이신 하나님께 나아갈 수 없다면, 우리 주 예수 그리스도의 하나님이요 아버지이신 하나님께 나아가십시오(엡 3:14-15).[6] 이 일을 진지하게, 거듭해서 하십시오. 그러면 예수님의 이름으로 무엇을 구하든 다 받는 체험을 하게 될 것입니다(요 15:16).[7]

---

6 개역개정 성경은 그냥 "아버지"로만 옮겼는데, KJV 성경을 보면 "우리 주 예수 그리스도의 아버지"the Father of our Lord Jesus Christ라고 옮겨 놓았다.

7 Thomas Manton, *The Complete Works of Thomas Manton*, Vol. 1, (Birmingham: Solid Ground Christian Books, 2008 reprint), p. 50.

1. 주기도문에 따르면 하나님께 올바로 아뢰는 법은 무엇입니까?

2. 하나님은 어떻게 우리 아버지이십니까? 두 가지를 말해 봅시다.

3. 하나님 아버지가 우리의 창조주이심을 깨닫는 것이 왜 중요합니까?

4. 믿는 사람이 하나님과 맺는 관계를 설명해 봅시다.

5. 믿는 사람은 왜 하나님과 부자 관계를 맺을 수 있다는 사실에 놀랍니까?

6. 우리가 하나님과 이 참된 부자 관계를 맺고 있는지 어떻게 알 수 있습니까?

7. 성령님은 우리 기도를 어떻게 도우십니까?

8. 하나님이 우리를 당신의 자녀로 입양하신 것을 어떻게 알 수 있습니까?

9. 믿는 사람은 자기가 하나님의 자녀임을 날마다 확신합니까? 이런 확신을 잃을 때 우리는 어떻게 해야 합니까?

〈하늘에 계신 우리 아버지여〉를 읽으면서 하나님께서 깨닫게 해 주신 것과 베풀어 주신 은혜를 생각하며 감사합시다. 또 깨달아 배우고 확신한 일에 거할 수 있게 해 달라고 기도합시다.

4. 이름이 거룩히 여김을 받으시오며

122문. 첫째 간구는 무엇입니까?

답. "이름이 거룩히 여김을 받으시오며"로, 이렇게 간구하는 것입니다.
'먼저, 우리가 주님을 바르게 알게 해 주시고 주님이 행하시는 모든
일에서 주님을 거룩히 여기고 영화롭게 하고 찬송하게 하옵소서. 이
모든 일에서 주님의 능력과 지혜와 선하심과 의와 자비와 진리가 밝
히 드러나나이다. 나아가, 우리의 모든 삶, 곧 우리 생각과 말과 행
동을 이끄셔서 주님의 이름이 우리 때문에 더럽혀지지 않고 오히려
영광과 찬송을 받게 하옵소서.'

지극히 높은 하나님의 존귀

이것은 주기도문의 첫째 간구입니다. 그리스도께서는 제자들에게 왜 이
것을 가장 먼저 간구하라고 가르치셨을까요? 제자들보고 알아서 하라고
그러셨으면, 제자들은 끄트머리에 가서나 이 내용을 언급할 것임을 잘 아
셨기 때문입니다.

우리도 그러지 않습니까? 우리는 자주 이런 말로 기도를 마칩니다.

'이 모든 것이 하나님께 영광과 존귀가 되기를 비나이다.' 아니면 이와 비슷한 다른 말로 끝을 맺습니다. 하지만 예수님은 우리가 하나님 이름의 존귀와 함께 시작하기를 바라셨습니다. 이것이 먼저 와야 합니다.

하나님의 이름을 거룩히 여기고 영화롭게 하는 것, 이것이 바로 모든 피조물의 첫째가고 으뜸가는 목적입니다. 이것은 전능하신 하나님, 곧 우리 주 예수 그리스도의 아버지께서 영원 전부터 뜻하신 바입니다. 하나님이 자연과 은혜에서, 창조와 재창조에서 하시는 모든 일은 이 한 가지 궁극의 목적과 부합해야 합니다. 그러니까 그리스도께서 제자들에게 기도를 가르치시면서 이 간구를 맨 위에 두셨다 한들 조금도 이상할 것이 없습니다.

그리고 이 간구는 나머지 간구들이 들어설 길을 마련해 줍니다. 말하자면 하나님 앞으로 들어가는 문입니다. 우리가 이 뒤에 나오는 간구들로 기도할 때, '우리의 이런 간구를 들어주시는 것이 하나님의 거룩하신 이름에 더 큰 찬송이 되기를 바라나이다' 하고 기도하는 것입니다.

하나님을 경외함

여기서 주님의 이름을 거룩히 여기고 공경해야 하는 것은 누구입니까? 답은 훤합니다. 이 땅에 사는 우리, 곧 사람의 자녀들입니다. 물론 하늘에 있는 천사도 하나님의 이름을 거룩히 여깁니다. 천사들은 서로 외칩니다. "거룩하다 거룩하다 거룩하다 주 하나님 곧 전능하신 이여"(계 4:8), "그의 영광이 온 땅에 충만하도다"(사 6:3).

우리는 천사들이 이렇게 하나님의 이름을 거룩히 여기고 영화롭게 하게 해 달라고 기도할 필요가 없습니다. 쉽게 말해 반역한 천사들은 그렇게 하려고 하지도 않고 할 수도 없지만, 여전히 충성된 천사들은 쉬지 않고 그렇게 하고 있기 때문입니다. 이 간구는 지금 하늘에 있는 성도들과도 관련 있을 수 없습니다. 이들은 다 밤낮으로 온전히 하나님을 섬기기 때문입니다.

이 간구는 다른 피조물과도 관련 있을 수 없습니다. 비록 의식 없이 하는 일이긴 하지만 만물이 하나님을 찬양하기 때문입니다.

우리가 첫째 간구에서 기도하는 바는 의식을 가지고, 자원해서 하나님 이름을 거룩히 여기게 해 달라는 것입니다. 하나님의 이름을 거룩히 여기는 것은 오로지 사람이 해야 할 일입니다. 이것이 우리가 이 간구로 기도할 때 뜻하는 바입니다. 그때 우리는 실제로 이렇게 말하는 것입니다. '주님의 이름이 모든 곳에 있는 사람들에게, 우리에게, 특별히 저에게 거룩히 여김을 받으시옵소서.'

하나님을 존귀하게 여기는 것이란

하나님의 이름을 거룩히 여긴다는 것이 무슨 뜻입니까? 거룩히 여긴다는 것은 말 그대로 거룩하게 만든다, 거룩하게 한다는 뜻입니다. 물론 우리는 하나님의 이름이 본래 그런 것보다 그 이름을 더 거룩하게 할 수 없습니다. 그러나 하나님의 이름이 거룩함을 인정할 수는 있습니다. 적어도 인정해야 합니다. 우리는 하나님의 이름을 영화롭게 하려고 살아야 합니다.

우리가 늘 그렇게 삽니까? 마르틴 루터는 주기도문을 강해하면서 이렇게 말합니다. "제가 알기로 성경에 이 간구만큼 우리 삶을 그토록 모질게 깎아내리고 뭉그러뜨리는 가르침은 없습니다." 왜 그렇습니까? 루터가 발견한 것처럼, 아무도 하나님의 이름을 거룩히 여기지 않기 때문입니다. 거듭나지 않은 사람이 그런 것은 말할 것도 없거니와 믿는 사람도 옛 본성으로는 참으로 그러합니다.

따라서 이 첫째 간구로 바르게 기도하려면, 죄를 깨달아야 하고 회개하는 심령이 있어야 합니다. 누군가 이렇게 말했습니다.

주기도문에서 우리는 아버지 마음에 호소할 뿐 아니라, 우리 가슴을 칩니다. '아버지'라고 말하는 사람은 다 이렇게 말할 수밖에 없습니다. '제가 먼 나라에서 아버지께 옵니다. 제가 아버지 아들이라 일컬음을 감당하지 못하겠나이다. 아버지, 제가 아버지 이름을 거룩히 여기지 못했사옵니다. 아버지 이름을 수백 번도 더 팔아먹었나이다. 아버지, 아버지 이름이 제 삶에서 차지하는 비중이 보잘것없이 작나이다. 제 사장의 이름, 오늘날 역사를 만들어 가는 훌륭한 사람들의 이름, 제가 사랑하는 사람들의 이름이 아버지 이름보다 제게 더 소중하고 저를 훨씬 사로잡나이다.'**8**

실제로 같은 내용이 다른 간구들에도 해당됩니다. 그때도 마찬가지로 이렇게 말해야 합니다. '아버지, 아버지 뜻이 이루어지기를 꺼리는 저 자신을 자꾸자꾸 보나이다. 저에겐 제 나라가 아버지 나라보다 더 중요하나이다.'

---

8 Helmut Thielicke, *Our Heavenly Father: Sermons on the Lord's Prayer*, translated by John W. Doberstein, (New York: Harper & Row, 1960). 우리말로는 『세계를 부둥켜안은 기도』(홍성사)로 옮겨졌다.

죄인인 우리

우리는 주기도문 전체를 살펴면서 구절마다 회개의 필요성을 보여 줄 수 있습니다. 믿는 사람은 간구 간구마다 '하나님은 제 아버지시나이다' 하고 말합니다. 그러나 하나님은 틀림없이 '너는 사람이고 죄인이라' 그러실 것입니다.

하나님은 '네 죄 때문에 내 이름이 마땅히 받을 영광을 받지 못한다. 내 나라가 임할 수 없고 내 뜻이 이뤄질 수 없는 것도 다 네 죄 때문이다. 너는 사람이고 아이다' 말씀하십니다. 여러분은 기도합니다. "이름이 거룩히 여김을 받으시오며." 그런데 그 속뜻은 이렇습니다. '제 삶에서 한두 군데만 빼놓고 다른 데서는 다 아버지 이름이 거룩히 여김을 받으시옵소서. 주님, 제 사업이나 사회생활이나 공생활에서 주님의 이름을 쓸 수 없나이다. 여기서만큼은 제 이름을 쓸 수밖에 없사옵니다. 제 모습이 원래 그래서, 이곳에서는 삶이 제게 그렇게 요구하니까 어쩔 수 없나이다.'

여러분, 이제 루터가 왜 첫째 간구가 우리를 때려눕힌다고 했는지 아시겠습니까? 첫째 간구는 우리를 때려눕혀야 합니다. 우리가 주기도문으로 기도할 때, 우리 자신에 맞서 기도하지 않는 한 하나님의 영광을 위해 기도할 수 없기 때문입니다. 이 간구로 기도할 때 마음 깊이 회개하는 법을 아직 배우지 못한 사람은 사실 전혀 기도한 것이 아닙니다.

하나님을 아는 지식

그런데 얼마나 자주 "이름이 거룩히 여김을 받으시오며" 하는 이 말을 별 생각도 별 감정도 없이 쉽게 내뱉습니까! 주님의 백성마저 이런 죄를 짓는다면, 하나님 앞에서 그 마음이 바르지 않은 사람들, 곧 겉으로만 신앙을 고백하고 회심하지 않은 사람들은 어떻겠습니까?

"이름이 거룩히 여김을 받으시오며"는 이런 뜻입니다. '하늘에 계신 아버지, 제가 무슨 일을 하든지 다 아버지의 영광을 위해 하게 해 주옵소서.' 이렇게 기도하는 사람은 그 마음에 하나님을 참되게 알고 싶은 갈망과 열망이 가득한 사람입니다. 우리가 이 첫째 간구로 기도할 때 하나님을 참되게 알고자 하는 소원과 태도가 없다면, 우리는 위선자가 될 수밖에 없습니다.

한 아들이 집을 멀리 떠났습니다. 그리고 아버지한테 보고 싶다는 편지를 씁니다. 그런데 정작 아버지가 보내 주신 편지는 읽으려는 수고조차 하지 않는다면, 여러분은 이 아들을 어떻게 생각하시겠습니까? 우리가 "이름이 거룩히 여김을 받으시오며" 하고 구하면서 하나님 말씀에는 통 관심 없이 살아가는 모습을 뚜렷이 보여 준다면, 우리도 이 아들과 하나도 다를 것이 없습니다. 믿는 사람을 믿지 않는 사람과 갈라놓는 것은 "하늘에 계신 우리 아버지여" 하는 칭호만이 아닙니다. 첫째 간구도 믿는 사람만이 이 간구로 기도할 수 있음을 보여 줍니다.

아, 믿는 사람도 자신이 늘 부족하다는 것을 인정할 수밖에 없습니다. 그러나 믿는 사람에게는 이것이 짐입니다. 믿는 사람은 하루를 마칠 때마다 하나님과 하나님 말씀을 조금밖에 생각하지 못한 것에 가책을 느끼고, 부끄러운 마음으로 자기가 티끌과 같은 일에, 시간과 감각에 속한 일에 매달린 죄를 자백합니다.

여러분도 그러십니까? 밤이고 낮이고 신령한 일들만 가지고 고민하느냐고 묻는 것이 아닙니다. 그러나 여러분의 삶의 방향이 그래야 합니다. 하나님과 하나님의 영광이 여러분에게 가장 중요해졌습니까? 하나님 나라가 땅에서 흥왕하고 그 이름의 영광이 높이 들리는 것을 보는 것이 여러분의 간절한 바람입니까?

하나님의 뜻에 굴복함

"이름이 거룩히 여김을 받으시오며." 그리스도께서 이 첫째 간구에서 가르치시는 것은, 하나님이 만물을 다스리실 때 하나님의 이름이 모든 영광과 찬송을 받으시기를 하나님께 간구하라는 것입니다. "이름이 거룩히 여김을 받으시오며"는 이런 뜻입니다. '하늘에 계신 우리 아버지, 우리와 만물을 통해 아버지의 이름을 영화롭게 하옵소서. 저나 제 이름이 어떻게 되든지 상관 마시고, 제가 고난과 죽음의 길로 끌려가야 한다 할지라도, 아버지 이름을 영화롭게 하시옵소서.'

십자가의 어두운 그림자가 예수님의 영혼을 덮어 올 때 예수님이 친히 하신 기도가 그랬습니다. 예수님은 "지금 내 마음이 괴로우니 무슨 말을 하리요 아버지여 나를 구원하여 이때를 면하게 하여 주옵소서 그러나 내가 이를 위하여 이때에 왔나이다"(요 12:27) 하고 말씀하셨습니다. 자기 아버지의 이름을 영화롭게 하는 것이 예수님의 첫째가는 관심사였습니다. 예수님은 지옥 깊은 곳까지 끌려갈지언정, 아버지 이름이 거룩히 여김 받기를 기꺼이 바라셨습니다.

이것이 우리가 첫째 간구에서 주로 배우는 것입니다. 이어지는 모든 간구 가운데서 이 간구가 맨 윗자리를 차지하는 까닭이 여기에 있습니다. 하나님의 영광이 먼저입니다. 우리에게 무슨 일이 일어나든지 우리는 하나님이 영광 받으시기를 기꺼이 바라야 합니다.

하나님의 이름을 거룩히 여긴다는 말은 무엇보다 하나님 아들을 믿는다는 뜻입니다. 하나님이 우리 구원을 위해 세우신 구주를 영접한다는 뜻입니다.

우리는 그리스도 안에서 하나님을 알아야 하고, 그리스도와 하나 되어야 합니다. 그리스도께서는 또한 대리자와 대표자로 하나님을 영화롭게 하셨습니다. 그리스도를 믿음으로 그리스도께서 자기 아버지의 이름을 거룩히 여기신 것이 우리에게 전가됩니다.

그리스도가 필요함을 봄

우리 일생은 우리 이익만 꾀하고 우리 이름을 거룩히 여기는 긴 기록입니다. 그래서 우리는 하나님 앞에서 완전히 정죄 받고 어쩔 줄 모른 채로 서 있습니다. "이름이 거룩히 여김을 받으시오며." '주님, 저는 그렇게 한 적이 없나이다.' 이것이 자신을 알게 된 모든 사람의 기도입니다. '예수님, 그런데 예수님은 그렇게 하셨나이다. 예수님의 의가 제게 얼마나 필요하나이까.'

참된 믿음은 우리의 칭의만 아니라, 우리의 성화도 온전히 예수님의 이름에 달려 있다고 믿는 것입니다.

예수님, 주님의 피와 의는
저의 아름다움, 저의 빛나는 옷이에요
불타는 세상 한복판에서도 이 옷을 입었으니
기쁨으로 제 머리 들겠나이다.

그러니까 "이름이 거룩히 여김을 받으시오며"는 우리 안의 더 큰 거룩함을 구하는 기도가 아닙니다. 우리가 여기서 구하는 것은 성화의 진전이 아닙니다. 물론 이것이 합당한 기도이지만, 그리스도께서 여기서 제자들에게 가르치신 것은 아닙니다. 첫째 간구는 '저를 거룩하게 하옵소서'가 아니라, '아버지의 이름이 거룩히 여김을 받으옵소서'입니다.

이것이 무슨 뜻입니까? 우리가 우리 자신이나, 우리의 좋은 의도나, 도덕을 지키려는 노력에서 시작해서는 안 된다는 것입니다. 이것은 물거품이 될 수밖에 없습니다. 우리는 완전한 삶을 사셨고, 우리의 불완전하고 극악무도한 삶을 속죄하신 그분만을 바라봐야 합니다.

예수님이 여기서 가르쳐 주시는 기도는 '저를 구별된 거룩한 사람으로 만들어 주옵소서'가 아니라, '저에게 예수님의 구별되심과 거룩하심이 필요함을 보여 주시고, 예수님의 온전하고 거룩한 삶이 믿음으로 제 것이 될 수 있음을 보여 주옵소서' 하는 기도입니다.

하나님을 거룩히 여긴다는 말은 "하나님으로부터 나와서 우리에게 지혜와 의로움과 거룩함과 구원함이 되"(고전 1:30)신 그리스도를 거룩히 여긴다는 뜻입니다. 그러면 우리의 성화도 저절로 따라올 것입니다. 루터는 언젠가 이렇게 말했습니다. "여러분은 햇볕을 받고 있는 돌을 보고 따뜻해지라고 명령할 필요가 없습니다. 돌은 저절로 따뜻해집니다."

그리스도인은 율법을 지키려는 자신의 노력이라는 어둠에서 벗어나 그리스도의 의라는 햇빛 속으로 뛰어드는 법을 은혜로 배운 사람입니다. 이 태양이 믿는 사람을 따뜻하게 해서, 굳은 마음을 깨뜨릴 것입니다. 믿는 사람은 끝내 이렇게 말하고 말 것입니다.

땅 위의 만물이 주님을 경배하고 찬송하며

즐거이 소리쳐 주님의 공로와 명성을 높일 때까지

주님의 이름이 언제나 거룩히 여김을 받으시옵소서

우리가 이 세상에서 주님의 자녀로

모든 행실 가운데 주님 형상 나타내게 하옵소서.

🔍 더 깊은 공부와 나눔을 위한 질문

1. 첫째 간구("이름이 거룩히 여김을 받으시오며")는 기도에 대해 우리에게 무엇을 가르쳐 줍니까?
2. 사람은 왜 하나님의 이름을 존귀하게 여겨야 합니까?
3. 하나님의 이름을 거룩히 여기는 것이 우리에게 무엇을 뜻하는지 말해 봅시다.
4. 루터가 왜 "성경에 이 간구만큼 우리 삶을 그토록 모질게 깎아내리고 뭉그러뜨리는 가르침은 없다"고 믿었는지 설명해 봅시다.
5. 주기도문으로 아무 생각 없이, 경솔히 기도하는 것이 왜 죄입니까?
6. 우리가 어떻게 하나님 이름을 참으로 영화롭게 할 수 있는지 설명해 봅시다.
7. 주기도문의 이 첫째 간구는 우리 자신과 우리 필요에 대해 우리에게 무엇을 가르쳐 줍니까?

〈이름이 거룩히 여김을 받으시오며〉를 읽으면서 하나님께서 깨닫게 해 주신 것과 베풀어 주신 은혜를 생각하며 감사합시다. 또 깨달아 배우고 확신한 일에 거할 수 있게 해 달라고 기도합시다.

5. 나라가 임하시오며

123문. 둘째 간구는 무엇입니까?

답. "나라가 임하시오며"로, 이렇게 간구하는 것입니다. '주님의 나라가
온전히 이루어져 주님이 만유의 주로 만유 안에 계실 때까지, 주님
의 말씀과 성령으로 우리를 다스리사 우리가 더욱더 주님께 복종하
게 하시고, 주님의 교회를 보존하시고 흥왕하게 하시며, 마귀의 일
과 주님께 맞서 일어서는 모든 세력과 주님의 거룩한 말씀에 반대하
는 모든 악한 도모를 멸하옵소서.'

하나님 나라

주기도문의 둘째 간구에서 믿는 사람은 하나님 나라가 땅 위에 임하기를
기도합니다. 그리스도께서 설교하고 가르치신 중심 주제가 하나님 나라
였던 것을 떠올린다면 이 간구가 얼마나 중요한지 알게 될 것입니다. 구
주께서는 하나님 나라가 가까이 왔다고 선언하심으로 사역을 시작하셨습
니다(마 4:17; 막 1:15).

예수님은 무슨 뜻으로 하나님 나라를 말씀하셨습니까? 그리스도께서

이 낱말을 아무 데서도 설명하지 않으신 것으로 보아, 우리는 예수님 시대의 유대인들이 이 나라를 벌써 잘 알고 있었다고 결론 내릴 수 있을 것입니다. 유대인들은 하나님 나라가 하나님이 다스리시는 영역만 아니라 하나님의 통치를 나타낸다는 것을 알았습니다.

하나님 나라는 시간과 공간에 관하여 시작도 끝도 없는 영원한 나라이지만, 낙원에서 처음 그 모습을 드러냈습니다. 하나님은 창조주로서 당신이 손수 지으신 모든 것을 다스리시면서, 만물의 영장인 사람에게 특별한 순종을 요구하셨습니다. 아담은 만물을 다스릴 권한을 받았습니다(창 1:26). 아담은 하나님의 섭정으로 무궁무진한 잠재력을 지닌 땅을 경작해야 했습니다.

어둠의 나라

하지만 사람은 또 다른 주권자, 곧 이 세상 임금인 사탄(사탄은 일찍이 하늘에서 반란을 꾀했으나 실패했습니다) 섬기기를 더 좋아하면서 자기 왕이요 입법자를 거역했습니다. 이렇게 해서 사람은 다른 나라, 곧 어둠의 나라 백성이 되었습니다. 하늘에 충성스러운 천사가 여전히 셀 수 없이 많았기 때문에 하나님 나라가 끝난 것은 아니었지만, 하나님 나라의 한 영역, 한 지방이 이제 원수의 손에 들어갔습니다.

그러나 하나님은 이 일을 모른 척 내버려 두지 않으셨습니다. 하나님은 아담과 하와가 타락하자마자 바로 이들에게 찾아오셔서 "내가……원수가 되게 하리"(창 3:15)라고 하심으로 우리 시조와 마귀의 불경한 동맹을 갈라놓으셨고, 아담과 하와를 다시 당신의 영토에 데려다 놓으셨습니다.

하나님 나라가 임함

그리스도께서 하나님 나라가 가까이 왔다고 알리셨을 때, 바로 이 다시 세워진 나라를 말씀하신 것입니다. 예수님의 말씀은 '하나님 나라가 막 드러날 참이다' 그런 뜻이었습니다. 물론 하나님 나라는 하나님이 아담과 하와에게 '하와의 후손이 나와서 뱀의 머리를 상하게 할 것이다' 하고 약속하신 때부터 쭉 임하고 있었습니다(창 3:15).

그리스도가 나시기 전에 일어난 모든 일은 하나님 나라가 임할 것을 예비한 일로 봐야 합니다. 하나님 나라는 그리스도와 함께 실제로 임할 것이었고, 사탄은 왕위에서 쫓겨나고 사탄의 포로들은 풀려날 것이었습니다.

신약 성경으로 볼 때, 하나님 나라는 하나님이 그리스도 안에서 사탄과 악한 권세를 물리치시고 사람들을 악한 자의 지배에서 건져 내시는 구속의 통치를 뜻합니다. 그리스도께서 실제로 하나님 나라의 막을 여셨다는 증거는 복음서의 거의 매 쪽에서 볼 수 있습니다. 그리스도께서는 귀신들을 쫓아내시면서 하나님 나라의 임재와 능력을 확언하셨고(마 12:28), 강한 자를 결박하시고 그 세간을 강탈하심으로 당신의 위력을 나타내셨습니다(마 12:29).

사탄의 저항

그리스도께서 사탄을 왕좌에서 끌어내리셨지만, 사탄이 완전히 무장 해제된 것은 아닙니다. 사탄은 자기의 때를 잠깐 허락받았고, 그래서 우리는 그리스도가 다시 살아나셔서 하늘에 오르셨는데도 하나님 나라가 마귀와 그 악한 군대에게 끊임없이 공격받는 것을 보는 것입니다. 이 공격은 마지막 때가 가까울수록 더욱 거세질 것입니다.

우리는 마귀의 이런 공격을 오늘날에도 볼 수 있습니다. 사탄은 기독교의 영향력이 조금이라도 남아 있으면 그것을 뿌리 뽑으려고 안간힘을 씁니다. 하지만 사탄이 여전히 아무리 강하다 해도, 하나님 나라가 패퇴할 수 없음을 우리는 압니다. 하나님 나라는 임했고, 여전히 임하고 있으며, 장차 임할 것입니다.

그리스도가 마침내 이기실 것입니다. 믿는 사람이 주 그리스도께서 친히 가르쳐 주신 대로 "나라가 임하시오며" 하는 간구를 올려 드릴 때, 바로 이런 이김과 승리를 위해 기도하는 것입니다.

신령한 나라

하나님 나라는 무엇보다 신령한 나라라는 것을 깨닫는 것이 정말 중요합니다. 그리스도의 원수들이 빌라도 앞에서 그리스도를 고발한 내용을 보면, 그리스도가 자칭 왕이라고 했고 한 나라를 세우겠다고 했다는 것이 그중 하나였습니다.

로마 재판관 빌라도가 이 혐의에 대해 묻자, 구주께서는 당신이 왕이심을 인정하셨습니다. 그러면서 이러한 대답으로 당신 나라의 성격을 똑똑히 밝히셨습니다. "내 나라는 이 세상에 속한 것이 아니니라"(요 18:36). 예수님은 이 짧은 문장으로 하나님 나라에 대한 당신의 가르침을 간추리셨습니다. 하나님 나라는 근본에서 신령한 나라입니다. 예수님이 빌라도한테 "내 나라는 이 세상에 속한 것이 아니니라"고 하셨을 때, 이것은 당신의 나라가 무력으로 뒷받침되고 세금으로 유지되는 세상 나라가 아니라는 뜻이었습니다.

하나님 나라는 이 세상에 속하지 않았으니까, 이 세상 방식대로 전진해서는 안 됩니다. 그런데도 사람들은 자꾸 그렇게 하려고 했습니다. 사회 복음을 지지하는 사람들은 더 나은 법을 제정해야만 하나님 나라가 임할 것이라고 주장합니다. 이 사람들은 '우리는 사회를 개혁해야 한다. 우리는 더 나은 교육, 더 나은 주거, 더 나은 작업 환경이 필요하다. 이런 것들이 하나님 나라를 들여오는 데 도움이 될 것이다' 이렇게 외칩니다.

물론 그 밑바탕에 '사람은 근본이 선하다'는 가정이 깔려 있습니다. 또 사람의 문제는 다는 아니어도 대부분 교육이 모자라다는 둥 기회가 없다는 둥 사회 조건이 나빠서 생긴다는 것입니다. 이 이론 전체가 왜 잘못되었습니까? 사람의 문제를 밖에서부터 접근하기 때문입니다. 이 이론은 사람의 환경을 개선하는 것으로 인류의 질병을 고치려고 합니다.

하지만 예수님의 접근 방식은 아예 달랐습니다. 예수님은 사람의 근본 문제가 영혼의 문제라고 가르치셨습니다. 문제는 사람 마음에 있습니다. 사람은 죄인입니다. 곤고하고 비참한 죄인입니다. 그러니까 그 마음이 바뀌어야만 더 나은 시민이 되고, 더 나은 부모가 되고, 더 나은 일꾼이 될 것입니다.

하나님 나라 시민

따라서 "나라가 임하시오며" 하는 기도는 가장 먼저 개인의 회심을 위한 기도입니다. 하나님 나라는 사람이 회개하고 복음을 믿을 때, 주 예수 그리스도를 믿음으로 영접할 때만 임합니다. 이러한 사람들은 자기 삶에서 하나님의 주권을 인정할 것입니다. 이들은 자기 뜻을 꺾고 하나님 뜻을 따름으로 하나님께 순종할 것입니다.

그러니까 하나님 나라가 임하기를 기도하는 것은, 죄인의 마음속에 하나님의 왕위가 세워지기를 기도하는 것입니다. 많은 사람이 예수 그리스도의 복음을 듣고 하나님께 돌이키기를 기도하는 것입니다.

이것이 여러분께도 해당됩니까? 여러분은 하나님 나라의 시민이십니까? 잊지 마십시오. 하나님 나라로 들어가는 길은 새로운 탄생이라고 하는 문으로 들어가는 길밖에 없습니다. 예수님은 니고데모한테 이렇게 말씀하셨습니다. "진실로 진실로 네게 이르노니 사람이 거듭나지 아니하면 하나님의 나라를 볼 수 없느니라"(요 3:3).

은혜에서 자라기를 기도함

하나님 나라가 임하기를 기도하는 것은 회심을 위해서 기도하는 것만이 아닙니다. 이것은 성화를 위해서도 기도하는 것입니다. 주 예수 그리스도를 벌써 아는 사람들에게, 둘째 간구는 은혜와 순종에서 자라기를 구하는 기도입니다. 우리가 그리스도인이라면, 우리는 거듭났고 마음이 새로워졌습니다. 우리 삶의 보좌에 그리스도가 앉아 계십니다.

그러나 아직 완전하지는 않습니다. 우리는 우리 안에 여전히 반항심이 가득함을 고백해야 합니다. 육신의 정욕과 악한 생각과 욕구가 강하게 일어나 하나님의 뜻에 맞서게 합니다.

스스로 정직한 그리스도인이라면 누구나 자기가 왕의 뜻에 온전히 복종하지 못하노라고 고백할 것입니다. 이들이 "나라가 임하시오며" 하고 기도할 때는, 더 온전히 복종하게 해 달라고 기도하는 것입니다. "일심으로 주의 이름을 경외하게 하소서"(시 86:11) 하고 구하는 것입니다.

아, 우리 하나님 찬양하는 마음

죄에서 벗어난 마음

날 위해 값없이 흘리신 주님 피

날마다 느끼는 마음

생각마다 새로워진 마음

하나님의 사랑으로 가득한 마음

흠 없고 바르고 착하고 깨끗한 마음

주님 마음 똑 닮은 마음 주세요.

여러분도 이렇게 기도하십니까? 우리의 타락한 본성은 죄에서 벗어난 마음을 구하지 않습니다. 죄와 사랑에 빠져 있기 때문입니다. 우리는 하나님과 하나님의 거룩한 율법을 적대하는 마음이 가득해서, 그리스도께서 우리를 다스려 주시기를 바라지 않습니다. 그렇기 때문에 우리가 은혜로 '주님, 주님의 나라가 제 마음에도 임하게 하옵소서. 제가 제 생각을 모두 사로잡아 그리스도께 복종하게 하도록 도와주옵소서(고후 10:5)' 하고 말하는 법을 배웠다면, 우리는 참으로 복된 사람입니다. 이런 식으로 하나님이 영광을 받으시고, 하나님 이름이 거룩히 여김을 받으시며, 하나님 뜻이 이루어집니다.

하나님 나라가 확장되기를 기도함

이것이 여러분이 마음으로 바라는 일이라면, 여러분은 다른 사람에게서도 하나님 나라가 세워지는 것을 간절히 보고 싶을 것입니다. 그렇다면 "나라가 임하시오며" 하는 기도는 또한 하나님 말씀이 전파되고, 하나님을 알고 예수 그리스도의 복음을 아는 지식이 많아지기를 구하는 기도입니다. 세상 나라가 그리스도께로 이끌려 그리스도를 만왕의 왕이요 만주의 주로 인정하게 해 달라는 기도입니다.

이 가련한 세상에 소망이라고는 하나님 나라가 임하는 것밖에 없습니다. 평강에 이르는 길은 모든 사람이 하나님의 의롭고 은혜로운 통치를 받아들이는 길뿐입니다.

하나님 나라가 임하기를 기도하는 것만으로는 모자랍니다. 우리의 이런 바람이 얼마나 진실하고 간절한지는, 우리가 하나님 나라의 여러 일에 얼마나 마음과 물질로 힘을 보태는가 하는 것으로만 판단할 수 있습니다.

우리는 하나님 나라가 임하기를 기도하는 것에 우리의 은사와 수고를 더해야 합니다. 우리가 우리 교회와 공동체에서 하나님을 섬기는 일에 적극 뛰어들지 않는 한, 우리 기도는 하나님 보시기에 큰 가치가 없습니다.

그리스도께서 다시 오시기를 기도함

끝으로 "나라가 임하시오며" 하는 기도는 왕께서 친히 다시 오시기를 구하는 기도입니다. 하나님 나라는 주 예수 그리스도께서 구름을 타고 나타나실 때에만 영광 중에 충만히 임할 것입니다. 그때야 비로소 세상 나라가 우리 주와 그의 그리스도의 나라가 되어, 그가 세세토록 왕 노릇 하실 것입니다(계 11:15).

여러분은 "나라가 임하시오며" 하고 진심으로 기도할 수 있으십니까? 초기 그리스도인들은 그럴 수 있었습니다. 교회 초기에 그리스도가 오시리라는 소망은 믿는 사람의 기쁨과 힘이었습니다. 이 기도는 시대와 나라를 막론하고 모든 신실한 사람의 기도였습니다. 믿음 안에서 죽은 수많은 성도가 예수님이 다시 오시기를 기다렸습니다. 지금도 참 믿음이 있는 사람은 어디에 있든지 예수님이 다시 오시기를 기다립니다.

여러분도 주님이 오시길 애타게 바라십니까? 아니면 주님이 오셔서 여러분이 쾌락을 좇지 못하게 할까 봐, 여러분의 사업 계획을 방해할까 봐, 여러분의 경력에 마침표를 찍을까 봐 두려우십니까? 자신을 살펴보십시오. 여러분이 초기 그리스도인들처럼 "주 예수여 속히 오시옵소서"(계 22:20) 하고 말할 수 없다면, 여러분의 신앙은 진실성 없고 형식만 남은 빈껍데기일 뿐입니다. 하나님께서 여러분이 진심으로 이렇게 말하는 법을 가르쳐 주시기를 빕니다.

주님, 주님의 나라가 하루빨리 와서
사탄의 어두운 영토를 황폐하게 하옵소서
주님을 찬송하는 소리 방방곡곡 들리도록
주님의 귀한 말씀으로 우리를 다스려 주옵소서
주님이 영광 중에 나타나실 때에
온 땅이 주님 이름 경외하게 하옵소서.

1. '하나님 나라'라는 말이 무슨 뜻입니까?

2. '어둠의 나라'는 무엇입니까?

3. 하나님 나라가 임하는 것에 대해 신약에서 새로운 점은 무엇입니까?

4. 하나님 나라의 큰 대적자는 누구이고, 어떤 권세를 가졌습니까?

5. 그리스도께서 "내 나라는 이 세상에 속한 것이 아니니라"(요 18:36)고 그러셨는데, 이 것이 무슨 뜻입니까?

6. 하나님 나라의 시민은 누구이고, 이 시민권은 어떻게 얻습니까?

7. 이 간구로 기도할 때, 그리스도인은 자기 개인의 삶에 대해 어떤 목적이 있어야 합니까?

8. 땅 위에서 그리스도의 나라가 확장되는 일에 우리는 어떻게 참여해야 합니까?

9. 그리스도의 나라는 언제 온전히 임하고, 우리는 그 나라가 올 것을 어떻게 예비해야 합니까?

〈나라가 임하시오며〉를 읽으면서 하나님께서 깨닫게 해 주신 것과 베풀어 주신 은혜를 생각하며 감사합시다. 또 깨달아 배우고 확신한 일에 거할 수 있게 해 달라고 기도합시다.

6. 뜻이 하늘에서 이루어진 것같이 땅에서도 이루어지이다

124문. 셋째 간구는 무엇입니까?

답. "뜻이 하늘에서 이루어진 것같이 땅에서도 이루어지이다"로, 이렇게 간구하는 것입니다. '우리와 모든 사람이 다 자기 뜻을 버리고, 유일하게 선한 주님의 뜻에 투덜대지 않고 순종하게 하옵소서. 또 각 사람이 하늘의 천사들처럼 자기 직분과 소명을 즐거이 그리고 충성스레 수행하게 하옵소서.'

앞에서 "나라가 임하시오며" 하는 간구를 살필 때, 우리는 이 간구가 무엇보다 죄인의 회심을 위한 기도라고 배웠습니다. 죄인의 마음이 바뀔 때에만 하나님 나라가 사람 중에 임합니다. 하나님이 왕위에 오르시고 사탄이 왕위를 빼앗기는 곳마다, 여러분에게 하나님 나라가 있습니다.

하나님 나라의 법

그리스도인은 하나님 나라의 백성입니다. 백성이 자기 왕에 대한 충성심을 어떻게 증명합니까? 왕의 법에 복종하는 것으로 증명합니다. 세상 나라에도 다 지켜야 할 헌법이 있듯이, 하나님 나라에도 헌법, 곧 하나님의 거룩한 율법이 있습니다. 이 율법은 하나님의 뜻을 나타낸 것이어서 무조건 그리고 철저히 복종해야 합니다. 하나님 나라의 참되고 충성된 백성은 왕의 법을 좋아합니다. 왕의 뜻대로 행하기를 바랍니다. 그래서 "(하나님) 뜻이 하늘에서 이루어진 것같이 땅에서도 이루어지이다" 하고 기도합니다.

이 셋째 간구에서 우리는 하나님과 우리 사이에 있는 문제의 핵심에 다다릅니다. "이름이 거룩히 여김을 받으시오며"나 "나라가 임하시오며"는 이 간구에 담긴 뜻을 충분히 깨닫지 못해도 말할 수 있습니다. 하지만 '아버지 뜻이 이루어지이다' 할 때에는, 이 기도가 미칠 영향을 피하지 못할 것 같습니다. 우리는 다 우리 뜻이 있기 때문입니다. '아버지 뜻이 이루어지이다'는 '제 뜻이 아닌 아버지 뜻이 이루어지이다' 하는 말입니다. 그러니까 주기도문의 이 셋째 간구로 참되게 기도하는 것이 어쩌면 기독교 신앙 전체에서 가장 어려운 일일지 모르겠습니다.

하나님의 뜻

우리는 무슨 뜻으로 '아버지 뜻이 이루어지이다' 하고 말합니까? 하나님의 뜻이 정확히 무엇입니까? 신학자들은 하나님의 나타난 뜻과 하나님의 감춰진 뜻 또는 은밀한 뜻을 거듭 가려 왔습니다. 하나님의 나타난 뜻은 성경에 명시된 하나님의 계명과 법도를 말합니다. 하지만 하나님의 감춰진 뜻, 또는 은밀한 뜻은 예정과 같은 하나님의 계획이나 작정을 말합니다. 우리가 '아버지 뜻이 이루어지이다' 하고 기도할 때는 하나님의 나타난 뜻을 가리키는 것입니다. 모세가 이스라엘 백성에게 떠올려 준 사실을 보십시오. "감추어진 일은 우리 하나님 여호와께 속하였거니와 나타난 일은 영원히 우리와 우리 자손에게 속하였나니 이는 우리에게 이 율법의 모든 말씀을 행하게 하심이니라"(신 29:29).

하나님의 나타난 뜻에 복종함

하나님의 뜻은 두 가지 방식으로 이루어져야 합니다. 먼저, 하나님의 뜻을 이루는 것은 하나님 말씀에 순종하며 사는 것을 말합니다.[9] 본성상 그렇게 사는 사람은 아무도 없습니다. 우리는 다 '내 뜻'으로 가득 찬 사람들입니다. 우리 생각에 옳고 좋은 일만 하고 싶어 합니다. 우리는 얼마나 부패했는지, 속으로는 우리의 죄악 된 길로 가기로 단단히 마음먹고도 자꾸 입을 함부로 놀려 '아버지 뜻이 이루어지이다' 하고 기도합니다.

성령님이 우리를 거듭나게 하실 때에만 우리는 비로소 진심으로 '아버지 뜻이 이루어지이다' 하고 기도할 것입니다. 그제야 우리는 하나님의 아들 예수 그리스도를 믿는 것이 하나님의 첫째 계명이라는 사실도 보게 됩니다(요일 3:23). 19세기의 한 스코틀랜드 목사는 이것을 다음과 같이 표현했습니다.

하나님의 뜻은 타락하고 죄 많으며 죄 때문에 영원히 멸망할 사람들이 자기네가 떠난 하나님께로 돌이켜 "장차 올 진노"(눅 3:7)를 피하는 것입니다. 하나님의 뜻은 하나님이 당신의 말씀에서 주신 증거, 곧 넘치는 선하심과

---

9 여기서 '하나님의 뜻을 이룬다'는 말은 'to do the will of God'을 옮긴 것인데, 이것은 '하나님의 뜻을 행한다'는 말로도 옮길 수 있다.

인자하심으로 구주를 주셨다는 사실을 사람들이 믿는 것입니다……하나님의 뜻은 그리스도 예수께서 얻으셔서 지금 값없이 제안하시는 영원한 의를 죄인들이 맞이하고 받아들이는 것이고, 이들이 주님을 얼마나 멀리, 얼마나 오래 떠나 있었든지 이제 주님께 돌아오는 것입니다……이것이 하나님의 뜻입니다. 아, 이 얼마나 은혜로운 뜻입니까!……바로 이 뜻이 땅에서 이루어지기를, 곧 그리스도가 구주로 높아지고, 죄인들이 구원받기를 하늘의 계신 아버지를 우러러보고 아버지께 빌라고 믿는 사람들에게 가르치신 것입니다. 이 일이 사람의 부패한 뜻에 달렸다면, 단 하나도 이루어지지 못했을 것이기 때문입니다……그러나 구주를 주시기로 하신 영원 전 언약에서 구주께서는 또한 이런 약속을 받으셨습니다. '네 권능의 날에 한 백성이 네 것이 되기를 즐거워할 것이다. 네가 네 씨를 보게 될 것이고, 해와 달이 있을 동안 네게 한 백성이 있을 것이다(시 110:3; 사 53:10; 시 72:5).'

시금석

'아버지 뜻이 이루어지이다'는 무엇보다 예수 그리스도를 우리 주와 구주로 믿는 것을 뜻합니다. 그런 다음에 우리는 예수 그리스도를 정말로 주와 구주로 영접했다는 사실을 증명하려고 그분의 말씀을 따라 행할 것입니다. 여기에 시금석이 있습니다. "나더러 주여 주여 하는 자마다 다 천국에 들어갈 것이 아니요 다만 하늘에 계신 내 아버지의 뜻대로 행하는 자라야 들어가리라"(마 7:21).

그리고 두 번째로 하나님의 뜻은 이렇게 이루어져야 합니다. 우리는 하나님의 계명에 복종해서 하나님의 뜻을 적극 행해야 할 뿐 아니라, 하나님의 뜻에 순복하고 살아야 합니다. 바꿔 말해, 우리는 우리 삶에 대한 하나님의 뜻을 받아들여야 합니다.

성경은 우연히 일어나는 일은 없다고 가르칩니다. 하나님은 주권자이 시고 만물의 통치자이십니다. 그러니까 우리한테 일어나는 모든 일은 우리 하나님 아버지의 뜻을 따라서 우리의 선을 이루려고 일어나는 일입니다. 그리스도인이 '아버지 뜻이 이루어지이다' 말하기가 참 힘들 때가 있습니다. 그런데도 은혜로 그렇게 말할 수 있습니다. 엘리와 다윗과 같이 흠 있는 사람들을 생각해 보십시오. 이들은 흠이 있었지만 삶에 끔찍한 일이 닥쳤을 때 '여호와께서 선히 여기시는 대로 행하시옵소서' 하고 말할 수 있었습니다(삼상 3:18; 삼하 15:26).

욥과 같은 의인을 생각해 보십시오. 욥은 여호와께서 모든 것을 가져가시고 아내마저 등을 돌렸지만, 여전히 이렇게 말할 수 있었습니다. "주신 이도 여호와시요 거두신 이도 여호와시오니 여호와의 이름이 찬송을 받으실지니이다"(욥 1:21). 아내가 하나님을 버리고 죽으라고 했을 때는 이렇게 대답했습니다. "그대의 말이 한 어리석은 여자의 말 같도다 우리가 하나님께 복을 받았은즉 화도 받지 아니하겠느냐"(욥 2:10).

이것은 쉬운 일이 아닙니다. 재앙이 우리를 덮칠 때 욥처럼 말하려면, 은혜가 많이 필요합니다. 하지만 이런 철저한 순복은 가능하고 그리스도의 학교에서 배울 수 있습니다. 그리스도의 학교는 수준이 정말 높습니다.

우리의 본보기: 하늘의 천사

예수님은 제자들에게 "뜻이 하늘에서 이루어진 것같이 땅에서도 이루어지이다" 하고 기도하라고 가르치셨습니다. 하늘은 하나님의 보좌가 있고, 천사들로 말미암아 하나님의 뜻이 온전히 이루어지는 곳입니다. 시편에 보면 이런 말씀이 나옵니다. "여호와께서 그의 보좌를 하늘에 세우시고 그의 왕권으로 만유를 다스리시도다 능력이 있어 여호와의 말씀을 행하며 그의 말씀의 소리를 듣는 여호와의 천사들이여 여호와를 송축하라"(103:19-20).

천사들은 여호와께 철저히 복종합니다. 천사들은 어떤 일을 맡든지 투덜대거나 말대답하지 않고 그 일을 해냅니다. 이 땅에도 서로 가치와 매력이 다른 여러 일이 있듯이, 하늘의 천사들도 해야 할 여러 일이 있습니다. 그리스도의 탄생을 알리는 일처럼 즐거운 일을 할 때도 있지만, 죽음의 사자가 애굽의 장자를 모조리 죽여야 했을 때처럼 정말 내키지 않는 일을 할 때도 있습니다. 그러나 좋든지 싫든지 천사들은 언제나 온전히 순종하며 일을 척척 해 나갑니다. 하나님의 뜻이 선하고 옳은 줄 아니까 기꺼이 순종합니다.

그러니까 "뜻이 하늘에서 이루어진 것같이 땅에서도 이루어지이다" 하고 기도할 때, 우리는 본보기로서 천사들을 봐야 합니다. 이들이 본보기인 까닭은 자기네 뜻과 하나님 뜻 사이에 갈등을 모르기 때문입니다. 천사들의 뜻은 하나님의 뜻과 완벽하게 어우러집니다. 이것이 우리가 꿈꾸는 바입니다. 우리 삶에서도 이처럼 하나님과 우리 뜻이 완벽하게 어우러져야 합니다.

우리의 싸움

우리는 이런 이상에서 얼마나 동떨어져 있습니까! 우리는 좀처럼 하나님 뜻대로 행하지 않습니다. 혹 행하더라도 자꾸 투덜대고 망설입니다. 하나님 뜻이 우리 뜻과 충돌할 때, 마음속 깊은 데서 큰 분노가 일 수 있습니다. 우리는 출세하기를 바라고, 좋은 지위를 탐내고, 승진을 꿈꿉니다. 그런데 하나님은 '아니다. 거기 그냥 있어라' 말씀하실지 모릅니다.

우리는 건강하고 싶지만, 주님은 질병을 보내십니다. 교회에서도 우리 뜻대로 일이 되기를 바라지만, 주님은 주님 뜻대로 행하십니다.

여러분, '내 뜻'이냐 '아버지 뜻'이냐 하는 이 싸움을 아십니까? 여러분이 그리스도인이라면, 이것은 아주 익숙한 경험일 것입니다. 한편으로는 하나님이 하나님 뜻대로 행하시기를 바라는 마음이 있습니다. 바울과 함께 율법이 거룩하고 계명도 거룩하고 의로우며 선하다고 배웠기 때문입니다(롬 7:12). 그러나 다른 한편으로는 여전히 옛 본성이 남아 있어 자기 뜻을 강하게 내세웁니다. 바울은 이런 갈등을 다음과 같이 표현합니다.

> 그러므로 내가 한 법을 깨달았노니 곧 선을 행하기 원하는 나에게 악이 함께 있는 것이로다 내 속사람으로는 하나님의 법을 즐거워하되 내 지체 속에서 한 다른 법이 내 마음의 법과 싸워 내 지체 속에 있는 죄의 법으로 나를 사로잡는 것을 보는도다 오호라 나는 곤고한 사람이로다 이 사망의 몸에서 누가 나를 건져 내랴(롬 7:21-24).

하나님의 은혜

참으로 하나님 백성의 체험에서 현실과 이상은 얼마나 동떨어져 있습니까! 성령님의 은혜와 능력이 없으면, 우리는 절대로 하나님의 뜻에 순종하지 못할 것입니다. 우리는 이런 성령님이 얼마나 필요합니까? 거듭나고 새로워진 의지를 받는 처음에만 필요한 것이 아니라, 그 뒤로 믿음의 삶을 살아가는 데에도 꼭 필요합니다. 성령님은 우리 마음을 거듭거듭 깨뜨리셔서, 우리가 우리 완고함을 회개하게 하시고 그리스도와 그리스도께서 다 이루신 사역에 매달리게 하십니다.

죄인의 소망은 이것밖에 없습니다. 구원받은 죄인도 마찬가지입니다. 구원이 가능한 이유는 하나뿐입니다. 하나님의 뜻이 이 땅에서 단번에 온전히 이루어졌기 때문입니다. 히브리서 기자는 그리스도의 온전한 삶과 순종을 되새기면서, 그리스도께서 그렇게 사신 목적이 다음 한마디로 압축된다고 똑똑히 말합니다. "보시옵소서 내가 하나님의 뜻을 행하러 왔나이다"(10:9). 그러므로 그리스도도 우리의 훌륭한 본보기이십니다.

우리의 훌륭한 본보기

저는 앞에서 천사들이 우리의 본보기라고 했습니다. 이것은 사실이지만, 우리는 그리스도도 본보기로 필요합니다. 그리스도는 천사들보다 훨씬 나은 본보기이십니다. 천사들은 기쁘고 충성스레 하나님을 섬길지라도 시험이 무엇인지 모르기 때문입니다. 사탄은 한때 이들을 꾀어 하나님을 거역하게 하려고 했지만, 이제는 이들을 괴롭히지 않습니다. 하지만 그리스도께서는 시험에 대해 다 아시고, 우리의 몸부림을 다 이해하십니다.

겟세마네에서 십자가가 코앞에 닥쳤을 때, 예수님은 이 끔찍한 시련이 점점 다가오는 것을 보시고는 흠칫 놀라 이렇게 기도하셨습니다. "내 아버지여 만일 할 만하시거든 이 잔을 내게서 지나가게 하옵소서"(마 26:39). 아주 잠깐이기는 하지만 예수님의 거룩하신 영혼에 이 끔찍한 시련을 면하게 해 달라고 구하라는 제안이 들어온 것입니다. 예수님은 곧바로 마음을 다잡으시고는 "그러나 나의 원대로 마시옵고 아버지의 원대로 하옵소서"(마 26:39) 하고 말씀하셨습니다.

우리의 위로

그렇습니다. 예수님은 하나님 뜻을 받아들이기 힘들어하는 우리를 이해하십니다. 그래서 우리가 마귀와 세상과 우리 자신의 죄악 된 마음과 싸울 때 우리를 돕기를 바라십니다. 우리가 우리 자신의 뜻에 대해 죽고 당신 아버지 뜻대로 행하도록 돕기를 바라십니다.

그러니까 예수님께 가십시오. 가서 동정함으로 귀 기울이시는 예수님께 마음을 쏟아 놓으십시오. 여러분의 문제, 여러분의 반항하고 거역하는 마음을 아뢰십시오. 그리고 어떻게 하면 온 맘을 다해 "뜻이 하늘에서 이루어진 것같이 땅에서도 이루어지이다" 하고 기도할 수 있는지 가르쳐 달라고 구하십시오.

우리는 예수님의 온전한 순종에서 우리 순종의 모범이나 본보기를 발견할 뿐 아니라, 순종하기 위한 능력도 발견합니다. 우리는 스스로 아무것도 할 수 없지만, 예수 그리스도 안에서는 하나님의 뜻을 비롯하여 모든 일을 행할 수 있습니다.

이처럼 셋째 간구는 참으로 하나님의 뜻을 행할 능력을 구하는 기도입니다. 다윗과 함께 이렇게 구하는 것입니다. "일심으로 주의 이름을 경외하게 하소서"(시 86:11).

주님의 뜻대로 행하게 해 주세요

주님의 진리를 따를래요

경외하는 마음 가르쳐 주시고 밝은 눈 주세요

아 주님, 지극히 높으신 우리 하나님,

주님의 이름을 진심으로 빛내게 해 주세요(시 86:11-12).**10**

🔍 더 깊은 공부와 나눔을 위한 질문 〰〰〰〰〰〰〰〰

1. 하나님 나라의 법은 무엇입니까? 하나님의 법에 순종하기가 쉽습니까, 어렵습니까? 설명해 봅시다.

2. 하나님의 나타난 뜻은 무엇이고, 우리는 이 뜻을 어떻게 알 수 있습니까?

3. 하나님의 감춰진 뜻 또는 은밀한 뜻은 무엇을 말합니까? 우리는 이런 뜻을 아는 데 관심을 가져야 합니까? 설명해 봅시다.

4. 우리는 언제 하나님의 나타난 뜻에 기꺼이 순종하게 됩니까?

5. 우리가 '아버지 뜻이 이루어지이다' 하고 기도할 때, 우리가 거듭났고 다시 태어났음을 보여 주는 중요한 시금석 두 가지는 무엇입니까?

6. 우리가 시련과 어려움을 당할 때 '아버지 뜻이 이루어지이다' 하고 기도하기가 어렵습니까? 진심으로 이렇게 기도하는 법을 어떻게 배웁니까?

7. "뜻이 하늘에서 이루어진 것같이 땅에서도 이루어지이다" 하는 기도는 하늘에서 본보기를 보라고 우리에게 가르쳐 줍니다. 천사들은 우리를 어떻게 가르칩니까?

8. 사도 바울은 자기 안에 자기 뜻대로 행하기를 바라는 마음과 하나님의 뜻에 굴복하기

10 236:2, in *The Psalter: with responsive readings*, (United Presbyterian Board of Publication, 1912).

를 바라는 마음 사이에 갈등이 있다는 것을 알았을 때, 무엇을 체험했습니까?

9. 그리스도께서는 어떻게 하나님 뜻을 이루는 데서 우리의 훌륭한 본보기이십니까?

10. 우리가 우리 안에 남아 있는 죄와 싸우고 우리를 위한 하나님의 뜻과 싸울 때, 우리의
   위로는 무엇입니까?

〈뜻이 하늘에서 이루어진 것같이 땅에서도 이루어지이다〉를 읽으면서 하나님께서 깨닫게 해 주신 것과 베풀어 주신 은혜를 생각하며 감사합시다. 또 깨달아 배우고 확신한 일에 거할 수 있게 해 달라고 기도합시다.

7. 오늘 우리에게
일용할 양식을 주시옵고

125문. 넷째 간구는 무엇입니까?

답. "오늘 우리에게 일용할 양식을 주시옵고"로, 이렇게 간구하는 것입니다. '우리 몸에 필요한 모든 것을 기꺼이 내려 주사 오직 주님만이 모든 좋은 것의 근원임을 인정하게 하시고, 주님이 복 주시지 않으면 우리 염려나 수고 심지어 주님의 선물조차 우리에게 아무 유익이 되지 못함을 알게 하옵소서. 그리하여 우리가 어떤 피조물도 의지하지 않고 오직 주님만 의지하게 하옵소서.'

우리 육체의 필요

"미쁘다 모든 사람이 받을 만한 이 말이여 그리스도 예수께서 죄인을 구원하시려고 세상에 임하셨다 하였도다"(딤전 1:15). 죄인의 구원은 그리스도의 가장 큰 관심사였고, 관심사입니다. 그리스도께서는 이를 위해 사셨고, 이를 위해 죽으셨다가 죽은 자 가운데서 다시 살아나셨습니다. 그러나 바울의 이 위대한 진술에서 그리스도께서는 우리 영혼 구원에만 관심 있으시고, 우리 몸과 우리 몸의 필요에는 아무 관심도 없으시다는 결론을 이끌어 내서는 안 됩니다.

그리스도께서는 우리 몸의 필요에도 커다란 관심이 있으십니다. 큰 무리가 예수님이 병 고치는 기적 행하시는 것을 보고서 예수님을 따랐을 때, 구주께서는 날이 저무는 것을 아시고 빌립에게 이르시기를 "우리가 어디서 떡을 사서 이 사람들을 먹이겠느냐?"(요 6:5) 하셨습니다.

예수님의 주된 관심사가 이들의 영혼이었던 것은 사실입니다. 예수님은 다른 곳에서 이들이 목자 없는 양 같음을 보시고 슬퍼하셨습니다(막 6:34). 하지만 이들의 몸의 필요에도 관심이 있으셨습니다. 예수님은 당신의 말씀을 들으러 오는 이 사람들에게 먹고 마실 것이 필요하다는 것을 아셨습니다. 그래서 그리스도께서 제자들에게 가르쳐 주신 주기도문에서 우리 몸의 필요에 관한 간구("오늘 우리에게 일용할 양식을 주시옵고")도 볼 수 있는 것입니다.

모든 선의 원천이신 하나님

주기도문은 다루는 범위가 넓습니다. 우리는 맨 먼저 하나님의 영광을 위해 기도해야 합니다. "아버지여 이름이 거룩히 여김을 받으시오며 나라가 임하시오며 뜻이 하늘에서 이루어진 것같이 땅에서도 이루어지이다"(마 6:9-10). 그리고 나서 우리 자신을 위한 간구도 올려 드릴 수 있습니다. "오늘 우리에게 일용할 양식을 주시옵고"(마 6:11).

먼저 이 기도를 받으시는 대상을 생각해 봅시다. 하나님은 여기서 현세의 복을 주시는 분으로 나타납니다. 하나님은 그저 수많은 공급자 가운데 한 분이 아니라, 유일한 공급자십니다. 진정한 의미에서 하나님 말고는 아무도 줄 수 없습니다.

사탄은 줄 수 없습니다. 사탄은 줄 선물이 없습니다. 사탄이 가진 것은 죄다 미끼입니다. 사탄은 많은 것을 주겠다고 약속합니다. 예수님께는 천하만국과 그 영광을 주겠다고 했습니다(마 4:8-9). 우리한테도 죄의 모든 기쁨과 쾌락을 제안합니다. 우리는 사탄의 말을 얼마나 잘 믿습니까! 그러나 영원이 오면, 사탄을 끝까지 믿은 사람들은 사탄이 준 것 중에 참되고 좋은 선물은 없었다는 것을 알게 될 것입니다. 올무와 사슬만 주었을 뿐입니다.

세상도 줄 수 있는 것이 없습니다. 세상은 우리에게 참된 풍요를 줄 수 없습니다. 그냥 주는 척할 뿐입니다. 세상의 선물은 그림자만 있지 실체가 없습니다. 이 선물은 금세 사라지고 우리는 전과 같이 가난해집니다. 하나님만이 참으로 주실 수 있습니다. 하나님은 창조주이시기 때문입니다. 창조하실 때 주기 시작하셨고, 섭리로 끊임없이 주십니다.

너그러이 베푸시는 하나님

하나님이 유일한 공급자이신데도 이것을 알아보는 사람은 매우 드뭅니다. 왜 그렇습니까? 아무 말 없이 끊임없이 주시기 때문입니다. 그래서 우리는 하나님의 선물을 눈여겨보고 하나님께 감사하는 것을 쉽게 까먹습니다. 분명한 사실은 기근이 들어 먹을 것이 귀할 때처럼 하나님이 선물 하나만 거두어 가셔도 우리는 그것을 느끼고 하나님의 능력을 인정한다는 것입니다. 그러나 우리가 하나님이 베푸시는 것을 날마다, 해마다 넉넉히 받을 때에는 복이 끊이지 않는 까닭에 이 복을 당연한 것으로 여기게 됩니다.

하나님은 마치 인정과 감사를 받지 않고 싶으신 것처럼 아무 말 없이 선물을 주십니다. 하지만 사람의 감사와 인정에 관심 없으신 것이 아닙니다. 하나님은 여전히 물으십니다. "열 사람이 다 깨끗함을 받지 아니하였느냐 그 아홉은 어디 있느냐"(눅 17:17)?

하나님은 끊임없이 주십니다. 우리를 온종일 기다리십니다. 하나님의 백성만 아니라 모든 사람이 하나님의 친절한 돌보심과 관심을 함께 받습니다. 하나님은 모든 사람을 기다리시지만, 모든 사람이 하나님을 기다리지는 않습니다. 다윗과 함께 "내가 종일 주를 기다리나이다"(시 25:5) 하고 말하는 법을 배운 사람은 성령님이 가르치신 사람뿐입니다. 이런 사람들은 하루하루 먹을 양식과 더불어 모든 것에서 주님만 온전히 의지합니다. 이것이 이 간구에 나타난 선물입니다. "일용할 양식을 주시옵고."

우리의 모든 필요를 포함하는 양식

여기서 양식은 먹을 것만 말하는 것이 아니라 우리 몸에 필요한 모든 것을 가리킵니다. 믿는 사람이 "일용할 양식을 주시옵고" 하고 기도할 때는 먹을 것과 입을 것, 일과 건강, 많은 수확, 근면과 수고를 비롯해 우리 생존이 달린 모든 것을 놓고 기도하는 것입니다.

우리가 먹을 것이 다 하나님에게서 나옵니다. 시편 기자는 말합니다. "모든 사람의 눈이 주를 앙망하오니 주는 때를 따라 그들에게 먹을 것을 주시며 손을 펴사 모든 생물의 소원을 만족하게 하시나이다"(145:15-16). "들짐승과 우는 까마귀 새끼에게 먹을 것을 주시는도다"(147:9).

주 예수께서도 우리에게 "공중의 새를 보라 심지도 않고 거두지도 않고 창고에 모아들이지도 아니하되 너희 하늘 아버지께서 기르시나니"(마 6:26) 하고 말씀하십니다. 심고 뿌리고, 힘겹게 일하는 우리가 우리 양식이 하나님에게서 온다는 사실을 잊을까 봐, 성경은 이 위대한 진리가 똑똑히 드러나는 수많은 기적을 기록해, 우리가 보이지 않는 하나님의 손길을 알아볼 수 있게 돕고 있습니다.

이스라엘은 광야에서 하늘에서 내리는 만나를 먹었습니다(출 16:4). 엘리야는 까마귀들이 가져온 고기로 목숨을 이어 갔습니다(왕상 17:4-6). 과부의 통에는 가루가 떨어지지 않았고 그 병에는 기름이 없어지지 않았습니다(왕상 17:14). 보리떡 다섯 개와 물고기 두 마리로 큰 무리가 먹었습니다(요 6:9-13). 이 모든 기적이 다 일용할 양식을 주시는 분이 하늘에 계신 아버지시라는 사실을 우리의 무딘 마음에 깊이 새겨 주려고 기록된 것입니다.

세상의 관점

그런데도 우리는 이런 가르침을 얼마나 더디 배웁니까! 요즘 시대에는 더욱 그렇습니다. 오늘날 누가 하나님을 필요로 합니까? 영혼 문제에서는 하나님을 필요로 할지 모릅니다만, 물질 문제에서는 거의 그렇지 않습니다. 이런 세속에 물든 인생관은 진화 철학의 열매입니다. 모든 것이 자연과 과학으로 설명됩니다. 우주와 생명을 이해하는 열쇠로써 하나님은 이제 필요 없습니다.

이런 물질주의와 자연주의 정신이 교회에까지 스며들었습니다. 아, 물론 우리는 여전히 일용할 양식을 달라고 기도합니다. 그런데 이 기도에 딸려 있어야 할 절박함이 있습니까? 우리는 아프면 의사한테 달려갑니다. 돈 문제가 생기면 사회가 늘 도와주고, 늘그막에는 노령 연금이 기다리고 있습니다. 이런 것들이 잘못됐다는 말이 아닙니다. 당연히 아닙니다. 그러나 우리가 이런 것들을 의지한다면 잘못된 것입니다. 그것은 죄입니다.

우리는 받을 자격이 없음

성령님이 우리 안에서 일하셔서 우리가 얼마나 비참한 죄인인지 보여 주실 때에만, 우리는 하나님이 날마다 우리를 돌보시는 것이 얼마나 놀라운 일인지 느낄 것입니다. 그때 우리가 그런 돌보심을 받을 자격이 없다는 사실을 알게 되기 때문입니다. 그때 밥풀 한 알도 하나님이 베푸신 선물이 됩니다. 하나님이 인류에게 주신 가장 큰 선물이신 주 예수 그리스도께서 우리를 위해 얻으신 선물.

우리 자신이 아무 가치 없음을 볼수록, 우리는 하나님이 갈보리 십자가를 거쳐 흘러내려 보내시는 이 복의 진가를 더욱 인정할 것입니다.

한 번에 하루치로 족함

"오늘 우리에게 일용할 양식을 주시옵고." 지금 뭐라고 하는지 눈여겨보십시오. "일용할 양식"이랍니다. 여기에 일종의 규제 또는 제한이 있습니다. "오늘 우리에게 일용할 양식을 주시옵고"는 날마다 그날 먹을 양식을 하나님께 구하는 기도입니다. 그리스도의 제자는 한 번에 한 달 치 양식이 아니라 하루치 양식을 구해야 합니다. 그날그날 충분히 먹고 마실 양만 있으면 그만입니다.

그러면 내일을 위해 미리 계획하고 쓸 돈을 모아 두는 것은 잘못된 일입니까? 아닙니다. 저는 넷째 간구가 사람 편에서 앞을 내다보거나 일하거나 아끼는 것을 못하게 한다고 생각하지 않습니다. 앞을 내다보고 대비하지 말라는 것이 아니라 물질을 의지하지 말라는 것입니다. 그리스도인은 주님을 믿어야지 자기 은행 계좌나 소득보장정책이나 또 다른 형태의 보장책을 믿어서는 안 됩니다. '내 심령에 이르기를 여호와는 나의 기업이시니 그가 몸과 영혼을 잘 보살피실 것을 내가 바라고 믿으리라 하도다(애 3:24).'**11** 그러니까 그리스도께서 우리보고 한 번에 하루치 양식을 구하라고 하신 까닭은 모든 일에서 하나님을 신뢰하는 법을 가르쳐 주시기 위해서입니다.

감사하며 만족함

우리는 "오늘 우리에게 일용할 양식을 주시옵고"에 만족해야 합니다. 호화로움 자체가 잘못되었다는 말은 아닙니다. 우리가 정직하게 얻는다면, 무엇이든 가질 수 있을 것입니다. 다만 우리가 가진 모든 것에 대해 주님께 언제나 감사할 수 있어야 합니다.

---

11 저자가 성경 말씀에 설명을 덧붙인 것이다.

우리가 가진 것을 씀

양식을 위한 기도는 또한 땅의 소유를 바르게 쓰는 법을 가르쳐 줍니다. 주님은 당신이 우리에게 주신 모든 것을 우리가 당신의 영광과 우리 이웃의 안녕을 위해 쓰기를 바라십니다. 이와 관련해 여기에 쓰인 대명사를 눈여겨보는 것이 중요합니다. 우리가 구하는 것은 '내 양식'이 아니라 '우리 양식'입니다.[12]

우리는 여기서 우리 자신만 생각하지 말고 다른 사람도 생각하라는 가르침을 받습니다. 초대 교회는 이것을 실천했습니다. 오순절 날에 믿는 사람 백이십 명이 성령 부음을 받자마자 이런 일이 일어났다고 성경은 말합니다. "믿는 사람이 다 함께 있어 모든 물건을 서로 통용하고"(행 2:44).

우리는 늘 서둘러 지적하기를, 신약의 이런 통용은 이 각박한 세상에서 너무 현실성 없는 일이어서 오래 이어질 수 없었다고 말합니다. 그런데 이때 우리가 깜빡하는 것은 신약의 모든 사도가 '그리스도 예수 안에 있는 사람은 자기 소유를 다른 사람과 나눠야 한다. 형제의 가난을 책임져야 한다'고 끊임없이 주장했다는 사실입니다. 바꿔 말해, 신약은 우리에게 사회의식을 심어 줍니다. 요한은 "누가 이 세상의 재물을 가지고 형제의 궁핍함을 보고도 도와줄 마음을 닫으면 하나님의 사랑이 어찌 그 속에 거하겠느냐 자녀들아 우리가 말과 혀로만 사랑하지 말고 행함과 진실함으로 하자"(요일 3:17-18)고 했습니다.

하나님이 날마다 우리에게 양식을 주시는 것은 우리보고 쓰라고 주시는 것이 틀림없지만, 우리만 쓰라고 주시는 것은 아닙니다. 우리는 우리

---

12 개역개정 성경은 "일용할 양식"이라고만 옮겨 놓았지만, 킹 제임스 성경에는 "일용할 양식"이란 말 앞에 '우리'가 붙어 있다.

의 넉넉함을 다른 사람과 나눠야 합니다. 우리가 받은 돈을 어떻게 쓸지 더 신중해집시다. 우리 자신은 그만 떠받들고, 기회를 엿보아 어려운 사람들을 위로합시다. 이것이 바로 말로만 아니라 행함과 진실함으로 사랑하는 것입니다.

어린아이 같은 기도

끝으로, 주기도문은 자녀의 기도이기 때문에 담대한 기도입니다. 이것은 자식이 아버지한테 드리는 간구이고, 그래서 신뢰와 확신의 태도를 암시하는 간구입니다. 여러분, 이렇게 담대히 하나님께 나아가는 것을 아십니까? 그러려면 하늘에서 내려온 참 떡이신[13] 그리스도를 알아야 합니다.

땅의 양식은 하나님이 주신 선물이므로 더 깊고 신령한 의미도 담고 있습니다. 이런 사실에 놀라서는 안 됩니다. 하늘에서 나오는 모든 것은 하늘에서 비롯되었다는 하늘의 표가 새겨져 있습니다.

성경에서 그리스도를 바위나 가지나 포도나무나 어린양에 빗대고, 또 목자나 신부나 친구라고 하는 까닭은, 그리스도께서 이런 불완전하고 비교가 되는 피조물들의 참된 실체이시기 때문입니다. 비유로 입을 여신 구주께서는 당신이 생명의 떡이라고 하셨습니다(요 6:35, 48). 죽으심으로 우리에게 생명이 되신 살아 있는 떡이십니다.

---

13 주기도문에서 말하는 "양식"과 여기서 말하는 '떡'은 영어로 다 'bread'이다.

하늘 양식

예수님의 몸인 이 떡을 먹은 신자는 예수님과 참으로 하나입니다. 이 떡만이 우리 생명을 지탱할 수 있습니다. 그러므로 땅의 양식은 우리가 이 땅에서 살아가는 데 반드시 필요할지라도 하늘에서 오는 양식의 모형일 뿐입니다.

우리는 하늘의 양식을 압니까? 이 양식을 맛보았습니까? 이 양식에 굶주렸습니까? 이런 물음은 대단히 중요합니다. 참된 양식을 구하지 않고 일용할 양식만 구한다면, 우리는 물질주의자로 낙인찍히고 말 것입니다.

하늘의 양식이신 그리스도를 먹고 사는 것이 우리 삶의 첫째가는 관심사라면 우리는 얼마나 복된 사람입니까! 그럴 때에 우리가 세상에서 아무리 가난하더라도 우리에게 빼앗길 수 없는 보배가 있는 것입니다. 우리가 구원을 위해 하나님을 믿는다면, 하나님이 우리 필요를 다 채워 주실 것입니다.

우리를 돌보시는 주님

믿는 사람이 저마다 여행을 마칠 때 주님이 물으실 것입니다. "부족한 것이 있더냐"(눅 22:35)? 이들은 이렇게 답할 것입니다. '아닙니다, 주님. 주님이 제 목자이셔서 모자람이 없었나이다. 주님의 자비가 아침마다 새롭나이다.'

시간과 감각에 속한 일을 위해 산 사람들은 아브라함이 부자에게 한 말을 그대로 들을 것입니다. "얘 너는 살았을 때에 좋은 것을 받았고 나

사로는 고난을 받았으니 이것을 기억하라 이제 그는 여기서 위로를 받고 너는 괴로움을 받느니라"(눅 16:25).

가난함 자체는 기릴 만한 점이 없습니다. 하나님은 우리가 부자 되기를 바라십니다. 진짜 부자요. 그러나 부자가 되려면 다 내려놓아야 합니다. 우리 자신까지 내려놓아야 합니다. '나는 내 것'이라고 생각하는 사람은 아무리 부유해 보여도 실상은 아무것도 없는 사람입니다. 하지만 자신이 주님의 피로 값 주고 산 주님의 것임을 알 수 있는 사람에게는 이렇게 말할 수 있습니다. "만물이 다 너희 것임이라 바울이나 아볼로나 게바나 세계나 생명이나 사망이나 지금 것이나 장래 것이나 다 너희의 것이요 너희는 그리스도의 것이요 그리스도는 하나님의 것이니라"(고전 3:21-23).

🔍 더 깊은 공부와 나눔을 위한 질문

1. 그리스도께서 우리 영혼의 필요만 아니라 일상의 필요에도 관심 있으시다는 것을 어떻게 알 수 있습니까?

2. 하나님이 주시는 좋은 것과 사탄의 헛된 약속이 어떻게 다른지 설명해 봅시다.

3. 자기가 하나님께 온전히 기대어 있음을 인정하는 사람은 누구입니까? 이런 사람은 어떤 반응을 보입니까?

4. 주기도문에서 양식을 구하는 기도에 다른 어떤 것들이 포함됩니까?

5. 우리 일상의 필요에 대해 세상의 관점을 갖는다는 것이 무슨 뜻입니까?

6. 우리는 왜 하나님이 날마다 돌보아 주심을 받을 자격이 없습니까?

7. 우리는 일용할 양식을 구하라는 명령을 받습니다. 이것이 앞날의 필요를 계획하는 것이 잘못이라는 뜻입니까? 설명해 봅시다.

8. 하나님은 우리가 가진 모든 것을 주시는 분이십니다. 그렇다면 우리는 우리 소유에 대해 어떤 태도를 가져야 하고, 이 소유를 어떻게 써야 하는지 나누어 봅시다.

9. 일용할 양식이 가리키는 분은 누구이고, 여기에 어떤 신령한 의미가 있습니까?

10. 하나님이 아버지로서 우리 일상의 필요를 채우심으로 우리를 돌보시는 사실을 묵상할 때 우리는 어떻게 반응해야 합니까?

〈오늘 우리에게 일용할 양식을 주시옵고〉를 읽으면서 하나님께서 깨닫게 해 주신 것과 베풀어 주신 은혜를 생각하며 감사합시다. 또 깨달아 배우고 확신한 일에 거할 수 있게 해 달라고 기도합시다.

8. 우리가 우리에게 죄지은 자를 사하여 준 것같이 우리 죄를 사하여 주시옵고

126문. 다섯째 간구는 무엇입니까?

> **답.** "우리가 우리에게 죄지은 자를 사하여 준 것같이 우리 죄를 사하여
> 주시옵고"로, 이렇게 간구하는 것입니다. '주님의 은혜의 증거가 우
> 리 안에 있어서 우리가 진심으로 이웃을 용서하기로 굳게 다짐하는
> 것처럼, 그리스도의 피를 보시고 우리 죄과와 언제나 우리에게 들러
> 붙어 있는 부패를 불쌍한 죄인인 우리에게 돌리지 마옵소서.'

용서를 구하는 이 기도와 일용할 양식을 구하는 앞선 간구를 이어 주는
"~고"라는 작은 연결 어미에는 깊은 슬픔이 담겨 있습니다. 이 연결 어미
는 날마다 결핍이 되찾아오듯 죄도 되찾아온다는 사실을 우리에게 새삼
일깨워 줍니다. 이 "~고"는 우리에게 날마다 양식이 필요한 만큼 날마다
용서도 필요함을 암시하고 있습니다.

회개와 용서의 연관성

주기도문의 넷째 간구가 겸손과 의존의 간구라면, 이 다섯째 간구는 회개와 통회의 간구입니다. 넷째 간구는 우리가 피조물임을 떠올려 주고, 다섯째 간구는 우리가 죄인임을 떠올려 줍니다. 그렇다면 양식을 구하는 것과 용서를 구하는 것은 틀림없이 관련이 있습니다. 많은 사람이 이 관련성을 보지 못합니다. 이들은 날마다 하나님에게서 양식을 얻지만, 자신들이 날마다 짓는 죄에 대해서는 용서를 구하지 않습니다.

우리가 날마다 필요한 것들을 아무리 풍성히 공급받는다 해도, 하나님의 용서하시는 은혜를 함께 받지 못한다면 그것은 결코 복이 아닙니다. 하나님이 감사를 모르는 이들에게까지 아낌없이 넘치도록 베푸시는 이 선물은 감사와 사랑과 순종의 빚만 늘릴 뿐이어서 결국 복이 아닌 저주로 드러날 것입니다. 이 선물은 우리의 죄책을 더하고, 우리 형벌의 짐을 늘릴 것입니다.

우리가 하나님을 공급하시는 분으로만 아니라 용서하시는 분으로 알수 있다면, 우리는 얼마나 복될까요. 하나님이 죄인에게 주실 수 있는 가장 큰 선물은 용서입니다.

우리는 날마다 용서받아야 함

다윗은 시편 103편에서 하나님이 주시는 복의 맨 꼭대기에 죄 사함을 놓고 있는데, 이것은 모든 신자의 체험을 나타낸 것입니다. "내 영혼아 여호와를 송축하라 내 속에 있는 것들아 다 그의 거룩한 이름을 송축하라 내 영혼아 여호와를 송축하며 그의 모든 은택을 잊지 말지어다 그가 네 모든 죄악을 사하시며 네 모든 병을 고치시며"(1–3절). 그러므로 참 그리스도인은 누구나 일용할 양식을 구하듯 날마다 용서를 구합니다.

그리스도인이라고 하면서도 이런 기도가 꼭 필요한 것은 아니라고 생각하는 사람들이 있습니다. 그리스도인이 하나님께 용서를 구하는 것은 안 믿는 것이나 다름없다고 말하는 사람까지 있습니다. 그리스도인은 죄를 단번에 용서받는데 왜 이천 년 전에 벌써 일어난 일을 자꾸 구하느냐는 것입니다. 저는 이런 생각이 사람들을 그릇된 길로 이끈다고 생각합니다. 성경과도, 그리스도인의 체험과도 맞지 않기 때문입니다.

그렇지만 '하나님 백성의 죗값이 십자가 위에서 다 치러진 것은 사실 아니냐?'고 반박하는 사람이 있을지 모릅니다. 맞습니다. 그렇지만 우리는 하나님이 택하신 자들의 죄가 객관적으로 지워 없어지는 것과 속죄의 피가 믿는 사람의 마음과 양심에 주관적으로 적용되는 것을 가려야 합니다. 이 적용은 처음에 한번, 곧 죄인이 믿음으로 그리스도의 의를 꼭 붙들 수 있도록 성령님이 힘주실 때 일어날 뿐 아니라, 그 뒤로 이 사람의 삶에서 몇 번이고 되풀이됩니다.

그리스도께서 제자들에게 날마다 용서를 구하라고 가르치셨을 때, 용서를 경험한 적 없는 거듭나지 않은 사람들에게 말씀하고 계신 것이 아니었습니다. 이들은 믿음으로 그리스도와 하나 된 믿는 사람들이었습니다. 그런데도 날마다 깨끗이 씻겨야 했습니다. 그리스도께서 제자들의 발을 씻기시는 사건으로 이것을 얼마나 실감 나게 가르쳐 주셨는지 떠올려 보십시오. 그리스도께서 베드로에게 발을 씻기러 오시자, 제자 베드로는 극구 말렸습니다. 그런데 그리스도께서 이렇게 씻는 것이 구원에 반드시 필요하다고 설명해 주시자 베드로는 "주여 내 발뿐 아니라 손과 머리도 씻어 주옵소서"(요 13:9) 하고 말했습니다.

예수님은 그럴 필요 없다고 하셨습니다. 벌써 목욕한 사람은 온몸을 다시 씻을 필요가 없다는 것입니다. 발만 씻으면 됩니다. 그러니까 전인이 한 번 씻기는 일이 있습니다. 성경은 이것을 칭의라고 합니다. 하지만 의롭다 하심을 받고 용서를 받더라도 죄인은 여전히 하루가 멀다 하고 자기 발을 더럽힙니다. 그래서 날마다 씻기고 깨끗해져야 합니다. 이것은 성화 또는 매일의 회심입니다.

자녀와 아버지 관계

주기도문은 자녀의 기도입니다. 이 기도는 자녀와 아버지 관계를 상정합니다. 이 관계가 항상 좋지는 않습니다. 하나님의 자녀는 이 관계를 망치는 짓을 자주 합니다. 날마다 자기 하나님을 거스르고, 죄를 지어 하나님을 슬프시게 합니다. 사랑하는 하늘 아버지께 죄짓지 않고 그냥 넘어가는 날이 없습니다. 그래서 하나님은 이 반항하는 자식이 다시 돌아와 죄를 자백하고 "우리 죄를 사하여 주시옵소서" 하고 빌기를 매일같이 기다리십니다.

물론 각성한 죄인의 첫 기도와 믿는 사람의 자백과 용서를 구하는 기도는 차이가 있습니다. "하나님이여 불쌍히 여기소서 나는 죄인이로소이다"(눅 18:13)와 "보소서 우리가 주께 왔사오니 주는 우리 하나님 여호와이심이니이다"(렘 3:22)의 차이입니다.

하지만 우리가 용서받고 입양된 자녀로 하나님 앞에 나아갈 수 있다고 해도, 하나님께 다가가는 우리의 믿음은 늘 세리의 믿음과 같아야 합니다. 우리가 할 수 있는 일이라고는 오직 주 예수 그리스도의 공로에 기대어 우리 자신을 하나님의 자비에 온전히 내맡기는 것밖에 없습니다.

용서의 근거

주기도문은 그리스도의 피를 언급하지 않지만, 용서의 유일한 근거로 암시하고 있는 것이 틀림없습니다. 구원의 길은 하나뿐이고, 용서의 길도 하나뿐이기 때문입니다. 아벨부터 맨 마지막에 구원받을 성도까지, 죄인은 갈보리에서 드려진 그 한 제사로 말미암아 용서를 받습니다.

그리스도께서 오시기 전에 믿음은 앞을 내다봤습니다. 그리스도께서 죽으시고 나서 믿음은 뒤를 돌아봅니다. 따라서 그리스도의 대속 사역을 직접 언급하지 않을 때라도, 이 사역은 언제나 용서의 유일한 근거로 여겨집니다. 갈보리에서 단번에 드려진 그 희생제사의 무한한 가치를 볼 때, 회개하고 마음이 상한 죄인은 다 이렇게 말하는 법을 배웁니다. "우리 죄를 사하여 주시옵고."

우리가 진 빚

여기서 죄를 빚으로 묘사하고 있습니다.[14] 성경에는 죄를 묘사하는 여러 낱말이 있는데, 이 낱말들은 하나같이 죄가 하나님을 거스르는 일이라는

---

14 여기서 '죄'라고 번역된 헬라어는 '빚'을 나타내는 말로 흔히 쓰인다.

사실을 강조합니다. 우리는 다 하나님의 거룩한 율법을 어긴 사람입니다. 그래서 하나님께 순종을 빚지고 있습니다. 그런데 안타깝게도 우리는 이 빚을 갚을 능력이 없습니다. 우리는 쫄딱 망한 사람입니다. 재산을 다 까먹어서 도저히 빚을 갚을 길이 없습니다. 우리는 하나님께 어마어마한 빚이 있습니다. 이 빚은 우리의 죄악 된 행실과 본성 때문에만 생긴 것이 아닙니다. 우리는 날마다 끊임없이 하나님의 법을 어겨서 하루하루 빚을 불려 갑니다.

예수님이 죄를 빚으로 말씀하실 때, 죄는 마땅히 처벌을 받아야 한다는 뜻으로 말씀하신 것이 틀림없습니다. 하나님의 진노가 모든 불의에 대해 하늘로부터 나타난다는 것이 성경 전체의 가르침입니다(롬 1:18). 하나님은 의로우시고 거룩하십니다. 그러니까 하나님이 죄를 다루실 수 있는 다른 길은 없습니다. 그리스도로 말미암아 값없이 용서하시든지, 아니면 반항하고 하나님의 은혜와 자비를 무시하는 모든 사람에게 죄벌을 내리시든지 둘 중 하나입니다.

우리는 갚을 능력이 없음

여러분의 문제가 얼마나 심각한 줄 아십니까? 여러분의 빚이 어마어마하다는 사실을 마주한 적 있으십니까? 하나님은 우리가 하나님께 드릴 수 없는 것을 요구하지 않으실 것이라고 말하지 마십시오. 여러분의 능력 없음이 하나님의 정당한 요구를 무효로 만들지 않습니다. 더군다나 여러분이 능력 없는 것이 여러분의 책임인 것을 생각한다면 말입니다. 이것은 여러분의 죄입니다. 여러분이 진 빚은 어떻게든 갚아야 합니다.

'그런데 제가 뭘 할 수 있지요?' 하고 여러분은 묻습니다. 여러분이 천만 원을 빚졌는데 갚을 능력이 없다고 생각해 보십시오. 여러분은 그 빚 때문에 걱정하기 시작합니다. 그래서 친구들한테 가서 어떻게 할지 의견을 묻습니다. 친구들은 아마 '너한테 돈 빌려준 사람은 너그러운 사람일 거야', '시간을 좀 더 주겠지', '이율을 낮춰 주겠지' 그렇게 말할 것입니다. 이 이야기를 듣고 여러분은 한숨을 돌리고 속에서 희망이 피어오를지 모릅니다. 하지만 친구들의 의견을 믿는다면, 여러분은 바보일 것입니다. 여러분의 빚에 대해 무엇이든 결정할 권한이 있는 사람은 여러분이 빚진 그 사람밖에 없습니다.

우리는 갚아야 할 채무가 있음

예수님은 바로 우리가 하나님과 이런 관계에 있다는 사실을 가르쳐 주려고 하셨습니다. 예수님이 자꾸 죄를 빚과 견주신 까닭이 여기에 있습니다. 죄 때문에 우리는 하나님께 채무가 있고, 하나님만이 죄벌을 처리하실 수 있습니다. 다른 사람이 여러분을 어떻게 생각하고, 하나님 앞에서 여러분의 지위를 어떻게 생각하든지 그것은 중요하지 않습니다. 이들은 여러분을 아주 좋게 생각할 수도 있습니다. 그러나 정작 중요한 것은 '하나님이 여러분을 어떻게 생각하시느냐'입니다. 그래서 예수님은 여러분을 하나님께로 안내하십니다. 하나님만이 여러분의 빚을 처리하실 수 있고, 탕감하실 수 있습니다. 복음의 놀라운 소식은 하나님이 우리의 무시무시한 빚을 탕감하실 수 있다는 것입니다. 하나님은 그리스도로 말미암아 우리 죄를 용서하심으로 우리 빚을 탕감하십니다.

용서가 있음

하나님의 말씀은 하나님께 용서가 있다고 선언합니다. 하나님께 있는 이 용서는 여러분 것이 될 수 있습니다! 어떻게요? 은혜의 보좌로 도망가고, 여러분의 죄를 자백하고, 하나님의 자비를 간청하면 됩니다.

하나님 앞에서 죄 없다고 선고받는 길은 철저하고 솔직하고 숨김없이 죄를 자백하는 길밖에 없습니다. 다윗이 바로 그렇게 했습니다. "내가 이르기를 내 허물을 여호와께 자복하리라 하고 주께 내 죄를 아뢰고 내 죄악을 숨기지 아니하였더니 곧 주께서 내 죄악을 사하셨나이다"(시 32:5).

여러분이 하나님과 화평하기를 간절히 바라고 여러분의 죄가 예수님의 피로 덮이기를 바란다면, 다윗이 한 대로 하십시오. 그러면 여러분도 다윗과 같이 용서의 기쁨을 맛보게 될 것입니다.

다른 사람을 용서해야 함

다섯째 간구는 "우리 죄를 사하여 주시옵고"만 말하는 것이 아니라 "우리가 우리에게 죄지은 자를 사하여 준 것같이"를 덧붙이고 있습니다. 이것은 많은 사람에게 커다란 문제를 안겨 줍니다. 용서를 선물로 받기 위한 조건을 다는 듯 보이기 때문입니다. 꼭 다른 사람을 용서해야만 우리가 용서받을 것처럼 말입니다.

하지만 이 말씀의 정확한 뜻을 파악하는 것이 중요합니다. 여기서 '~같이'라는 말은 용서의 정도나 분량을 말하는 것이 아닙니다. 다른 말로 하면, "우리가 우리에게 죄지은 자를 사하여 준 것같이"는 '우리가 우리

에게 죄지은 자를 사하여 준 것과 같은 방식으로'나 '우리가 우리에게 죄
지은 자를 사하여 준 것과 같은 정도로'를 뜻하는 것이 아닙니다. 그런 말
이었다면 우리의 처지는 정말 소망이 없었을 것입니다. 하나님의 용서가
우리가 하는 용서의 양이나 질에 달렸다면, 우리 중에 아무도 용서받지
못했을 것입니다.

용서하는 마음: 하나님 은혜의 증거

그렇다고 해도 하나님의 용서와 사람의 용서는 틀림없이 관련이 있습니
다. 우리가 다른 사람의 허물을 용서할 때, 우리는 용서를 비는 우리의 기
도가 진실함을 보여 줍니다. 우리가 그리스도 안에서 하나님의 용서하시
는 사랑을 조금이라도 맛보았다는 증거는 우리가 우리에게 죄지은 사람
을 기꺼이 용서하는 것입니다.

"우리가 우리에게 죄지은 자를 사하여 준 것같이 우리 죄를 사하여 주
시옵고"는 우리의 모든 노여움과 분노와 악의와 악독을 사르는 불꽃과
같습니다. 적어도 그런 불꽃과 같아야 합니다. 용서하지 않는 사람은 하
나님이 용서해 주셨다는 확신과 기쁨을 금세 잃어버릴 것입니다. 우리가
다른 사람을 용서하지 못하면서도 이 다섯째 간구로 기도할 수 있다면,
참으로 우리 마음은 구주께서 친히 경고하셔도 더는 놀라지 않을 만큼
죄로 딱딱하게 굳어 있는 것입니다.

어떤 사람이 동료 그리스도인과 말다툼한 이야기를 읽은 적이 있습니
다. 이 사람은 덮어놓고 자기 형제를 용서하고 그와 화해할 수 없었습니
다. 어느 날 목사가 이 사람한테 주기도문으로, 더구나 다섯째 간구로 기

도할 수 있겠느냐고 물었습니다. 이 사람은 오랫동안 머뭇거렸습니다. 목사는 이 사람 마음을 녹여 달라고 하나님께 숨죽여 기도했습니다. 마침내 이 사람은 이글거리는 눈빛으로 입을 열었습니다. '앞으로 이 대목은 빼 버려야겠네요.'

이 이야기가 충격으로 다가오십니까? 그러나 적어도 이 사람은 한결같다는 사실을 떠올려 드리겠습니다. 동료 신자와 원수까지 용서하고 이들과 평화롭게 지내지 않으려면 차라리 주기도문으로 기도하지 않는 것이 낫습니다. 하지만 주기도문으로 기도할 수 없다면 여러분은 용서의 복을 받을 수 없습니다. 어른이고 아이고 할 것 없이 다 자기 마음을 살펴봅시다.

🔍 더 깊은 공부와 나눔을 위한 질문

1. 주기도문의 넷째 간구와 다섯째 간구의 연관성을 설명해 봅시다.

2. 그리스도인은 하나님 앞에서 의롭다 하심을 받았고, 그래서 모든 죄를 용서받았는데도 왜 여전히 날마다 용서를 구해야 합니까?

3. 주기도문은 어떻게 자녀의 기도입니까? 우리와 하나님의 관계는 이 세상 자녀와 아버지의 관계와 같습니까? 설명해 봅시다.

4. 주기도문은 우리의 죄 사함이 오로지 그리스도로 말미암는다는 사실을 언급하지 않는데도, 왜 우리는 주기도문으로 기도할 때 이 사실을 잊지 말아야 합니까?

5. 우리가 주님께 진 빚은 무엇입니까? 우리는 이 빚을 갚을 수 있습니까? 설명해 봅시다.

6. 용서가 있다는 사실이 왜 그리 놀라운 일입니까? 어떻게 용서받습니까?

7. "우리가 우리에게 죄지은 자를 사하여 준 것같이"는 용서받기 위한 조건으로 덧붙여

있습니까? 설명해 봅시다.

8. "우리가 우리에게 죄지은 자를 사하여 준 것같이" 하고 기도할 때, 우리의 죄가 용서

받았음을 증명하는 것은 어떤 마음 자세입니까? 설명해 봅시다.

〈우리가 우리에게 죄지은 자를 사하여 준 것같이 우리 죄를 사하여 주시옵고〉를 읽으면서 하나님께서 깨닫게 해 주신 것과 베풀어 주신 은혜를 생각하며 감사합시다. 또 깨달아 배우고 확신한 일에 거할 수 있게 해 달라고 기도합시다.

9. 우리를 시험에 들게 하지 마시옵고
다만 악에서 구하시옵소서

127문. 여섯째 간구는 무엇입니까?

답. "우리를 시험에 들게 하지 마시옵고 다만 악에서 구하시옵소서"로, 이렇게 간구하는 것입니다. '우리는 너무 연약해 한순간도 스스로 설 수 없사오며, 철천지원수인 마귀와 세상과 우리 육신이 우리를 쉴 새 없이 공격하오니, 주님의 성령의 능력으로 우리를 붙드시고 강하게 하셔서 우리가 이 영적 전쟁에 져서 쓰러지지 않게 해 주시고, 마침내 완전한 승리를 거둘 때까지 우리 원수를 늘 굳세게 대항하게 해 주옵소서.'

다섯째 간구인 "우리가 우리에게 죄지은 자를 사하여 준 것같이 우리 죄를 사하여 주시옵고"를 공부할 때, 우리는 우리가 하루하루 양식을 공급받아야 하는 것처럼 용서도 날마다 받아야 한다는 것을 배웠습니다. 참된 그리스도인은 모든 결핍을 가지고 공급하시고 용서하시는 우리 아버지께로 나아갑니다. 우리는 아버지께 일용할 양식을 구하고, 우리 죄를 모두 가져가 값없이 용서해 주시기를 빕니다.

하지만 죄를 용서받았다고 해서 죄에 대한 두려움을 누그러뜨려서는 안 됩니다. 오히려 날마다 죄를 용서받을수록 더 깊이 회개하고 모든 악을 더 미워해야 합니다. 우리는 용서를 구하고 받자마자 이어질 사탄의 공격을 걱정합니다. 사탄이 지칠 줄 모르고 그리스도와 그 백성에 맞서 싸우기 때문입니다. 용서받은 영혼은 하나님을 두려워하고, 악의 힘을 압니다. 그래서 이렇게 기도합니다. "우리를 시험에 들게 하지 마시옵고 다만 악에서 구하시옵소서."

시험의 의미

시험이 무엇입니까? 우리는 무슨 뜻으로 하나님께 시험에 들지 않게 해 달라고 구합니까? 많은 사람이 여기서 헷갈려 합니다. 이들은 여섯째 간구에 하나님이 당신의 백성을 유혹에 빠뜨리실 때가 있다는 뜻이 담겨 있다고 생각합니다. 물론 성경을 아는 사람이라면 이것이 있을 수 없는 일임을 압니다. 하나님은 아무도 죄에 빠지도록 유혹하지 않으십니다. 그러면 이 문제를 어떻게 풀어야 할까요?

손쉬운 해결책이 있습니다. 시험이란 말은 헬라어로 두 가지를 뜻할 수 있습니다. 죄로 유혹하거나 끌어들이는 것을 뜻할 수도 있고, 시련이나 고난을 뜻할 수도 있습니다. 이 낱말이 쓰이는 문맥에 따라 뜻이 결정됩니다.

이를테면 야고보서 1장에는 이렇게 나옵니다. "내 형제들아 너희가 여러 가지 시험을 당하거든 온전히 기쁘게 여기라 이는 너희 믿음의 시련이 인내를 만들어 내는 줄 너희가 앎이라"(2-3절). 여기서 "시험"이라는 말은 시련이나 고난을 뜻하는 것이 틀림없습니다.

그런데 얼마 안 있어 야고보는 이렇게 말합니다. "사람이 시험을 받을 때에 내가 하나님께 시험을 받는다 하지 말지니 하나님은 악에게 시험을 받지도 아니하시고 친히 아무도 시험하지 아니하시느니라"(13절). 여기서는 "시험"이라는 말이 죄로 유혹한다는 뜻임이 분명합니다.

죄로 유혹함

그렇지만 시련과 유혹은 아주 밀접한 관련이 있습니다. 시련은 쉽게 유혹이 될 수 있습니다. 하나님은 때때로 우리 믿음을 알아보시려고 우리를 어려운 상황으로 이끄십니다. 이런 시련은 우리의 죄악 된 마음과 육신의 연약함 때문에 죄로 유혹하는 시험이 될 수 있습니다.

우리 믿음의 시련이라 할 만한 것이 동시에 우리의 죄악 된 본성을 유혹하는 것이 되기도 합니다. 누군가 여러분에게 끌리는 일자리를 제안한다고 생각해 보십시오. 돈을 더 많이 준다고 합니다. 그런데 문제가 하나 있습니다. 일요일에도 일해야 한다는 것입니다. 이 끌리는 제안은 일단 여러분 믿음의 시련입니다. 여러분의 신앙고백이 진실하다는 것을 입증할 기회입니다. 그러나 동시에 여러분의 육신에 커다란 유혹을 가져다 줍니다. 돈을 더 벌 수 있기 때문입니다. 마음속에서 이런 소리가 들립니다. '받아들여. 일요일에 일하는 게 그렇게 큰 죄는 아니잖아. 가끔 시간 내서 예배에 참석할 수 있으니까 나쁠 거 없어.'

여러분, 초대 그리스도인들이 이따금 어떤 식으로 이런 선택에 마주했는지 아십니까? 이들은 가이사를 주님으로 고백하지 않으면 사자의 먹잇감이 되었습니다! 이 일은 믿는 사람에게 그리스도께 대한 충성심을 증명할 기회를 주었습니다. 하지만 동시에 무시무시한 유혹이기도 했습니다. 이방인의 제단에 향 몇 개만 던지면 풀려날 수 있었기 때문입니다. 하지만 그렇게 하는 것은 그리스도의 주 되심을 부인한다는 뜻이었습니다.

왜 이 기도가 필요한가

이처럼 믿음의 시련이 자주 육신의 유혹이 된다는 것을 우리는 압니다. 하나님은 당신의 백성이 수시로 이런 시험에 들게 하십니다. 하지만 죄로 유혹하시려는 것이 아니라 이들의 믿음이 진실한지 알아보시려는 것입니다.

우리의 유익을 위해 우리를 시험하시는 것이 하나님의 뜻이라면, 우리는 왜 "시험에 들게 하지 마시옵고" 하고 기도합니까? 바로 하나님이 우리 영혼의 성장을 위해 꼭 필요하다고 여기시는 이런 시련을 통해 도리어 우리가 죄의 꼬임에 빠지게 될까 봐 두렵기 때문입니다.

참된 그리스도인만이 이 여섯째 간구로 기도할 수 있습니다. 자기 마음을 알기 때문입니다. 그리스도인은 사탄과 세상과 자신의 부패한 육신을 대항하는 일에 자신이 얼마나 나약한지 압니다. 자기 마음이 화약통 같아서 성냥 한 개비만 있어도 쉽게 터지리라는 것을 체험으로 알게 되었습니다. 이처럼 그리스도인은 자기 마음이 부패한 것을 아니까 주님께 시험에 들지 않게 해 달라고 기도하는 것입니다.

그리스도인은 또 하나님이 주권자이시고 무엇이 가장 좋은지 아시는 분이심을 압니다. 그래서 이렇게 말합니다. '주님, 제가 시험을 꼭 받아야 한다면, 그렇게 해 주세요. 하지만 마귀를 대항하게 도와주세요.' 『하이델베르크 교리문답』에서 여섯째 간구를 해석하는 방식이 바로 이것입니다. "우리를 시험에 들게 하지 마시옵고 다만 악에서 구하시옵소서"는 이런 뜻입니다.

> 우리는 너무 연약해 한순간도 스스로 설 수 없사오며, 철천지원수인 마귀
> 와 세상과 우리 육신이 우리를 쉴 새 없이 공격하오니, 주님의 성령의 능력
> 으로 우리를 붙드시고 강하게 하셔서 우리가 이 영적 전쟁에 져서 쓰러지
> 지 않게 해 주시고, 마침내 완전한 승리를 거둘 때까지 우리 원수를 늘 굳세
> 게 대항하게 해 주옵소서(52주일, 127문답).

우리의 연약함과 의존함

우리는 이 기도를 올려 드리면서 우리의 연약함을 인정하고, 그래서 우리가 하나님의 은혜에 의존함을 인정합니다. 사탄과 사탄의 유혹을 이길 길은 이 길밖에 없습니다. 자기 힘으로, 자신의 그리스도인 된 성품의 힘으로 사탄의 속셈에 넘어가지 않을 수 있다고 믿는 사람은 어리석은 사람입니다.

메리 여왕 때에 신앙을 지키려다가 사형 선고를 받은 두 사람 이야기가 있습니다. 그중에 한 사람은 함께 갇힌 동료에게 '나는 담대히 죽음을 맞이할 것이다'고 아주 크게 소리치며 호언장담했습니다. 이 사람은 받을 고난 때문에 걱정하지 않았습니다. 그리스도를 절대로 부인하지 않으리라고 확신할 만큼 복음의 터 위에 굳게 서 있었기 때문입니다. 이 사람은 신부가 결혼식 날을 애타게 기다리듯이 그 운명의 아침을 고대한다고 말했습니다.

이 사람과 함께 갇힌 동료는 자기 주인을 부인할 수도 없고 부인하지도 않을 불쌍하고 겁 많은 영혼이었습니다. 이 동료는 함께 순교하게 될 그 사람한테 '나는 불이 너무너무 무섭다. 너무 고통스러워서 주님을 부인할지도 모르겠다'고 그랬습니다. 그래서 이 친구한테 자신을 위해 기도해 달라고 부탁했고, 오랜 시간 자신의 연약함에 눈물을 흘리며 하나님께 힘을 달라고 울부짖었습니다.

확신에 찬 사람은 '왜 이리 믿음이 없고 나약하냐?'며 겁 많은 자기 동료를 쉴 새 없이 꾸짖고 나무랐습니다. 하지만 둘이 말뚝에 매달리게 되자, 그렇게 담대하던 사람은 불이 붙기가 무섭게 신앙을 버렸고, 시험에 들지 않게 해 달라고 기도한 불쌍하고 겁 많은 사람은 잿더미가 될 때까지 하나님을 찬송하고 높이며 바위처럼 꼼짝 않고 서 있었습니다. 여기서 우리는 자기 힘을 믿는 것이 얼마나 어리석은지 똑똑히 봅니다.

경계

우리가 진심으로 "우리를 시험에 들게 하지 마시옵고 다만 악에서 구하시옵소서" 하고 기도하려면, 우리는 또한 죄와 악을 어떤 모양이라도 경계해야 합니다(살전 5:22). 시험을 받을 것 같으면 때와 장소를 가리지 말고 피해야 합니다. 주 예수님은 "시험에 들지 않게 깨어 기도하라"(마 26:41)고 하셨습니다. 깨어 있는 것과 기도하는 것은 언제나 함께 갑니다. 그러니까 시험이 몹시 두렵다고 한다면, 우리는 시험을 피하기 위해 길을 비켜가야 합니다.

낭떠러지로 떨어지고 싶지 않다면, 벼랑 끝에 가까이 가면 안 됩니다.

솔로몬은 악한 여인을 두고서 이렇게 말합니다. "네 길을 그에게서 멀리 하라 그의 집 문에도 가까이 가지 말라"(잠 5:8). 예수님도 제자들에게 거짓 그리스도들에 대해 경고하시면서 그들에게 가까이 가지 말라고 권고하셨 습니다. "보라 그리스도가 광야에 있다 하여도 나가지 말고"(마 24:26).

시험이 될 만한 상황을 피함

사람은 하나같이 다 연약하고, 우리는 이 연약함이 무엇인지 압니다. 다 른 사람은 조금도 나쁜 영향을 받지 않고 읽을 수 있는 책도 여러분에게 는 시험거리가 될 수 있습니다. 어떤 사람은 터럭만큼도 영향 받지 않고 볼 수 있는 사진을 여러분은 한 번 보았을 뿐인데도 마음이 지저분해집니 다. 여러분이 어떤 부분에서 취약한지 안다면, 쓸데없이 자신을 위험에 노출하지 마십시오.

구원받지 않은 사람을 위한 기도가 아님

여러분이 일부러 시험에 뛰어들면서 여전히 여섯째 간구로 기도한다면, 여러분은 한결같지 않은 사람일 뿐 아니라 위선자입니다. 스펄전은 이 주 제로 설교하면서 이렇게 말합니다. "어떤 사람들은 교회에 가서 '우리를 시험에 들게 하지 마시옵고' 하고 기도합니다. 그러고는 시험이 어디 있 는지 알면서도 곧장 그리로 달려갑니다. 여러분은 주님께 시험에 들지 않 게 해 달라고 구할 필요가 없습니다. 주님은 여러분과 아무 상관이 없으십니다."[15]

이 얼마나 심각한 일입니까! 회심하지 않은 사람은 이 간구로 참되게 기도할 수 없습니다. 여러분이 구원받지 못한 사람이라면, 여러분은 시험에 들지 않아도 됩니다. 벌써 그 속에서 살기 때문입니다. 사람은 물에 빠지지 않게 해 달라고 기도할 수 있겠지만, 물고기는 물속에서 사니까 그럴 수 없습니다. 그러면 구원받지 못한 사람은 어떻게 기도해야 합니까? "우리 죄를 사하여 주시옵고" 하고 기도해야 합니다. 온 마음으로 그렇게 기도하십시오. 그러면 주님께서 이 여섯째 간구로 기도하는 법도 가르쳐 주실 것입니다. "우리를 시험에 들게 하지 마시옵고 다만 악에서 구하시옵소서."

승리를 주시는 하나님

우리는 이 기도가 하나님께 도와주시고 건져 달라고 부르짖는 기도일 뿐 아니라 승리의 약속을 제안하는 기도라는 것도 알아야 합니다. 여러분이 시험받는 동안 싸움이 치열할지 모릅니다. 하지만 그 끝이 보입니다. 사도는 너무 낙담해서 금방이라도 포기할 듯한 히브리 그리스도인들에게 이렇게 쓰고 있습니다. "그러므로 피곤한 손과 연약한 무릎을 일으켜 세우고"(히 12:12). 믿음의 선한 싸움을 싸우는 모든 사람에게 승리가 제안됩니다.

주님은 일어날 수 없거나 당신이 거절하실 일을 구하라고 가르치지

---

15 Charles Spurgeon, "Lead us not into Temptation", in *The Metropolitan Tabernacle Pulpit*, vol. 24, (Pasadena, TX: Pilgrim Publications, 1972).

않으셨을 것입니다. 예수님이 "악에서 구하시옵소서" 하고 기도하라고 가르치실 때, 이것은 하나님이 우리를 악에서 구해 주시고 우리에게 죄에 대한 온전한 승리를 주실 것이라는 뜻입니다.

예수 그리스도 안에서 이런 승리가 가능합니다. 하나님의 아드님이 사탄과 죄를 이기셨기 때문에 우리도 이 원수들을 이길 것입니다. 그분은 하늘에 계신 대제사장으로서 이 세상에서 몸부림치는 당신의 백성을 동정하십니다. 모든 일에 우리와 똑같이 시험을 받으셨기 때문에, 악한 자의 공격에 맞서 싸우기가 혈과 육에게 얼마나 힘들 수 있는지 이해하십니다(히 4:15).

그리스도께서는 우리를 동정하실 뿐 아니라 우리에게 힘도 주십니다. 우리가 그분을 우리 구원의 창시자로 바라본다면(히 2:10), 우리는 어려움이 닥칠 때마다 그 도우심을 체험할 것입니다. 하나님의 백성이라면 누구나 이 사실을 증언할 수 있습니다. 믿음이 연단을 받을 때마다, 이상하고 놀라운 능력이 느껴집니다. 우리 자신의 능력이 아닌 위에서 주시는 능력 말입니다. 이 능력을 두고 바울은 이렇게 말했습니다. "내게 능력 주시는 자 안에서 내가 모든 것을 할 수 있느니라"(빌 4:13).

우리는 이길 수 있습니다! 우리가 얼마나 자주 졌든지, 그래서 얼마나 자주 싸움을 포기하라는 유혹을 받았든지 상관없이 하나님은 이렇게 말씀하십니다. '포기하지 말고 끝까지 싸워라. 내가 너를 돕겠다. 너를 버리지 않겠다. 너를 사랑하기 때문이다.' 오로지 그리스도 예수 안에 있는 하나님의 이런 변함없는 사랑과 성실하심 때문에, 믿는 사람은 모든 시대에 승리할 수 있었습니다. 그러니까 여러분도 죄를 이길 수 있습니다. 이 승리를 위해 쉬지 말고 기도하십시오(살전 5:17). 하나님의 말씀을 믿는 믿음 안에서 기도하십시오.

1. 죄를 용서받은 사람이 "우리를 시험에 들게 하지 마시옵고 다만 악에서 구하시옵소서" 하고 기도할 필요를 느끼는 까닭은 무엇입니까?

2. "시험"이라는 헬라어에 담긴 두 가지 뜻을 말해 보고, 각각 보기를 들어 봅시다.

3. 어떻게 시련이 우리에게 유혹이 될 수 있는지 보기를 들어 봅시다.

4. 주님이 우리를 때때로 시험에 맞닥뜨리게 하시는 까닭을 몇 가지 들어 봅시다.

5. 우리 자신의 힘으로 시험을 이겨 낼 수 있습니까? 설명해 봅시다.

6. "우리를 시험에 들게 하지 마시옵고" 하고 기도하는 것 말고 우리는 또 무엇을 해야 합니까?

7. 왜 구원받지 못한 사람은 진심으로 이 여섯째 간구("우리를 시험에 들게 하지 마시옵고")로 기도할 수 없습니까?

8. 우리가 어떻게 시험을 이길 수 있는지 설명해 봅시다.

〈우리를 시험에 들게 하지 마시옵고 다만 악에서 구하시옵소서〉를 읽으면서 하나님께서 깨닫게 해 주신 것과 베풀어 주신 은혜를 생각하며 감사합시다. 또 깨달아 배우고 확신한 일에 거할 수 있게 해 달라고 기도합시다.

10. 나라와 권세와 영광이
아버지께 영원히 있사옵나이다 아멘

128문. 당신은 이 기도를 어떻게 마칩니까?

    답. "나라와 권세와 영광이 아버지께 영원히 있사옵나이다"로 마치며,
이렇게 간구하는 것입니다. '우리가 주님께 이 모든 것을 구하는 것
은 우리 왕이시요 만물에 대한 권세를 가지신 주님이 우리에게 모든
좋은 것을 주고 싶어 하시고, 또 주실 수 있기 때문이옵니다. 이로써
우리가 아니라 주님의 거룩하신 이름이 영원토록 영광을 받으시옵
소서.'

129문. "아멘"이란 말은 무슨 뜻입니까?

    답. "아멘"은 정말로, 반드시 그렇게 될 것이라는 뜻입니다. 내가 하나님
께 이런 것들을 진심으로 바라는 것보다 하나님께서는 더 확실하게
내 기도를 들으시기 때문입니다.

이제 주기도문의 마지막 대목인 송영에 이르렀습니다. "나라와 권세와 영
광이 아버지께 영원히 있사옵나이다 아멘." 송영은 하나님을 찬송한다는
뜻입니다. 이 송영은 신약의 가장 오래된 몇몇 사본에서는 볼 수 없지만,

교회에서 아주 일찍부터 쓰인 것으로 보입니다. 가장 초기의 한 사본에 이것이 나타나 있기 때문에, 많은 사람이 주기도문의 이 마지막 말씀을 언제나 예수님이 진짜로 하신 말씀으로 여겼습니다.

알맞은 마무리

참된 그리스도인이라면 누구나 이 완벽한 기도를 송영으로 마치기를 바라리라는 것은 틀림없는 사실입니다. 하나님의 영광으로 시작한 기도를 "악"이라는 말로 끝내는 것은 옳지 않아 보입니다. 구주께서 이 말씀을 하셨든 안 하셨든, 이 말씀은 시대와 장소를 막론한 모든 믿는 사람의 예배 반응을 대변합니다.

이 기도만 아니라 우리의 모든 기도는 찬송을 돌리는 것으로 마무리하는 것이 아주 마땅합니다. 하나님은 그 섭리와 은혜로 온갖 놀라운 일들을 행하시니 찬양받기에 합당하십니다. 믿는 사람은 자기 하나님과 구주의 성품과 사역을 묵상할 때마다 이렇게 말합니다. "내 영혼아 여호와를 송축하라 내 속에 있는 것들아 다 그의 거룩한 이름을 송축하라"(시 103:1).

위대한 사도 바울은 하나님의 주권과 예정하시는 사랑의 헤아릴 수 없는 신비를 묵상하자 입에서 찬송이 터져 나왔습니다. "깊도다 하나님의 지혜와 지식의 풍성함이여 그의 판단은 헤아리지 못할 것이며 그의 길은 찾지 못할 것이로다……이는 만물이 주에게서 나오고 주로 말미암고 주에게로 돌아감이라 그에게 영광이 세세에 있을지어다 아멘"(롬 11:33, 36).

찬송

우리는 기도할 때마다 하나님을 찬송해야 합니다. 하나님의 자녀가 죄를 자백하고 그리스도의 공로를 간구하면서 주님 앞에 자기 마음을 쏟아 놓고 자기 소원을 꺼내 놓고 나면, 하나님의 선물 때문만 아니라 하나님의 하나님 되심 때문에 하나님을 찬양할 수밖에 없습니다.

주기도문에서도 믿는 사람은 하늘에 계신 자기 아버지께 간구를 올려 드렸습니다. 하나님의 이름이 거룩히 여김을 받고 공경받기를 구했고, 하나님 나라가 임하고 하나님 뜻이 이루어지기를 구했습니다. 그런 다음 일용할 양식을 주시고, 죄를 용서해 주시고, 악한 자와 그 시험에서 지켜 주시기를 간청했습니다. 그리고 이제 이러한 말로 기도를 마무리합니다. "나라와 권세와 영광이 아버지께 영원히 있사옵나이다 아멘."

하나님의 능력을 구함

이것은 송영일 뿐 아니라 또한 논증입니다. '왜냐하면'이라는 말이 이 사실을 보여 줍니다.[16] 우리가 '왜냐하면 나라가 아버지께 있기 때문입니다' 하고 말할 때, 우리는 이렇게 말하는 것입니다. '주님, 우리 기도를 들어 주시길 바라는 것은 우리 안에 무엇이 있기 때문이 아닙니다. 우리가 누구이고 무엇이 되겠다고 약속했기 때문이 아니라, 우리 소망이 오직 주님께, 주님의 성품과 이름과 약속에 있기 때문입니다.'

---

16 개역개정 성경에는 "왜냐하면"이란 말이 빠져 있지만, 원문에는 이 말이 들어 있다.

오래전에 누가 이렇게 말했습니다. "우리의 믿음이나 무력함조차도 우리의 근거가 아닙니다. 우리의 근거는 하나님의 나라와 권세와 영광입니다. 우리는 '왜냐하면'이라는 이 작은 낱말과 함께 하나님의 보좌 앞에 나아가 주님만이 우리 소망과 기대의 터이심을 주님께 떠올려 드립니다. 이처럼 모세도 죄 많고 거역하는 이스라엘을 위해 간구하려 할 때, 하나님의 크신 이름 말고는 다른 근거를 찾을 수 없었습니다(출 32:11-13). 다니엘도 같은 근거를 들었습니다. '나의 하나님이여 주 자신을 위하여 하시옵소서'(단 9:19)."[17]

하나님의 능력을 고백함

"나라가 아버지께 있사옵나이다" 할 때 우리는 무엇보다 우리 간구를 들어주실 권한이 하나님께 있음을 고백하는 것입니다. 나라가 하나님께 있습니다. 온 우주가 하나님의 영역입니다. 모든 믿는 사람은 하늘에 있든지 아직 땅에 있든지 모든 거룩한 천사와 함께 이 나라의 백성이고, 삼위일체 하나님은 절대 대권으로 다스리시는 이 나라의 주권자요 왕이십니다.

'하지만 어둠의 나라도 있지 않습니까?' 네, 있습니다. 그렇지만 우리는 이 나라가 하나님 나라와 어떤 식으로든 독립되어 있다고 생각해서는 절대로 안 됩니다. 엄밀히 말해, 두 나라와 두 임금이 있는 것이 아니라, 오직 한 하나님과 한 주님이 계십니다. 곧 우리 주 예수 그리스도의 하나님이시요 아버지십니다. 나라가 그분께 있습니다.

---

17 Adolph Saphir, *The Lord's Prayer: Lectures*, (London: James Nisbet & Co., 1872), p. 382.

이 하나님 나라가 지금 이 땅 위에서는 일부분만 눈에 보이는 것이 사실입니다. 하나님이 허락하셔서 죄가 번성하고 사탄이 많은 사람의 마음을 다스립니다. 하지만 하나님이 허락하신 것일 뿐입니다. 나라는 주님의 것입니다. 주님이 자연과 섭리와 은혜의 주권자십니다.

그리스도인 여러분, 이 사실에 위로를 받으십시오. 높은 자리에 있는 사람들, 심지어 우리가 뽑은 공직자들 사이에서도 불법이 넘쳐흐른다 해도 하나님의 자녀는 위를 보고 이렇게 말해야 합니다. "나라가 아버지께 있사옵나이다!" 삶이 아무 의미 없고 터무니없어 보이고, 세상이 하나님이 다스리시는 질서 정연한 기관이 아니라 끔찍한 정신병원 같아 보이고, 죄와 불의가 모든 곳에서 선과 의를 압도하는 듯 보여도, 믿는 사람은 여전히 하늘을 우러러 이렇게 말합니다. "나라가 아버지께 있사옵나이다."

하나님의 능력을 인정함

우리는 또한 하나님이 우리 간구를 들어주실 능력이 있다고 고백합니다. 권세가 하나님께 있기 때문입니다. 나라가 하나님께 있듯이 권세도 주님의 것입니다. 주님은 당신이 기뻐하시는 모든 일을 하실 수 있습니다. 주님께 하기 어려운 일이 있습니까? 모든 권세가 주님의 것입니다. 모든 힘과 세력은 아무리 주님을 반대한다고 해도 다 주님의 것이고 결국에는 주님을 섬겨야 합니다. 하나님 나라가 임하는 데 모든 나라(바로와 가이사, 심지어 사탄조차)가 이바지해야 합니다. 이 얼마나 위로가 되는 일입니까! 우리 하나님은 우리가 구하거나 생각하는 모든 것보다 더 넘치도록 능히 하십니다(엡 3:20).

하나님의 선하심을 찬양하고 경배함

나아가 이 송영을 바르게 쓰는 사람은 우리 기도를 응답하시는 하나님이 도덕에서 빼어나시다고 고백합니다. "영광이 아버지께 있사옵나이다." 그리스도께서 여기서 영광을 나타내려고 쓰신 낱말은 빛나고 눈부심을 가리키는 히브리어에서 나온 낱말입니다. 하나님의 영광은 하나님의 빼어나심이나 선하심입니다.

하나님께 영광 돌리는 것은 하나님의 선하심을 찬양하는 것입니다. 하나님의 이 한없는 선하심이 빛나서 우리 눈앞에 밝히 드러나는 것입니다. 하나님의 선하심은 무슨 일이 생기더라도 결국은 나에게 해가 되지 않으리라는 보증입니다. 모든 것(나의 시련과 유혹까지도)이 합력하여 내 영혼의 선을 이루고 하나님께 영광을 돌릴 것이 틀림없습니다(롬 8:28).

이 사실을 깨달을 때, 곧 하나님이 그 능력과 지혜와 사랑과 자비와 거룩하심과 선하심에서 어떤 분이신지 볼 때, 우리는 엎드려 예배하고 경배하며 이렇게 말합니다. "나라와 권세와 영광이 아버지께 영원히 있사옵나이다!" 우리 간구를 들어주시는 하나님의 권세와 능력과 선하심은 영원합니다. 하나님은 변하지 않으십니다. 다윗은 시편에서 이렇게 말합니다. "여호와의 인자하심은 자기를 경외하는 자에게 영원부터 영원까지 이르며"(103:17).

아멘의 뜻

이 위대한 송영은 "아멘"이란 낱말로 끝을 맺습니다. 이 조그마한 낱말이 우리 모두에게 얼마나 익숙합니까! 그런데 우리는 그 뜻을 압니까? 아멘은 문자 그대로 보면 '그렇습니다' 또는 '정말로, 반드시 그렇게 될 것입니다' 그런 뜻입니다.

"아멘"은 이스라엘과 기독교회에서 오랜 역사를 지닌 낱말입니다. 이 말의 역사는 모세의 율법에까지 거슬러 올라갑니다. 제사장이 엄숙한 맹세를 선언할 때, 그 맹세를 들은 사람은 "아멘" 하고 단순하게 대답해야 했습니다(민 5:12-31). 이와 마찬가지로 에발과 그리심 산에서 율법의 복과 저주가 선언될 때, 이스라엘 백성은 "아멘"으로 응답했습니다(신 27:11-26).

또 하나님의 언약궤를 예루살렘으로 가져올 때 다윗이 큰 잔치를 벌였는데, 거기서 아삽과 그 형제들이 부른 찬송시는 이런 말로 끝이 납니다. "여호와 이스라엘의 하나님을 영원부터 영원까지 송축할지로다 하매 모든 백성이 아멘 하고"(대상 16:36).

우리는 신약 교회에서도 같은 관습을 보게 됩니다. 기독교 초기에 믿는 사람들은 언제나 모든 기도와 설교에 큰 소리로 "아멘" 하고 화답했습니다. 한 교부는 자기 회중의 "아멘" 소리가 해변에 밀어닥치는 파도 소리와 같았다고 쓰고 있습니다.

우리에게 어떤 의미가 있는가

오늘날에도 이런 관습이 남아 있는 교회가 있지만, 많은 교회에서는 큰 소리로 "아멘" 하는 것을 더는 듣기가 힘듭니다.[18] 귀로 들을 수 있는 "아멘"이라고는 대개 목사의 "아멘" 소리뿐입니다. 안타깝게도 목사의 기도

---

[18] 우리나라 상황이랑은 많이 다르다.

나 설교가 끝났음을 나타내는 것 말고 이 "아멘"은 아무 쓸모가 없어 보입니다.

하지만 "아멘"은 우리에게 그보다 더 큰 의미가 있어야 합니다. 믿는 사람은 자기 기도가 응답될 것을 믿는다는 뜻으로 "아멘" 합니다. 우리는 믿음으로 간구해야 합니다. 무엇이든지 하나님이 우리 기도를 들어주시리라고 우리가 믿고 구하면 다 들어주신다고 그리스도께서 약속하셨기 때문입니다(마 21:22).

믿음의 기도와 하나님의 복은 관계가 있습니다. 우리가 기도할 때 하나님이 우리 기도를 들어주신다고 믿어야 하고, 우리는 "아멘"이라는 말로 이 믿음을 표현합니다. 『하이델베르크 교리문답』에 따르면 "아멘"은 이런 뜻입니다. "정말로, 반드시 그렇게 될 것입니다. 내가 하나님께 이런 것들을 진심으로 바라는 것보다 하나님께서는 더 확실하게 내 기도를 들으시기 때문입니다"(52주일, 129문답).

우리가 "아멘" 할 때, 우리는 또한 기도의 뛰어난 효력을 믿는다고 고백하는 것입니다. 이 말은 우리가 하나님께 구한 것을 그대로 받을 것이라고 믿어야 한다는 말이 아닙니다. 하나님은 자주 우리가 기대한 것과 다른 방식으로 응답하십니다. 십자가를 없애 주시기보다 십자가를 견딜 힘을 더해 주시고, 시험에서 멀찌감치 떨어뜨려 놓으시기보다 시험에 맞설 도덕력을 주십니다.

우리의 진실함을 입증함

참으로 하나님은 우리가 구한 것보다 더 많이 주기도 하십니다. 솔로몬은 지혜를 구했지만 하나님은 지혜만 아니라 부와 명예도 주셨습니다. 그리고 우리가 살아 있는 동안 기도 응답을 받지 못할 수도 있습니다. 므낫세는 자기 아버지 히스기야가 죽고 나서야 하나님께로 돌이켰습니다. 교회는 스데반이 죽기 전에 드린 기도 덕분에 바울이 크게 바뀌었다고 생각했습니다.

하나님은 우리가 말하는 중에 들어주시고, 아직 무릎 꿇고 있는데 도와주실 때도 많습니다. 하나님의 방법이 얼마나 다양하든지 하나님은 언제나 기도를 들어주시고 우리는 "아멘"으로 우리가 이 사실을 믿음을 확언합니다.

"아멘"은 또한 선한 양심의 대답입니다. "아멘"은 진실성을 시험하는 말입니다. 우리는 정말로 우리가 구한 복을 바라는가? 하나님의 약속과 우리의 간구와 언제나 이어져 있는 하나님의 명령에 우리는 기꺼이 복종하기를 바라는가?

"이름이 거룩히 여김을 받으시오며"와 이어진 명령은 성경을 연구하고 하나님의 이름을 묵상하라는 것입니다(요 5:39). "나라가 임하시오며"와 이어진 명령은 추수할 일꾼을 보내 달라고 주님께 간구하라는 것입니다(마 9:38). "뜻이 이루어지이다"와 이어진 명령은 하나님의 선하시고 기뻐하시고 온전하신 뜻이 무엇인지 분별하라는 것입니다(롬 12:2). "누구든지 나를 따라오려거든 자기를 부인하고 자기 십자가를 지고 나를 따를 것이니라"(마 16:24).

우리가 간구를 좋아한다면, 명령도 좋아할 것입니다. 이 명령은 하나님의 약속이 이루어지고 우리 기도가 응답되는 통로이기 때문입니다. 우리가 "아멘" 할 때, 우리는 기꺼이 정해진 방법대로 하나님의 응답을 받겠다고 고백하는 것입니다.

깊이 생각하며 기도함

여러분, "아멘"이라는 이 조그마한 낱말이 얼마나 중요한지 보이십니까? 그 뜻이 얼마나 풍성하고 심오한지 보이십니까? 여러분의 기도가 말짱 헛것이 되지 않도록 절대로 아무 생각 없이 "아멘" 하지 마십시오. '아멘, 정말로, 반드시 그렇게 될 것입니다. 우리가 그것을 받을 가치가 있어서 가 아니라, 오직 그 이름이 아멘이시요 충성되고 참된 증인이신 예수님 때문입니다(계 3:14).'

> 아버지, 얼굴을 숨기지 마소서
> 아버지 은혜가 필요하나이다
> 모든 걸 아시는 주님, 우리가 부르짖을 때마다
> 우리 마음이 우리를 정죄하지 않고
> 다만 아멘 아멘 그렇게 되리이다 하는 것은
> 주님이 우리 간구 들어주시기 때문이나이다.

🔍 더 깊은 공부와 나눔을 위한 질문 \\\\\\\\\\\\\\\\\\\\\\

1. 왜 모든 그리스도인은 "나라와 권세와 영광이 아버지께 영원히 있사옵나이다 아멘" 하는 말로써 기도를 마치기를 바라야 합니까?
2. 왜 이 송영(찬송)이 우리가 기도할 때 간구의 강력한 근거가 되는지 설명해 봅시다.
3. 여전히 이 세상에 있는 사탄과 악의 권세를 평가하는 일을 이 송영은 어떻게 돕습니까?
4. 우리가 살면서 가장 어려운 일을 겪을 때, 이 송영이 우리를 어떻게 도울 수 있습니까?

5. 하나님의 영광을 인정하는 것이 어떻게 기도할 때 우리를 경배하는 데로 이끌어야 합니까?

6. 문자 그대로 볼 때, "아멘"은 무슨 뜻입니까?

7. "아멘"의 역사를 설명해 봅시다.

   1) 옛 이스라엘에서

   2) 다윗의 삶에서

   3) 신약과 초대 교회에서

8. 우리가 기도를 마치면서 "아멘"이라고 할 때, 우리는 실제로 뭐라고 말하는 것입니까?

9. 왜 아무 생각 없이 "아멘" 하면 안 되는지 나눠 봅시다.

〈나라와 권세와 영광이 아버지께 영원히 있사옵나이다 아멘〉을 읽으면서 하나님께서 깨닫게 해 주신 것과 베풀어 주신 은혜를 생각하며 감사합시다. 또 깨달아 배우고 확신한 일에 거할 수 있게 해 달라고 기도합시다.

하이델베르크 교리문답으로 보는
사도신경 십계명 주기도문

펴 낸 날 2022년 2월 8일 초판 2쇄

지 은 이 코르넬리스 프롱크
옮 긴 이 임정민

펴 낸 이 한재술
펴 낸 곳 그 책의 사람들

디 자 인 참디자인

판   권 ⓒ 그책의사람들, 임정민 2017, *Printed in Korea.*
　　　　　　저작권법에 의하여 한국 내에서 보호를 받는 저작물이므로 무단 전재와 복제를 금합니다.

주   소 경기도 수원시 권선구 여기산로 42, 101동 313호
전   화 0505 - 273 - 1710　　　**팩   스** 0505 - 299 - 1710
카   페 cafe.naver.com/thepeopleofthebook
메   일 tpotbook@naver.com　　　**페이스북** www.facebook.com/tpotbook
등   록 2011년 7월 18일 (제251 - 2011 - 44호)
인   쇄 불꽃피앤피

책   값 21,000원
I S B N 979 - 11 - 85248 - 22 - 6　 03230

이 도서의 국립중앙도서관 출판시도서목록(CIP)은
서지정보유통지원시스템 홈페이지(http://seoji.nl.go.kr)와
국가자료공동목록시스템(http://www.nl.go.kr/kolisnet)에서 이용하실 수 있습니다.
(CIP제어번호: CIP2017026479)

· 이 책은 출판 회원분들의 섬김으로 만들어졌습니다.